高职高专经济贸易类专业系列教材

国际贸易理论与政策

罗晓斐 编

机械工业出版社

本教材紧扣近几年来国际贸易与经济中的热点问题，系统地从国际贸易理论与国际贸易政策两方面，深入介绍传统自由贸易理论、保护贸易理论、当代贸易理论、关税壁垒、非关税壁垒、出口鼓励与管制、生产要素的国际流动和跨国公司、区域经济一体化、WTO 等重要知识，并特别介绍了中国的对外贸易政策。本教材每章均以“提出问题——解决问题——掌握知识点——理论运用”的步骤向学习者呈现一个科学的学习方法，通过大量案例、图表，并利用“工作提示”、“思考题”、“知识链接”和“小案例”等栏目，指导并协助读者理解国际贸易中的现实问题和热点问题。本教材难度适中，深入浅出，易教易学，灵活性强，能很好地满足高职高专类院校国际贸易理论与政策的教学，体现理论与实际结合的特色，为学生的进一步专业学习打下坚实的理论基础和敏感的国际经济思维能力。

图书在版编目（CIP）数据

国际贸易理论与政策/罗晓斐编. —北京：机械工业出版社，2012.7（2025.7 重印）
高职高专经济贸易类专业系列教材
ISBN 978-7-111-38612-4

Ⅰ. ①国… Ⅱ. ①罗… Ⅲ. ①国际贸易理论—高等职业教育—教材 ②国际贸易政策—高等职业教育—教材 Ⅳ. ①F74

中国版本图书馆 CIP 数据核字（2012）第 114997 号

机械工业出版社（北京市百万庄大街 22 号 邮政编码 100037）
策划编辑：孔文梅 责任编辑：张 亮 魏 梁
封面设计：鞠 杨 责任校对：于新华
责任印制：李 昂

涿州市般润文化传播有限公司印刷

2025 年 7 月第 1 版 · 第 10 次印刷
184mm×260mm · 16.5 印张 · 394 千字
标准书号：ISBN 978-7-111-38612-4
定价：39.80 元

电话服务	网络服务
客服电话：010-88361066	机 工 官 网：www.cmpbook.com
010-88379833	机 工 官 博：weibo.com/cmp1952
010-68326294	金 书 网：www.golden-book.com
封底无防伪标均为盗版	机工教育服务网：www.cmpedu.com

前　言

2009年是新世纪以来全球对外贸易发展最为困难的一年，被经济学家认为是萧条经济的回归。根据世界贸易组织（WTO）最新公布的数据，2009年中国出口占全球出口比重由上年8.9%提高到9.6%，已经超过德国成为世界第一出口大国。面对国际金融危机的严重冲击，我国在世界经济地位的提升，不能不归功于我国政府及时出台一系列符合国际惯例的政策措施，完善出口退税政策，改善贸易融资环境，扩大出口信用保险覆盖面，提高贸易便利化水平，千方百计稳定外需，同时，着力扩大国内需求，积极开展多种形式的贸易促进活动，鼓励增加进口。步入2012年，尽管中国的经济发展势头依然强劲，但世界经济发展形势迷雾重重，今后中国的对外经济将面临难以预测的机遇和挑战。作为国际贸易从业人员，仅仅掌握外贸操作技能，已无法适应千变万化的世界经济格局。如何认清当前局势，如何辨清世界经济发展方向，从而转危为机，已经成为国际贸易从业人员可持续发展的必要任务！当然，这需要我们具备敏锐的国际经济思维能力和理论政策应用能力。

传统的国际贸易理论教材总显得枯燥乏味，读者在学习过程中往往不理解学习国际贸易理论和政策的实际意义和学习目标。缺乏目标性的学习自然缺乏效率，为了让读者认识国际贸易理论与政策在实际工作中的价值，本教材突破了理论教学传统，结合编者多年从事国际贸易的实践经验及教学经验，在介绍最常用的主流国际贸易理论及政策的同时，采编了许多具有中国特色以及具有时代特色的国际贸易理论政策运用案例，运用工学结合的形式，向读者展现一系列具有真正“实用价值”的国际贸易理论与政策知识。

和同类教材相比，本教材具有如下特色：

第一，任务驱动，实践性强。全书采取“理实结合，寄理于实”的编写方法，每章均以“提出问题—解决问题—掌握知识点—理论运用”的步骤向读者呈现一个科学的学习方法。每一章节不仅明确指出了理论知识要点和运用要点，而且对各个运用性问题及关键知识点穿插了“工作提示”、“思考题”、“知识链接”和“小案例”，加强读者对理论知识的理解。

第二，工学结合，形式新颖。本教材是编者通过深入实际调查，结合企业实践经验，吸收最新国际贸易科研成果的基础上编写出来的，其最大的优点就是体现出理论政策的实际运用价值。在编写方法和编写体系上做了“边思考边学习，先思考后学习”的尝试，客观真实地反映了企业和经济体在激烈的市场竞争中脱颖而出所需要具备的国际经济思维和对贸易理论政策的理解以及战略、策略的运用技巧。此外，在每一个项目实训中安排了应用分析题，力求达到“寄理于实”的实际效果。

第三，案例丰富，时代性强。本教材运用的案例具有很强的时代性和中国特色，当中有相当一部分是编写人员亲身经历的实际案例，具有行业的代表性。数据较新，热点话题引人入胜，紧扣时代脉搏。

第四，文句通俗，易教易学。本教材以够用为原则，理论适中，案例丰富，文句通俗，深入浅出，易教易学。采用插图和插文介绍补充知识点，主次分明。课后项目提要及实训能很好地满足高职高专类院校国际贸易理论与政策的教学，体现理论与实际相结合的特色，为学生的进一步专业学习打下坚实的理论基础和敏锐的国际经济思维能力。

本教材是在编者自用的讲义基础上，三易其稿后编写而成，期间得到了同教研室的多位老师的得力帮助以及个别学生的有效建议，在此特别鸣谢！

由于编者水平有限，教材中难免有各种不足之处，敬请读者批评指正。

为方便教学，本书配备电子课件等教学资源。凡选用本书作为教材的教师均可索取，咨询电话 010-88379375。

编　者

目　　录

前言
第一章　国际贸易导论 …… 1
第一节　国际贸易及有关概念 …… 1
第二节　国际分工与世界市场 …… 11
本章提要 …… 20
知识与技能训练 …… 21
第二章　传统自由贸易理论 …… 23
第一节　绝对优势理论与相对优势理论 …… 24
第二节　相互需求理论 …… 29
第三节　要素禀赋理论和里昂惕夫之谜 …… 35
本章提要 …… 40
知识与技能训练 …… 41
第三章　保护贸易理论 …… 43
第一节　重商主义 …… 43
第二节　幼稚产业保护论 …… 48
第三节　超保护贸易学说及其他学说 …… 54
本章提要 …… 60
知识与技能训练 …… 62
第四章　当代国际贸易理论 …… 63
第一节　产品生命周期理论 …… 63
第二节　产业内贸易理论 …… 68
第三节　规模经济贸易理论 …… 74
第四节　国家竞争优势理论 …… 79
本章提要 …… 84
知识与技能训练 …… 85
第五章　生产要素的国际流动和跨国公司 …… 87
第一节　国际劳动力流动 …… 87
第二节　国际资本流动 …… 94
第三节　跨国公司 …… 100
本章提要 …… 107
知识与技能训练 …… 108
第六章　国际贸易政策 …… 111
第一节　国际贸易政策概述 …… 112

第二节 发达国家贸易政策......119
第三节 发展中国家贸易政策......125
本章提要......131
知识与技能训练......132

第七章 关税措施......134

第一节 关税概述......134
第二节 关税措施的经济效应及最优关税......140
第三节 关税水平及有效保护率......146
本章提要......150
知识与技能训练......152

第八章 非关税壁垒......154

第一节 非关税壁垒概述......155
第二节 非关税壁垒的经济效应......164
本章提要......170
知识与技能训练......171

第九章 出口鼓励和出口管制措施......173

第一节 出口鼓励措施......173
第二节 出口鼓励政策的经济效应......184
第三节 出口管制措施......192
本章提要......195
知识与技能训练......196

第十章 中国的对外贸易措施......199

第一节 中国对外贸易政策的发展......199
第二节 中国对外贸易政策措施......204
本章提要......215
知识与技能训练......216

第十一章 区域经济一体化与国际贸易......218

第一节 区域经济一体化对国际贸易的影响......218
第二节 区域经济一体化的发展......224
本章提要......234
知识与技能训练......235

第十二章 世界贸易组织......237

第一节 GATT 和 WTO......237
第二节 中国与 WTO......246
本章提要......252
知识与技能训练......253

参考文献......255

第一章

国际贸易导论

学习目标

技能目标

- 掌握阅读和理解各类外贸形势分析报告的方法。

知识目标

- 理解什么是国际贸易；
- 了解国际贸易的不同类型；
- 理解国际贸易的相关概念；
- 理解国际分工的发展及其对国际贸易的影响；
- 认识世界市场及世界市场价格。

学习背景

为什么要学习国际贸易？你可能在麦当劳里吃过汉堡包、喝过可口可乐，在沃尔玛超市里买过诺基亚手机，看到满街的大众、福特小汽车在飞奔，又或者在家里电视上看到穿着一身旗袍在美国奥斯卡金像奖颁奖典礼上表演的李玟。可你知道这些你吃过的、喝过的、用过的和看过的东西，其实都是国际贸易的一部分吗？作为一名消费者，你应该看到国际贸易在我们的生活中无处不在；作为一名中国人，你也应该认识到我国经济的腾飞始于国际贸易；而作为一名国际贸易专业学生，你更应该知道国际贸易。因为学习了国际贸易，你就能更进一步了解自己到底在消费什么，理解中国的经济如何得益于国际贸易，从而提升外贸业务的发展空间。

第一节　国际贸易及有关概念

入门案例

2011 年前三季度中国对外贸易发展情况㊀

2011 年以来，面对复杂多变的国际形势和国内经济运行出现的新情况新问题，我国对外

㊀ 文章来源：中华人民共和国商务部综合司。

贸易着力于“稳增长、调结构、促平衡”，外贸政策保持基本稳定，进出口平稳较快发展，贸易结构持续优化，外贸发展更趋平衡，转变外贸发展方式取得新进展。前三季度，我国对外贸易运行的主要特点是：

（1）进出口呈高开低走态势，贸易平衡状况继续改善。1～9月，全国进出口26774.4亿美元，同比增长24.6%。其中，出口13922.7亿美元，增长22.7%；进口12851.7亿美元，增长26.7%，进口增速高于出口增速4个百分点。进出口增速呈高开低走态势，单月出口增速从1月的37.6%回落到9月的17.1%，进口增速从51.6%回落到20.9%。剔除价格因素后，9月实际出口、进口分别仅增长7.5%和6.1%。贸易顺差延续了2008年以来逐年递减的态势，今年前三季度缩小到1071亿美元，同比下降10.6%，与国内生产总值的比值也从2008年的6.5%降至2.2%，处在国际公认的合理区间。

（2）轻纺产品出口强于机电产品，出口价格增长拉动效应增强。前三季度，我国机电产品出口7893.3亿美元，增长18.2%，低于整体增幅4.5个百分点，其中自动数据处理设备、集成电路出口增速分别低于整体增幅13.1和13.4个百分点。传统大宗商品出口平稳增长，纺织服装、鞋类、家具、箱包、塑料制品及玩具合计出口2865亿美元，增长22.8%。此外，“两高一资”产品出口得到进一步控制，煤炭、钢坯及成品油出口数量分别下降19.7%、96.5%和6.0%。前三季度，外贸增长呈现由价格和数量协调拉动的积极变化。在调结构等政策措施引导下，企业加快转型升级步伐，通过培育自主品牌、增加附加值等方式提高价格，消化成本能力增强，议价能力得到提高。前三季度，我国出口商品价格平均上涨9.9%，高于去年同期8.3个百分点。

（3）民营企业表现抢眼，一般贸易比重上升。从经营主体看，尽管内外部环境趋紧、企业经营困难加大，但中国民营企业经营机制灵活、转型加快，根据国内外形势变化及时调整外贸策略，企业竞争力、开拓市场及抗风险能力日益增强，进出口增速明显快于其他主体。前三季度，民营企业出口4627.9亿美元、进口2765.9亿美元，分别增长34.8%和45.8%，高于整体增幅12.1和19.1个百分点。国有企业出口增长16.3%，进口增长28.4%。外资企业进出口增速低于总体水平。外资企业进出口13689.1亿美元，增长18.4%，占进出口总额比重为51.1%，同比降低2.7个百分点，其中出口、进口占比分别降低2.1和3.2个百分点。在民营企业进出口增速加快的带动下，一般贸易增长也快于加工贸易。1～9月，一般贸易进出口14157.5亿美元，增长31.7%，高于加工贸易16.9个百分点，占进出口比重达到52.9%，比2010年年底提高2.8个百分点。一般贸易出口6740.9亿美元，占出口比重48.4%；加工贸易出口6127.6亿美元，占出口比重44%。一般贸易出口比重近年来首次超过加工贸易。

……

带着问题学习：

1. 什么是国际贸易？国际贸易有哪些分类？
2. 你能看懂这篇报告吗？报告中有多少名词你是不理解的？
3. 完成本项目的学习后，请再阅读本案例并理解其中的信息。

一、国际贸易的定义

（一）贸易

贸易（Trade），是自愿的货品或服务交换。贸易也被称为商业（Commerce）。贸易是在一个市场里面进行的。最原始的贸易形式是以物易物，即直接交换货品或服务。例如，生产土豆的农民用土豆来交换猎人的猎物。现代的贸易则普遍有用于讨价还价的媒介，比如说金钱。这样，买和卖就被分离开来。金钱的出现（以及后来的钞票、信用证及非实体金钱）大大简化和促进了贸易。两个贸易者之间的贸易称为双边贸易（Bilateral Trade），多于两个贸易者的则称为多边贸易（Multilateral Trade）。

贸易出现的原因众多。由于劳动力的专门化，个体只会从事一个小范畴的工作，所以他们必须以贸易来获取生活的日用品。两个地区之间的贸易往往是因为一地在生产某产品上有相对优势，如有较佳的技术、较易获取原材料等；又或者是因为不同大小的地区顾虑到了规模生产的好处。这样，地区间以市场价格进行的贸易对双方都有利。

（二）国际贸易和对外贸易

国际贸易（International Trade）是指不同国家（地区）之间的商品和劳务的交换活动。国际贸易是商品和劳务的国际转移，它反映了各国（地区）在经济上相互依存、相互依赖的关系。

国际贸易是一个历史范畴，是人类历史发展到一定阶段的产物。由于国际贸易的产生与发展必须以国家的存在为前提，即这种交换活动发生在世界范畴，故又称为世界贸易（World Trade）。随着工业化和交通的不断进步，世界经济一体化也在日益发展。尽管各国均在不同程度上设置了贸易障碍，国际贸易依然在不断地扩大。它已成为衡量世界经济发展的重要指标。

工作提示

国际贸易是笼统的叫法，我们一般会站在本国的角度考虑对外贸易。

对外贸易（Foreign Trade）是指一个国家（地区）与别国（地区）之间的货品、服务及与贸易有关的要素交换活动，反映了该国（地区）与世界其他国家（地区）的经贸关系。一些海岛国家或地区如英国、日本及中国台湾等常把对外贸易称为海外贸易（Oversea Trade）。在许多国家，对外贸易是其国内生产总值（GDP）的一个重要组成部分。

思考

中国把大熊猫送给美国是否属于对外贸易？为什么？

国际贸易与对外贸易是总体与局部的关系，其实质内容是一致的。当从全球的范围来看这种各国间货物、服务及要素的交换活动时，我们称之为国际贸易或世界贸易；当从一个国家的角度来看它与其他国家（地区）之间的交换活动时，则称之为该国的对外贸易。

（三）国际贸易与国内贸易的区别

国际贸易区别于国内贸易的基本特征是国际贸易必定是跨国境交易。这种跨国境交易使得国际贸易有着国内贸易所没有的特征：

（1）各国的经济政策不同；
（2）语言、法律及风俗习惯不同；
（3）各国间货币、度量衡、海关制度等不同；
（4）国际贸易的商业风险大于国内贸易。

综上所述，国际贸易比国内贸易更复杂。

工作提示

正是因为国际贸易的复杂性使得国际贸易从业人员素质要求比国内贸易从业人员要高。

二、国际贸易的分类

（一）按商品流向分

按商品流向分，国际贸易可分为出口贸易、进口贸易和过境贸易。

1．出口贸易

出口贸易（Export Trade）是指将本国的商品或服务输出到外国市场销售。

2．进口贸易

进口贸易（Import Trade）是指将外国的商品或服务输入本国市场销售。

3．过境贸易

过境贸易（Transit Trade）是指甲国的商品经过丙国境内运至乙国市场销售，对丙国而言就是过境贸易。由于过境贸易对国际贸易的阻碍作用，目前 WTO 成员之间互不从事过境贸易。

工作提示

进口贸易和出口贸易是就每笔交易的双方而言，对于卖方，就是出口贸易；对于买方，就是进口贸易。此外输入本国的商品再输出时，成为复出口；输出国外的商品再输入本国时，称为复进口。

（二）按商品的形态分

按贸易商品的形态进行分类，国际贸易可分为有形贸易和无形贸易。

1．有形贸易

有形贸易（Visible Trade）是指有实物形态的商品的进出口。例如：机器、设备、家具等都是有实物形态的商品，这些商品的进出口称为有形贸易。《联合国国际贸易标准分类》（SITC）把国际货物贸易分为 10 大类，分别是（括号内为编号）：

（00）食品及主要供食用的活动物；

（01）饮料及烟类；

（02）燃料以外的非食用粗原料；

（03）矿物燃料、润滑油及有关原料；

（04）动植物油脂；

（05）未列明化学品及有关产品；

（06）主要按原料分类的制成品；

（07）机械及运输设备；

（08）杂项制品；

（09）没有分类的其他制品。

思考

按照 SITC 分类列举有形商品和无形商品的例子。

在国际贸易统计中，一般把 0～4 类商品称为初级产品，把 5～8 类商品称为制成品。

2. 无形贸易

无形贸易（Invisible Trade）是指没有实物形态的技术和服务的进出口。专利使用权的转让、旅游及金融保险企业跨国提供服务等都是没有实物形态的商品，其进出口称为无形贸易。乌拉圭回合达成的《服务贸易总协定》第一条对国际服务贸易定义作出四项规定：

（1）跨境交付。即从一成员方境内向任何其他成员方境内提供的服务。

（2）境外消费。即一成员方的服务消费者到另一成员方接受服务。

（3）商业存在。即一成员方的服务提供者通过在其他成员方境内建立经营企业或专业机构来提供服务。

（4）自然人流动。即一成员方的服务提供者到其他成员方境内提供服务。

国际技术贸易是指不同国家的企业、经济组织或个人之间，按照一般商业条件，向对方出售或从对方购买软件技术使用权的一种国际贸易行为。技术贸易的主要方式有许可证贸易、技术咨询和专业人才培训、工程设计及设备安装和调试等。许可证贸易是技术进出口采用的主要形式，主要包括专利使用权的转让、商标使用权的转让和技术诀窍的转让。

（三）按是否有第三者参与分

按是否有第三者参与对国际贸易进行分类，可分为直接贸易、间接贸易和转口贸易。

1. 直接贸易

直接贸易（Direct Trade）是指商品生产国与商品消费国不通过第三国进行买卖商品的行为。贸易的出口国方面称为直接出口，进口国方面称为直接进口。

2. 间接贸易

间接贸易（Indirect Trade）是指商品生产国与商品消费国通过第三国进行买卖商品的行为。间接贸易中的生产国称为间接出口国，消费国称为间接进口国。

3. 转口贸易

间接贸易中的第三国就是转口贸易国，第三国所从事的就是转口贸易（Entrepot Trade）。例如，战后的伊拉克有一些商机，但是风险也很大。我国的有些企业在向伊拉克出口商品时，大多是先把商品卖给伊拉克的周边国家，再由伊拉克的周边国家转口到伊拉克。

工作提示

很多和中国没有建立贸易关系的国家在进行贸易时都会选择转口贸易，而香港则是我国出口商最常选择的转口港。

（四）按货物出入国境或关境分

国境是指一个国家行使全部主权的国家空间，包括领陆、领海、领空。关境的定义是“完全实施同一海关法的地区”。一般情况下，关境等于国境。但有些国家关境不等于国境。而按照贸易货物出入国境或关境分，国际贸易可分为总贸易和专门贸易。

1. 总贸易

许多国家划分进出口是以国境为标准，凡进入国境的商品一律列为进口；凡离开国境的商品一律列为出口。前者叫总进口，后者叫总出口。总进口额加总出口额就是一国的总贸易额。过境贸易列入总贸易。采用此种划分标准的有美国、日本、英国、加拿大、澳大利亚及东欧等。我国也采用总贸易体系。

2. 专门贸易

有许多国家划分进出口以关税为标准，当外国商品进入国境后，暂时存放在保税仓库，尚未进入关境，一律不列为进口，只有从外国进入关境的商品以及从保税仓库提出的进口商品，才列入进口，即为专门进口。对于从国内运出关境的本国产品，以及进口后经加工又运出关境的商品则列为出口，即专门出口。专门进口额加专门出口额即为专门贸易额，过境贸易不列入专门贸易。目前采用这种划分办法的主要有法国、德国、意大利及瑞士等。

工作提示

运入保税区的货物可以进行储存、改装、分类、混合、展览，以及加工制造，但必须处于海关监管范围内。外国商品存入保税区，不必缴纳进口关税，尚可自由出口，只需交纳存储费和少量费用，但如果要进入关境则需交纳关税。

（五）按货物运输方式分

按照贸易货物选择的运输方式，国际贸易可分为陆运贸易、海运贸易、空运贸易及邮购贸易。

1. 陆运贸易

陆运贸易（Trade By Roadway）是指陆路相连的国家之间的贸易。通常采用陆路运输方式，主要运载工具有火车、汽车等。

2. 海运贸易

海运贸易（Trade By Seaway）是指通过海上运输的贸易。船舶是主要运输工具。国际贸易中，绝大部分货物是靠海上运输完成交付。

工作提示

海运是国际贸易中最主要的运输方式，占国际贸易总运量中的三分之二以上，我国绝大部分进出口货物，都是通过海运方式运输的。

3. 空运贸易

空运贸易（Trade By Airway）是指采用航空运输方式进行的贸易。一般用于贵重或数量较少，且无法经受长时间运输的商品。

4. 邮购贸易

邮购贸易（Trade By Mail Order）是指采用邮政包裹方式寄送货物的贸易。数量不多的货物如样品等，通常采用这种方式，其主要优点是服务周到、方便客户。

三、国际贸易相关概念

（一）对外贸易值与对外贸易量

1. 对外贸易值

对外贸易值（Value of Foreign Trade）是以货币表示的贸易金额。一定时期内一国从国外进口的商品的全部价值，称为进口贸易总额或进口总额；一定时期内一国向国外出口的商品的全部价值，称为出口贸易总额或出口总额。两者相加为进出口贸易总额或进出口总额，是反映一个国家对外贸易规模的重要指标。一般用本国货币表示，也有用国际上习惯使用的货币表示。联合国编制和发表的世界各国对外贸易值的统计资料，是以美元表示的。我国 2002 年至 2011 年进出口总体情况如图 1-1 所示。

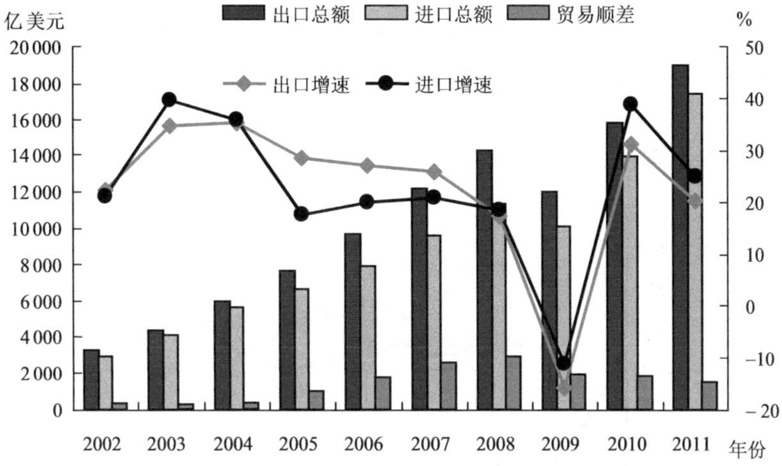

图 1-1　2002 年至 2011 年中国进出口贸易总体情况

数据来源：中国海关统计数据

如图 1-1 所示，我国 2002 至 2011 年各年出口额均大于进口额。进出口增速受金融海啸影响，2009 年为负值。

把世界上所有国家的进口总额或出口总额用同一种货币换算后加在一起，即得世界进口总额或世界出口总额。从世界范围来看，一国的出口就是另一国的进口，因此为了避免重复计算，一般更多地把出口值相加，作为国际贸易值。由于各国一般都是按 FOB 价计算出口额，按 CIF 价计算进口额，因此世界出口总额略小于世界进口总额。

工作提示

学习了国际贸易实务课程后，你会知道 CIF 价是在 FOB 价的基础上包含了运输和保险费用，因此，CIF 价会比 FOB 价略高。

2. 对外贸易量

对外贸易量（Quantum of Foreign Trade）是指用进出口商品的计量单位来表示进出口商品的规模，是为剔除价格变动的影响，并能准确反映一国对外贸易的实际数量而确立的一个指标，它能确切地反映一国对外贸易的实际规模。具体计算是以固定年份为基期而确定的价格指数去除报告期的出口或进口总额，得到的是相当于按不变价格计算的进口额或出口额，叫做报告期的对外贸易量。

以货币所表示的对外贸易值经常受到价格变动的影响，因而不能准确地反映一国对外贸易的实际规模，更不能使不同时期的对外贸易值直接比较。而以一定时期为基期的贸易量指数同各个时期的贸易量指数相比较，就可以得出比较准确反映贸易实际规模变动的贸易量指数。

（二）贸易差额与国际收支

1. 贸易差额

贸易差额（Balance of Trade）是指一国在一定时期（如一年）内出口额与进口额的差额。如出口额大于进口额叫出超，又称贸易顺差；如进口额大于出口额叫入超，又称贸易逆差，若出口额等于进口额则称贸易平衡。

如图 1-2 所示，自 2011 年 1 月至 12 月止，我国第一季度出现罕见的对外贸易逆差，而后各月对外贸易均实现顺差。

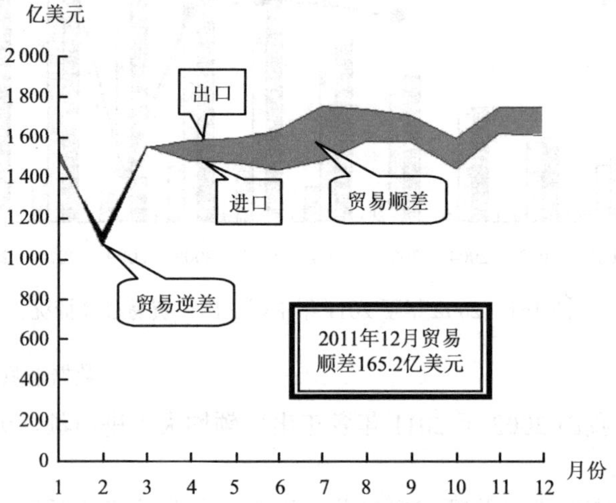

图 1-2　中国 2011 年各月份进出口差额

数据来源：中国海关统计数据

贸易差额是衡量一国对外贸易状况的重要标志之一。在一般情况下，贸易顺差表明一国商品在世界市场的竞争中处于优势，贸易逆差表明一国商品在世界市场的竞争中处于劣势。图 1-2 反映了我国 2011 年 1 月至 12 月度进出口差额情况。

2. 国际收支

国际收支（Balance of Payment）是指一国在一定时期内（通常为一年）对外国的全部经济交易所引起的收支总额的记录。如果收入大于支出就叫国际收支顺差；支出大于收入就叫国际收支逆差；收支相等叫国际收支平衡。绝对的国际收支平衡非常少。国际收支集中反映在国际收支平衡表中，能从一个侧面反映一国的经济实力及对外经济活动状况。

工作提示

贸易顺差或逆差也可用于衡量贸易双方国的相对贸易状况。如某一时期中国对日本贸易逆差，但这一时期中国总体实现贸易顺差。

（三）对外贸易与国际贸易商品结构

对外贸易商品结构（Composition of International Trade）是指一定时期内一国对外贸易中各种商品的组成情况，即某种大类或某种商品的进出口贸易额与整个进出口贸易额之比，它反映了该国的产业结构状况、经济发展水平及在国际分工中所处的地位。

国际贸易商品结构是指一定时期内各类商品或某种商品在整个世界贸易中所占的比重。国际贸易商品一般依照《联合国国际贸易标准分类》（SITC）进行分类。我国 2011 年 1～9 月进出口商品构成见表 1-1。

表 1-1　进出口商品构成表

（单位：亿美元）

商品构成（按 SITC 分类）	出 口 金 额	进 口 金 额
总　值	13 922.70	9 863.4
一、初级产品	742.80	3 222.8
00 类 食品及活动物	360.33	119.8
01 类 饮料及烟类	16.78	13.8
02 类 非食用原料（燃料除外）	112.60	1 468.1
03 类 矿物燃料、润滑油及有关原料	248.97	1 530.7
04 类 动植物油、脂及蜡	4.13	90.4
二、工业制品	13 179.89	6 640.6
05 类 化学成品及有关产品	858.84	1 047.9
06 类 按原料分类的制成品	2 357.44	926.1
07 类 机械及运输设备	6 571.22	3 783.3
08 类 杂项制品	3 375.80	849.1
09 类 未分类的商品	16.60	34.2

数据来源：中华人民共和国海关

从表中可以看到，工业制品是我国主要出口商品，其中机械及运输设备所占比例最大。这些产品主要是加工制造产品。

（四）对外贸易与国际贸易地理结构

国际贸易地理结构（Geographical Composition of Foreign Trade and International Trade），即各洲、各国（地区）或各个国家集团的进出口总额在国际贸易额中所占的比重，表明其在国际贸易中所处的地位，即其国际商品流通的水平。以洲来计算国际贸易值，目前欧洲第一、美洲第二、亚洲第三、拉美第四、非洲第五、大洋洲第六；以国别而论，美国第一、德国第二、中国第三。

由于对外贸易是一国与别国之间发生的商品交换，因此把对外贸易按商品分类和按国家份额结合起来研究分析，即把商品结构和地理结构的研究结合起来，可以说明一国出口中不同类别商品的去向和进口中不同类别商品的来源，具有重要意义。

一国的对外贸易地理结构是指该国进出口贸易总额的国别和地区情况，通常是以其与各国（地区）的进出口总额在该国对外贸易额中所占的比重来表示。对外贸易地理结构表明一国出口商品的去向和进口商品的来源，从而反映了该国同世界各国的经济联系程度。表 1-2 是我国 2011 年 1～9 月出口贸易分洲别结构情况。

表 1-2　我国 2011 年 1～9 月出口贸易分洲别结构情况

（单位：亿美元）

洲别（地区）	金　额	同比%	占比%	占比变化
总　值	13 922.7	22.7	100	
亚洲	6 577.45	26	47.2	1.2
东盟	1 240.89	24.7	8.9	0.1
中国香港	1 948.19	27.9	14	0.6
欧洲	3 077.38	19.5	22.1	–0.6
欧盟	2 653.15	17.4	19.1	–0.9
北美	2 547.48	14.7	18.3	–1.3
美国	2 356.65	14.7	16.9	–1.2
拉美	891.45	34.9	6.4	0.6
大洋洲	295.45	28.6	2.1	0.1
非洲	533.48	21.5	3.8	0.0

数据来源：中华人民共和国海关

表 1-2 中显示我国与亚洲的贸易量最大，主要原因是内地出口香港再转出口的数据涵盖在里面。实际上，按洲别来看，欧美是我国的主要贸易合作伙伴，而对拉美地区新兴国家的贸易则增长迅猛。

（五）对外贸易依存度

对外贸易依存度（Ratio of Dependence on Foreign Trade）又称对外贸易系数。一国对外贸易依存度是指一定时期内该国对外贸易额在该国国内生产总值（GDP）或国民生产总值（GNP）中所占的比重，目前大多数采用后者计算。它反映一国对外开放的程度，一国对外贸易在其国民经济中所占的地位和该国经济对世界市场的依赖程度。出口依存度是指一国在一定时期内出口值与国内生产总值之比，反映了该国新创造的商品和劳务总值中有多少比重是输出到国外的，也反映了该国经济活动与世界经济活动的联系程度。出口依存度越高，说明其国内经济活动对世界经济活动的依赖程度越大。而进口值与国内生产总值之比称为进口依存度，又称为市场开放度。外贸依存度过高，国内经济发展易受国外经济影响或冲击，世界经济不景气对本国经济冲击较大。外贸依存度过低，就说明没有很好利用国际分工的长处。

工作提示

对外贸易依存度也可以用于预测一国在世界经济波动较大时将受到的影响程度。

第二节 国际分工与世界市场

入门案例

“世界工厂”面临痛苦蜕变㊀

从历史上看，英国、美国与日本以其强大的创新与制造能力，先后扮演了“世界工厂”的角色，源源不绝地生产出各色产品、各种机器与各类设备，成为“全球经济和贸易的核心国”（美国经济学家阿瑟•刘易斯语）。

英国于19世纪中期成为“世界工厂”。作为“世界工厂”，英国创立了以蒸汽机为动力、分工合作与规模生产的近代工厂，成为国际分工的高地，是全球的制造中心，也是全球经济中心与财富集散中心。

类似英国，美国也是通过执新一轮工业革命之牛耳而成为“世界工厂”的，在生产技术与生产能力上拥有对手无与伦比的优势地位，以及支配世界市场的能力。与英国先驱者不同的是，美国是用一系列知名品牌来标识自己“世界工厂”的地位的，作为后起的“世界工厂”，美国创立了“泰勒制”与“福特流水生产线”，奠定了现代工厂的基础。

通过“重化学工业化”和“加工贸易立国”（1955～1974年），日本主动承接国际分工，奠定经济起飞基础。第一次石油危机后，日本转变经济发展战略，提出“技术立国”（1975～1990年）新思维，不断实现技术突破与革新，大规模生产世界最精细又不失价格优势的产品。作为新兴“世界工厂”，日本不仅实现了企业生产方式的革命（如“丰田模式”），而且实现了资本主义组织方式的革命，即所谓“日本式经营”（终身雇佣、年功序列和企业内工会），为世界经济与人类社会发展作出杰出贡献。

就英、美、日的历史经验来看，一个国家要成为“世界工厂”，一般具备这样一些条件：①该国的工业生产能力、研究开发能力、技术创新能力及经营管理水平等已位于世界同类企业和同类行业的前列，在世界市场结构中处于相对垄断地位；②该国的工业必须达到一定的规模，其工业产值必须占到世界工业产值的相当比重；③该国的工业品主要不是用于国内消费，其出口必须占到世界工业品出口总额的较大比例，影响甚至决定着世界市场的供求关系、价格走向以及未来市场的发展趋势；④该国的工业生产不仅为世界大规模提供各类物品，而且为世界贡献批量科学技术尤其是新的管理经验，使世界工业文明跃上新的台阶。

带着问题学习：

1. 什么是国际分工？国际分工经历了哪些阶段？
2. 什么是世界市场？世界市场发展经历了哪些阶段？
3. 影响对外贸易市场选择的因素有哪些？
4. 根据入门案例的内容，你认为中国是“世界工厂”吗？为什么？

㊀ 文章来源：新华网，2010年08月28日。

一、国际分工

（一）国际分工的含义

那么什么是国际分工？国际分工（International Division of Labor）指世界上各国（地区）之间的劳动分工，是各国生产者通过世界市场形成的劳动联系，是国际贸易和各国（地区）经济联系的基础。它是社会生产力发展到一定阶段的产物，是社会分工从一国国内向国际延伸的结果，是生产社会化向国际化发展的趋势，推动着世界市场的形成和扩大。

国际分工的发生和发展主要取决于两个条件：①社会经济条件，包括各国的科技和生产力发展水平，国内市场的大小，人口的多寡和社会经济结构；②自然条件，包括资源、气候、土壤及国土面积的大小等。这里，生产力的发展是促使国际分工发生和发展的决定性因素，科技的进步是国际分工得以发生和发展的直接原因。

社会分工产生于原始社会末期，但由于当时的生产力水平低，还没有从社会分工发展到国际分工。直到资本主义生产方式确立以后，国际分工才发展了起来。

（二）国际分工的种类

（1）按参加国际分工经济体的生产技术水平和工业发展情况的差异来分类，可划分为两种不同类型的国际分工形式。

1）垂直型分工。经济技术发展水平相差较大的经济体之间的分工。垂直分工是相对于水平分工的称呼。它分为两种。一种是指部分国家供给初级原料，而另一部分国家供给制成品的分工形态，如发展中国家生产初级产品，发达国家生产工业制成品，这是不同国家在不同产业间的垂直分工。一种产品从原料到制成品，须经多次加工。经济越发达，分工越细密，产品越复杂，工业化程度越高，产品加工的次序就越多。加工又分为初步加工（粗加工）和深加工（精加工）。只经过初加工的产品为初级产品，经过多次加工最后成为制成品。初级产品与制成品这两类产业的生产过程构成垂直联系，彼此互为市场。另一种是指同一产业内技术密集程度较高的产品与技术密集程度较低的产品之间的分工，或同一产品的生产过程中技术密集程度较高的工序与技术密集程度较低的工序之间的分工，这是相同产业内部因技术差距引致的分工。

工作提示

分析国际分工可以从宏观，即国际经济关系角度进行分析，也可以从微观，即产业部门关系角度分析。

思考

古巴和美国之间的分工属于什么类型的国际分工？

2）水平型分工。经济发展水平相同或接近的国家（如发达国家及一部分新兴工业化国家）之间在工业制成品生产上的分工。当代发达国家的相互贸易主要是建立在水平型分工的基础上的。水平分工可分为产业内与产业间水平分工。产业内水平分工又称为“差异产品分工”，是指同一产业内不同厂商生产的产品虽有相同或相近的技术程度，但其外观设计、内在质量、规格、品种、商标、牌号或价格有所差异，从而产生的分工和相互交换，它反映了寡头企业的竞争和消费者偏好的多样化。随着科学技术和经济的发展，工业部门内部专业化生产程度越来越高。部门内部的分工、产品零部件的分工及各种加工工艺之间的分工越来越细。这种部门内水平分工不仅存在于国内，而且广泛地存在于国与国之间。产业间水平分工则是指不同产业所生产的制成品之间的分工和贸易。由于发达资本主义国家的工业发展有先有后，侧重的工业部门有所不同，各国技术水平和发展状况存在差别，因此，各类工业部门生产方面的分工日趋重要。各国以其重点工业部门的产品去换取非重点工业部门的产品。工业生产之间的分工不断向纵深发展，由此形成水平型分工。

3）混合型分工。混合型国际分工即垂直型和水平型混合的国际分工。从一个国家来看，它在国际分工体系中既参与“垂直型”的分工，也参与“水平型”的分工。例如，德国是混合型国际分工的代表，它对发展中国家是垂直型的，而对其他发达国家是水平型的。

> **思考**
> 试列举各种国际分工类型的例子。

（2）按分工是否在产业之间或产业内部，则分工包括产业间分工和产业内分工。

1）产业间经济分工。不同产业部门之间生产的分工专业化。也可以更进一步地理解为劳动密集型产业、资本密集型产业及技术密集型产业不同产业之间的分工。

2）产业内经济分工。产业内分工是指在同一产业内产品的“差别化”分工和产品生产工序中的分工，即中间产品与组装成品的分工。一般来说，技术含量高的关键部件和组装成品由发达国家的企业生产，大量的一般元器件由发展中国家的企业生产。产业内部分工主要有以下三种表现形式：①同类产品不同型号规格专业化分工。在某些部门内某种规格产品的生产专业化，是部门内分工的表现形式。②零部件专业化分工。许多国家为其他国家生产最终产品而生产的配件、部件或零件的专业化。目前，这种生产专业化在许多种产品的生产中广泛发展。我国自 20 世纪 80 年代以来通过 FDI 实现了引进资本和成熟技术与国内廉价劳动力的结合，成为世界的劳动密集型产品生产中心和 OEM 制造中心。在这样的产品内分工体系中，中国承担着产品生产工序的最后一个环节——加工组装,然后向全球出口产品。③工艺过程专业化分工。这种专业化过程不是生产成品而是专门完成某种产品的工艺，即在完成某些工序方面的专业化分工。以化学产品为例，某些工厂专门生产半成品，然后将其运输到一些国家的化学工厂去制造各种化学成品。

> **思考**
> 试列举产业内经济分工的产业例子。

> **工作提示**
> OEM 是 Original Equipment Manufacturer 的缩写，意指受托厂商按原厂之需求与授权，依特定的条件而生产。

（三）国际分工的发展阶段

国际分工在近代和现代发展的过程中经历了若干阶段。

> **工作提示**
> 国际分工的发展阶段是以社会生产力的发展阶段为基础进行划分的，因此这些阶段的划分同国际贸易和世界市场发展阶段的划分基本上是一致的。

1．国际分工的萌芽阶段

16 世纪至 18 世纪中叶是资本主义原始积累时期，同时也是国际分工的萌芽阶段。地理大发现和殖民掠夺成为这一时期国际贸易快速发展的推动力。随着 15 世纪末的地理大发现，西欧国家海外贸易活动的范围大大扩展。伴随着海外探险活动，欧洲殖民主义者开始了对亚洲、非洲及美洲的殖民历史。先是西班牙殖民主义者在中美洲大量掠夺金银，随后是葡萄牙殖民主义者在美洲、亚洲和非洲的殖民主义掠夺，其后荷、英、法等国也先后走上了殖民主义的道路。在近 3 个世纪的殖民掠夺中，欧洲殖民主义者通过掠夺金银和奴隶贸易，加速了资本原始积累的进程，同时为国际分工的形成和发展奠定了物质基础。

2．国际分工的形成阶段

18 世纪后半期到 19 世纪末 20 世纪初是资本主义自由竞争时期。由于主要资本主义国家先后完成了工业革命，生产力得到了空前提高并推动了社会分工向国际分工的大规模转变，为国际贸易的发展提供了强大的物质技术基础，加速了主要资本主义国家的工业化进程。

在这一时期，英国在工业革命中的成就最大。蒸汽机的发明和运用一下子拉大了英国与其他文明区域的技术差距，机械工业从手工业中分离出来的国际分工使得 19 世纪初的英国有“世界工厂”之称。1820 年英国的工业产量占世界工业总产量的一半以上，1850 年以后英国一半以上的工业制成品被销往国外市场，而工业原料大部分从国外进口。因此，英国是当时国际贸易的中心。

另一方面，国际贸易的发展进一步推动了以技术为基础的工业国与以自然条件为基础的农业国之间的分工。即殖民地、附属国成为宗主国的工业品销售市场和食品、原料的来源地。

3．国际分工的发展阶段

19 世纪 70 年代至 20 世纪初，英、美、德等国进行了以电力和内燃机为代表的第二次科技革命。新技术的运用推动了一些新兴行业的发展，同时使世界的交通运输业发生了革命性的变化，交通、通信工具的发展、运输费用的下降，使越来越多的国家（地区）卷入国际贸易。这一阶段国际贸易快速发展，国际贸易额增长了 3 倍。同时，主要资本主义国家的垄断组织逐步形成并占据了经济的支配地位，通过商品输出尤其是资本输出，西方主要资本主义国家瓜分了世界绝大部分市场。由于生产国际化和资本国际化的趋势日益增长，国际分工也得到了空前的发展。

这一时期国际分工的特征是形成了门类比较齐全的“产业间”国际分工和“垂直型”分工体系。一方面，前一阶段宗主国与殖民地之间的分工继续向深度和广度发展，主要资本主义国家加紧在殖民地国家兴办面向国际市场的种植业和采矿业，加深了世界工厂与世界农村的对立面。另一方面，主要资本主义国家之间的分工也日益发展起来。例如，英国侧重于材料工业的钢铁生产，德国侧重于发展化学工业，挪威着重开展铝的专业化生产，芬兰则主要生产木材加工工业。

4．国际分工的深化阶段

20 世纪 30 年代的大萧条推动了国家垄断资本主义的发展，随着第二次世界大战后社会主义阵营的形成，国际政治经济格局发生了巨大变化，资本主义国家和社会主义国家长期对峙，国际分工格局发生了很大变化。同时，以电子、航空和原子能为标志的第三次科技革命推动了世界经济和国际贸易的迅速发展，国际分工获得了前所未有的纵深发展。

20 世纪 50 年代，资本主义国家中尤其是欧洲国家出现了几次国有化浪潮，国家垄断资本主义得到了迅速发展，社会主义国家以计划经济方式对主要的工业和国际贸易实行国际垄断，世界政治经济出现了大动荡、大改组的局面，在国际贸易中出现长期的禁运和反禁运的较量。在这种形势下，国际分工格局出现了重大变化。

（1）工业国与非工业国之间的“垂直型”分工为主导的国际分工格局日益走向工业国之间的“水平型”分工为主导的国际分工格局，世界市场逐渐形成了美国、欧洲、日本三足鼎立的局面。第二次世界大战后，亚非拉许多殖民地国家纷纷走上政治独立、发展民族经济的道路，且社会主义国家纷纷进行市场取向的经济改革，大多数发展中国家的民族经济得到了不同程度的发展，很大程度上冲击了原来的宗主国和附属国之间的垂直型分工。

> **思考**
> 为什么说殖民地国家的独立会冲击原来的宗主国和附属国之间的垂直型分工？

（2）各国之间的“产业间”分工向跨国集团内部的“产业内”分工发展。随着第二次世界大战后经济全球化的逐步推进，世界市场上的垄断力量更加强大，竞争日趋激烈，经济一体化或贸易集团化日益突出，跨国公司在世界生产和贸易中发挥着越来越大的作用，促使发达国家间的产业内贸易、服务贸易迅速发展，从而推动了跨国集团内部的产业内分工。

进入 20 世纪 90 年代后，苏联解体，欧盟建立，北美自由贸易区和亚太经合组织成立，以及东盟成为自由贸易区，国际分工进入一个多极化发展的时代。

（四）国际分工对国际贸易的影响

1. 促进国际贸易的发展

国际分工是国际贸易发展的基础。生产的国际专业化分工不仅提高劳动生产率，增加世界范围内的商品数量，而且增加了国际交换的必要性，从而促进国际贸易的迅速增长。

2. 影响国际贸易的商品结构

国际分工的深度和广度不仅决定国际贸易发展的规模和速度，而且决定国际贸易的结构和内容。第一次科技革命以后，世界上形成了以英国为中心的国际分工。在这个时期，由于大机器工业的发展，国际贸易商品结构中出现了许多新产品，如纺织品、船舶、钢铁和棉纱等。

第二次科技革命以后，形成的国际分工的世界体系，使国际分工进一步深化，使国际贸易的商品结构也发生了相应的变化：①粮食贸易大量增加；②农业原料和矿业材料，如棉花、橡胶、铁矿及煤炭等产品的贸易不断扩大。此外，机器、电力设备、机车及其他工业品的贸易也有所增长。第二次世界大战后发生的第三次科技革命，使国际分工进一步向深度和广度发展，国际贸易商品结构也随之出现新的特点。主要表现在工业制成品在国际贸易中的比重不断上升，新产品大量涌现，技术贸易得到了迅速发展。

3. 改变了国际贸易的地理分布

世界各国的对外贸易地理分布是与它们的经济发展及其在国际分工中所处的地位分不开的。第一次科技革命后，以英国为核心的国际分工，使英国在世界贸易中居于垄断地位。此后，法国、德国及美国在国际贸易中的地位也显著提高。第二次世界大战后，由于第三次科技革命，发达国家工业部门内部分工成为国际分工的主导形式，因而西方工业发达国家相互间的贸易得到了迅速发展，而它们同发展中国家间的贸易则是下降趋势。

4．影响各国贸易政策的选择

国际分工状况如何，是各个国家制定对外贸易政策的依据。第一次科技革命后，英国工业力量雄厚，产品竞争能力强，同时它又需要以工业制品的出口换取原料和粮食的进口，所以，当时英国实行了自由贸易政策。而美国和西欧的一些国家工业发展水平落后于英国，它们为了保护本国的幼稚工业，采取了保护贸易的政策。第二次科技革命，资本主义从自由竞争阶段过渡到垄断阶段，国际分工进一步深化，国际市场竞争更加剧烈，在对外贸易政策上，便采取了资本主义超保护贸易政策。19 世纪 70 年代中期以前，贸易自由化政策为主导倾向；19 世纪 70 年代中期以后，贸易保护主义又重新抬头。西方国家贸易政策的这种演变，是和世界国际分工深入发展分不开的，也是与各国在国际分工中所处地位的变化密切相关。

二、世界市场

（一）世界市场的含义

世界市场（World Market）或称国际市场（International Market）是世界各国之间进行商品和劳务交换的领域，包括由国际分工联系起来的各个国家商品和劳务交换的总和。

我们从两个角度来理解世界市场。从地理范围来看，世界市场是各国商品交换场所的总和，是超越疆界的贸易场所，是国内市场的地理延伸。各国国内市场的形成是世界市场形成的前提，只有各国国内市场发展到一定程度，商品交换突破国家界限而扩大到世界范围，世界市场才能真正形成。在世界市场里，商品可以在国境以外的领域进行流通。从经济内涵来看，世界市场不仅包括一般的商品买卖活动的空间，还包括与对外贸易有关的货币结算、货物运输、货物保险等内容及由此产生的生产关系的总和。由于世界市场是以国家为媒介并超越国家界限而形成的商品交换关系的反映，因此，国际市场也受各国经济和政治关系的制约和影响。

（二）世界市场的分类

世界市场的构成十分复杂，可以按不同的标准进行分类。

1．按地理分布划分

世界市场按洲别或地区可以划分为西欧市场、北美市场、非洲市场及东南亚市场等；也可以按国别划分为美国市场、日本市场、德国市场、英国市场及中国市场等；联合国在有关的统计中把世界各国划分为发达国家市场、发展中国家市场和中央计划经济国家市场三大类。

图 1-3 中显示，2011 年 1～10 月我国纺织品服装仅对欧盟、美国、日本、东盟和中国香港五个地区的出口就占了全年出口额的 63%。

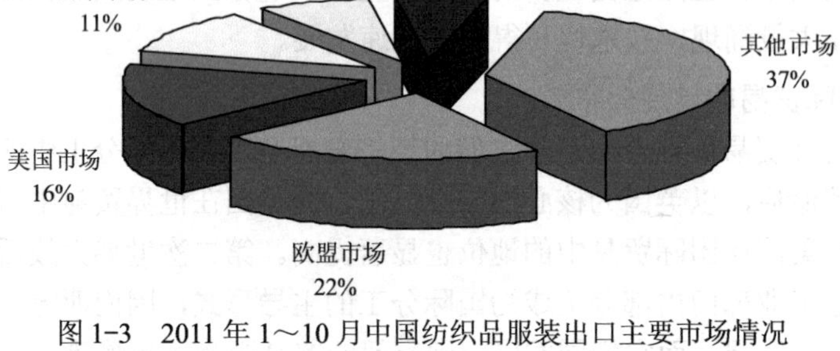

图 1-3 2011 年 1～10 月中国纺织品服装出口主要市场情况

数据来源：中国海关统计

工作提示

世界市场按地理分布或按市场对象划分的标准，常常也是外贸企业业务部门划分的标准。

2. 按市场对象划分

世界市场可以划分为商品市场、货币市场和劳务市场，其中商品市场是主体。也可按大类划分为纺织品市场、粮油市场、机械市场及化工市场等；还可按品种细分为小麦市场、咖啡市场、茶叶市场及汽车市场等。

3. 按消费者划分

根据不同消费群体的不同特点，可按性别、年龄、收入和职业等划分，如妇女用品市场、儿童用品市场及劳保用品市场等。

（三）世界市场价格

世界市场价格是指一种商品在国际贸易中被广泛承认的具有代表性的成交价格。通常是指在国际贸易中用自由外汇进行支付的普通商业合同价格。

1. 世界市场价格变动的决定因素

和国内市场价格一样，世界市场价格也是经常变动的，其变动不仅受价值规律的支配，而且还受一系列国际因素的影响。

思考

南美是世界大豆主要生产和出口地区。如果在大豆的生长期南美地区持续近一个月的干燥，试分析以豆粕为主要饲料的猪的猪肉价格可能会有什么样的变动？

（1）世界市场供给关系。世界市场供给关系是影响世界价格波动的直接因素，世界市场上某种商品的供求关系及其变动均会直接影响到这种商品的世界价值。根据微观经济学原理，商品供求变动的方向和幅度不同，对均衡价格的影响也不相同。这一原理同样适用于世界市场。供求变动对世界价格的影响可以分为以下几种情形：①当需求不变，供给增加（或减少）时，世界价格将下降（或上升）；②当供给不变，需求增加（或减少）时，世界价格将上升（或下降）；③当供给增加、需求减少（或供给减少、需求增加）时，世界价格将下降（或上升）；④当供给与需求同时增加（或减少）时，这对世界价格的影响并不确定，取决于供给与需求增加（或减少）幅度的比较。

（2）世界市场上的垄断。在世界市场上，垄断组织为了追求最大程度的利润，往往凭借他们所具有的经济力量，通过相互协议或联合，采取瓜分销售市场，规定统一价格，限制商品产量、销售量、购买量，以及采购时间等措施直接或间接地控制某一部门或几个部门的产品的世界价格。

此外，国际经济周期和有关国家的经济贸易政策等也是世界价格的重要影响因素。

2. 世界市场价格的类型

世界市场价格按其形成原因及变化特征可以分为以下几种：

（1）世界“自由市场”价格。世界“自由市场”价格是指在不受垄断或国际垄断力量干扰的条件下，国际上独立经营的买者和卖者之间进行交易的价格。任何一个买者或卖者都不能决定或操纵该商品的市场价格，其价格完全是在国际市场供求关系的影响下形成的。通常把大宗农产品、矿产品等初级产品的商品期货交易所和拍卖市场等的价格看作“自由市场”价格。

（2）世界“封闭市场”价格。世界“封闭市场”价格是买卖双方在一定的特殊关系下形成的价格，商品在国际间的供求关系一般对其不会产生实质性的影响。这类价格包括跨国公司内部交易的转移价格，跨国公司外部交易的垄断价格，区域经济贸易集团内部价格，以及国际商品协定或有关组织规定的价格等。

▶ 专栏

中国玩具产业的困境

中国是世界上最大的玩具生产国，现有各类玩具生产和出口企业 6 500 多家，约有 1 300 万从业人员。2011 年前 7 月，中国出口玩具总额达 52.46 亿美元，同比增加 10.34%。美国、欧洲和日本是中国玩具出口的主要市场，占出口总额的 90%，其中对美出口占出口总量的 60%以上。美国市场上出售的玩具有 80%以上来自中国。

入世初期，庞大的世界市场让中国玩具制造商尝到了甜头，中国玩具业经历了令人振奋的高速发展期。据高美和凯高玩具公司总经理黄奇毅介绍，2003 年位于广东的高美开始为麦当劳生产玩具，从 2003 年的 400 万美元订单起，几年时间订单就达到 1.5 亿美元的规模，产量达 2 亿多个。“国际市场太大了，所以这么多年来，发展势头不衰。我们其中的一家工厂，去年订单 400 万美元，今年 1 000 万美元，明年已有订单已经是 2 000 万美元了。”

即使在金融危机后三年来中国玩具业的产值和出口额连年攀升。然而，光鲜亮丽的增长数据并不能遮掩诸多玩具厂家“做得越多赚得越少”的困境。原材料涨价、劳动力成本增加和人民币汇率波动所导致的成本上升，“吃掉了”越来越多的利润，庞大的订单和出口额并没有给企业家们带来丰厚的收益。2011 年 7 月 14 号，继全球最大玩具厂商合俊玩具倒闭之后又一家老牌大型玩具企业东莞素艺玩具突然倒闭，由此我们可见一斑。

与此同时，玩具产业背后的劳工状况也令人担忧。在玩具厂工作的工人大部分是来自农村的女孩子。她们一天要工作十几个小时，经常每周要工作六天甚至七天，每小时的工资只有 35 美分甚至更低。同时，她们很多人没有任何医疗保险和社会保障，还要同有毒的化学物质打交道。为什么会出现这种状况呢？这是由于我国大多数玩具企业生产的玩具是以 OEM 的方式进入国际市场，即贴牌生产的。这种接受外国玩具生产商订单生产的模式，处于国际分工产业链的最低端，抵抗风险的能力相对较弱，更谈不上掌控定价权。工厂之间的竞争，使许多工厂为了接到订单，把单价尽量压到最低。在要保证品质的情况下，不能节约材料的费用支出，而劳工的价格就成为软性的、可变化的、工厂利润的最大来源。另外，我们看看产业链的其他环节。美国大玩具公司马特尔（Mattel）2004 年一年的广告费用是 6 亿 8 千 6 百万美元，年销售额是 46 亿 7 千万美元，这意味着马特尔花了总销售额 15%的钱在广告上。再看一下芝麻街的一个玩具，马特尔零售价是 19 块 9 毛 9 分，马特尔花其中的 3 块钱做广告，而付给中国工人 10 美分来生产这个玩具。马特尔花了比付给中国工人制造这一玩具多三十倍的钱来做广告。玩具的绝大部分利润都转移到国外。

另一方面，中国是玩具制造大国，同时中国玩具市场消费需求巨大，玩具消费增长非常迅速。但市场现状是，中国玩具市场多数被国外品牌占有，玩具价格昂贵，与中国居民的消费水平有很大差异，这就造成了虽然孩子需求玩具，家长也有心要买，但多数因为家长的消费支出不能满足玩具的价格要求，所以家长只能用代替品，或是用小玩具代替大玩具，或是只能制止孩子的购买欲望，或是减少购买数量等条件，来结束孩子一次又一次的纠缠。我们经常看到父母与孩子大动肝火的“玩具事件”。其实，没有哪位家长不想让孩子欢心，只能说多数中国家长所做的决定是无奈的。

（四）影响国际市场选择的外在因素

世界市场是一个非常庞大的市场，一般企业很难完全渗透到世界市场的每一个角落。准确选择合适的市场是企业业务发展的关键。企业选择进入他国市场时需要考虑如下因素：

1．政治环境

不同的国家有不同的对外贸易政策。有些国家接受外国企业在本国投资，并为这些企业提供许多例如减免税收或者其他投资优惠政策。有些国家则实施一些严厉的措施来迫使本国大型企业到其他政策相对宽松的国家设立工厂或投资。当一个企业决定进入到他国市场时，它应该考虑到东道国政府的政治稳定性。若一国政府缺乏稳定性，其对外贸易政策或对外投资政策可能会发生改变从而导致许多问题。通常由于国内政局动荡而引发的严重经济问题会导致政策的不稳定性。

> **思考**
>
> 单纯从政治环境考虑，作为出口商的你更愿意把产品销售到伊拉克还是迪拜？

更极端一点的情况下，有些国家不愿意与其他国家（地区）进行自由贸易，则选择了自给自足的封闭政策。选择这种对外政策的原因有很多，其中最主要的是其强烈的政治信仰。比如说，前苏联及其盟国，这些国家只在它们内部之间进行贸易，原因是苏联希望通过自给自足来避免西方国家通过贸易对其政府进行控制。然而自给自足的贸易限制使得其集团内部无法生产的物品出现短缺。由于无法满足需求，最终该集团内部的总体生活水平要低于西方国家。

2．经济环境

税收是影响企业进入世界市场的一个重要因素。针对不同的进口商品，可以征收不同的税赋，其中最常见的是关税。关税通常被定义为对进口物品进口时征收的消费税。

关税是最早的国际贸易壁垒。在各国政府的关税设置影响下，世界贸易急剧减少，致使受影响的国家财富下降，许多国家的失业率上升。认识到这点，在第二次世界大战后，各国开始商讨降低关税，目的是为了促进世界贸易，保证充分就业，提高实际收入。

> **工作提示**
>
> 经济环境对国际贸易影响非常大。事实上，近年来中国出口商品遭受到的许多海外限制都体现在经济环境上。

但是，一国政府依然可以采用非关税壁垒来保护国内市场。所谓非关税壁垒是指一个政府采取除关税以外的各种办法，如采用授权、许可证或复杂的操作程序来阻止商品进口到本国。这种做法可以提高进口商品的成本，延长进口时间，使得国外企业不愿将商品出口到这些市场从而打击出口国对本国的出口活动。日本和某些西方国家常常采用这些策略来限制进口。

另外，外币支付和汇率也是对国际贸易产生影响的主要因素。由于汇率的波动，采用外币结算会给一个企业带来潜在的风险。当外币的价值下降时，企业出口商品会出现损失。

3. 文化环境

在一家企业准备出口商品到其他国家前，它必须首先调查这些国家的社会准则、禁忌和价值观。这些信息对于商品是否能够成功打进一国市场、是否能够在一国顺利销售起着非常重要的作用。

贸易从业人员在了解外国风俗的同时，还应该考虑到这些国家的商务习惯。例如有些国家的人们在交谈时喜欢和对方靠得非常近；相反，有些国家的人们则喜欢保持一定距离。因此，在与国外朋友进行商务交流时，首先要先了解这些国家友人的文化风俗习惯。

案例链接

小兰一次向科威特出口一批冻北京鸭。合同规定：屠宰鸭要按伊斯兰教的用刀方法。货到科威特后，冻鸭体外完整，颈部无任何刀痕。进口当局认为违反了伊斯兰教的用刀方法，因此科威特的进口商拒绝收货，并要求小兰所在公司退回货款。

4. 物理环境

其他影响企业进入一国市场的因素还包括物理环境。物理环境包括自然环境和人工环境。自然环境包括一国资源情况和地理环境。人工环境是指建筑分布，如桥梁道路、港口车站等。这些物理环境会对国际贸易活动产生一定的影响。例如被山川湖泊包围而人口资源丰富的地区，如果没有发达的人工交通，则难以成为商品销售的市场。

思考

试分析一个你熟悉的城市的物理环境特点。

本 章 提 要

1. 贸易是自愿的货品或服务交换。当生产力发展到一定程度并使国家出现后便产生了国际贸易，即不同国家（或地区）之间的商品和劳务的交换活动。对一国而言，对外贸易是指该国与别国之间的货品、服务及与贸易有关的要素交换活动，反映了该国与世界其他国家的经贸关系。它和国内贸易有着明显区别。

2. 国际贸易按商品流向，可分为出口贸易、进口贸易、过境贸易；按商品的形态，可分为有形贸易、无形贸易；按是否有第三者参与，可分为直接贸易、间接贸易、转口贸易；按货物出入国境或关境，可分为总贸易和专门贸易；按货物运输方式，可分为陆运贸易、海运贸易、空运贸易、邮购贸易。

3. 对外贸易值是以货币表示的贸易金额。一定时期内一国从国外进口的商品的全部价值，称为进口贸易总额或进口总额；一定时期内一国向国外出口的商品的全部价值，称为出口贸易总额或出口总额。

4. 对外贸易量是指用进出口商品的计算单位来表示进出口商品的规模，是为剔除价格变动的影响，并能准确反映一国对外贸易的实际数量化而确立的一个指标，它能确切地反映一国对外贸易的实际规模。

5. 贸易差额是指一国在一定时期（如一年）内出口值与进口值的差额。如出口值大于进口值叫出超，又称贸易顺差；如进口值大于出口值叫入超，又称贸易逆差；若出口值等于进口值则称贸易平衡。

6. 国际收支是指一国在一定时期内（通常为一年）对外国的全部经济交易所引起的收支总额的记录。如果收入大于支出就叫国际收支顺差；支出大于收入就叫国际收支逆差；收支相等叫国际收支平衡。绝对的国际收支平衡非常少。

7. 对外贸易商品结构是指一定时期内一国对外贸易中各种商品的组成情况，即某种大类或某种商品的进出口贸易额与整个进出口贸易额之比，它反映了该国的产业结构状况、经济发展水平及在国际分工中所处的地位。

8. 国际贸易地理结构，即各洲、各国（地区）或各个国家集团的贸易总额在国际贸易额中所占的比重，表明其在国际贸易中所处的地位，即其国际商品流通的水平。以洲来计算国际贸易值，目前欧洲第一、美洲第二、亚洲第三、拉美第四、非洲第五、大洋洲第六；以国别而论，美国第一、德国第二、中国第三。

9. 一国对外贸易依存度是指一定时期内该国对外贸易额在该国国民生产总值（GNP）或国内生产总值（GDP）中所占的比重，目前大多数采用后者计算。它反映一国对外开放的程度，一国对外贸易在其国民经济中所占的地位和该国经济对世界市场的依赖程度。

10. 国际分工是指世界上各国之间的劳动分工，既可以分为垂直型、水平型和混合型分工，也可分为产业间和产业内分工。

11. 国际分工对国际贸易的影响包括促进国际贸易的发展，影响国际贸易的商品结构，改变国际贸易的地理分布以及影响各国贸易的选择。世界市场包括“自由市场”价格以及“封闭市场”价格。

12. 决定世界市场价格变动的因素有世界市场的供给关系和世界市场上的垄断。

13. 影响国际市场选择的外在因素包括政治环境、经济环境、文化环境及物理环境。

知识与技能训练

【名词解释】

国际贸易	对外贸易	出口贸易
进口贸易	过境贸易	有形贸易
无形贸易	直接贸易	间接贸易
转口贸易	总贸易	专门贸易
对外贸易值	对外贸易量	贸易差额
国际收支	对外贸易商品结构	对外贸易地理结构
对外贸易依存度	国际分工	垂直型国际分工
水平型国际分工	混合型国际分工	产业间国际分工

产业内国际分工　世界市场　世界市场价格
世界“自由市场”价格　世界“封闭市场”价格

【判断题】

1. 输入本国的货物未经加工制造再输入时，称为复出口。（　）
2. 间接贸易中的第三国就是转口贸易国，第三国所从事的就是转口贸易。（　）
3. 专利使用权的转让、旅游、金融保险企业跨国提供服务等属于无形贸易。（　）
4. 转口贸易是属于复出口，是过境贸易的一部分。（　）
5. 专门贸易是指以关境作为统计进出口标准的一种方法。（　）
6. 在国际贸易统计中，对外贸易值是一国的出口值与进口值之和，国际贸易值是世界各国和地区对外贸易值之和。（　）
7. 一国对外贸易量是指该国一定时期内进口总数量与出口总数量之和。（　）
8. 如果收入大于支出就叫国际收支逆差。（　）
9. 垂直型国际分工是指经济发展水平相同或接近的国家（如发达国家以及一部分新兴工业化国家）之间在工业制成品生产上的分工。（　）
10. 当供给增加、需求减少（或供给减少、需求增加）时，世界价格将上升（或下降）。（　）
11. 跨国公司内部交易的转移价格属于“封闭市场”价格。（　）

【简答题】

1. 国际贸易和国内贸易有何异同？
2. 按照不同标准，国际贸易的类型有哪些？
3. 国际分工有什么类型？
4. 国际分工对国际贸易有什么影响？
5. 世界市场有哪些分类？
6. 世界市场价格有哪些类型？
7. 企业选择进入他国市场时需要考虑哪些因素？

【论述题】

1. 如何看待一国对外贸易依存度高低的问题？我国的外贸依存度如何？
2. 试述国际分工的发展阶段。
3. 论述世界市场价格变动的决定因素。

【计算题】

已知：某年世界贸易额为450 000亿美元，该年A国的出口额为5 500亿美元，进口额为5 800亿美元，国内生产总值为35 000亿美元。

求：（1）该国在世界贸易额中所占比重为多少？
（2）该国对外贸易依存度为多少？

【应用题】

运用本章所学知识，谈谈你对入门案例的看法。

第二章

传统自由贸易理论

学习目标

技能目标

- 掌握运用各种传统自由贸易理论来解释个别贸易现象的方法。

知识目标

- 掌握绝对优势和比较优势贸易理论；
- 掌握相互需求理论；
- 掌握要素禀赋论；
- 理解里昂惕夫之谜。

学习背景

国际贸易理论是国际经济学的一个重要组成部分，主要研究商品和服务在各国之间的交换原因、结果及相关的政策，是前人的智慧结晶。学习各种国际贸易理论除了能够让我们理解到世界各国贸易政策制定的指导思想，还能锻炼我们的国际贸易思维，提高我们对国际经济现象的分析能力，从而更好地提升我们的外贸业务能力水平。

自由贸易理论自诞生以来，就一直是国际贸易的核心理论，成为整个国际贸易理论发展的主线，甚至成为国际贸易理论的理念和目标，对后世各种不同类型国家的贸易理论和政策选择产生了深远的影响。同时，在实践中，自由贸易也成为许多国家，尤其是发达国家在全球竭力推崇的政策目标。传统的自由贸易理论包括亚当·斯密的比较优势理论，李嘉图的相对优势理论，穆勒和马歇尔的相互需求理论，赫-俄的生产要素禀赋理论等。

第一节　绝对优势理论与相对优势理论

入门案例

WTO基础认识：WTO的体制基础是市场经济㊀

WTO以市场经济为基础，它要求国际贸易应遵循国际经济规律形成统一的国际大市场，

㊀ 文章来源：中华人民共和国海关总署发布由中国世界贸易组织研究会学术顾问丁家祧教授撰写的文章《关于WTO五个基础的认识》之一，2009-05-19。

按公平、公正、公开的原则，进行无扭曲的竞争，克服贸易保护主义，促进贸易自由化。

所谓贸易自由化，就是允许货物和生产要素的自由流动，在国际价值规律作用下，可以刺激竞争，鼓励发展，提高经营管理水平，促进世界性的分工和贸易发展，扩大市场；同时使消费者得到物美价廉的商品和服务。但世界经济和各成员的发展不平衡，使得贸易自由化呈现以下特点：

① 不是绝对的贸易自由化；②贸易自由化是个渐进的过程；③允许发展中国家成员方贸易自由化进程低于发达国家成员方；④鼓励计划经济向市场经济转变，世贸组织对经济转型国家采取鼓励政策；⑤世贸组织不是一个“自由贸易”机构，它只是致力于逐步贸易自由化，使成员方进行开放、公平、无扭曲的竞争；⑥随着整体贸易自由化的发展，部门优先自由化已成为世贸组织加速贸易自由化的重要手段。如1997年年初形成“信息技术协议”（ITA）就说明了这一点。

贸易自由化是WTO努力方向。传统的贸易理论认为，最佳的贸易政策，应是自由贸易政策。该政策是指国家对进出口贸易不加干预和限制，允许商品在国内外自由输出和输入。这一政策的实质是“不干预政策”，主张通过自由贸易鼓励竞争，让价格机制自动调节供求，以充分利用资源。这一理论认为，自由贸易可以促进国际分工，使各国都可以利用自己的比较优势，通过对外贸易而相互获得各自的比较利益。这样就能有效地配置资源，减少资源浪费，降低产品成本，从而促进经济的增长和发展。但是，由于受各国经济和政治环境等条件的制约，各国经济发展程度不同，利益得失不同，承受的保护主义压力不同，关贸总协定及世贸组织在倡导自由贸易的同时，允许实施一些保护措施。这种以自由贸易理论为宗旨，伴之以临时性保护贸易措施的考虑，就成为制定关贸总协定与世贸组织协定的指导思想。由此可见，关贸总协定与世贸组织协定并不是空想主义，一味地倡导、追求百分之百的自由贸易，而是讲究实效的务实主义，以寻求建立稳定的、可预测的及公开的世界市场，逐步走向贸易自由化。关贸总协定与世贸组织半个多世纪的历程已经证明了它在这方面的历史功绩。

说WTO不是一个完全的自由贸易机构，是指自由贸易是手段，而不是WTO所追求的最终目标，其最终目标是在世界范围内由市场配置资源，促进成员方的经济可持续发展。渐进的贸易自由化，快速的贸易自由化和绝对的自由化都是相对而言的。自由化与发展就如同自行车前后两个轮子，不前进就必然要翻车，因此自由化必须要保持一个基本的速度。

带着问题学习：

1. 什么是比较优势理论（或称比较利益学说、相对优势理论）？该理论是由谁在什么背景下提出的？其核心内容是什么？

2. 根据比较优势理论，我国应该进口什么类型的产品？

19世纪中叶，贸易保护主义使英国在世界上确立了“世界工厂”的地位。随着英国资本主义的迅速发展，新兴资产阶级要求扩大对外贸易，扩大海外市场和原料来源，而当时的重商主义贸易理论和政策限制了新兴资产阶级的利益，所以英国新兴资产阶级迫切要求废除重商主义的贸易保护，实行自由贸易。于是一些资产阶级思想家开始探寻对外贸易与经济发展的内在联系，试图从理论上说明自由贸易对经济发展的好处，于是产生了自由贸易理论。自由贸易理论的代表人物是英国古典经济学家亚当·斯密和大卫·李嘉图，其代表学说分别是绝对优势理论和比较优势理论。

一、绝对优势理论及其证明

绝对优势理论（Absolute Advantage Theory），又称绝对成本说（Absolute Cost Theory）、地域分工说（Theory of Territorial Division of Labor）。该理论将一国内部不同职业之间、不同工种之间的分工原则推演到各国之间的分工，从而形成其国际分工理论。绝对优势理论是最早的主张自由贸易的理论，由英国古典经济学派主要代表人物亚当·斯密创立。

（一）绝对优势理论的主要内容

亚当·斯密（Adam Smith，1723～1790）是英国著名经济学家，也是资产阶级经济学古典学派的主要奠基人之一。其代表作是《国民财富的性质和原因的研究》，简称《国富论》。绝对优势理论（又称绝对利益学说）的主要内容是：

亚当·斯密（Adam Smith，1723～1790）是英国著名经济学家，也是国际分工理论及古典贸易理论的创造者，他的经济学思想对后世经济学家的影响非常深远。他的《国富论》是第一本试图阐述欧洲产业增长和商业发展历史的著作，极大地影响了后代的经济学家。其本人被称为经济学鼻祖。

1. 国际分工建立在一个国家所拥有的自然优势和获得这种优势的基础上

这里的"优势"是指绝对优势或绝对利益。亚当·斯密认为各国因地域和自然条件不同而形成的商品成本的绝对差异是国际贸易发生的原因。一国出口那些在本国进行生产有效率的商品，进口那些在国外进行生产有效率的商品，该国就会取得贸易利益。他说："如果一件东西在购买时所费的代价比在家内生产时所费的少，就永远不会想在家生产，这是每一个精明的家长都知道的格言。"

2. 主张自由贸易

亚当·斯密认为，既然贸易双方都具有绝对优势，那么通过自由贸易，双方都能取得贸易利益。因为自由贸易会使贸易双方的资本和劳动力从生产能力低的行业转移到生产能力高的出口行业中去，实现资源的有效配置，提高劳动生产率。生产商品的数量增加了，通过贸易，双方的消费量也增加了，对双方都有好处。

（二）绝对优势理论的证明

为了更清楚地说明亚当·斯密的国际贸易理论，下面用两个国家生产两种产品的简要方法分析一下依据斯密的绝对优势论组织社会生产所带来的商品产量和消费水平方面的变化。这里以英国和葡萄牙两个国家生产呢绒和葡萄酒为例。

（1）英国和葡萄牙进行国际分工之前，各自具有不同产品上的绝对优势。在英国和葡萄牙没有进行分工的时期，两国分别投入每吨产品生产的劳动量，见表 2-1。

表 2-1 分工前两国各自生产两种产品的情况

国家	呢绒成本（工作时/单位）	葡萄酒成本（工作时/单位）
英国	10	15
葡萄牙	20	12
两国合计产品数量	2 单位呢绒	2 单位葡萄酒

假设英国有 25 个工作时，葡萄牙有 32 个工作时，由表 2-1 可见，分工之前，英国生产每单位呢绒需要 10 个工作时，比葡萄牙少 10 个工作时，而生产每单位葡萄酒则需要 15 个工作时，比葡萄牙多 3 个工作时。按斯密的理论，英国在生产呢绒方面具有绝对优势，应该分工生产呢绒而放弃葡萄酒的生产；相反，葡萄牙在生产葡萄酒方面具有绝对优势，应该分工生产葡萄酒而放弃呢绒的生产。

（2）英国和葡萄牙进行国际分工后，产品总产量增加。英葡两国依据斯密的绝对优势理论进行国际分工，即英国集中生产呢绒，而葡萄牙则集中生产葡萄酒所生产出的产品总量增加了，见表 2-2。

表 2-2 分工后两国各自生产两种产品的情况

国家	生产呢绒拥有的总成本	生产葡萄酒拥有的总成本
英国	25	—
葡萄牙	—	32
两国合计产品数量	25/10=2.5 单位呢绒	32/12=2.67 单位葡萄酒

由表 2-2 可见，分工后，英葡两国投入的成本总量未变，仍然是 25 工作时和 32 工作时，但两种产品的产量却增加了。在分工之前，两国共生产 2 单位呢绒和 2 单位葡萄酒，分工后则增加到 2.5 单位呢绒和 2.67 单位葡萄酒。这就是分工带来的利益。

事实上，这种体现了劳动生产率绝对优势的现象在现实中的事例非常多。比如中国具有悠久的陶瓷生产历史，相对于美国而言，无论在设计和技术等体现陶瓷生产效率方面均具有绝对优势，美国绝不会把主要的劳动力资源放到本国陶瓷制品生产而是毫无疑问地选择从中国进口陶瓷制品。

尽管绝对优势理论存在许多假定及不完善的地方，在现实中难以完全实现，但其深刻指出了分工对提高劳动生产率的巨大意义。从某种意义上说亚当·斯密所提倡的这种双赢理念仍然是当代各国扩大对外开放、积极参与国际分工贸易的指导思想。

二、比较优势理论及其证明

比较优势理论（Comparative Advantage Theory）又称相对优势理论或比较成本理论。1815 年英国颁布了《谷物法》，对粮食鼓励出口及限制进口，引起粮价上涨，地租猛增，这对地主贵族有利，却严重损害了工业资产阶级的利益。围绕《谷物法》的存与废，双方展开争论。李嘉图代表工业资产阶级发表了《论谷物低价对资本利润的影响》一文，主张实行谷物自由贸易，从而提出了比较优势理论。

（一）比较优势理论的主要内容

大卫·李嘉图（David Ricardo，1772～1823）是英国著名的经济学家，也是资产阶级经济学古典学派的主要奠基人之一。其代表作是《政治经济学及赋税原理》。大卫·李嘉图的比较优势理论（又称相对优势理论、比较成本理论）是对亚当·斯密的绝对优势理论的重大发展。

大卫·李嘉图（David Ricardo，1772～1823）英国政治经济学家，对经济学作出了系统的贡献，被认为是古典经济学理论的完成者，古典学派的最后一名代表，最有影响力的古典经济学家。他也是成功的商人、金融和投机专家，并且积累了大量财产。其最著名的作品是《政治经济学及赋税原理》。

亚当·斯密的绝对利益学说的前提是在两个国家、两种商品贸易模式里，贸易双方必须各有一种低成本（绝对优势）的商品，通过贸易可取得绝对利益。但是如果一个国家连一个成本优势的商品都没有，而另一个国家两种商品都具有成本优势，那么双方还会发生贸易吗？即使进行贸易，贸易双方都能获得利益吗？各国还会实行自由贸易吗？这正是比较利益学说要回答的问题。大卫·李嘉图认为，即使一个国家的各个行业的生产都缺乏效率，没有低成本的商品，通过国际贸易仍可能获得利益；而另一个国家各个行业的生产都有效率，成本比国外同行业都低，通过国际贸易可以获得更大利益。所谓相对优势或比较成本，是指在两个国家、两种商品的贸易模式里，贸易一方的两种商品都处于劣势地位，而另一方的两种商品都处于优势地位，通过贸易双方所获得的利益。这种“两优择其重，两劣取其轻”的主张，在现实经济中有着重要的意义。

工作提示

比较优势理论是许多自由贸易主义学说的理论基石。即使是李嘉图提出该学说二百多年后的今天，比较优势理论仍然对自由贸易主义起着指导性作用。

（二）对比较优势理论的评价

1. 比较优势理论的历史进步

① 为当时英国新兴资产阶级的自由贸易主张提供了理论支持，促进了英国生产力的发展。②为世界各国参与国际分工，发展对外贸易提供了理论依据，各国根据各自的比较优势组织生产，从事贸易，不仅可以获得利益，也会促进国际贸易的发展。

2. 比较优势理论的历史局限性

第一，比较优势理论是建立在九个假定条件的基础上的，即：

（1）假定两国进行两种商品的交易；

（2）假定所有的劳动都是同质的；

（3）假定生产是在成本不变的情况下进行的；

（4）假定劳动力在国际间不能自由流动；

（5）假定市场是完全竞争的；

（6）假定收入分配没有变化；

（7）假定贸易是没有货币的物物交换；

（8）假定没有技术进步的影响；

（9）假定国际经济是静态的，等等。

这一系列的假定不可能同时成立，所以该理论缺乏坚实的科学基础，对当代国际贸易的许多现象不能作出合理的解释。

第二，比较优势理论主张一国只从事具有比较优势的行业产品的生产和出口，而对那些没有优势的行业就彻底放弃，不生产。事实上，这样的国际分工是不存在的。大卫·李嘉图的主张更有利于当时英国这个“世界工厂”的利益。

我们继续采用前面的例子。假定英国和葡萄牙两国在分工前，同时生产呢绒和葡萄酒两种商品，其单位产品所需劳动成本见表 2-3。

表 2-3 分工前两国各自生产两种产品的情况

国家	呢绒成本（工作时/单位）	葡萄酒成本（工作时/单位）
英国	10	15
葡萄牙	20	18
两国合计产品数量	2 单位呢绒	2 单位葡萄酒

由表 2-3 可见，按照斯密的绝对优势理论，英国和葡萄牙两国将不会发生贸易。因为英国两种产品的劳动成本都绝对低于葡萄牙。但是，按照李嘉图的比较优势理论，结论则是两国仍然可以进行贸易。分析如下：

尽管葡萄牙生产呢绒和葡萄酒的成本都比英国高（呢绒高出 10 个工作时/单位，效率低了 100%；而葡萄酒则高出 3 个工作时/单位，效率低了 20%），但是葡萄牙生产葡萄酒要比生产呢绒有相对低的成本，即葡萄牙在生产葡萄酒方面比生产呢绒有相对优势，因此葡萄牙应该集中生产葡萄酒。

同样的，尽管英国在生产呢绒和葡萄酒方面的成本都绝对地比葡萄牙低，但相对于葡萄牙而言，其生产呢绒的效率相对比生产葡萄酒的效率要高，即英国在生产呢绒方面具有相对优势，因此英国应该集中生产呢绒。

这样，英葡两国应分别集中生产呢绒和葡萄酒，并以此进行商品交换。结果见表 2-4。

表 2-4 分工后两国各自生产两种产品的情况

国家	生产呢绒拥有的总成本	生产葡萄酒拥有的总成本
英国	25	—
葡萄牙	—	38
两国合计产品数量	25/10=2.5 单位呢绒	38/18=2.11 单位葡萄酒

从表 2-4 中，我们可以看到与分工前相比，分工后英国多生产了 1.5 单位的呢绒，葡萄牙则多生产了 1.11 单位的葡萄酒。若两国以其产品进行 1 对 1 交换，则英国将有 0.5 单位的呢绒剩余，而葡萄牙则有 0.11 单位的葡萄酒剩余。由此可见，贸易能让两国总福利增加。相对优势理论通过两国两种产品进行分析的模型又称等优势或等劣势贸易模型。

> **思考**
>
> 你能列举遵循比较优势原则的贸易产业吗？

同样的，大卫·李嘉图的相对优势理论中存在着许多在现实中不存在的假设和理想状态，这一理论所揭示的客观规律，从实证经济学角度科学地给出了证明：无论是生产力水平高或者低的国家，只要按照比较优势的原则参加分工和贸易，都可以得到实际利益。

第二节 相互需求理论

入门案例

中非经贸合作现状[1]

近年来，中非经贸关系全面快速发展，逐步形成多层次、宽领域及全覆盖的合作格局，在双方经济社会发展中发挥着不可替代的作用，其特点主要体现在以下几个方面：

（1）双边贸易快速增长。2001～2010年，中非贸易额年均增长28%，中国已成为非洲第一大贸易伙伴国。2011年前三季度，中非贸易额达到1 222亿美元，同比增长30%，接近2010年全年1 269亿美元水平，预计2011年全年有望再创历史新高。

（2）对非投资发展迅速。截至2010年年底，中国对非直接投资存量达到130亿美元，在非投资企业超过2 000家。2011年前三季度，中国对非洲非金融类直接投资额达到10.8亿美元，同比增长87%，继续保持大幅增长势头。

（3）基础设施建设合作平稳发展。截至2010年年底，中国企业在非累计完成承包工程营业额1 325亿美元，占全国累计在外完成承包工程营业额的30%。2011年前三季度，中国企业在非新签承包工程合同额252亿美元，完成营业额237亿美元。

（4）合作领域逐步拓宽。中非在金融、电信、旅游及航运等领域合作正呈现出良好的发展势头。中国多家金融机构在非开展业务，中国和非洲多国的航空公司已开通往返中非之间的直航航线。

（5）机制保障日臻完善。中非合作论坛已成为推动双边经贸关系发展的重要机制，中方在论坛框架下推出的各项经贸举措为经贸合作提供了重要动力。中方还与非洲大多数国家建立了双边经贸联（混）委会机制，签署了贸易协定和投资保护协定。

中国和非洲同属发展中国家大家庭，有着相似的发展经历和发展任务，双方在市场、资源及投资等方面的相互需求巨大而持续，也共同面临气候变化、能源和粮食安全等严峻挑战。作为非洲的真诚朋友，中国将始终本着平等相待、讲求实效、互惠互利、共同发展的原则，同非洲国家交流各自的发展经验，通过投资和援助等方式为非洲的自主发展提供支持和帮助，实现互利共赢、共同发展。

带着问题学习：

1．你认为相互需求理论能否解释中国和非洲经贸合作快速发展？

2．你认为中国和非洲之间的相互需求体现在哪些方面？

3．根据相互需求理论，中非之间贸易的产品价格会处于一个什么范围内？影响这个价格范围的因素有哪些？

---

[1] 文章来源：节选自商务部2011年10月例行新闻发布会，中国商务部新闻办公室，2011-11-16。

20 世纪 30 年代前，廉价学派提出了相互需求论，约翰·穆勒承上启下，对李嘉图的比较成本理论进行了重要的补充，提出了相互需求理论，用以解释国际间商品交换比率。他使用了比较利益的概念，解释贸易双方在利益分配中各占多少的问题。

英国经济学家马歇尔在穆勒理论的基础上，提出了供应条件（或提供条件）曲线，用几何方法来证明供给和需求如何决定国际交易比率。

穆勒和马歇尔的理论共同构成了相互需求论，论述了贸易条件，即国际贸易中两国产品交换形成的国际交换比率，是如何决定和达到均衡的，是自由贸易理论的重要代表。

一、穆勒的相互需求理论

（一）穆勒的相互需求理论内容及证明

最早对比较优势理论提出质疑的是英国著名经济学家约翰·穆勒(John Mill，1806～1873)。他是大卫·李嘉图的学生，其代表作是 1848 年出版的《政治经济学原理》。正是在这本书中，他首次提出：大卫·李嘉图的比较成本理论只能确定国际贸易的交换范围，也就是贸易条件的上下限，但却不能决定贸易条件本身。即在对贸易各方都有利的交换范围内，无法决定实际交换比率。

为了弥补古典贸易理论的这一缺陷，约翰·穆勒提出了国际价值和相互需求论（Reciprocal Demand Theory）。他认为：商品的国际价值取决于国际贸易条件，即取决于国际物物交换比率，而国际贸易条件又取决于国际需求方程，即取决于相互需求均等规律。这就是说，该方程所确定的贸易条件应该使得出口品的价值等于进口品的价值。

约翰·穆勒在上述国际价值论和相互需求论的基础上，用各国国内的产品交换比率作为国际交换比率的上下限以确定互惠贸易的范围；用贸易条件说明贸易利益的分配；用相互需求强度解释贸易条件的变动。

我们用具体例子对穆勒的相互需求理论的要点进行说明。

1. 互惠贸易范围的确定

穆勒依据相对优势理论，用两国商品交换比例的上下限明确了国际贸易参加国共同获利的范围。具体说明如下：

假定中国和日本投入等量的生产要素生产传统汽油动力汽车和混合动力汽车，各自产出见表 2-5。

知识链接：

混合动力汽车（Hybrid Power Automobile），是指车上装有两个以上动力源：蓄电池、燃料电池、太阳能电池或内燃机车的发电机组，当前混合动力汽车一般是指内燃机车发电机，再加上蓄电池的汽车。由于混合动力汽车相对于传统汽油或柴油动力汽车具有环保、节能的特性，在全球节能减排呼声日益强烈的背景下，混合动力汽车的发展势不可挡。日本是最早推崇混合动力汽车技术的国家之一，在混合动力为代表的新能源领域，日本汽车厂家走在了全球的前列。

表 2-5 中日两国两种商品的交换比例

国家	汽油动力汽车（辆/年人）	混合动力汽车（辆/年人）	国内交换比率
中国	10	4	10:4
日本	10	8	10:8

在这种假定下按照相对优势理论进行分析：在汽油动力汽车生产部门，中国和日本投入相同的要素可以产出相同的产量，即 10 辆汽油动力汽车，这意味着两国的汽油动力汽车生产劳动效率是相同的。在混合动力汽车生产部门，中国的效率较日本低下，处于劣势地位，所以中国专业化生产汽油动力汽车。日本的混合动力汽车生产效率优于中国，因此日本专业化生产混合动力汽车。

分工前，中国市场上 10 辆汽油动力汽车可以换到 4 辆混合动力汽车，因为 10 辆汽油动力汽车和 4 辆混合动力汽车所包含的要素量是一致的。同理，分工前日本市场上 10 辆汽油动力汽车可以换到 8 辆混合动力汽车。

两国进行专业化生产以后，如果两国汽油动力汽车和混合动力汽车的交换比例是 10:4 的话，国际交换比例和中国国内交换比例一致。中国和专业化分工之前相比没有通过贸易增加商品的数量，也就是说没有通过专业化分工和贸易获取丝毫的利益。而 10:4 的交换比例对日本却很有好处，因为分工前日本的 8 辆混合动力汽车只能换到 10 辆汽油动力汽车。如果按照 10:4 的比例交换，日本用 4 辆混合动力汽车就可以换到 10 辆汽油动力汽车，日本节约了 4 辆混合动力汽车。也就是说中国没有通过贸易获得任何好处，贸易的好处全部被日本取得。在这种交换比例下，中国必定拒绝参加贸易，两国贸易将不会发生。因此可得出以下结论：两国的交换比例不能等于或低于中国国内的交换比例。

同样的道理，高于或等于 10:8 的交换比例也是不能被日本接受的。因此，中日两国的交换比率必须被确定在 10:4～10:8 之间。也就是说必须在 10:8 这一日本国内交换比例的上限和 10:4 这一中国国内交换比例的下限之间，才能使贸易参加国两方共同获得国际分工和贸易所带来的好处，如图 2-1 所示。

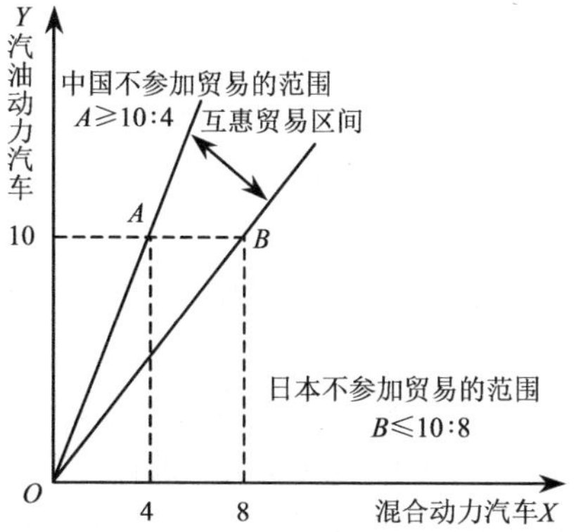

图 2-1 互惠贸易范围

由此可见，国际交换的互惠贸易范围是由各国国内的产品交换比率来确定的。穆勒认为，这个交换的比率是由两国消费者的偏好、贸易环境加上在市场上的讨价还价来决定的。具体一点讲，就是由两国在一定条件下形成的相互需求的大小和强度决定的。

2．国际贸易条件决定贸易利益的分配

和李嘉图一样，穆勒相信国际贸易能给参加国带来利益。但贸易利益的大小取决于两国国内产品交换比率之间的范围的大小。而贸易利益的分配中孰多孰少，则取决于贸易条件。

贸易条件是用来衡量在一定时期内一个国家出口相对于进口的盈利能力和贸易利益的指标，反映该国的对外贸易状况，常以价格贸易条件来表示，即出口商品和进口商品的价格比例来表示。同样以中日两国的汽油动力汽车和混合动力汽车的单部门产品交换为例，中国将出口汽油动力汽车并进口混合动力汽车，且两种产品的交换比率均应在 10:4～10:8 之间。假如两种产品的世界市场交换比率为 10:5，即中国出口 10 辆汽油动力汽车能够换回 5 辆混合动力汽车，那么将相对国内的交换比率能多得 1 辆混合动力汽车，而日本则可相对其国内交换比率可多剩 3 辆混合动力汽车，日本相对于中国在贸易中获利更大，即贸易条件对日本更有利。假如两种产品的世界市场交换比率为 10:7，那么中国则可多得 3 辆混合动力汽车而日本只可多剩 1 辆混合动力汽车，这时中国相对于日本在贸易中获利更大，即贸易条件对中国更有利。最后，假如两种产品的世界交换比率为 10:6，那么中国和日本的利益则相当，见表 2-6。

表 2-6 中国与日本的汽油动力汽车与混合动力汽车贸易的利益分配情况

	中国	日本	结论
各国内两种产品交换率	10:4	10:8	确定贸易范围
当世界市场两种产品交换率为 10:4	利益不变	剩余 4 辆混合动力汽车	中国无获利日本全获利
当世界市场两种产品交换率为 10:8	多获得 5 辆混合动力汽车	利益不变	日本无获利中国全获利
当世界市场两种产品交换率为 10:5	多获得 1 辆混合动力汽车	剩余 3 辆混合动力汽车	贸易条件对日本更有利
当世界市场两种产品交换率为 10:7	多获得 3 辆混合动力汽车	剩余 1 辆混合动力汽车	贸易条件对中国更有利
当世界市场两种产品交换率为 10:6	多获得 2 辆混合动力汽车	剩余 2 辆混合动力汽车	两国贸易条件相当

从上例我们可以看到，在国际交换的互惠贸易范围内，对于一国而言，出口产品的世界市场交换率越偏离本国国内该产品的交换率，则贸易条件对本国越有利；越接近本国国内该产品的交换率，则贸易条件对本国越不利。

我们同样可以用代数公式来表示贸易条件指数。如果以 P_x 和 P_m 分别表示出口商品价格指数和进口商品价格指数（在多种商品的情况下，$P_x=\sum X_iP_i$，$P_m=\sum M_jP_j$，其中 X_iP_i 是 i 种商品出口商品权数与出口价格的乘积，$M_j\ P_j$ 是进口商品进口商品权数与进口价格的乘积），则贸易条件指数可以表示为 $T=P_x/P_m$ 这里的 T 称为商品贸易条件指数。如果 T 值上升，意味着每单位出口商品可以换回更多的进口商品，这种情况称为贸易条件改善，反之则称为贸易条件恶化。

工作提示

现实当中，由于产业部门产品的多样性，用单一进出口产品交换率（价格）来衡量贸易条件不够全面。而用代数公式表示的多种产品的综合贸易条件指数会更科学。

穆勒认为对对方出口商品的相对需求强度较小的国家，在贸易双方的相互竞争中占有较为有利的位置，最终决定的国际贸易条件比较靠近外国的国内交换比率，因而本国可以获得相对较大的贸易利益。简言之，贸易双方之间的相对需求强度决定着国际贸易条件的最终水平，进而决定了国际贸易总利益在交易双方间的分配。

约翰·穆勒的相互需求理论是新古典学派国际贸易理论的基石。

（二）约翰·穆勒相互需求理论的政策主张

1. 反对国际贸易低价竞争

穆勒指出以低价驱逐别国的思想是错误的。他历数数百年来，各国商人之间普遍存在着敌对情绪，而看不到各国家商业利害关系的普遍一致，即看不到商业国家可以从相互的繁荣中得到利益。

2. 反对征收出口税

约翰·穆勒对出口税对国际贸易产生的影响进行了分析，认为对某种商品课税，会提高该商品的价格，从而在销售该商品的市场上减少对它的需求。所以，出口税会扰乱和重新安排国际需求。

3. 不鼓励征收进口税

约翰·穆勒认为，进口税部分由外国人支付，是对的；但如果认为是由外国的生产者支付的，那就错了。进口税不是落在卖东西给我们的人身上，而是落在买我们东西的人身上。这是由于我们对外国商品课税而不得不为进口商品支付较高价格的，是本国消费者。

4. 提倡自由贸易

穆勒指出："在一般贸易活动中，除非进口外国商品从经济上说对一个国家是有利的，即能由此而用较少的劳动和资本获得同样数量的商品，否则就决不会进口外国商品。所以，禁止这种进口或课征关税阻止这种进口，就是降低该国劳动和资本的生产效率，就是把国内生产所需要的费用和从国外购买所需要的费用两者之间的差额浪费掉。"

二、马歇尔的相互需求理论

马歇尔（A. Marshall）研究了约翰·穆勒的国际贸易理论，并最早用数学工具阐释了约翰·穆勒的相互需求说，用几何曲线使相互需求说更为精密。在 1878 年出版的《对外贸易的纯理论》一书中，他提出了提供曲线，用来进一步分析和说明约翰·穆勒的相互需求理论。这就是现在国际贸易理论中广为使用的"提供曲线"(Supply Curve)。

（一）提供曲线及其特征

1. 提供曲线的含义

提供曲线，又称相互需求曲线（Reciprocal Demand Curve）。反映的是在各种贸易条件下，一个国家为了进口某一数量的商品而愿意出口的商品数量。因此，它既是一个国家的出口供给曲线，也是进口需求曲线。

2. 图示及特征

提供曲线的形状如图 2-2 所示。曲线 A 是在 X 商品生产上有相对优势的国家的提供曲线；B 是在 Y 商品生产上有相对优势的国家的提供曲线。两条提供曲线相交，决定了国际贸易条

件 P_W。各国的提供曲线凸向代表本国比较优势的坐标轴，而且到了某一点后，向后弯曲，如图中的提供曲线 A。原因是：①随着 P_W 的上升，该国倾向于生产更多的 X 商品出口，X 商品的边际成本会降到一定程度后逐渐递增；②该国国内对 X 产品的替代效应和收入效应的影响。当 P_W 上升时，该国国内对 X 商品的需求下降，导致大量 X 用于出口，这是替代效应；而随着 P_W 的上升，人们收入增加对每一种正常品的需求，包括对 X 的需求也会上升，这是收入效应。因此，替代效应增加该国对 X 的出口供给，而收入效应则减少该国对 X 的出口供给。当替代效应大于收入效应时，该国出口供给不断扩大，当替代效应小于收入效应时，该国出口供给将减少，提供曲线向后弯曲。

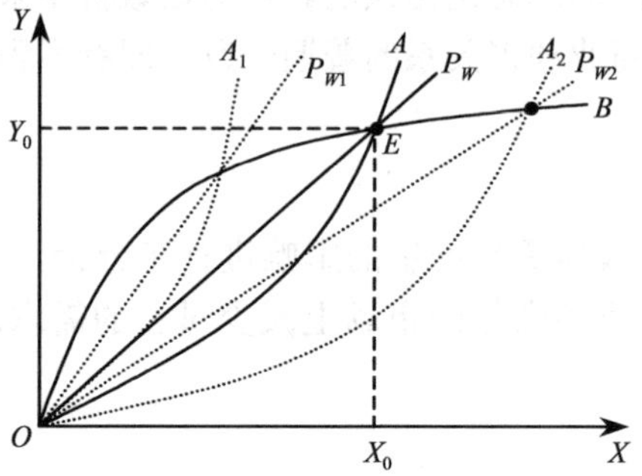

图 2-2　提供曲线的特征

（二）均衡的贸易条件

1．贸易条件与国际市场均衡

如图 2-2 所示，两国的提供曲线交于一点时，确定了贸易条件 P_W，国际市场均衡。这时，国际市场上出口供给和进口需求平衡。

2．贸易条件的变化与贸易利益的分配

对于大国而言，供求的变化，会影响其贸易条件和贸易量，前者称之为贸易条件效应，后者称之为贸易量效应。贸易条件效应和贸易量效应进而会影响该国在国际贸易中的利益。这种变化和利益分配可以通过提供曲线反映出来。

一个国家供给方面的影响如资源、要素禀赋或技术水平发生变化，而其他条件不变时，该国出口商品的供给能力将发生变化，进而该国的提供曲线也将发生变化。需求方面，一国消费偏好、收入水平、人口结构及价值观念等发生变化，在其他条件不变时，该国的需求将发生变化，该国的提供曲线也将发生变化。

当供给不变时，一国需求的变动可能导致两种情况的发生：①本国对出口商品需求增加导致出口供给减少；②本国对进口商品需求增加。对于小国而言这种变化只是导致贸易量的变化，不影响贸易条件；对于大国而言，如果第一种影响大于第二种，贸易条件将改善，贸易量减少；如果第一种影响小于第二种，那么，本国的贸易条件将恶化，贸易量将增加。

如图 2-2 所示，A 代表 A 国的提供曲线，B 代表 B 国的提供曲线。最初，两国提供曲线在 E 点相交，贸易条件为 P_W。在 B 国供求条件不变的情况下，如果 A 是一个大国，国内对出口商品 X 的需求增加，这时，提供曲线将由 A 移动到 A_1，A 国贸易条件改善，但贸易减少；若 A 国对进口商品 Y 的需求增加，在提供曲线将向下移动，由 A 移动到 A_2，这时，贸易条件恶化，但贸易量增加。

同约翰·穆勒一样，马歇尔认为，均衡贸易条件决定于进行贸易的国家各自对对方商品的相互需求强度。因此，马歇尔的相互需求理论只是补充和完善了约翰·穆勒的相互需求理论。但马歇尔用提供曲线分析贸易条件比穆勒的文字描述更为精确，开创了用几何法作为国际贸易分析工具的先河。

第三节 要素禀赋理论和里昂惕夫之谜

入门案例

中国企业"走出去"优势面面观——要素禀赋产生相对优势㊀

发展中国家参与国际分工的理论基石比较优势原则是由大卫·李嘉图提出的。赫克歇尔和俄林在比较优势理论的基础上进一步提出了要素禀赋理论。要素禀赋理论认为，一个国家的相对优势来源于它所享有的丰厚的生产要素，也就是说相对优势取决于一国最突出的生产要素。比较优势原则不仅是一国贸易活动必须遵循的基本原则，而且是一国整个经济发展必须遵循的基本原则。根据比较优势原则一国可以制定国际贸易和国际投资的发展战略，利用全球化的机遇在世界范围内利用最有利的条件进行生产和经营。

企业"走出去"开展海外投资活动的时候，必须坚持以比较优势为出发点，根据我国的劳动力成本低廉，目前的阶段性实物相对过剩而非资金过剩，企业规模较小和经营机制与管理水平有待提高的现实，积极推动开展境外加工贸易是我们现实的正确选择，而且实践证明比较容易取得成功。20 世纪 90 年代中期以来，我国在境外建成了一批颇具影响的项目，取得了明显的效益。像一汽、南京金城、海尔及康佳等境外加工项目，不仅扩大了市场份额，而且增强了企业的国际竞争力。

我国的国际工程承包业现在也跻身世界十强之列。工程承包公司能有这样的优势同样离不开劳动力成本低廉这个因素。例如国际工程承包中的工程设计部分，发达国家工程承包设计部分的费用要占总设计费用的30%以上，而我国的设计费用只占总费用的10%，这使我国的承包公司在投标中得以战胜欧美大型跨国公司，我国的劳动力资源和低廉的管理成本显示出了巨大的优势，特别是在发展中国家的工程承包竞标中优势更为明显。例如 2001 年 5 月 11 日时任总理的朱镕基代表中国与巴基斯坦最高行政长官穆沙拉夫出席签署的山达克铜金项目租赁合同，就是中冶集团击败西方国家的竞争对手后获得的。中冶集团能够竞标成功关键在于其方案合理可行，特别是报价具有竞争力。这一大型交钥匙工程每年可带动劳务、技术、设备及材料出口上千万美元。

带着问题学习：

1. 运用比较优势理论分析为什么像一汽、南京金城、海尔及康佳等境外加工项目能取得成功。

㊀ 文章来源：摘编自中国商务部外经贸研究院，来源《国际经济合作》2002（5）作者：白远。

2．你认为钢铁产业适合进行境外加工贸易吗？为什么？

3．请用要素禀赋论分析我国还有哪些产业适合进行境外加工贸易。

一、赫-俄的生产要素禀赋理论

赫-俄（H-O 模型）理论是瑞典著名经济学家赫克歇尔（Eil Heckscher，1879～1952）和俄林（Bertil Cotthard Ohlin，1899～1979）创立的国际贸易理论。赫克歇尔于 1919 年发表了《对外贸易对收入分配的影响》的著名论文，提出了要素禀赋论的论点。俄林继承了他的导师赫克歇尔的论点，于 1933 年出版了《域际贸易和国际贸易》一书，创立了要素禀赋理论，也称作赫-俄理论、新古典贸易理论。该理论是对比较利益学说的重大发展。

（一）赫-俄理论的主要内容

赫-俄理论有狭义和广义之分。狭义的理论被称作生产要素供给比例理论，其主要观点是用生产要素禀赋来解释国际贸易发生的原因和进出口商品的特点。广义的还包括生产要素均等化定理，其主要内容是说明国际贸易不仅会使贸易各国的商品价格趋于相等，而且还会使贸易各国生产要素价格趋于相等。

赫-俄理论的要点可概括为：

1．生产要素的禀赋差异是国际贸易发生的根本原因

同一种商品在不同国家的价格不同，在国内同时又具有比较成本优势，商品就会从价格低的国家流向价格高的国家，导致国际贸易发生。而同一种商品在不同国家的价格不同，是由各国生产要素的禀赋不同，从而要素的相对价格不同决定的。所以要素的禀赋差异是国际贸易发生的根本原因。

2．各国应该出口那些密集使用本国丰裕资源的商品；进口那些密集使用本国稀缺资源的商品

一国如果劳动力相对丰裕，资本相对稀缺，就应该出口劳动密集型产品，进口资本密集型产品；相反，一国如果资本相对丰裕，劳动力相对稀缺，就应该出口资本密集型产品，进口劳动密集型产品。这种分工和贸易模式对贸易双方都有利。

3．自由贸易不仅会使两国商品价格趋于均等，而且要素价格也趋于均等

> **思考**
>
> 根据生产要素禀赋理论，你认为中国不同地区的劳动力市场将会有什么变化？

贸易前，丰裕要素的价格低，稀缺要素价格高；贸易后，前者价格上升，后者价格下降，趋于均等。假设甲乙两国拥有的两种要素的丰裕和稀缺程度不同，甲国拥有的劳动力要素相对丰裕，而拥有的资本要素相对稀缺；乙国拥有的资本要素相对丰裕，而拥有的劳动力要素相对稀缺。甲国出口劳动密集型产品，该类产品因扩大了需求而导致国内对劳动力需求的增加，使丰裕的劳动力要素变得稀缺，价格上涨；而进口资本密集型产品，该类产品因扩大了供给而导致国内对资本需求的减少，使稀缺的资本要素变得丰裕，价格下降。相反，乙国出口资本密集型产品，该类产品因扩大了需求而导致国内对资本需求的增加，使丰裕的资本要素变得稀缺，价格上涨；而进口劳动密集型产品，该类产品因扩大了供给而导致国内对劳动力需求的减少，使稀缺的劳动力要素变得丰裕，价格下降。甲乙两国通过贸易，使两国拥有的劳动力和资本要素的丰裕或稀缺程度得到调整，而且生产要素的价格随着国际贸易的发展有趋于相等的趋向。赫-俄理论认为要素价格均等化是一种趋势，而美国经济学家萨缪尔森后来撰文论证，自由贸易导致要素价格均等化不仅是一种趋势，而且是一种必然。

（二）赫-俄模型的说明

H-O 模型认为，生产要素的禀赋差异是国际贸易发生的根本原因。各国应该出口那些密集使用本国丰裕资源的商品，进口那些密集使用本国稀缺资源的商品。一国如果劳动力相对丰裕，资本相对稀缺，就应该出口劳动密集型产品，进口资本密集型产品；相反，一国如果资本相对丰裕，劳动力相对稀缺，就应该出口资本密集型产品，进口劳动密集型产品。这种分工和贸易模式对贸易双方都有利。

这实际上就是一种由于供需关系而产生资源分配的结果。克鲁格曼在其《国际经济学》中应用方盒图清晰地解释了商品价格、要素供给与产出之间的关系。如图 2-3 所示，该方盒的长代表一国的劳动总供给；方盒的高代表资本的总供给。假设一国国内只有两种生产部门，分别为劳动密集型产品皮鞋和资本密集型产品平板电脑。该方盒中的任一点均为两部门之间的资源分配情况。

方盒的四边表示一国的劳动总供给（盒宽）和资本总供给（盒高）。皮鞋生产中的要素投入从方盒的左下角开始衡量；平板电脑生产中的要素投入从方盒的右上方衡量。给定皮鞋生产中的资本—劳动比率 K_A/L_A，皮鞋部门的资源使用必定在射线 $O_A A$ 上。同样，在资源有限的情况下，平板电脑生产的资本—劳动比率为 K_B/L_B，而平板电脑部门的资源使用一定在 $O_B B$ 上。两条射线相交于点 E，资源在两个部门的分配即由这一点表示。

从图 2-3 方盒的盒宽和盒高的比较，我们假定该国的劳动力资源要较资本丰富。根据 H-O 定理，该国应该出口劳动密集型向国外出口皮鞋而进口平板电脑。

H-O 模型认为，自由贸易不仅会使本国商品价格趋于均等，而且要素价格也趋于均等。

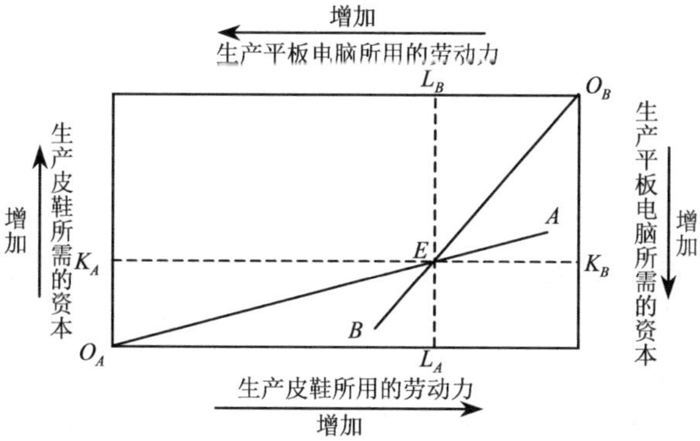

图 2-3　资源的配置

> **思考**
>
> 试运用H-O模型来分析中美商品贸易结构。

贸易前，丰裕要素的价格低，稀缺要素价格高；贸易后，前者价格上升，后者价格下降，趋于均等。比如甲、乙两国，甲国劳动力丰富，但资本短缺，因此工资低而利率高（工资和利率分别为劳动力和资本的价格），应该出口劳动密集型产品，进口资本密集型产品；乙国则相反，劳动力短缺，而资本丰裕，因此工资高而利率低，应出口资本密集型产品而进口劳动密集型产品。两国进行贸易后，由于供求关系对进口商品的影响，从而对其生产要素的供求及其价格产生的影响如下：甲国出口劳动密集型产品，对劳动力的要求增加，这样使原来丰富的劳动力变得稀缺，工资率开始上升；相反，由于进口资本密集型产品，对国内资本密集型产品需求减少，对资本需求下降，这样使原来稀缺的资本变得丰富，利率下降。乙国的情况恰好相反，由于出口资本密集型产品，对资本的需求增加，使资本由丰富变得稀缺，利率上升；由于进口劳动密集型产品，对劳动力的需求减少，使劳动力由稀缺变得丰富，从而使工资率下降。双方贸易的结果使要素价格趋于相等。

但是，俄林同时也看到，生产要素价格的完全相同几乎是难以想象的，而且几乎是不可能的，主要是因为产业的需求常常是对集中要素的“联合需求”，而又因为生产要素不能充分移动，故它的结合不能任意变动。在俄林看来，要素价格均等是一种趋势。而萨缪尔森（P. A. Samuelson）在 1949 年发表的《再论国际要素价格均等》一文中，认为在特定的条件下，国际要素价格均等是必然的，而不是一种趋势，从而发展了赫-俄理论。所以，要素价格均等化定理又称赫-俄-萨（H-O-S）定理。

（三）对赫-俄理论的评价

（1）赫-俄理论是比较利益学说的重大发展。它最早从生产要素角度分析国际分工和国际贸易发生的原因。

（2）正确地分析了生产要素在各国进出口中的作用。认为在国际竞争中，土地、劳动力、资本及技术等要素的结合是构成一国商品价格的重要因素，对一国的对外贸易产生重大影响。

（3）赫-俄理论的主要缺陷是：赫-俄理论是建立在一系列假定条件的基础上的，而这些假定条件都是静态的，忽视了它们的动态变化；它把各国要素禀赋的差异和产品技术条件的差异作为国际分工和国际贸易发生的真正原因，掩盖了资本主义生产关系对国际分工和国际贸易的影响；忽视了科学技术在国际分工和国际贸易中的主要作用。

二、里昂惕夫之谜

（一）里昂惕夫之谜的产生

里昂惕夫（Vassily W. Leontif），美国经济学家，投入产出经济学的创始人，诺贝尔经济学奖的获得者。其代表作有《投入—产出经济学》、《生产要素比例和美国的贸易结构：进一步的理论和经济分析》等。

里昂惕夫研究发现，赫-俄的要素禀赋理论与事实不符，因而得出了相反的结论，所以里昂惕夫之谜也称作里昂惕夫悖论。

根据赫-俄的要素禀赋理论，一国出口的应该是密集使用本国丰裕要素生产的产品，进口的是密集使用本国稀缺要素生产的产品。美国是一个资本要素丰裕而劳动力要素稀缺的国家，美国应该出口资本密集型产品，进口劳动密集型产品。为了验证赫-俄理论的正确性，1953 年里昂惕夫用投入—产出分析法对 1947 年美国 200 个行业的对外贸易商品结构进行了分析。他把生产要素分为资本和劳动力两种，然后计算出每百万元的出口商品和进口替代商品中所含的国内资本和劳动量及其比例。计算结果见表 2-7。

表 2-7　每百万元的美国出口品和进口替代品对国内资本和劳动力的需求量（1947 年）

	出口品	进口替代品
资本 *K*/美元	2 550 780	3 091 339
劳动力 *L*（人/年）	182 313	170 004
资本/劳动力（*K*/*L*）	13.991	18.185

从表 2-7 可以看出，1947 年平均每人进口替代品的资本量与出口商品的资本量的比是 18.185÷13.991=1.30，也就是说高出约 30%。

里昂惕夫的研究结果表明，美国进口替代品的资本密集程度反而高于出口产品的资本密集程度。“美国参加国际分工是建立在劳动密集型生产专业化的基础上，而不是建立在资本密集型生产专业化的基础上。换言之，这个国家是利用对外贸易来节约资本和安排剩余劳动力，而不是相反”。为什么会出现这种与要素禀赋理论相悖的现象？经济理论界认为这是一个谜。里昂惕夫于 1956 年用同样的方法，对美国 1951 年的贸易结构进行了又一次检验，结果与第一次相同。检验结果见表 2-8。

表 2-8　每百万元的美国出口品和进口替代品对国内资本和劳动力的需求量（1951 年）

	出口品	进口替代品
资本 *K*/美元	2 256 800	2 303 400
劳动力 *L*（人/年）	17 391	16 781
资本/劳动力（*K*/*L*）	12.977	13.726

从表 2-8 可以看出，1951 年美国平均每人进口替代品的资本量与出口商品的资本量的比是 13.726÷12.997=1.06，也就是说高出约 6%。

这一研究结果又一次证明美国出口商品具有劳动密集型特征，而进口替代品具有资本密集型特征。

里昂惕夫之谜激发了一些经济学家对其他国家的贸易结构进行研究，其研究结果证明其他国家也存在类似的情况。对于里昂惕夫之谜，西方经济学界提出了各种各样的解释。

（二）对里昂惕夫之谜的有关解释和学说

里昂惕夫之谜引起了西方经济学界的极大关注，解释里昂惕夫之谜的学说主要有以下几种：

1．劳动效率说

最先由里昂惕夫自己提出，他认为各国劳动生产率差异很大，如美国工人的劳动生产率大约是其他国家的 3 倍，因而在计算美国工人人数时必须将美国工人人数乘以 3。这样与其他国家相比，美国就成了劳动力要素丰裕，而资本要素相对稀缺的国家。所以它出口劳动密集型产品，进口资本密集型产品是理所当然的事，于是里昂惕夫之谜就不存在了。美国之所以劳动生产率高，是因为美国的工人受教育的程度较高、进取精神较强，以及企业的科学管理水平较高等。

后来，美国经济学家基辛对这一问题进一步加以研究，得出结论：资本要素丰裕的国家倾向于出口熟练劳动密集型商品；而资本要素稀缺的国家倾向于出口非熟练劳动密集型商品。美国工人熟练程度最高，但进口熟练劳动密集型商品比重最低，而进口非熟练劳动密集型商品比重最高。印度的工人非熟练程度最高，但进口非熟练劳动密集型商品比重最低，而进口熟练劳动密集型商品比重最高。这表明发达国家在生产熟练劳动密集型商品方面具有比较优势；而发展中国家生产非熟练劳动密集型商品方面具有比较优势。因此，熟练程度不同，劳动生产率不同，是国际贸易发生和发展的一个重要原因。

2. 人力资本说

人力资本说是美国经济学家凯南、肯林等人提出的。他们把资本分为物质资本和人力资本。人力资本主要是指一国在职业教育、技术培训方面投入的资本。人力资本投入，可以提高劳动者的劳动技能和知识水平，提高劳动生产率。美国投入了较多的人力资本，就会拥有较多的熟练劳动力。因此，美国出口产品含有较多的熟练技术劳动。如果把熟练技术劳动的收入高出简单劳动的部分作为资本（无形资本）与物质资本（有形资本）加在一起，那么美国出口的仍然是资本密集型产品。这个结论是符合赫-俄理论的。

3. 市场不完全说

西方有的经济学家认为，里昂惕夫之谜产生的原因是市场的不完全。国际贸易要受贸易参与国的关税和非关税壁垒等贸易保护主义政策的限制，使资源禀赋论原理揭示的规律难以实现。有人认为，为了解决就业问题，美国政府的贸易政策有严重的保护本国非熟练劳动力的倾向。假如美国不实行这种贸易保护政策，而实行自由贸易政策，美国进口劳动密集型产品的实际比重应该高一些。计算结果表明，如果美国进口商不受限制，进口商品中资本与劳动力的比例将比实际的低 5%。因此，贸易壁垒是产生里昂惕夫之谜的重要原因之一。

4. 对里昂惕夫之谜的评价

（1）里昂惕夫之谜的理论意义。里昂惕夫之谜是西方国际贸易理论发展史上的一个里程碑，里昂惕夫对传统的资源禀赋理论的验证，具有重大理论意义。他运用投入—产出法分析美国贸易结构，把统计学运用于经济理论分析，是一种创新。里昂惕夫之谜说明了传统的贸易理论存在着理论与实际不符的严重缺陷，这个“谜”的提出，引起了经济理论界的广泛关注，激发了世界经济学家的探索热情，促进了国际贸易理论的发展。

（2）里昂惕夫之谜的历史局限性。里昂惕夫之谜的历史局限性主要表现在研究对象和研究内容方面，它的研究对象只有美国一个国家，研究内容只涉及资本和劳动两个要素，使复杂的国际贸易过程过分地简单化了，从而使里昂惕夫之谜的科学性、实用性和普遍性大打折扣。

本 章 提 要

1. 亚当·斯密的绝对优势理论认为各国因地域和自然条件不同而形成的商品成本的绝对差异是国际贸易发生的原因。一国出口那些在本国进行生产有效率的商品，进口那些在国外进行生产有效率的商品，该国就会取得贸易利益。

2. 大卫·李嘉图认为，即使一个国家的各个行业的生产都缺乏效率，没有低成本的商品，通过国际贸易仍可能获得利益；而另一个国家各个行业的生产都有效益，成本比国外同行业都低，通过国际贸易可获得更大利益。即“两优择其重，两劣取其轻”。

3. 国际交换的互惠贸易范围是由各国国内的产品交换比率来确定的。穆勒认为，这个交换的比率是由两国消费者的偏好、环境加上在市场上的讨价还价来决定的。具体一点讲，就是由两国在一定条件下形成的相互需求的大小和强度决定的。

4. 同约翰·穆勒一样，马歇尔认为，均衡贸易条件取决于进行贸易的国家各自对对方商品的相互需求强度。因此，马歇尔的相互需求理论只是补充和完善了约翰·穆勒的相互需求理论。但马歇尔用提供曲线分析贸易条件比穆勒的文字描述更为精确，开创了用几何法作为国际贸易分析工具的先河。

5. 赫-俄理论认为生产要素的禀赋差异是国际贸易发生的根本原因。各国应该出口那些密集使用本国丰裕资源的商品，进口那些密集使用本国稀缺资源的商品；自由贸易不仅会使本国商品价格趋于均等，而且要素价格也趋于均等

6. 里昂惕夫用投入—产出分析法对 1947 年美国 200 个行业的对外贸易商品结构进行了分析，结果发现，赫-俄的要素禀赋理论与事实不符，因而得出了相反的结论，所以里昂惕夫之谜也称作里昂惕夫悖论。为了解释里昂惕夫之谜，各种学说纷纷产生，主要有劳动效率说、人力资本说及市场不完全说。

知识与技能训练

【名词解释】

绝对优势理论	相对优势理论	相互需求理论
贸易条件	要素禀赋理论（H-O 模型）	里昂惕夫之谜

【判断题】

1. “两优择其重，两劣取其轻”是比较优势理论所主张的各国以比较成本进行国际分工安排的一项原则。（　　）

2. 对于一国而言，出口产品的世界市场交换率越偏离本国国内该产品的交换率，贸易条件对本国越有利；越接近本国国内该产品的交换率，贸易条件对本国越不利。（　　）

3. 提供曲线既表示可出口商品的供给，又表示要进口商品的需求；一对提供曲线，决定了两国的贸易均衡。（　　）

4. 俄林把多国商品价格比率的差异产生的根本原因归因为要素价格比率的差异。（　　）

5. 按照要素禀赋论的观点，原来较为稀缺的要素在分工后变得更为稀缺，导致要素相对价格上升。（　　）

6. 根据 H-O 模型，对于一个劳动力相对丰富的国家来说，应该生产并出口资本密集型产品，进口劳动密集型产品。（　　）

【简答题】

1. 简述绝对优势理论的主要内容。
2. 简述李嘉图比较优势理论的主要内容及其局限性。
3. 简述穆勒相互需求理论的主要内容。
4. H-O 理论与李嘉图的比较优势理论有何不同的特点？
5. 赫-俄模型的主要理论含义是什么？

6. 何谓里昂惕夫悖论？如何理解其理论意义？

【论述题】

1. 从李嘉图比较优势理论的基本假设及主要内容论述比较利益理论的主要贡献和局限性。

2. 论述约翰·穆勒相互需求思想的政策主张。

【应用题】

香港的经济结构

随着香港制造业向内地转移，规模不断扩大，香港的公司逐步演变成负责集资、采购、设计、推销及货物中转的生产控制中心和服务中心，香港服务业逐渐由为本地制造业服务转而为整个珠江三角洲地区的制造业服务。服务业在本地生产总值中所占比重已由 1980 年的 67%上升至 1999 年的 85.4%。香港的服务业包括批发零售、对外贸易、饮食及酒店业、运输及通信业、金融保险业、地产业，以及法律财会等专业服务行业。在各服务行业中，金融保险、地产和商用服务业所占比重最大，占当地生产总值的 36%；其次是批发零售及进出口贸易、饮食及酒店业，占 34%；社区、社会及个人服务业占 20%；而运输仓储及通讯业则占 9%。

香港的制造业以中小企业为主，素以灵活应变见称。制造业目前仍以纺织业和制衣业为主，其他还包括玩具业和电子业、印刷和出版业、机械、金属制造、塑胶及珠宝钟表等行业。制造业在香港本地生产总值中所占比率 1999 年为 5.7%。

在香港经济发展的历史中，经历了两次经济转型。1950 年以前香港经济主要以转口贸易为主。从 50 年代起香港开始工业化，到 1970 年，工业出口占总出口的 81%，标志着香港已从单纯的转口港转变为工业化城市，实现了香港经济的第一次转型。70 年代初，香港推行经济多元化方针，香港金融、房地产、贸易及旅游业迅速发展，特别是从 80 年代始，内地因素成为推动香港经济发展的最主要的外部因素，香港的制造业大部分转移到内地，各类服务业得到全面高速发展，实现了从制造业转向服务业的第二次经济转型。

今天的香港已发展成为亚太地区的国际贸易、金融和航运中心。2000 年，香港的本地生产总值达到 12 717 亿港元，贸易总额达到 32 307 亿港元，是世界第十大贸易实体，港口集装箱吞吐量达到 1 810 万箱，居世界第一位；有 154 家银行机构，拥有外资银行数量居世界第三位；2000 年年末香港股市总市值达 48 625 亿港元，居世界第九位；外汇市场每日成交额达 790 亿美元，居世界第七位；2000 年年末外汇储备高达 1 075 亿美元，居世界第三位。

试用相对优势理论和要素禀赋论详细分析香港的贸易结构。

第三章

保护贸易理论

学习目标

技能目标

- 掌握运用各种传统保护贸易理论来解释个别贸易现象的方法。

知识目标

- 理解重商主义学说；
- 理解幼稚产业保护论及其对国际贸易的影响；
- 理解凯恩斯超保护贸易学说。

学习背景

如第二章所述，自由贸易能够为贸易国带来好处，且在实践中，自由贸易也一度成为许多国家，尤其是发达国家在全球竭力推崇的政策目标。正如凯恩斯在 1933 年写道："同很多英国人一样，我从小被教育要尊重贸易自由，要知道那不仅是一个受过教育的、理智的人不会怀疑的经济理论，而且可以说是道德守则的一部分。"但就是这位凯恩斯，不久之后开始怀疑起贸易自由的正确性来。事实上，纵观国际贸易历史，发展中国家贸易政策选择往往是长期背离自由贸易原理，而一直推崇的自由贸易的发达国家也在多次经济危机后日益倾向于使用各种保护贸易政策来保护国内经济。

任何政策的形成都有其指导思想，学习保护贸易理论就是在学习保护贸易政策的指导思想，这有助于我们对各种保护贸易政策的理解。本章主要介绍重商主义、幼稚产业保护论以及凯恩斯主义超保护贸易学说等传统的保护贸易学说。

第一节 重商主义

入门案例

警惕拉美重商主义

英国《金融时报》网站 3 月 23 日刊载评论文章《警惕拉美重商主义》，主要内容如下：

拉丁美洲度过了美好的十年。它相对而言安然无恙地度过了金融危机，最近的一系列经济决策也使它有资格对美国和欧洲说“不”(一些国家显然是例外，不过仍然符合这一地区的原则)。

因此，当一些国家在本国工业竞争力面临外部威胁之时，又一头扎进阴魂不散的保护主义，这实在令人失望。

它们面临的威胁是实实在在的。陷入危机的北半球所采取的激进货币政策释放出大量资金，对于这些资金，大多数拉丁美洲经济体都是被动的接受者。实际汇率升值侵蚀了贸易产品生产国的竞争力，拉丁美洲的政策制定者对西方发出了指责。

他们采取的一些应对措施是正确的，包括进行温和的资本管控和试图控制国内信贷增长。但积习难返，对于去工业化的担忧激起了重商主义者的本能。巴西正在保护其汽车工业不受来自墨西哥的竞争，巴西酒商则希望得到保护，免受进口智利酒的竞争。阿根廷则要求，进口企业必须向外国人出售与所进口商品等值的商品。这类政策根本无法抵御竞争。更糟糕的是，它们损害了那些能够支撑起拉丁美洲工业基础的政策。

拉美地区内的语言和文化联系使它成为一个天然的单一市场。这一市场的规模足以弥补为跨越巨大的自然屏障而付出的成本，而得益于覆盖整个大陆的基础设施建设，这些自然屏障必然会消失。任何阻碍拉美经济一体化进程的事物，无论是直接阻碍，还是间接阻碍，都会从人们眼前夺走一个终极奖品：一个各成员国互相提供高技能产品和服务而不仅仅是出口原材料的庞大中等收入经济体。

带着问题学习：

1．什么是重商主义？其根本思想是什么？

2．在重商主义的影响下，一国可能出现什么情况？

3．除了拉美地区外，你能列举其他受重商主义影响的经济体及其特点吗？

一、重商主义的产生与发展

重商主义（Mercantilism）是 18 世纪在欧洲主流的政治经济体制。它建立在这样的信念上：一国的国力基于通过贸易的顺差—— 即出口额大于进口额—— 所能获得的财富。重商主义是封建主义解体之后的 16～17 世纪西欧资本原始积累时期的一种经济理论或经济体系，反映资本原始积累时期商业资产阶级利益的经济理论和政策体系，于 15～18 世纪中在欧洲流行，后为古典经济学取代。重商主义认为一国积累的金银越多，就越富强。主张国家干预经济生活，禁止金银输出，增加金银输入。重商主义者认为，要得到这种财富，最好是由政府管制农业、商业和制造业；发展对外贸易垄断；通过高关税率及其他贸易限制来保护国内市场；并利用殖民地为母国的制造业提供原料和市场。该名称最初是由亚当·斯密在《国民财富的性质和原因的研究》(《国富论》) 一书中提出来的。但 1776 年亚当·斯密在他的著作中抨击了重商主义，他提倡自由贸易和开明的经济政策。直到 19 世纪中叶英国才废弃以重商主义哲学为基础的经济政策。

工作提示

重商主义是许多出口导向型经济的指导思想。许多早期的出口企业也都迷信重商主义的作用，但随着时间的推移，早期奉行重商主义的出口企业渐渐发现重商主义存在着许多弊端。但其曾经发挥的作用仍不可忽视。

（一）重商主义的产生

重商主义主张政府应该控制国家的经济，以便损害和削弱对手的实力，增强本国的实力。15 世纪初，正当文艺复兴运动进入初期发展阶段之时，重商主义兴起。到了 17 世纪，随着文艺复兴运动的衰落，重商主义也逐渐开始崩溃。从时间上看，重商主义可以说与文艺复兴运动同步。同一时期产生了两种社会思想——人文主义和重商主义，其中有其深刻的根源，即当时社会上追求商品生产更快发展，追求商业资本的迅速增加和货币资本的不断积累，已成为一股不可抗拒的潮流，这是重商主义产生的一个重要原因。然而，重商主义的产生和更深层次的背景，则是在追求商业资本增加、追求货币积累这股强大潮流冲击下，所引起的西欧经济形式和社会阶级关系的变化。新经济的发展，引起了社会各阶层的变化，旧式贵族变成了真正的商人，它正反映了自然经济向商品经济过渡的变化。重商主义就是在这样一种背景下产生的。

（二）重商主义的发展

重商主义分为早期重商主义和晚期重商主义。早期重商主义和晚期重商主义是重商主义学说发展的两个阶段。

1. 早期重商主义

早期重商主义：代表作是 1581 年匿名发表的《对我国同胞某些控诉的评述》（作者一般认为是约翰·海尔斯与威廉·斯塔福德合作）。主要观点包括：从外国输入商品是有害的，从外国输入本国能够制造的商品害处更大，极力主张实行保护贸易政策，坚决禁止外国工业品、特别是奢侈品输入本国，要求直接利用国家立法和行政措施来保证对每个国家和每笔贸易，都实现顺差，绝对禁止金银外流，设法将货币留在本国，不使货币流向国外。早期重商主义又称“货币平衡论”或“重金主义”。

2. 晚期重商主义

晚期重商主义：代表作是托马斯·孟 1621 年发表的《英国得自对外贸易的财富》，马克思称该书一百年内“一直是重商主义的福音书”。主要观点：国内商业只是对外贸易的一种辅助，并不能使国家致富，对外贸易才是使国家致富的唯一手段，而且只有在进行对外贸易时保持出超，才能达到致富的目的。但反对早期重商主义者限制货币输出的原则，认为输出货币是为了先买进更多的商品来扩大对外贸易，等待时机来的时候，再把这些商品以超过购进时更高的价格卖给外国人，这样会使国家的财富大量增加。他说：“货币产生贸易，贸易增多货币。”并不单纯地直接通过国家干涉来促进本国的生产和出口，允许对个别国家有贸易逆差，只要这有利于实现总的贸易顺差。因此，晚期重商主义又称“贸易平衡论”。

（三）重商主义的局限性

（1）重商主义的政策结论仅在某些情况下站得住脚，并非在一般意义上能站得住脚；

（2）重商主义把国际贸易看作一种零和游戏的观点显然是错误的；

（3）重商主义把货币与资本等同起来，贸易顺差也被错误地等同于收入超过消费的年差额（亚当·斯密对重商主义批判的要点）。正是基于这样一个错误的认识，重商主义才轻率地把高水平的货币积累与供给等同于经济繁荣，并把贸易顺差与金银等贵金属的流入作为其唯一的政策目标。

无论是早期重商主义者还是晚期重商主义者，他们的研究的对象都是流通，研究的方法都是记述他们所观察到的现象。因而重商主义学说并不是一种科学的体系。

> **思考**
> 你能举例说明重商主义对我国对外贸易带来的各种负面影响吗？

二、重商主义对我国贸易的影响

改革开放以来，我国出口贸易高速发展。据 IMF（国际货币基金组织）的统计，我国出口贸易规模从 1978 年的 97.5 亿美元增加到 2007 年的 12 180 亿美元，30 年间增加了 125 倍，比同期世界贸易增长速度快三倍，被国际社会称为“出口增长奇迹”。我国的经常项目顺差也不断扩大，从 1999 年的 211 亿美元增加到 2007 年的 2 622 亿美元，28 年间增加了约 13 倍，经常项目顺差额占 GDP 的比例从 2000 年的 1.7%上升到 2007 年的 11.7%。

有着浓厚重商主义色彩的外贸政策对我国对外贸易的发展产生了巨大的推动作用，但是，在当前经常账户和资本账户双巨额顺差的情形下，重商主义对我国对外贸易也带来了负面影响。

（一）恶化我国贸易条件

重商主义过分强调“多卖”，国内出口厂商在出口政策推动下，为了获得比内销更大的利益，忽视了合理发展出口商品结构，竞相出口甚至恶性竞争压低出口价格，许多出口产品出现了“增产不增收”的现象，使得我国贸易条件不断恶化：有数据显示，从 1995 年到 2005 年，我国整体贸易条件指数下降 19%，其中制成品贸易条件指数下降了 25%，初级产品的贸易条件指数下降了 24%。

（二）扭曲国内经济资源的配置

对外贸易的实质是通过经济交往实现资源在世界范围内的最佳配置，使每个国家的自然资源、人力资源都能得到充分有效的配置。而重商主义却错误地把货币与真实财富等同起来，结果是我国的出口产业纷纷建立在廉价劳动力、廉价土地及廉价的环境等这些被人为压低的资源成本上，导致出口产品的价格保持在全球较低水平，刺激了出口快速增长和贸易顺差急剧扩大，而这些廉价的资源却无法得到合理的配置。

（三）加大外汇储备的成本和风险

据统计，在重商主义的“重金主义”思想影响下，至 2007 年年底，我国外汇储备额达 1.53 万亿美元，居全球第一。巨额的外汇储备和外汇占款形成巨大的“机会成本”，同时面临着巨大的汇率风险。

> **工作提示**
> 机会成本是为了获取某种机会而不得不放弃的最大价值。失去越少越明智，即机会成本越低，决策越正确。

（四）加剧贸易摩擦

持续大规模的贸易顺差加剧了我国与美国、欧盟甚至发展中国家之间的贸易摩擦。据世界贸易组织统计，截至 2009 年年底，我国已经持续 15 年成为世界上反倾销调查最多的国家。

（五）损害消费者福利

改革开放以来，我国奉行“以出口创汇为目标”的重商主义贸易政策，政府给予外资企业和出口企业诸多优惠条件，导致很多企业以廉价劳动力和资源换取出口优势，这无疑会损害国内的劳动者利益和环境，恶化国内收入分配格局，损害了国内消费者福利，削弱了国内经济可持续发展的内在动力。

▶ 专栏 2-1

英国都铎王朝与重商主义

都铎王朝（Tudor Dynasty），是 1485 年至 1603 年间统治英格兰王国和其属地的王朝。历时 118 年，共经历了五代君主。始于亨利七世 1485 年入主英格兰、威尔士和爱尔兰，结束于 1603 年伊丽莎白一世的去世。虽然历时不长，但都铎王朝处于英国从封建社会向资本主义社会转型这样一个关键时代，因而其实施的各项政策也极具时代特色。重商主义作为都铎王朝贸易政策实施的指导思想，对英国社会的各个方面都产生了极大的影响。

英国是一个偏离欧洲大陆的岛国。在都铎王朝以前，英国仍然是一个经济落后，工业不发达的“农业附庸国”。在整个国民经济中，羊毛和粮食的输出占有重要的地位。毛纺织业作为英国的支柱工业，虽然有所发展，但也远远落后于欧洲诸国。为了改变这种状况，重商主义者认为必须大力发展工商业。比如英国早期重商主义的代表人物威廉·司塔福特认为：从外国输入商品是有害的，从外国输入的本国能够制造的商品则害处更大，他反对输出英国羊毛和输入外国羊毛制成品。重商主义者还认为，“货币是衡量国家富裕程度的标准”。因此，积累更多的货币成了当时社会的一种强烈的追求。都铎王朝的统治者也意识到要“使国家富强，使自己显赫的必要条件”就是迅速发展工商业，为此，都铎王朝的历代君主都实行重商主义政策。

首先，都铎王朝扶植、鼓励发展呢绒制造业，以出口呢绒换取货币。都铎王朝的建立者亨利七世（1485～1509）三番五次通过国家法令，禁止羊毛特别是优质羊毛的出口，甚至还禁止半制成品的呢绒出口。亨利七世与尼德兰（现荷兰）缔结了“大通商”条约，恢复了英国与尼德兰正常的贸易关系，将英国廉价的呢绒等工业品倾销至尼德兰，从而加速了尼德兰呢绒业的衰落，推动了英国呢绒业的大发展，促进了以伦敦—安特卫普为中心的对外贸易的加强与扩大。正是基于这一点，亨利七世赢得了“商人的国王”的称号。此后，其继任者继续推行这一政策。到 16 世纪末呢绒业已成为英国普及城乡的盛行的“全国性行业”。据统计，全国从事呢绒工业的人口达 200 万，占当时全国人口的一半。到 17 世纪上半叶，英国每年平均出口呢绒达 25 万匹，呢绒出口已占全国商品出口总额的 90%。英国呢绒不仅销往意大利、西班牙、德意志、法兰西、尼德兰，而且远销到波罗的海沿岸国家，俄罗斯和亚洲、非洲等地区。

其次，大力发展海外商业，鼓励发展造船业。15 世纪以前，英国建造的船只很少有百吨以上的。亨利七世为了扩大远洋贸易，奖励船主建造大船，规定凡是建造出百吨以上的新船者，每吨奖给五先令的津贴。这一规定刺激了英国造船业的发展，到第五代君主伊丽莎白女王统治时期（1558～1603），英国海军终于战胜了西班牙的“无敌舰队”，确立了英国的海上霸权，为英国从事海外贸易和殖民掠夺提供了强有力的保障。在纺织业，造船业等行业的带动下，各种金属制造、制革、制皂及染料等行业也以前所未有的速度向前发展，国内市场急剧扩大。海外贸易，殖民掠杀，走私等活动累积的财富一部分也转入工业，加强了工业资本。圈地运动又把大量的廉价劳动力抛向工业市场，所有这些都使英国的民族工业获得了惊人的发展，并为18世纪的工业革命创造了资本的、技术的以及劳动力的前提。可以说，都铎王朝卓有成效的重商主义政策是英国资本主义工业化的前奏。

第二节 幼稚产业保护论

入门案例

影响国家经济安全又一例㊀

2008年，国际饮料生产巨头可口可乐公司拟以179亿港元收购汇源果汁的消息一经披露，国内舆论一片哗然，各方观点沸沸扬扬。在国内某网站进行的一项调查中，八成网民以“捍卫国货”为由不赞同汇源卖身，他们忧虑饮料行业的民族支柱逐步被外资悉数“吞没”，担心国家的经济安全。毕竟，此前不少民族品牌被外资并购后遭遇雪藏以至销声匿迹已是不争的事实。

……

其中华南师范大学经济与管理学院教授、博士生导师杨永华认为，这是影响国家经济安全的又一例。

他认为美国可口可乐公司是饮料行业的国际巨头，中国汇源等一些民族品牌则是幼稚产业，需要国家保护。改革开放以来，特别是20世纪90年代以来，一些大跨国公司进入中国，对中国的民族企业产生了强烈的挤出效应。比如，国际四大粮商与中国农民及农产品加工企业之间不是一个级别的竞争对手，因而他们之间的竞争是不公平的。所谓公平就是同一个级别的对手之间进行的竞争。比如奥运会要将正常人与残疾人、男子与女子分开进行比赛；举重比赛还要根据运动员体重分级别进行，这就是公平竞争。中国种豆的农民和大豆加工企业，与世界上ADM、邦吉、嘉吉和路易达孚四大粮商之间，就像一个不到50公斤的小个子男人，与一个100公斤大个子男人比赛。这是公平的比赛吗？国际四大粮商进入中国，损害了东北三省和内蒙古东部4 600万农民，特别是以种大豆为主业的3 000万农民的利益，这几千万农民破产或濒临破产，这就是国家经济安全问题。保护幼稚产业的理论是经济学家和实业者研究了200多年的老题目，理论源头可以追溯到汉密尔顿、李斯特及穆勒等。保护幼稚产业理论对中国来说仍然具有现实意义。

一连串的事实证明，外商购买某个民族品牌，并不是喜欢这个品牌，而是看中这个品牌的市场占有率。办法是通过购买知名品牌，达到消灭这个品牌的目的。这是毫无新意的老套路，却总是屡试不爽。这样的案例可以举出一长串。比如，合资后使用了一段时间的“皇妹”，不久就换成“富士康”，而“皇妹”消失得无影无踪。又如“美加净”、“活力28”、“大宝”

㊀ 文章来源：南方日报，2008-09-10，有删减。

等，昔日名牌今安在？品牌没有了，还有什么民族经济？如果中国汇源被可口可乐并购成功，汇源这个品牌很可能也逃脱不了被消灭的命运。故事仍然没有新意，结局也没有什么悬念，只是结果异常残酷。如果中国企业再想用这个品牌，就得重新向可口可乐公司购买。

……

带着问题学习：

1．什么是幼稚产业？有什么界定标准？

2．幼稚产业保护论的主要思想是什么？主要代表人物有谁？

3．你赞同案例中的看法吗？为什么？

幼稚产业保护理论，又称幼稚工业保护理论，最初于18世纪后半期由美国独立后的第一任财政部长汉密尔顿提出，在19世纪中叶由德国的史学派先驱弗里德里希•李斯特加以系统化。李斯特认为生产力是决定一国兴衰存亡的关键，而保护民族工业就是保护本国生产力的发展。所以国家和政府需要作为民族工业发展强有力的后盾，而不是秉承传统自由贸易理论学派的自由放任原则。

一、汉密尔顿的保护关税论

亚历山大•汉密尔顿，是美国独立运动时期的政治家、经济学家，也是美国独立后第一届财政部长，保护幼稚工业理论的最早提出者，他代表工业资产阶级的利益，极力主张实行保护贸易政策。

亚历山大•汉密尔顿（Alexander Hamilton，1757～1804）是美国的开国元勋之一，宪法的起草人之一，财经专家，美国的第一任财政部长，美国政党制度的创建者，在美国金融、财政和工业发展史上，占有重要地位。因政党相争而决斗丧生。

（一）汉密尔顿的保护关税论的产生背景

1776年，美国宣告独立，当时摆在美国面前有两条路：一是实行自由贸易政策，继续向英、法等国出口农产品，换回他们的工业品，这种贸易格局有利于美国南方种植园主，但不利于美国北方工业制造业的发展；二是实行保护关税政策，独立自主地发展自己的工业，减少对外国工业品的依赖，这是美国北方工业资本家的要求。结合当时的情况，美国是后起的资本主义国家，产业革命进行的比较晚，工业基础薄弱，其产品无法与英国竞争，因此，新兴的工业资产阶级要求实行保护贸易政策。1791年，汉密尔顿代表工业资产阶级的利益，向国会提交了《关于制造业的报告》，在报告中明确表达了他的保护贸易的理论观点。该报告被视为保护贸易理论的第一份重要的经典文献。

（二）汉密尔顿的保护关税论主要内容

汉密尔顿认为，亚当•斯密的自由贸易理论，不适用于美国。因为其经济情况不能同英国相提并论，工业基础薄弱，技术落后，生产成本高，无法在平等的基础上进行对外贸易。如果实行自由贸易政策，只会使美国的产业被限制在农业范畴，而使制造业受到极大损失，使美国经济陷入困境。所以，他强调，在一国工业化的早期阶段，应当排除外来竞争，保护国内市场，以促使本国新的幼稚工业顺利发展。

汉密尔顿的保护贸易学说的内容主要体现在他《关于制造业的报告》的这份报告中。

1．主张政府通过保护关税制度和向私营工业发放贷款来扶植私营制造业发展

汉密尔顿认为，为使美国经济独立，要重视发展制造业。他阐述了保护和发展制造业的必要性和有利条件。他认为保护和发展制造业对维护美国的经济和政治独立起着许多作用：促进机器的使用和社会分工的发展，提高整个国家的机械化水平；增加社会就业，吸引外国移民，加速美国国土开发；提供更多开创各种事业的机会使个人才能得到充分发挥；保证农产品销路和价格稳定，从而刺激农业发展。为了能达到保护和发展制造业的目的，他极力主张实行保护关税政策来鼓励幼稚工业发展，同时，他还认为政府应加强干预，采取以下措施来扶植私营制造业：

（1）发放政府贷款，为私营工业提供发展资金；

（2）实行保护关税制度，保护国内新兴工业；

（3）对重要原料出口加以限制，对国内必需的原料进口实行免税；

（4）为各类工业发放津贴和奖励金；

（5）限制革新机器的出口；

（6）为保证和提高产品质量，应建立联邦检查制度。

2．一国应该适时考虑适度保护贸易以实现“长远利益”

汉密尔顿认为一国的经济独立需要有强大的工业基础，亚当·斯密的自由贸易理论，不适用于刚取得独立的美国。因为其经济情况不能同英国相提并论，工业基础薄弱，技术落后，生产成本高，无法在平等的基础上进行对外贸易。如果实行自由贸易政策，只会使美国的产业被限制在农业范畴，而使制造业受到极大损失，使美国经济陷入困境，难以独立。他认为，在自由贸易政策下，一个国家可以通过贸易获得较国内廉价的消费品，这是一种“近期利益”。政府应该把发展本国工业作为一项长远目标。只有对本国幼稚制造业进行保护，才能获得“长远利益”。因此，汉密尔顿对当时的美国政府提出了要在消费廉价产品的“近期利益”和本国产业发展的“长远利益”之间进行选择。一国不能只追求近期利益而牺牲长远利益。尽管汉密尔顿极力主张采用保护关税政策来保护本国的制造业，但他并不主张对一切进口商品征收高关税或禁止进口，而只是对本国能生产的、但竞争力弱的进口商品实施严厉的限制进口政策，并且这个保护还有时间限制，属于过渡性的保护。

《关于制造业的报告》体现了汉密尔顿欲使美国由农业国变成为工业国的强烈愿望。可惜，他的这一报告没有被国会采纳，因为当时美国还没有感受到发展制造业的紧迫性。他的报告受到他同时代人的冷漠。但是，到了19世纪30年代，当美国工业革命开始起飞的时候，这个报告成为美国人热切研究的文件。

（三）汉密尔顿的保护贸易学说意义

由于汉密尔顿的保护贸易学说主要是在阐述经济政策时论及的，理论体系显得比较零碎，尽管如此，它仍是落后国家进行经济自卫和与先进国家相抗衡的国际贸易学说。这一学说的提出，标志着从重商主义分离出来的资产阶级国际贸易学说的两大体系已经基本形成。同时对美国工业制造业的发展有较深的推动作用。

美国于 1789 年通过的第一个关税法案，税率只有 5%～15%，不足以保护自己的工业。从 19 世纪初期，美国开始不断提高关税，1816 年关税税率为 7.5%～30%，1824 年平均税率提高到 40%，1828 年又提高到 45%。保护关税使美国工业得以避免外国竞争而顺利发展，并很快赶上了英国。至 19 世纪 80 年代，美国的工业产值跃居世界首位。

二、李斯特的幼稚产业保护论

尽管最早提出幼稚产业保护论的是美国第一任财政部长汉密尔顿，但该学说却由德国的弗里德里希·李斯特系统化并发扬。

（一）李斯特幼稚产业保护论的产生背景

19 世纪初，德国还是一个政治上分裂、经济上落后的农业国。在经济上，其发展水平落后于英国、美国和荷兰。工业上仍以工业、手工业和分散的小手工业为主。在对外贸易方面，它主要出口原料和食品，进口半制成品和制成品。对外依赖严重且容易受到外来经济力量的巨大冲击。为了发展德国经济，国内的有识之士围绕对外贸易政策的选择展开了激烈的论战。一派支持自由贸易主义，另一派支持主张实行保护关税制度的保护贸易理论。

在所有的保护贸易理论中，就其影响而言，李斯特的幼稚产业保护论最具有代表性。李斯特是德国著名经济学家，历史学派的先驱者。自 1825 年出使美国以后，受到汉密尔顿的影响，并亲眼见到美国实施保护贸易政策的成效，早年倡导自由主义，后来转为贸易保护主义。1841 年出版了《政治经济学的国民体系》，系统地提出了以生产力理论为基础，以经济发展阶段论为依据，以保护关税为核心，为经济落后国家服务的保护贸易学说。

弗里德里希·李斯特（Friedrich List，1789～1846）是古典经济学的怀疑者和批判者，是德国历史学派的先驱者。李斯特的奋斗目标是推动德国在经济上的统一，并其以具体行动力促成德意志关税同盟，废除各邦关税，使德国经济获得统一。

德国在 19 世纪 70 年代以后，为使新兴的产业避免外国工业品的竞争，使之能充分发展，不断要求实施保护贸易措施。1879 年，俾斯麦改革关税，对钢铁、纺织品、化学品及谷物等征收进口关税，并不断提高关税率，而且与法国、奥地利及俄罗斯等进行关税竞争。1898 年，又通过修正关税法，成为欧洲高度保护贸易国家之一。

（二）李斯特幼稚产业保护论的主要内容

1. 主张保护幼稚工业

李斯特认为，一个国家的财富和力量来源于本国社会生产力的发展，提高生产力是国家强盛的基础。“财富的生产力比之财富本身，不晓得要重要多少倍”。他认为，购买国外的廉价商品，从眼前利益看可能会得到一些实惠，但是从长远利益看则会影响德国工业的发展。因为这样做会使德国工业长期落后，甚至会成为先进工业国的附属国。他主张德国对幼稚工业实行保护，提高关税，限制进口。这样做，一开始国内工业品价格会上涨，消费者也会受到损失。但是经过一段时间，德国工业发展起来以后，商品的价格就会下降，甚至会低于外国进口商品的价格。更为重要的是使德国具备了生产财富的能力，提高了国力。

2．经济发展阶段论

古典学派的自由贸易理论认为，各国按照比较优势理论可以形成和谐的国际分工，而且形成这种分工只需要自由贸易。李斯特认为，这种观点抹杀了各国的经济发展和历史特点。他认为各国经济发展必须经过五个历史阶段，即原始的未开化时期、畜牧业时期、农业时期、农工业时期和农工商业时期。处在不同历史阶段的国家应该实行不同的贸易政策。处于农业阶段的国家应该实行自由贸易政策，因为自由贸易不但可以自由输出农产品，而且还可以自由输入外国工业产品，促进本国工业发展。处于农工业阶段的国家应该实行保护关税制度，因为保护关税可以限制外国工业产品进口，保护本国尚缺乏国际竞争力的工业的发展。处于农工商阶段的国家应该实行自由贸易政策，因为自由贸易可以使本国得到最大利益。李斯特认为，英国经济发展已处在农工商阶段，应该实行自由贸易政策。德国经济发展处在农工业阶段，应该实行保护关税制度。

> **思考**
>
> 根据李斯特的观点，你认为中国处于哪个经济发展阶段？

3．贸易保护的手段、目的和对象

李斯特贸易保护的手段主要是禁止输入和征收保护关税。保护的目的是发展本国生产力，保护的对象是国内幼稚工业：

（1）只有幼稚工业才需要保护，但并非要保护所有的幼稚工业，而是要保护有发展前途的幼稚工业。

（2）一国工业虽然处于幼稚阶段，但在没有遇到强有力的国际竞争时也无须保护。

（3）被保护的工业生产出的产品能与国外竞争时，就无须继续保护。被保护的幼稚工业一段时间内扶植不起来的，就应放弃保护。

（4）农业不需要保护。

（三）对李斯特幼稚产业保护论的评价

1．李斯特幼稚产业保护论的积极作用

李斯特的幼稚产业保护论的提出，确立了保护贸易理论在国际贸易理论体系中的地位，标志着从重商主义分离出来的西方国际贸易理论两大学派——自由贸易学派和保护贸易学派的完全形成。

幼稚产业保护论的许多观点是有价值的，对落后国家制定对外贸易政策有一定借鉴意义。他关于生产力比财富本身更重要的思想是深刻的，具有无可动摇的理论说服力；他关于经济发展的不同阶段应采取不同的对外贸易政策的观点是科学的，为落后国家实行保护贸易政策提供了理论依据；他关于以保护贸易为过渡和仅以幼稚工业为保护对象的主张是积极的，说明了他同时承认国际分工和自由贸易利益；他对保护贸易政策得失的分析是实事求是的，揭示了建立本国高度发达的工业是提高生产力水平的关键。

> **工作提示**
>
> 尽管存在局限性，李斯特的幼稚产业保护论是现今许多国家实行的保护贸易政策的指导思想，由于对幼稚产业进行一定的保护并不违背 WTO 的有关规则，因此从事外贸工作的人员不难发现，进口国实施保护的产业，几乎涉及各个领域。

2. 李斯特幼稚产业保护论的主要局限性

（1）是保护对象的选择问题。“保护幼稚产业在短期内虽有代价，但从长远来看是有利和必要的”，这一论点在理论上是成立的，但实际操作中却不一定现实。因为这要受以下三个条件制约：①被保护的幼稚产业要具备发展壮大的潜力，以发挥比较优势；②保护期限只能是短暂的，为此付出的代价是短期而且是有限的；③被保护的幼稚产业为社会带来的收益必须大于为保护而付出的代价。由此可见，现实中要做到正确选择存在着很大的困难。

（2）是保护手段的选择问题。一般有以下两种选择：①产业鼓励政策；②关税限制政策。前者是政府采用政策倾斜、补贴及税收优惠等方式对国内的产业进行扶持，这种方法对国内产业起到较好的保护与促进作用，但政府要支付一定的成本。而后者只需要海关对进口的国外产品征收较高的关税，增加其在国内的竞争成本，从而保护国内的相关产业，但容易造成对国内产业的过度保护，不利于产业的发展。相对于前者而言，关税限制政策具有操作简单而且政府不需要支付过多的成本。所以不少国家的政府出于利益方面考虑，在保护手段的选择上会倾向于后者，以至于保护的效果不理想。

（四）幼稚产业的界定标准

历史上对幼稚产业保护问题的争论从未停息过，今天争论仍在继续。其中被争论最多的是关于“幼稚产业”本身的界定标准。当今对幼稚产业的界定标准主要有以下几个。

> **思考**
> 加入 WTO 至今，中国的服务业市场仍未完全开放，你认为服务业属于幼稚产业吗？试套用一些幼稚产业界定标准进行分析。

1. 穆勒标准

如果某个产业由于缺乏技术方面的经验，生产率低下，生产成本高于国际市场价格而无法与外国企业竞争，在一定时期的保护下，该产业能够提高效率，在自由贸易条件下存在下去，并取得利润，该产业即为幼稚产业。概括为：①正当的保护只限于对从外国引进产业的学习掌握过程，过了这个期限就应取消保护；②保护只应限于那些被保护的产业，在不久之后，没有保护也能生存的产业；③最初为比较劣势的产业，经过一段时间保护后，有可能变为比较优势产业。

2. 巴斯塔布尔标准

受保护的产业在一定的保护期后能够成长自立，为保护、扶植幼稚产业所需要的社会成本不能超过该产业未来利润的现值总和，符合条件的即为幼稚产业。概括为：①受保护的产业在一定时期以后，能够成长自立；②受保护产业将来所能产生的利益，必须超过现在因为实行保护而必然受到的损失。

> **知识链接：**
> GATT1994 第 18 条 A 节和 C 节中规定允许发展中成员为建立尚不具备竞争能力的工业，实施关税保护和数量限制措施。这就是保障条款之一的幼稚产业保护条款。该条款的基本内容是，发展中国家基于经济发展的需要，可以援引第 18 条 A 节修改或撤销关税减让，或援引第 18 条 C 节实施数量限制，但因此受到影响的国家可以获得补偿或进行报复。

3. 肯普标准

除了前两个标准的内容，还应考虑产业在被保护时期的外部效应，如具有外部性，该技术可以为其他产业所获得因而使得本产业的利润无法增加，将来利润无法补偿投资成本，国家应该予以保护。

只有先行企业在学习过程中取得的成果具有对国内其他企业也有好处的外部经济效果时，这种保护才是正当的。因为开创一种新的幼稚产业，先行企业本身的投资大，成本高，要冒很大的风险，而成功之后很容易被其他企业模仿，后来进入该产业的企业也可享用最早的幼稚工业所开发的知识与经验，导致市场竞争激烈，原来的先行企业无法获得超额利润以补偿学习期间所付出的代价。对于这种幼稚产业，政府应当采取保护措施，否则企业就不愿投资于这种具有外部经济效果的产业。

4. 小岛清的选择标准

应根据要素禀赋比率和比较成本的动态变化，选择一国经济发展中应予保护的幼稚产业。只要是有利于国民经济发展的幼稚产业，即使不符合巴斯塔布尔或肯普准则，也是值得保护的。至于怎样确定这种幼稚产业，要从一国要素禀赋状况及其变化，从幼稚产业发展的客观条件等方面来考察这一问题。概括为：①所保护的幼稚产业要有利于对潜在资源的利用；②对幼稚产业的保护要有利于国民经济结构的动态变化；③保护幼稚产业，要有利于要素利用率的提高。

第三节　超保护贸易学说及其他学说

入门案例

张茉楠：高度警惕全球金融危机“后遗症”㊀

2010年全球经济整体出现积极变化，将由危机应对进入复苏管理，但复苏之路并不平坦。内生动力不足、不良资产修复及供需缺口决定了全球经济复苏的基础依旧脆弱，复苏进程存在明显差异、经济复苏之路依然坎坷。主要经济体失业率可能继续恶化，消费和投资自主增长难有明显起色，新的产业投资周期尚未形成，经济潜在增长和工业生产远未恢复到危机前水平，特别是金融危机“后遗症”值得警惕。

首先，政府债务膨胀成为全球新的风险点。

当前全球患上了金融危机的“后遗症”——大规模国家干预导致的政府债务膨胀。大危机让“凯恩斯主义”再次回归，主权债务危机是全球大规模救市政策的副产品。据估算，各国政府在2010年发行4.5万亿美元的债务，几乎等于此前5年中发达国家年均债务发行量的3倍。在实体经济陷入衰退、私人部门收缩信贷与需求的过程中，公共部门所推行的反周期政策，推动了公共部门杠杆率的攀升。过度宽松的财政和货币政策，相当于政府把本来分散于各个经济主体（如金融机构）的风险集中于政府一身，把分散的资产负债表风险上升为集中的政府主权资产负债风险，其直接结果是公债债务水平及其融资成本的提高，公共资产负

㊀ 文章来源：上海商报，张茉楠，2010-03-31。

债表持续膨胀。

根据 2009 年 9 月《经济学人》杂志设立的“全球政府债务钟”记录截至 2010 年 2 月全球各国负债总额突破 36 万亿美元，2011 年全球债务将超 40 万亿美元。“债务钟”显示包括欧元区、英国、日本及美国是负债状况最糟糕的国家或地区。反映各国政府债券风险大小的指标——主权信用违约掉期 CDS 担保成本，从 2008 年 9 月底以来显著上升。

从历史上看，发生主权债务并不罕见，一旦一国的资产和经济增长能力无法负担其沉重的债务包袱时，债务国将选择主权违约来消除债务负担的可能性就变得很大。20 世纪八九十年代就出现过拉美、阿根廷国家债务危机。但像本次危机这样“范围如此之广，规模如此之大”还是第一次。

我们判断，随着主权债务危机在欧洲深化蔓延，2010 年欧洲甚至可能成为全球经济中最危险的一环，但美、日、英主权债务问题不容小视，债务问题的削减与如何演化将深刻影响全球经济复苏的进程。

带着问题学习：

1. 什么是凯恩斯主义？是由谁在什么背景下提出的？其核心内容是什么？
2. 凯恩斯主义和保护贸易主义有什么关系？

一、凯恩斯主义超保护贸易学说

凯恩斯是英国资产阶级经济学家，凯恩斯主义的创始人，其代表作是 1936 年出版的《就业、利息和货币通论》。凯恩斯在 20 世纪 30 年代之前是一个自由贸易论者，但是 1929～1933 年的经济大危机彻底改变了他的立场，转而推崇重商主义。他认为重商主义的保护贸易政策确实能够保证经济繁荣，扩大就业。

约翰·梅纳德·凯恩斯（John Maynard Keynes，1883～1946），现代西方经济学最有影响的经济学家之一，他创立的宏观经济学与弗洛伊德所创立的精神分析法，以及爱因斯坦发现的相对论一起并称为二十世纪人类知识界的三大革命。

（一）凯恩斯主义超保护贸易学说产生的历史背景

自 19 世纪末 20 世纪初开始，资本主义经济发生了很大变化：①垄断代替了自由竞争；②国际经济制度和秩序发生了巨大变化；③1929～1933 年资本主义世界爆发了空前的经济危机，各国争夺市场的斗争进一步尖锐化。20 世纪 30 年代中旬，经济危机不断深化，随着德国经济的崩溃和超通货膨胀时代的来临，以及后来被称为大萧条的全球生产衰退的到来，对金本位、经济自动调整的特性及以生产带动经济的模式的批评开始浮出水面。在这种情况下，超保护贸易政策盛行起来。于是各国经济学家提出了各种支持超保护贸易政策的理论根据，其中有重大影响的是凯恩斯主义的贸易乘数理论。凯恩斯在当时传播着一个简单的观点：大萧条之所以产生是因为 20 世纪 30 年代有一股投机的风潮存在于生产和投资领域——当时的工厂和运输网络远远超出了个人的支付能力。对“需求不足”的重视和他提出的政府直接干预经济的主张赢得当时众多经济学家的赞同，被当时各主要资本主义国家的统治阶级所接纳。

凯恩斯没有专门系统地论述国际贸易的著作，但是他和他的弟子们有关国际贸易方面的观点与论述却形成了颇具影响的超保护贸易学说。

（二）凯恩斯主义超保护贸易学说的主要内容

1．对古典自由贸易理论的批评

（1）凯恩斯认为古典贸易理论已经过时，因为它是建立在国内充分就业的前提上的。而20世纪30年代的大危机，使失业成为各国的普遍现象。

（2）凯恩斯及其追随者批评自由贸易论的“国际收支自动调节说”，认为它忽视了贸易顺差、逆差调节均衡的过程对一国国民收入和就业产生的影响。

2．对重商主义的重新诠释

一方面，凯恩斯在美国大萧条时期极力推崇重商主义。对此，凯恩斯在其著作《就业、利息和货币通论》指出，一国在没有政府干预的情况下，国内有效需求可能不足，于是，在开放经济条件下，奖励出口，限制进口是一国总需求政策的一部分。具体为：

（1）重商主义合理的、科学的成分未被人们认识到。因为一国对外的净投资决定于贸易差额的大小，且贸易收支顺差越多，对外净投资就越多。

（2）国际贸易收支顺差可以从两个方面促进有效需求的增加，一是一国净出口的增加本身就是本国有效需求水平的提高，进而导致国民收入的提高；二是通过贸易收支的顺差，直接影响到国内货币的供应量，从而压低国内利息率，刺激国内的私人贷款，增加私人的消费和投资需求。

（3）凯恩斯指出，政府应该关注，进而应该干预对外贸易，采取奖励出口、限制进口的做法。

另一方面，凯恩斯贸易保护理论的出发点是有效需求不足，不单纯等同于重商主义。他指出：

（1）贸易收支的顺差是不可以无限量地增加下去的，因为当贸易收支顺差过大时，国内的货币供应量就会过多，从而使商品价格过高，影响本国商品在国际市场上的国际竞争能力。

（2）贸易收支过度顺差还会使本国的利息率降低，进而引起资本外流，造成本国投资的减少。

（3）凯恩斯认为，政府干预、保持贸易收支的顺差不是一个长期目标，这只是在一国有效需求不足的情况下才偶尔使用的手段。

3．对外贸易乘数理论

对外贸易乘数理论是凯恩斯投资乘数在贸易方面的应用。为证明新增加投资对国民收入和就业的好处，凯恩斯提出了投资乘数理论。

凯恩斯认为，一国投资的增长对国民收入的扩大是乘数或倍数关系，故称为乘数或倍数理论。他认为新增加的投资会引起对生产资料需求的增加，从而引起从事生产资料生产的人们（工人、企业主）收入的增加，又引起他们对消费品需求的增加，进而引起从事消费品生产的人们收入的增加。如此连锁发展，结果增加的国民收入总量会等于原增加投资量的若干倍。如果用ΔY表示国民收入的增加，K表示乘数，ΔI表示投资的增加，则有如下关系

$$\Delta Y = K \cdot \Delta I$$

他还认为，乘数取决于“边际消费倾向”，即增加的收入中用于消费的比例。如果人们将增加的收入全部用于储蓄，即“边际消费倾销”为 0，则国民收入不会增加；如果人们将增

加的收入全部用于消费，即“边际消费倾向”为1，则国民收入增加的倍数为1+1+1+1+…到无限大；如果“边际消费倾向”介于0和1之间，则国民收入增加的倍数将在1与无限大之间，即

$$K=\frac{1}{1-\text{边际消费倾向}}$$

在国内投资乘数理论的基础上，凯恩斯的追随者引申出对外贸易乘数理论。这一理论认为，一国出口量的增加和国内投资一样，对国民收入的扩大也是乘数或倍数关系。而一国的进口则和国内储蓄一样，有减少国民收入的作用。当一国出口的商品和劳务增加时，从国外得到的货币收入，会使出口产业部门收入增加，从而引起消费需求的增加，从而又会引起其他产业部门生产增加，就业增多，收入增加，……如此反复，结果国民收入的增加量则是出口增加量的若干倍。当一国进口商品和劳务增加时，必然向国外支付更多的货币，引起国内收入减少，消费下降，与储蓄一样，成为国民收入中的漏洞。于是，他们得出结论：只有贸易为出超或者国际收支为顺差时，对外贸易才能增加一国的就业量，提高国民收入。此时，国民收入的增加量将是贸易顺差的若干倍。这便是对外贸易乘数理论的含义。这一理论主张扩大出口，减少进口，认为贸易顺差越大，对一国经济发展和劳动就业越有好处。为了实现贸易顺差的目标，各国竞相使用超保护贸易措施，对外贸易乘数理论为超保护贸易政策提供了理论依据。

工作提示

正是由于对外贸易乘数理论的影响，许多国家会积极扩大贸易顺差或缩小贸易逆差。其中一些发达国家，如美国更是常常给对其贸易顺差的贸易伙伴国施加压力以期缩小美国对该国的贸易逆差。

（三）凯恩斯主义超保护贸易学说与重商主义的区别

尽管和重商主义一样，凯恩斯主义的超保护贸易学说认为贸易顺差有利于本国经济发展并极力主张国家实施限入奖出的贸易政策。但从保护的出发点及保护的机制上来看，两者存在着很大差异。

1. 出发点不同

重商主义从商业资本的利益出发，试图通过贸易保护主义实现商业资本的财富积累，从而使商业资本规模扩大。而凯恩斯的超保护贸易学说则从整体宏观经济稳定出发，试图通过贸易保护维持宏观经济的稳定增长。

2. 贸易保护机制作用过程不同

重商主义的保护机制是直接通过提高关税促使国际收支的顺差，从而不断提高国际货币的积累。而凯恩斯的超保护贸易学说试图通过贸易保护，造成国际收支顺差来增加国内总需求，并同时增加货币供应量，降低利率水平，已达到刺激国内经济增长的目的。

3. 保护期限不同

重商主义是以增加财富积累为目标，主张永久地进行保护。而凯恩斯的超保护贸易学说是从刺激经济稳定增长为出发点，主张适度、适时地进行保护，即只有在国内经济处于萧条的时候进

行贸易保护。因此，凯恩斯的超保护贸易学说常被成为“萧条经济下的贸易保护理论”。

（四）凯恩斯主义超保护贸易学说的评价

1. 先进性

（1）外贸乘数理论揭示了外贸与国民经济发展之间的一些运行规律，有一定的科学性；

（2）将贸易问题纳入到宏观分析的范围，是贸易理论研究方法上的一种突破。

2. 局限性

（1）将贸易顺差与国内投资对国民收入产生的效应混为一谈，实际上两者的作用不能等同；

（2）理论在实践中会受多种因素的影响，外贸顺差不一定引起国民收入的增加；

（3）理论忽视了乘数作用的能否发挥要视世界进口总值是否增长而定。

▶ 专栏 2-2

30 年代美国大萧条

20 世纪 20 年代初，第一次世界大战结束，美国经济开始复苏并逐渐趋于繁荣。1923～1929 年，美国工业总产值几乎增加了 50%。依靠新一轮技术革命，美国的汽车产量增加了三倍，达到平均每六人一辆汽车的水平。发电量增长一倍以上，各种电器日益普及，电冰箱、洗衣机已成为日常用品。此时，整个美国社会的价值观念都发生了巨大的变化，发财致富成了人们最大的梦想，投机活动备受青睐，享乐之风盛行，精神生活浮躁，政治腐败。人们把这时的美国称为“疯狂的 20 年代”。

人们对经济前景表现出前所未有的乐观和自信，那些在经济繁荣中发了家的人，开始把大量的资金投入到股票市场。1929 年年初，狂热的美国股市如脱缰的野马一路狂奔，到 10 月中旬股价达到了顶峰。人们完全料想不到前面等待他们的是什么。

1929 年 10 月 24 日，临近中午时，股价突然开始下跌，指数如同瀑布般飞流直下，股票价格下降得连自动行情收录机都赶不上！股市陷入了疯狂，人们竞相抛盘。到了中午 12 点，股市仍然狂跌不止。自杀风开始蔓延，一个小时内，就有 11 名投机者自杀身亡。午后，当时的美国总统胡佛发表紧急文告，呼吁全国保持冷静。包括摩根银行等几家最有实力的财团共同出资援助，暂时稳定了股市。但是，几天以后，10 月 29 日，美国股市又一次出现大幅崩盘，此后一周之内，美国人在证券交易所内失去的财富竟高达 100 亿美元！占当时美国 GDP 的八分之一。进入 11 月股指跌幅已经超过 50%，美国民众开始感觉大势不妙。美国总统胡佛再一次召开会议，随后宣布减税，这些措施并无法让大众安心。此后，股市又经历几轮暴跌，股票持有人的损失高达 260 亿美元，成千上万普通美国人辛劳一生的血汗钱化为乌有。这场史无前例的股市大暴跌从 1929 年延续到 1932 年，股指从 1929 年最高的 542 点跌到 1932 年 7 月的最低点 41 点，近 90%的股票价值“蒸发”，随之而来的是将近 10 年的美国经济大萧条。

在“大萧条”中，超过 10 万家企业破产，私营公司纯利润从 1929 年的 84 亿美元降至 1932 年的 34 亿美元。1931 年美国工业生产总指数比 1929 年下降了 53.8%。重工业生产的缩减尤为严重，作为 20 年代美国经济繁荣标志的钢铁、汽车和建筑等行业的衰退更是明显。由于工、农、商业萎缩，到 1933 年 3 月，美国完全失业工人达 1 700 万，半失业者不计其数。农民的现金收入从每年 162 美元下降到 48 美元，约有 101.93 万农民破产，沦为佃农、分成制农民和雇农，许多中产阶级也纷纷破产。危机期间，一方面生产过剩，消费紧缩，导致商品积压；另一方面普通美国人却缺衣少食，生活日益贫困。为了维持农产品的价格，农业资本家和大农场主大量销毁“过剩”产品，用小麦和玉米代替煤炭作燃料，把牛奶倒进密西西比河，使这条河变成“银河”。由于人们普遍对未来缺乏信心，导致社会道德进一步沦丧，盗窃、斗殴及凶杀案件层出不穷。

直到 1941 年，美国的 GDP 才恢复到 1929 年的水平。而股市崩盘更是严重打击了投资者的信心，一直到 1954 年，美国股市才恢复到 1929 年的水平。

二、保护贸易新理论

（一）战略性贸易理论

战略性贸易理论是保罗·克鲁格曼（Paul R. Krugman）等人提出来的。1984 年，克鲁格曼在《美国经济学评论》上发表了论文《工业国家间贸易新理论》，认为传统的国际贸易理论都是建立在完全竞争市场结构的分析框架基础上的，因而不能解释全部的国际贸易现象，尤其难以解释工业制成品贸易，从而提出应对国际贸易理论的分析框架进行更新的主张。1985 年，克鲁格曼又在与赫尔普曼（E. Helpman）的合著《市场结构与对外贸易》中运用垄断竞争理论对产业内贸易问题进行了系统的分析和阐释，并建立了以规模经济和产品差别化为基础的不完全竞争贸易理论模型，即战略贸易理论。

1. 战略性贸易理论的主要内容

战略性贸易理论认为，工业品的国际市场竞争是不完全的，工业品的生产存在规模经济，故一国政府可通过贸易保护和补贴、信贷优惠及国内税收优惠等国内政策保护和扶持那些承担巨大风险，需要大规模生产以获取规模经济，并能产生外部经济的高新技术产业和对本国未来发展至关重要的行业，以创造本国在这些产业上的比较优势，获取大量的外部经济利益，为本国未来发展增强后劲。

战略性贸易政策有两个基本论点：①由于市场的不完全竞争和规模经济的存在，某些行业的企业可以获得长期利润，这些利润超出企业主的一般利润，而政府的资助可能促进某些行业战胜外国对手取得成功；②由于市场对一些企业的外部经济效应缺乏足够的反应，由政府干预来克服这种反应的不足，可以建立一种环境，使某些企业的行为给其他企业带来好处，从而推动其他产业的发展。

2. 战略性贸易理论的政策主张

（1）不完全竞争市场（主要是寡头市场）方面的战略性政策干预。主要包括给予本国企业生产补贴、对外国竞争产品进口征收关税和对本国消费者予以补贴等措施。这些政策干预有可能通过影响本国企业及其外国竞争者对手的决策行为而转移一部分纯经济利润（超过正常利润部分），并产生一定的反托拉斯效果从而提高本国福利水平。

（2）外部经济效应方面的战略性政策干预。产业不断获取动态递增的规模效益，并在国际竞争中获胜，结果企业所获的利润会大大超过政府所支付的补贴。而且，该产业的发展还能通过技术创新的溢出推动其他产业的发展。

3. 战略性贸易理论的意义

（1）可以增强一国的谈判能力。在克鲁格曼看来，当别国实施战略性贸易政策时，本国企业将会面临着被挤出市场的威胁。因此，要使外国放弃干预或支持该国企业的战略贸易政策时，实行“公平贸易”，必须是本国也采取战略性贸易政策，以便在势均力敌的基础上开展谈判，否则这种谈判难有积极的结果。

（2）实施战略性贸易政策可以获得“以邻为壑”的效果。由于当今规模经济、经验优势越来越重要，一些产业、部门存在着比其他产业部门更高的回报，某些产业具有巨大的外部经济性，因而存在着战略部门。尽管对战略性贸易政策现在仍然存在着很多争议，但其学术价值和实践价值得到了广泛的赞赏。

（二）保护公平竞争论

这是一些国家，特别是发达国家以一种受害者的姿态用来进行贸易保护的重要依据，最初是针对国际贸易中因为政府参与而出现的不公平竞争行为，后被广泛用于要求对方对等开放市场，贸易双方在相互提供同等待遇的基础上进行贸易。一般地说，凡是由政府通过某些政策直接或间接地帮助本国企业在国外市场上竞争，并造成对国外同类企业的伤害，即被视作不公平竞争。主要手段有倾销和补贴，此外，还包括低工资国生产的廉价产品、监狱犯人和奴工制造的产品、使用童工生产的产品的出口，通过不同的汇率制度人为地减低出口成本，对外国知识产权的不加保护等。以公平贸易为理由实行保护的主要是发达国家，相应的手段包括反补贴税、反倾销税、惩罚性关税、进口限额及贸易制裁等，这些在理论上是有助于限制不公平竞争和促进自由贸易的，但在实施中往往被滥用而导致了实质上更不公平的贸易。

（三）夕阳产业保护论

该理论认为一国的某个产业丧失了国际竞争力，进入了衰退阶段以后，会引起结构性的摩擦，使国际收支状况恶化、结构性失业加剧，因此，必须对已失去比较优势的产业采用贸易壁垒措施加以保护。虽然短期内能成功地获得增加工资和就业的机会，但从长远来看保护阻碍了创新，使原来趋向衰落的企业对国际竞争的反应更为迟钝。对纺织、钢铁类和汽车生产行业保护的研究发现，保护未必改善国内机会，同时通常也使其他产业丧失了更多的机会。例如，由于美国对钢铁产业进行保护使其钢材涨价比国外高得多，结果损害了只得购买本国钢材的美国企业，导致了钢材消费产业工人的失业。在发达国家中，夕阳产业的利益集团常常通过院外活动而谋求保护，使消费者承担高价格的损失。这种寻租活动导致了国民收入的转移，降低了资源的使用效率。

工作提示

租，即租金。也就是利润、利益、好处。寻租，即对经济利益的追求，指通过一些非生产性的行为对利益的寻求。寻租活动有的是非法的，有的合法不合理，它们往往成为腐败、社会不公和社会动乱之源。

本章提要

1. 早期重商主义认为从外国输入商品是有害的，从外国输入本国能够制造的商品害处更大，极力主张实行保护贸易政策，坚决禁止外国工业品，特别是奢侈品输入本国，要求直接利用国家立法和行政措施来保证对每个国家和每笔贸易，都实现顺差，绝对禁止金银外流，设法将货币留在本国，不使货币流向国外。早期重商主义又称“货币平衡论”或“重金主义”。

2. 晚期重商主义反对早期重商主义者限制货币输出的原则，认为输出货币是为了先买进更多的商品来扩大对外贸易，等待时机来的时候，再把这些商品以超过购进时更高的价格卖给外国人，这样会使国家的财富大量增加。因此，晚期重商主义又称“贸易平衡论”。

3. 汉密尔顿保护贸易学说的内容主要体现在其的《关于制造业的报告》这份报告中。他主张政府通过保护关税制度和向私营工业发放贷款来扶植私营制造业发展，且应该适时考虑适度的保护贸易以实现本国产业发展的“长远利益”。

4. 李斯特贸易保护的手段主要是禁止输入和征收保护关税。保护的目的是发展本国生产力。保护的对象是国内幼稚工业。这种观点歪曲了社会经济发展的客观事实。

5. 李斯特认为各国经济发展必须经过五个历史阶段，即原始的未开化时期、畜牧业时期、农业时期、农工业时期和农工商业时期。处在不同历史阶段的国家应该实行不同的贸易政策。

6. 当今对幼稚产业的界定标准主要有穆勒标准、巴斯塔布尔标准、肯普标准和小岛清的选择标准等。

7. 凯恩斯在美国大萧条时期极力推崇重商主义。对此，凯恩斯在其著名论著《就业、利息和货币通论》指出，一国在没有政府干预的情况下，国内有效需求可能不足，因此在开放经济条件下，奖励出口、限制进口是一国总需求政策的一部分。

8. 凯恩斯认为，一国投资的增长对国民收入的扩大是乘数或倍数关系，故称为乘数或倍数理论。如果用 ΔY 表示国民收入的增加，K 表示乘数，ΔI 表示投资的增加，则有如下关系

$$\Delta Y = K \cdot \Delta I \qquad 而\ K = \frac{1}{1-边际消费倾向}$$

当一国出口的商品和劳务增加时，从国外得到的货币收入，会使出口产业部门收入增加，从而引起消费需求的增加，从而又会引起其他产业部门生产增加，就业增多，收入增加，……如此反复，结果国民收入的增加量则是出口增加量的若干倍。

9. 凯恩斯贸易保护理论在其出发点、贸易保护机制作用过程和保护期限三方面和重商主义存在差异。

10. 战略性贸易政策有两个基本论点：①由于市场的不完全竞争和规模经济的存在，某些行业的企业可以获得长期利润，这些利润超出企业主的一般利润，而政府的资助可能促进某些行业战胜外国对手取得成功。②由于市场对一些企业的外部经济效应缺乏足够的反应，由政府干预来克服这种反应的不足，可建立一种环境，使某些企业的行为给其他企业带来好处，从而推动其他产业的发展。

11. 保护公平竞争论是一些国家，特别是发达国家以一种受害者的姿态用来进行贸易保护的重要依据，但在实施中往往被滥用而导致了实质上更不公平的贸易。

12. 夕阳产业保护论认为，一国的某个产业丧失了国际竞争力，进入了衰退阶段以后，会引起结构性的摩擦，使国际收支状况恶化、结构性失业加剧，因此，必须对已失去比较优势的产业采用贸易壁垒措施加以保护。

知识与技能训练

【名词解释】

重商主义	早期重商主义	晚期重商主义
幼稚产业保护理论	要素禀赋理论（H-O模型）	对外贸易乘数
战略性贸易理论	保护公平竞争论	夕阳产业保护论

【判断题】

1. 晚期重商主义又称“货币平衡论”或“重金主义”。 （ ）
2. 无论是早期重商主义者还是晚期重商主义者，他们的研究的对象都是流通。 （ ）
3. 美国第一任财政部长汉密尔顿是最早的幼稚产业保护论提出者。 （ ）
4. 李斯特认为处于农业阶段的国家应该实行保护关税制度。 （ ）
5. 李斯特的幼稚产业保护论认为发展中国家的农业也属于幼稚产业。 （ ）
6. 对外贸易乘数理论认为只有贸易为出超或国际收支为顺差时，对外贸易才能增加一国的就业量，提高国民收入。 （ ）
7. 和幼稚产业保护论者一样，凯恩斯也认为保护贸易应有时间限制。 （ ）
8. 和重商主义一样，凯恩斯主义的超保护贸易理论支持“限入奖出”的贸易政策。 （ ）
9. 克鲁格曼认为，当别国实施战略性贸易政策时，必须是本国也采取战略性贸易政策。 （ ）

【简答题】

1. 比较重商主义早期理论与晚期理论的差异。
2. 简述重商主义对我国贸易的影响。
3. 汉密尔顿认为政府应采取什么措施来扶植私营制造业？
4. 李斯特幼稚产业保护论有何局限性？
5. 对外贸易乘数理论的核心是什么？
6. 战略性贸易理论的政策主张有哪些？
7. 凯恩斯主义超保护贸易学说与重商主义有何异同？

【论述题】

1. 论述李斯特幼稚产业保护论的主要内容。
2. 论述凯恩斯主义超保护贸易学说的主要内容。

【应用题】

中国汽车工业走过了半个世纪的发展之路。在加入世贸组织的十年里，我国的汽车产业规模迅速扩大，已成长为国民经济的重要支柱产业。我国连续两年成为全球第一大汽车生产国和新车消费国。我国的汽车工业总产值也由2001年的4 433亿元增至2010年的43 357亿元，十年间，增长了近十倍。其间还诞生了一大批大型的汽车生产企业，生产集成度明显提升，汽车工业在我国国民经济中发挥着越来越重要的作用。当然，这不得不归功于我国政府对汽车工业曾经实施的高关税保护和幼稚产业保护政策。

试查找有关资料，运用幼稚产业保护论分析我国汽车产业的保护及发展状况。

第四章

当代国际贸易理论

学习目标

技能目标

- 掌握运用各种当代国际贸易理论来解释个别贸易现象的方法；
- 掌握运用当代贸易理论分析贸易形势的能力。

知识目标

- 理解产品生命周期理论；
- 理解产业内贸易理论；
- 理解规模经济理论；
- 理解国际竞争优势理论。

学习背景

第二次世界大战以后，特别是20世纪50年代末以来，国际贸易出现了许多新的倾向，主要表现在：同类产品之间的贸易量大大增加，发达的工业国家之间的贸易量大大增加，以及产业领先地位不断转移。科技革命的迅速发展，使世界经济状况、国际分工和国际贸易都发生了巨大变化。传统的国际分工和国际贸易理论显得越来越脱离实际，暴露出明显的理论缺陷和矛盾，有的理论甚至已不适用。在这种情况下，一些西方经济学家试图用新的学说来解释国际分工和国际贸易中出现的某些问题。于是，各种新的国际贸易理论应运而生。

本章要掌握的当代国际贸易理论主要有：产品生命周期理论、产业内贸易理论、需求偏好相似理论、规模经济理论，以及国际竞争优势理论。

第一节　产品生命周期理论

入门案例

全球精品网游迭现　国产网游面临本质化竞争[一]

尽管这些年来，“红海”这个词在网游行业中被提及的次数越来越多，一些中小企业也很

[一] 文章来源：新华网，2012-02-14。

难再像曾经那样轻易地进入日益饱和的市场中分一杯羹，但是国产网游迈进的脚步从未停歇，在以完美世界为首的网游出口巨头领航下，一批进军海外的企业也在蒸蒸日上地壮大起来。前不久闭幕的中国游戏产业年会上，中国新闻出版总署孙寿山副署长公布了 2011 年中国游戏市场的规模已经达到了 428 亿，跟 2010 年相比，增长了 32%，这是一个非常令人振奋的数据。但是，这并不代表中国的网游之路依旧平坦，国外市场同样多款进口精品大作不断涌入国内市场，我国网游贸易市场逐渐呈现入超态势。

对比双方优劣势 原创网游压力巨大

去年年末的金翎奖 2011 年度优秀游戏作品评选大赛上，玩家最喜爱的网络游戏和玩家最期待游戏的名额都被国外研发的大作收囊过半。据统计，近两年，中国是韩国网游出口的最大市场，这意味着国产网游正在面临一场前所未有的挑战。

民族原创网游的危机并不仅仅来自亚洲，同时还面临许多欧美网游产品的冲击。不说经典的《魔兽世界》，一些新品大作同样犀利。不久前刚刚上线的《星球大战：旧共和国》（以下缩写为 SWTOR）高达 40G 的客户端对于我国网游市场来说无疑是一个异数，其售卖价也是令人咋舌的 60 美金，月卡更是 14.99 美金高价，换算成人民币的话，相当于每个玩家在游戏初期就至少要投入将近 500 块钱，但是国外的玩家依旧趋之若骛，上线首周玩家已逾百万。而在国内，据业内统计，2011 年最高同时在线人数能够达到 5 万人且稳定在 5 万人的游戏，也只有区区 20 款左右，其中半数以上还是运营已经超过三年的游戏，很多游戏短期内 PCU 一冲跃顶，但是后期流失十分严重。生命周期短，已然成为国产游戏不能承受之痛。这种现象也引起了整个网游行业的注意，在今年 1 月举行的游戏产业年会上，与会的网游企业大佬们纷纷就中国网游如何寻求突破、生产出真正的网游精品大作而进行探讨。完美世界互动娱乐公司总裁竺琦还特别以 SWTOR 为例指出："中国网游需回归本质，推出真正好玩的精品，才能让中国的游戏产业拥有长久持续的生命力和竞争力！"

带着问题学习：

1．什么是产品生命周期？产品生命周期包括哪几个阶段？每个阶段需要采取什么销售策略？

2．运用产品生命周期理论，对比分析美国、韩国和中国网游产业贸易情况。

一、产品生命周期理论概述

产品生命周期（Product Life Cycle），简称 PLC。是指产品的市场寿命，即一种新产品从开始进入市场到被市场淘汰的整个过程，分为引入期（Introduction）、成长期（Growth）、成熟期（Mature）、衰退期（Decline）四个阶段。

一种产品进入市场后，它的销售量和利润都会随着时间推移而改变，呈现一个由少到多再由多到少的过程，就如同人的生命一样，由诞生、成长到成熟，最终走向衰亡，这就是产品的生命周期现象。产品只有经过研究开发、试销，然后进入市场，它的市场生命周期才算开始。产品退出市场，则标志着生命周期的结束。

（一）产品生命周期阶段

1．引入（介绍）期

新产品投入市场，便进入介绍期。此时，顾客对产品还不了解，只有少数追求新奇的顾客可能购买，销售量很低。为了扩展销路，需要大量的促销费用，对产品进行宣传。在这一阶段，由于技术方面的原因，产品不能大批量生产，因而成本高，销售额增长缓慢，企业不但得不到利润，反而可能亏损，产品也有待进一步完善。

工作提示

对于出口商而言，了解产品处于什么生命周期阶段有助于确定产品销售策略。而对于进口商，了解产品的生命周期也是保证日后销售利润的关键。

2. 成长期

这时顾客对产品已经熟悉，大量的新顾客开始购买，市场逐步扩大。产品大批量生产，生产成本相对降低，企业的销售额迅速上升，利润也迅速增长。竞争者看到有利可图，将纷纷进入市场参与竞争，使同类产品供给量增加，价格随之下降，企业利润增长速度逐步减慢，最后达到生命周期利润的最高点。

思考

请分别列举你身边处于各个产品生命周期阶段的产品。

3. 成熟期

市场需求趋向饱和，潜在的顾客已经很少，销售额增长缓慢直至转而下降，标志着产品进入了成熟期。在这一阶段，竞争逐渐加剧，产品售价降低，促销费用增加，企业利润下降。

4. 衰退期

随着科学技术的发展，新产品或新的代用品出现，将使顾客的消费习惯发生改变，转向其他产品，从而使原来产品的销售额和利润额迅速下降，于是，产品进入了衰退期。

（二）产品生命周期各阶段的营销策略

1. 引入期的营销策略

引入期的特征是产品销量少，促销费用高，制造成本高，销售利润很低甚至为负值。根据这一阶段的特点，企业应努力做到：投入市场的产品要有针对性；进入市场的时机要合适；设法把销售力量直接投向最有可能的购买者，使市场尽快接受该产品，以缩短引入期，更快地进入成长期。

2. 成长期市场营销策略

新产品经过市场介绍期以后，消费者对该产品已经熟悉，消费习惯业已形成，销售量迅速增长，这种新产品就进入了成长期。进入成长期以后，老顾客重复购买，并且带来了新的顾客，销售量激增，企业利润迅速增长，在这一阶段利润达到高峰。随着销售量的增大，企业生产规模也逐步扩大，产品成本逐步降低，新的竞争者会投入竞争。随着竞争的加剧，新的产品特性开始出现，产品市场开始细分，分销渠道增加。企业为维持市场的继续成长，需要保持或稍微增加促销费用，但由于销量增加，平均促销费用有所下降。

3. 成熟期市场营销策略

进入成熟期以后，产品的销售量增长缓慢，逐步达到最高峰，然后缓慢下降；产品的销售利润也从成长期的最高点开始下降；市场竞争非常激烈，各种品牌、各

思考

观察身边产品所处于的生命周期阶段及其营销策略。

种款式的同类产品不断出现。

对成熟期的产品，宜采取主动出击的策略，使成熟期延长，或使产品生命周期出现再循环。

4．衰退期市场营销策略

衰退期的主要特点是：产品销售量急剧下降；企业从这种产品中获得的利润很低甚至为零；大量的竞争者退出市场；消费者的消费习惯已发生改变等。面对处于衰退期的产品，企业需要进行认真的研究分析，决定采取什么策略，在什么时间退出市场。

二、产品生命周期贸易模型

产品生命周期理论是美国哈佛大学教授费农（R. Vernon）1966年在其《产品周期中的国际投资与国际贸易》一文中首次提出的。费农认为：产品生命是指市场上的营销生命，产品和人的生命一样，要经历形成、成长、成熟及衰退这样的周期。而这个周期在不同技术水平的国家里，发生的时间和过程是不一样的，相互之间存在一个较大的差距和时差。正是这一时差，表现为不同国家在技术上的差距。它反映了同一产品在不同国家市场上的竞争地位的差异，从而决定了国际贸易和国际投资的变化。

为了便于区分，费农把这些国家分成三类：第一类是发明与出口新产品的工业高度发达国家—— 创新国（一般为最发达国家，如美国）；第二类是比较小的一般发达国家（如西欧、日本等国）；第三类是劳动充裕型的发展中国家。用产品生命周期曲线表示三类国家的贸易情况则构成了产品生命周期贸易模型，如图4-1所示。

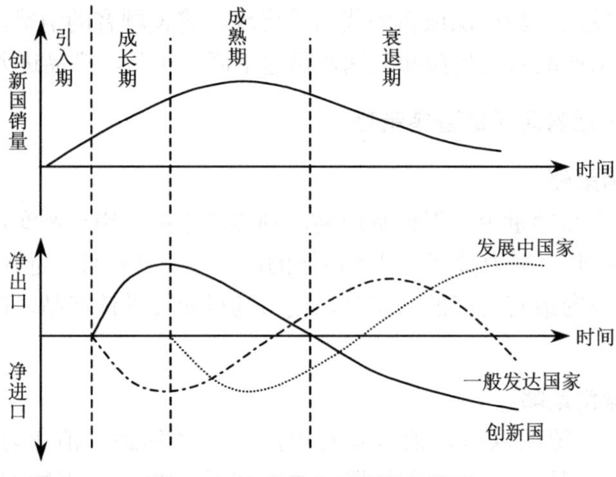

图4-1 产品生命周期贸易模型

在引入期，即产品刚投入创新国国内市场时期，技术垄断，价格较高，生产规模仅能满足国内市场需求，不产生剩余出口；随着市场对新产品需求的增加，创新国开始扩大生产并准备供应出口。

在成长期，产品生产技术开始普及，价格开始有所下降，一般发达国家也有购买此类产品的能力和需求并促使生产规模迅速扩大，在满足了国内需求的同时也能供应国际市场，产生出口。

工作提示

由于产品在不同技术水平的国家所处的生命周期不同，不同技术水平的国家对同一产品的需求状况也有所不同，贸易才变得更有利可图。

在成熟期，产品生产技术变得更加普及，产品价格显著下降到一个稳定且被国际市场上大多数消费者所能接受的水平，创新国国内竞争非常激烈，有许多生产商将退出市场或把生产投放到其他生产成本较低的国家进行。一般发达国家通过学习或创新国的直接投资掌握了生产技术，开始在本国生产产品。随着国内生产规模的不断扩大，一般发达国家也能供应出口，甚至和创新国一样开始把生产投放到其他生产材料更廉价的国家进行。此时创新国的国外市场份额将被一般发达国家瓜分，出口开始急速减少。而发展中国家将会经历从只进口到有条件生产并代替进口的过程。

在衰退期，由于生产成本高且技术过于普及，该产品在创新国国内市场开始失去竞争力，需求逐渐下降，国内将停止对该产品的生产而以更低廉的价格从一般发达国家或发展中国家进口。此时，产品在国际市场上的竞争主要表现在价格上，一般发达国家的生产商也渐渐退出市场或在发展中国家进行直接投资生产，因此，在衰退期，一般发达国家会经历从大量生产出口产品到退出生产甚至完全进口的转变，而发展中国家则渐渐成为国际市场上最大的产品制造方和出口方。

> **思考**
>
> 根据产品生命周期理论，你能想到什么商机吗？谈谈你的想法。

▶　专栏 4-1

世界汽车产业发展史

世界汽车的发展历史经历了超过 120 年，19 世纪末期开始至第一次世界大战期间约 20～30 年间，形成了一个汽车的发明家时期，也是发达国家汽车工业的初步形成时期。1885 年，德国工程师卡尔·本茨（Karl Friedrich Benz）制成了世界上第一辆三轮汽车，并于 1886 年 1 月 29 日申请并获得了发明专利。几乎同时，德国工程师戈特利布·戴姆勒也成功研制成一辆公认的以内燃机为动力的四轮汽车。因此，人们一般都把 1886 年作为汽车元年，也有些学者把卡尔·本茨制成第一辆三轮汽车之年，视为汽车诞生年。本茨和戴姆勒则被尊为汽车工业的鼻祖。

此后，德国将眼光转向了汽车生产的阵容中来。奔驰公司从 1894 年开始成批生产“维洛（Velno）”牌小汽车。1901 年，戴姆勒公司首先应用了喷嘴式化油器和磁电机点火装置，使发动机的性能大为改善。到了 1901 年，德国已有 12 家汽车制造厂，职工总数也有 1 773 人，年产 884 辆汽车。在 1913 年第一次世界大战爆发以前，德国汽车工业已基本形成一个独立的工业部门。

进入 20 世纪以后，汽车不再仅是欧洲人的天下了，特别是亨利·福特（Henery Ford）在 1908 年 10 月开始出售著名的“T”型车时，这种车产量增长惊人，短短 19 年，就生产了 1 500 万辆。此间的 1913 年福特汽车公司还首次推出了流水装配线的大量作业方式，使汽车成本大跌，汽车价格低廉，不再仅仅是贵族和有钱人的豪华奢侈品了，它开始逐渐成为大众化的商品。也是此时开始，美国汽车便成为世界宠儿，福特公司也因此成为名副其实的汽车王国。所以，人们说，汽车发明于欧洲，但获得大发展却是在 20 世纪 30 年代的美国。第二次世界大战后美国的工业越发兴旺，汽车生产在世界上始终处于遥遥领先的地位。汽车、钢铁和建筑这三大工业曾被誉为“三大支柱”，而汽车工业更是美国工业骄傲的象征。长期以来，他们一直以研发豪华小汽车为主，但当 1973 年首次发生石油危机时，美国汽车工业受到很大的冲击，而日本似乎对此早有察觉，他们大量研制生产的是小型节油汽车，结果终于在 1980 年把美国赶下了“汽车王国”的宝座，取而代之。

20 世纪 70 年代世界发生了两次石油危机，油价的提高使人们对汽车的兴趣大减，欧美汽车生产厂商纷纷减产，而这时日本却以其小型轿车油耗低的特点博得了消费者的青睐，三年时间里日本汽车出口量翻了一番，1973年达到200万辆。与此同时，日本汽车进口量始终保持很低的水平，1960～1980年间，日本汽车年进口量最高不超过6万辆，最低的年份只有1万辆。日本凭借着汽车国内销售和出口量双高速增长的现实创造了世界汽车工业发展的奇迹。丰田、日产、富士重工、铃木等公司迅速成为世界级的汽车生产厂。丰田公司在1972年到1976年四年间就生产了1 000万辆汽车。1980年，日本汽车总产量达到1 104万辆，超过美国而成为世界最大的汽车生产国和出口国。由于大量对美出口给美国带来了巨额贸易逆差，从1980年起年年都发生的日美汽车贸易摩擦成为影响日美关系的重要因素，而丰田、本田及日产等汽车厂商为了免受影响，纷纷把生产基地搬到美国本土。

进入20世纪90年代，日本汽车工业渐呈颓势，许多厂商出现了开工不足、生产力闲置的情况，而美欧汽车商则通过兼并重组恢复了元气，反过来把日本汽车公司当做并购的对象。现在，通用汽车在富士重工、五十铃及铃木三家公司分别拥有20%、49%及9.9%的股份，福特汽车则拥有马自达33.4%的股份，戴姆勒-克莱斯勒拥有三菱汽车34%的股份。1999年，日本第二大汽车公司日产汽车公司因亏损严重，被迫将36.8%的股权卖给法国雷诺公司，成为日本汽车工业危机的一次大暴露。就这样，世界汽车工业进入了欧、美、日三方拉锯时代。

而此时的中国，在改革开放的浪潮下，国内汽车产业也找到了发展的空间。1994年《汽车产业发展政策》的出台，提出了“家庭汽车”的概念，中国的汽车消费市场也应运而生，轿车开始进入我们的生活，买私家车就像70年代的“四大件”、80年代的家用电器一样成为众多家庭追求的目标，反映出民族汽车工业的巨大进步。然而，潜力巨大的汽车消费市场也一直被之后的政策左右，中国汽车产业经历了一段漫长而曲折的历程。直到加入WTO后，汽车进入家庭方被明确提出，中国汽车产业迎来了高速发展的十年，市场规模、生产规模迅速扩大，全面融入世界汽车工业体。2009年随着美国经济陷入衰退，美国的汽车销量大幅下滑，而中国的汽车市场仍阔步前进。2009年年初，中国成为全球最大的汽车市场。2010年中国的汽车销量超过1 800万辆，国内厂商所占的市场份额从两年前的26%上升到了30%。中国汽车以现代产业形式迅速发展，成为了国家经济的主体，也日益成为世界汽车工业的重要组成部分。

第二节 产业内贸易理论

入门案例

德国工程机械制造业贸易竞争力分析㊀

1. 挖掘机产品贸易竞争力分析

挖掘机是德国工程机械制造业的主力产品，更是其对外出口最为重要的核心产品。2010年，德国挖掘机出口总金额为10.11亿欧元，进口总金额为4.63亿欧元。按贸易竞争力指数（TC）计算，德国挖掘机产业的贸易竞争力指数为0.372，表明其贸易竞争力较强。

2011年前8个月，德国共出口9 103台挖掘机，同比增长18.5%，平均单价9.87万欧元/台，

㊀文章来源：国际商报，2011-12-20。

同比增长 25.8%。显然德国挖掘机制造商更期望以质取胜，获取更多边际收益。尽管这样可能失去部分市场份额，但同时由于产品质量优异的特点突出，会为德国挖掘机的长久发展打下坚实基础，巩固其在国际市场上无法替代的地位。2011 年前 8 个月，排名前 5 位的出口市场分别是：荷兰、澳大利亚、俄罗斯、法国和美国。

2．挖掘机械零部件贸易特点

2010 年，德国挖掘机械零部件出口总金额为 19.3 亿欧元，平均出口单价 5 960 欧元/吨，进口总金额为 13.2 亿欧元，平均进口单价 3 050 欧元/吨。德国挖掘机械零部件产业的 TC 指数为 0.189，表明其贸易竞争力接近国际水平，且该 TC 指数更接近于零值，该产业更趋向于产业内贸易。

2011 年前 8 个月，德国挖掘机械零部件出口金额居前 5 位的市场是：中国、法国、美国、韩国和瑞典，分别占比为 9.9%、8.9%、8.5%、7.3%和 5.7%；进口金额居前 5 位的市场是：意大利、捷克、法国、波兰和奥地利，占比分别为 15.2%、10.9%、8.0%、7.4%和 5.6%，中韩美分列在第 10、11 和 14 位，占比均在 3%～4%之间。

从产业内贸易理论的角度分析，在垂直一体化投资方面，特别是对中国的贸易，呈现南北贸易的显著特征，即对中国出口高附加值产品赚取高额利润，同时进口低附加值产品或成熟技术产品以降低整机生产成本。2011 年前 8 个月，德国挖掘机械零部件对中国的出口平均单价为 1.15 万欧元/吨，出口金额同比增长 33.8%；进口平均单价为 1 300 欧元/吨，进口金额同比增长 48.3%。

在与发达国家的贸易方面，挖掘机械零部件的进口来源地主要是欧盟其他制造业实力较强的国家，出口市场除法国、瑞典等欧盟的工程机械制造业强国外，还包括美国和韩国等世界级工程机械制造业强国，这充分体现出水平一体化产业内贸易的特点，即发达国家间通过贸易进行差别产品交易，实现优势互补、强强联合。如 2011 年前 8 个月，进口自意大利的挖掘机械零部件平均单价为 3 100 欧元/吨，出口至该国的平均单价为 2 700 欧元/吨；2010 年，进口自美国的平均单价为 5 400 欧元/吨，出口为 5 600 欧元/吨。

德国工程机械产业的发展与其他欧盟成员关系紧密，它充分发挥了很多老牌工业强国的固有优势，再经德国制造商依托自有品牌声誉和技术研发、质量管理方面的优势进行整合，其产品的市场竞争力必然获得显著提升，从某种程度上讲，德国工程机械的品质更多是欧盟整体工程机械制造业实力的体现。

带着问题学习：

1．什么是产业内贸易？其理论内容是什么？有什么类型？

2．案例中德国工程机械制造业如何实现产业内贸易？它给中国的相关产业带来什么启示？你能列举中国的产业内贸易例子吗？

一、产业内贸易理论概述

> **思考**
>
> 试列举产业间贸易和产业内贸易的例子。

从产品内容上看，可以把国际贸易分成两种基本类型：一种是国家进口和出口的产品属于不同的产业部门，比如出口初级产品，进口制成品，这种国际贸易称为产业间贸易（Inter-Industry Trade）；另外一种被称为产业内贸易（Intra-Industry Trade），也就是一国同时出口和进口同类型的制成品，因此这种贸易通常也被称为“双向贸易”（Two-way Trade）或“重叠贸易”（Over-lap Trade）。

传统的国际贸易理论，主要是针对国与国、劳动生产率差别较大的和不同产业间贸易，但自 20 世纪 60 年代以来，随着科学技术的不断发展，国际贸易实践中又出现了一种和传统贸易理论的结论相悖的新现象，即国际贸易大多发生在发达国家之间，而不是发达国家与发展中国家之间。而发达国家间的贸易，又出现了既进口又出口同类产品的现象。为了解释这种现象，1967 年，国际经济学家格鲁贝尔（H. G. Grubel）及其他一些西方学者在一些论文中开始研究“同产业贸易”现象，开创了产业内贸易理论的研究，从此国际经济学界产生了一种新的理论——产业内贸易理论。

（一）产业内贸易理论的主要内容

产业内贸易，即一个国家在一定时期内（一般为 1 年）既出口又进口同一产业部门产品，同时对同产业部门产品的中间产品（如零部件和元件）的大量贸易。

联合国国际贸易标准分类中，将产品分为类、章、组、分组和基本项目五个层次，每个层次中用数字编码来表示。同一产业部门的产品，一般指的是至少前三个层次分类编码相同的产品。

产业内贸易理论认为同一产业部门的产品可以区分为同质产品和异质产品两种类型。

同质产品也称相同产品，是指那些价格、品质及效用都相同的产品，产品之间可以完全相互替代，即商品需求的交叉弹性极高，消费者对这类产品的消费偏好完全一样。这类产品在一般情况下属于产业间贸易的对象，但由于市场区位不同，市场时间不同等原因，也在相同产业中进行贸易。

异质产品也称差异产品，是指企业生产的产品具有区别于其他同类产品的主观上或客观上的特点，该种产品间不能完全替代（尚可替代），要素投入具有相似性，大多数产业内贸易的产品都属于这类产品。差异产品一般分为三类：水平差异产品、垂直差异产品和技术差异产品。商品差异的类型不同，引起产业内贸易的原因也不同。

1. 水平差异

水平差异是指同一类商品具有一些相同的属性，但这些属性的不同组合会使商品产生差异。从水平差异分析，产业内贸易产生的原因是消费者偏好，即消费者的需求是多样化的。当不同的国家消费者对彼此的同类产品的不同品种产生相互需求时，就可能出现产业内贸易。

2. 垂直差异

垂直差异是指产品品种上的差异。从垂直差异产品看，产业内贸易产生的原因主要是消费者对商品档次需求的差异。这种差异主要取决于个人收入差异，收入高的消费者偏好高档产品，而收入低的消费者只能偏好中低档产品。为了满足不同层次的消费，就可能出现高收入国家进口中低档产品和低收入国家进口高档产品的产业内贸易。

3. 技术差异

技术差异是指技术水平提高带来的差异，也就是新产品出现带来的差异。从技术差异商品看，产业内贸易产生的原因，主要是产品存在生命周期。先进工业国技术水平高，不断推出新产品，而后进国家主要生产标准化的技术含量不高的产品，因而处于不同生命周期阶段的同类产品会发生产业内贸易。

（二）产业内贸易现象的解释

产业内贸易理论用“国际产品异质性”、“需求偏好相似”和“规模经济”三个原理来解释产业内贸易现象。他们之间的关系是：产品异质性有可能满足不同层次、不同习惯的消费者的需求，因而是产业内贸易的动因；需求偏好相似使厂商有利于克服由于社会政治制度、政策及文化不同而造成的市场隔离，便于产品进入外国的市场，因而是产业内贸易的保证；规模经济能让可进行大规模生产的国家在产品成本方面有竞争优势，有条件占领国外市场而获利，因而是产业内贸易的利益来源。这三个原理分述如下：

1. 国际产品的异质性是产业内贸易的动因

同种产品在款式、质量、性能、售前售后服务及商标和品牌都是有差异的。如小轿车，美国产品以华丽、耐用为特点，能满足消费者显示身份的偏好；日本产品以轻巧、节能及廉价为特色，其实用性很受一部分消费者的欢迎。于是同一种产品就会因为这种异质性使两国同时出口又进口。一种商品的相异产品称为变体，生产技术越发达，就会有更多潜在的变体生产出来。技术进步日新月异，导致产品种类多样化，产品的系列不断发展。产品在国际竞争中取胜往往要以其某一方面的特色吸引消费者。各种相异产品都因受一些消费者偏好而有存在的价值。相异产品种类越多，消费者可选择余地就越大，社会福利因此越高，于是推动两国互相进口对方的变体。

工作提示

理解产业内贸易理论，有利于拓展贸易业务范围、发掘贸易利益增长点。

2. 需求偏好相似是产业内贸易的保证

这是瑞典经济学家林德（S. B. Linder）理论的应用。该理论认为，发达国家之间产业结构相同，他们之间的分工是产业内的分工。他们收入水平相近，消费结构相同，对对方的产品形成广泛的相互需求。由于重合需求大，所以发达国家间贸易量也大。

3. 规模经济是产业内贸易的利益来源

提出规模经济在国际贸易中的作用，首先针对这样一个问题：如果两国的资源禀赋基本相同或相近，贸易利益从何而来？产业内贸易理论认为贸易利益可以来自于规模经济收益。但是，规模经济要成为贸易利益来源必须有三个前提：①产业内的产品存在着广泛的有差异的产品系列；②存在着不完全竞争市场，异质产品之间具有垄断竞争性；③产品的生产收益可随着规模扩大而递增。这些将在下一节中学到。

思考

你能运用以上三个原理来列举并分析一些产业内贸易的例子吗？

4. 经济发展水平是产业内贸易的重要制约因素

西方经济学家认为，经济发展水平越高，产业部门内差异产品的生产规模也就越大，产业部门内部分工就越发达，从而形成差异产品的供给市场。同时，经济发展水平越高，人均收入水平也就越高，较高人均收入层上的消费者的需求会变得更加复杂、更加多样化，呈现出对差异产品的强烈需求，从而形成差异产品的消费市场。在两国之间收入水平趋于相等的过程中，两个国家之间的需求结构也趋于接近，最终导致产业内贸易的发生。林德在其提出的需求偏好相似理论中就指出，贸易国之间收入水平和国内需求结构越相似，相互贸易的倾向就越强。

（三）产业内贸易理论评价

1. 产业内贸易理论的积极意义

产业内贸易理论是对传统贸易理论的批判，其假定更符合实际。如果产业内贸易的利益能够长期存在，说明自由竞争的市场是不存在的。因为其他厂商自由进入这一具有利益的行业将受到限制，因而不属于完全竞争的市场，而是属于不完全竞争的市场。

另外，该理论不仅从供给方面进行了论述，而且从需求方面分析和论证了部分国际贸易现象产生的原因及贸易格局的变化，说明了需求因素和供给因素一样是制约国际贸易的重要因素，这实际上是将李嘉图理论中贸易利益等于国家利益的隐含假设转化为供给者与需求者均可受益的假设。这一理论还认为，规模经济是当代经济重要的内容，它是各国都在追求的利益，而且将规模经济的利益作为产业内贸易利益的来源，这样的分析较为符合实际。此外，这一理论还论证了国际贸易的心理收益，即不同需求偏好的满足，同时又提出了产业间贸易与产业内贸易的概念，揭示了产业的国际分工和产业间国际分工的问题。

2. 产业内贸易理论的不足之处

同其他理论一样，产业内贸易理论只能说明现实中的部分贸易现象，也有不足之处，主要有：

（1）虽然在政策建议上，该理论赞同动态化，但它使用的仍然是静态分析的方法，这一点与传统贸易理论是一样的。它虽然看到了需求差别和需求的多样化对国际贸易的静态影响，但是，它没有能够看到需求偏好及产品差别是随着经济发展、收入增长及价格变动而不断发生变化的。

（2）似乎只能解释现实中的部分贸易现象而不能解释全部的贸易现象，这是贸易理论的通病。

（3）对产业内贸易发生的原因还应该从其他的角度予以说明。产业内贸易理论强调规模经济利益和产品差别及需求偏好的多样化对于国际贸易的影响无疑是正确的。但是，有些产品的生产和销售不存在规模收益递增的规律，对于这些产业的国际贸易问题，产业内贸易理论无法解释。

二、产业内贸易指数

在衡量产品是否属于同一产业时，一般使用以下三个标准：①产品在生产过程中具有大致相似的投入，或者说生产这些产品的要素密集度相似，例如汽车和拖拉机；②产品的生产方法和生产过程大致相似，即具有相同的技术密度，例如砖和瓦；③具有消费的可替代性，例如塑料容器和金属容器。

很显然，这三个标准有时会出现明显的冲突，能同时达到三个标准的产品不多，有些产品可能具有很高的消费可替代性，但要素的投入却大相径庭，有些产品的要素投入很相似，但生产过程却完全不同。所以通常是根据需要选择其中一项作为标准。

工作提示

由于专业性缘故，许多外贸企业都会专注于某一产业的贸易，而其同时发生的进口和出口业务本身往往就是产业内贸易。

由于要准确地定义一个产业十分困难，所以产业内贸易从一定程度上来看是十分含糊的。在实践中，如何对商品进行恰当的分类，如何将产业内贸易和产业间贸易准确地区分都是比较困难的。而且当涉及外贸统计时，通常考虑得更多的是统计方便而不是一系列具有经济意义的标准。在研究中，一般是以联合国《国际贸易标准分类》（SITC）为基础，将类、章、组、分组和基本项目五个层次中的前三个层次作为标准，即将分类号前三位数字相同的商品作为同一产业的商品，前三位数字相同的商品的双向贸易额作为产业内贸易额。如麦芽酿制啤酒的 SITC 分类码为 112.3 而威士忌的 SITC 分类码为 112.41，由于其前三位数字相同，啤酒和威士忌的双向贸易被看作产业内贸易。

产业内贸易的发展水平可以用产业内贸易指数来衡量。从某一产业的角度来看，产业内贸易指数的计算公式为

$$T_i = 1 - \frac{|X_i - M_i|}{X_i + M_i} \tag{4-1}$$

上式中，T_i 表示该国某一产业的产业内贸易指数，即某一产业的产业内贸易额在该产业的对外贸易额中的比重，X_i 和 M_i 分别表示某一产业的出口额和进口额，分子上的两条竖线表示对 X_i-M_i 的差取绝对值。T_i 的取值范围为 0 到 1。T_i 越接近 1，说明产业内贸易的程度越高；T_i 越接近 0，则说明产业内贸易的程度越低。当一个国家某一产业只有进口或只有出口（即不存在产业内贸易）时，T_i=0；当某一产业的进口等于出口（即产业内贸易达到最大）时，T_i=1。

从一个国家的角度来看，产业内贸易指数由各种产业的产业内贸易指数加权平均数求得，它表示一国产业内贸易在对外贸易总额中的比重。其计算公式为

$$T = 1 - \frac{\sum_{i=1}^{n} |X_i - M_i|}{\sum_{i=1}^{n} X_i + \sum_{i=1}^{n} M_i} \tag{4-2}$$

上式中 T 表示某国所有产业综合产业内贸易指数，n 表示该国产业的种类。其他字符的含义与公式（4-1）相同。

20 世纪 70 年代以来，产业内贸易发展十分迅速，格鲁贝尔和劳埃德（Lloyd）在 1971 年间采用《国际贸易标准分类》（SITC）3 位数的标准，对经合组织（OECD）10 个国家的 160 组产品进行分析，结果发现。这 10 个国家的平均产业内贸易的比率 1959 年为 36%，1967 年为 48%，8 年间该比率上涨了 12 个百分点。新加坡国立大学朱钢体博士曾用同样的方法对 1990 年的贸易资料进行分析，结果是这组国家的产业内贸易比率已接近 60%。

▶ 专栏 4-2

中国卷烟市场

中国烟草市场是全球最庞大的市场，拥有近 30%的全球消费者，而且主要吸食中式烤烟型卷烟。卷烟是习惯性嗜好品，截至 2010 年第三季度，烟草行业继续保持良好发展态势。1～8 月，中国烟草制品也累计实现产品销售收入 3 795.47 亿元㊀，同比增长 17.62%，增速比上年同期上升了 6.12 个百分比。累计工业销售产值为 3 865.55 亿元，同比增长 18.10%，增速比上年同期上升了 6.60 个百分点。而在卷烟出口上的表现也相当突出。2010 年 1～9 月，中国卷烟累计出口量为 6 353 万条，同比增长 25.8%，增速比上年同期上升了 3.6 个百分点。与此同时，中国烟草市场也

㊀ 数据来源：中国烟草行业分析报告（2010 年 3 季度）。

消化着大量的进口卷烟。2010 年 1～9 月，中国卷烟累计进口量为 1 307 万条，同比增长 3.2%，增速比上年同期上升了 6.9 个百分点。

事实上，外国名牌卷烟进入中国市场，对中国传统的卷烟吸食习惯是很大的挑战。1979 年以前，中国市场上基本是烤烟型香烟一统天下。所以那些涌入中国市场的外国名牌香烟刚一出现时，老百姓只是对进口卷烟的精美包装感到新鲜、好奇，而对这些卷烟的色泽口味并不十分感兴趣，尤其是对混合型卷烟更是如此。那深颜色的烟丝与老百姓印象中的色泽相差甚远，中国老百姓的印象是“好吸的烟丝一定要是金黄色的”。

外国卷烟真正进入中国市场的旺季是 80 年代中期，在沿海和一些大城市中，首先是青年人开始喜欢混合型卷烟的口味，继而一些中年人也加入此行列。外国卷烟受宠于中国市场，这一方面是其自己的优点所决定；另一方面不能排除的原因是：一种追赶时髦消费的心理因素在起作用。80 年代末期，进口卷烟在中国市场独领风骚，其价格一直位居中国市场卷烟价格前列。

面对进口卷烟的挑战，特别是混合型卷烟的出现，中国卷烟制造业转变观念，开始研究自己的混合型卷烟产品，这其中包括对卷烟生产环节和卷烟原料标准的重新认识，特别是中国烟草总公司成立后，把开发研制混合型卷烟的工作纳入了烟草行业发展工作日程，从而更加有力地促进了中国混合型卷烟的研制和发展。进入 90 年代的新现象是：中国从南到北进口卷烟的价格已下滑，现在市场上卷烟最高价格已被中国名烟“中华”、“红塔山”及“云烟”等所享有。

当然，由于烟草是一种习惯嗜好品，烟草消费主要是由个体习惯和口味需求决定，尤其卷烟消费者在经济条件允许的情况下，一般不会轻易更换其已习惯的品牌卷烟，因此对于原来习惯于一些进口品牌卷烟的消费者而言，价格相对有竞争力的进口卷烟在中国的市场发展仍然比较稳定。

第三节　规模经济贸易理论

入门案例

规模化生产：福特是先驱⊖

福特汽车是第一个引入流水线模式，实现规模化生产的企业，这种崭新的“规模化”生产方式为福特汽车带来了巨大成功。1912 年，是福特汽车利用传统生产方式生产 T 型汽车的最后一年，公司共生产了 7.86 多万辆汽车；1913 年，引入流水线生产模式以后，福特生产的汽车达到 18 万辆；1914 年，随着这一系统进一步完善，共计有 26 万多辆 T 型汽车驶出福特的流水线生产车间。

在流水线生产的应用过程中，福特汽车的成本和价格都降低了——这成为“规模化生产”的最大特征。当福特的 T 型车在 1908 年面市时，每辆售价是 850 美元；到 1916 年，当福特

⊖ 资料来源：中华汽配网，《汽车业的演变之路：规模化—精细化—模块化》http://www.auto1688.com.cn/serv/105/20070117083813328_1.html。

制造了57万多辆汽车时，每辆价格降至360美元见表4-1；而到1925年只卖到240美元一辆。当时，一天就能造出9 109辆汽车，平均每9秒钟生产一辆。1927年是T型车辆销售得最好的一年，即使如此，它的性能仍在不断改进，价格也在持续降低。流水线装配汽车，产量急剧增多，价格不断下降，销售量也随之增大。通过规模化，福特汽车的产量越大，成本越低，利润不断增长，最终使得福特汽车公司在同行业中遥遥领先。

表4-1 福特T型汽车生产规模和价格（1908～1916）

年 份	零售价/美元	T型车销量
1908	850	5 986
1909	950	12 292
1910	780	19 293
1911	690	40 402
1912	600	78 600
1913	550	182 809
1914	490	260 720
1915	440	355 276
1916	360	577 036

数据来源：David Hounshell, From the American System to Mass Production 1800-1932, P224

带着问题学习：

1．什么是规模化生产？其相关的贸易理论内容是什么？

2．规模化生产对国际贸易有什么好处？为什么？

3．你能从实践中举出更多的规模经济贸易的例子吗？

一、规模经济概述

（一）规模经济的含义

规模经济（Economics of Scale）又称“规模利益”（Scale Merit），指在一定科技水平下生产能力的扩大，使长期平均成本下降的趋势。规模指的是生产的批量，具体有两种情况，一种是生产设备条件不变，即生产能力不变情况下的生产批量变化，另一种是生产设备条件即生产能力变化时的生产批量变化。规模经济概念中的规模指的是后者，即伴随着生产能力扩大而出现的生产批量的扩大，而经济则含有节省、效益及好处的意思。

事实上，现代许多工业部门具有规模经济特点，即收益递增、成本递减。规模经济越大生产效率越高，投入增加一倍，产出可以增加一倍以上。举例来说，生产10辆汽车用150万元的资本投入，生产25辆汽车用300万的资本投入，投入增加一倍，产出增加了1.5倍，这就是规模经济。很多工业产品的生产具有规模经济的特点，它们多为资本、技术密集型的大垄断公司经营。

要理解企业的规模经济，先要理解什么是规模报酬。规模报酬（Returns to Scale）是指所有投入要素增加时（即生产规模扩大时）总产量的变化情况。根据产量的变化长度，规模报酬可分为三种情况（如图4-2所示）：

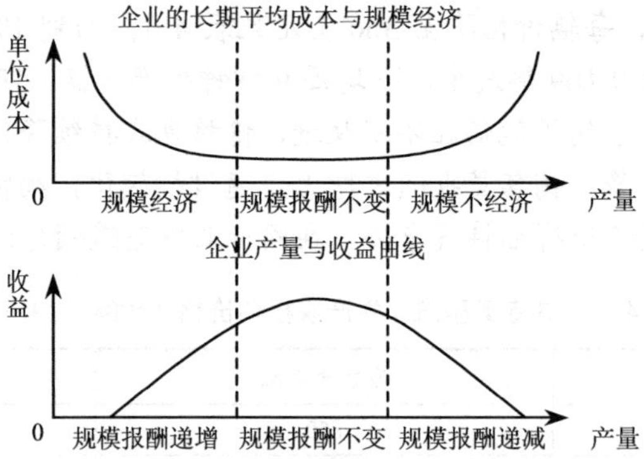

图 4-2 规模报酬的三种情况

（1）规模报酬不变：是指所有投入的增加导致了产出水平的同比例增加；

（2）规模报酬递减：是指所有投入的增加导致了产出水平的较小比例增加；

（3）规模报酬递增，是指所有投入的增加导致了产出水平的更大比例增加。

上述第三种情况也就是通常所说的“规模经济”。若存在规模经济，则随着生产规模的扩大，总产量增加的速度超过要素投入的增加速度，意味着平均成本下降，生产效率提高。

（二）规模经济的主要类型

1. 内部规模经济

内部规模经济（Internal Economy of Scale）是指一经济实体在规模变化时由自己内部所引起的收益增加。这种规模经济是从设备、生产线及工艺过程等角度提出的，称为工厂规模经济。其形成的原因有：①采用先进工艺，设备大型化、专业化，实行大批量生产，可降低单位产品成本和设备投资；②实行大批量生产方式，有利于实现产品标准化、专业化和通用化（通常称产品的“三化”），提高产品质量，降低能耗和原材料消耗等各种物耗，促进技术进步，取得显著的经济效果。

> **思考**
> 你能列举你所处的城市中的外部规模经济现象的例子吗？

2. 外部规模经济

外部规模经济（External Economy of Scale）是指整个行业（生产部门）规模变化而使个别经济实体的收益增加。其经济效益主要来自于行业规模扩大后，相关行业厂商的聚集或产业的扩大而产生了中间专业供货商的出现、技术劳工的汇集及专业知识与技术的扩散，从而降低整个行业内各公司、企业的生产成本，使之获得相应收益。外部规模经济可以把各种不同规模经济实体之间的联系和配比，这样做不仅可以带来单位产品成本、物耗降低，取得“全产品生产线”的效益，降低销售费用，节省大量管理人员和工程技术人员，还可使企业有更多的资金用于产品研制与开发，使其具有更强的竞争能力。

二、规模经济贸易理论的分析

（一）规模经济贸易理论的两个假设条件

著名经济学家克鲁格曼（Paul Krugman）在与艾瀚南·赫尔普曼（Elhanan Helpman）合著的《市场结构与对外贸易》（1985）一书中提出了规模经济贸易学说。其主要观点为：规模收益递增为国际贸易直接提供了基础，当某一产品的生产发生规模收益递增时，随着生产规模的扩大，单位产品成本递减而取得成本优势，由此导致专业化生产并出口这一产品。

规模经济贸易理论的两个假设条件：

1. 企业生产具有规模经济

规模经济一般界定为初始阶段，厂商由于扩大生产规模而使经济效益得到提高，这叫规模经济；而当生产扩张到一定规模以后，厂商继续扩大生产规模，会导致经济效益下降，这叫规模不经济。例如，企业参与国际贸易，获得更为广阔的市场空间，可以扩大生产规模，随着生产规模的扩大，单位产品的成本呈下降趋势。这种规模经济的取得，使企业增强了竞争力，提高了赢利水平。国内外市场环境的变化为各国企业的市场观念和经营方法提出了更高的要求，规模经济产生规模经济效应，企业便可以扩大生产规模，更加专业化地进行产品的大规模生产。但当企业扩大生产到一定程度以后，企业可能会因为生产规模过大而产能过剩，使得市场的供给大于需求，产品价格下降并导致利润下滑，此时扩大生产规模变得无利可图。

工作提示

外贸从业员在考察供应商时，企业生产规模是一项重要的考察指标。但由于决定供货价的因素有很多，因此现实中并非生产规模越大，产品价格就一定越低。

2. 国际市场的竞争是不完全的

不完全竞争即垄断竞争（Monopolistic Competition），是一种垄断和竞争并存的市场结构。在实际国际贸易中，大量的市场结构是垄断和竞争混合并存的市场，而这类市场又可以分为：垄断竞争市场或寡头垄断市场。

在“规模经济”和“垄断竞争”的条件下，任何一国都不可能囊括一行业的全部产品，从而使国际分工和贸易成为必然。某国集中生产什么样的产品，没有固定的模式，既可以自由发展，也可以协议分工。但发达国家之间工业产品“双向贸易”的基础是规模经济，而不是技术不同或资源配置不同所产生的比较优势。

规模经济贸易理论认为，企业的长期平均成本随着产量增加而下降，企业面对的是市场需求曲线，市场需求量会随着价格的下跌而增加。在参与国际贸易以前，企业所面向的只是国内的需求。由于国内市场需求有限，企业不能生产太多，从而使生产成本和产品价格不得不保持在较高的水平上。如果企业参与国际贸易，产品所面临的市场就会扩大，国内需求加上国外需求，企业生产就可以增加。由于生产处于规模经济阶段，产量的增加反而使产品的平均成本降低，从而在国际市场上增加了竞争能力。规模经济效应使资源禀赋即使无差异的国家之间也能凭生产规模大的优势形成竞争力，取得贸易利益。

思考

德国和意大利有着相近的资源禀赋，但两国之间的产业内贸易仍相当频繁。你能运用规模经济效应来列举两国一些产业内贸易行业实例并进行说明吗？

（二）规模经济贸易理论的效应分析

在企业具有内部规模经济和外部规模经济的市场条件下，企业的长期平均成本会随着产量增加而下降，并带动产品市场价格的下跌从而提高产品的市场需求量（如图 4-3 所示）。在参与国际贸易以前，企业所面向的只是国内需求曲线 D_1。在利润最大化的目标下，企业会选择生产 Q_1，即边际成本等于边际收益时的产量。虽然企业在短期内可能会有利润，但长期竞争会是企业的利润消失，产品的市场价格等于产品的平均成本：$P_1=LAC_1$。但是，Q_1 并不是企业的最佳生产规模。只是由于国内市场需求的限制，企业只能生产 Q_1，从而使生产成本和产品价格不得不保持在较高的水平上。

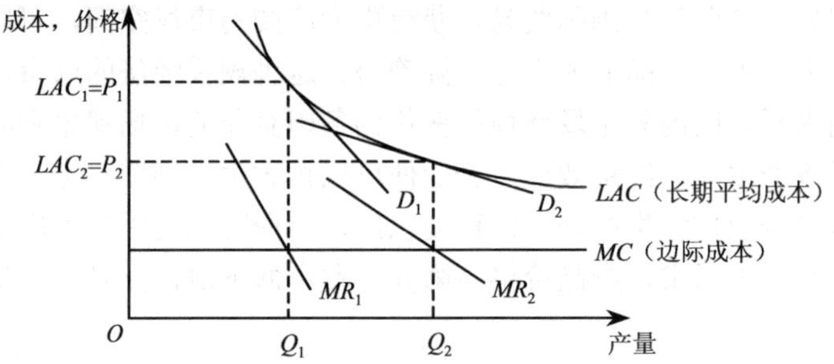

图 4-3 企业在规模经济条件下的生产

如果企业参与国际贸易，产品所面临的市场就会扩大，需求变成 D_2（国内需求加上国外需求），企业生产就可以从 Q_1 扩大到 Q_2。由于生产处于规模经济阶段，需求的增加反而使产品的平均成本降低到 LAC_2，从而在国际和国内市场上都增加了竞争能力。

三、规模经济贸易理论对国际贸易的作用

（一）解释了当代国际贸易越来越普遍的产业内贸易现象

自 20 世纪 60 年代以来，约一半甚至更多的国际贸易属于发达国家之间的产业内贸易或水平贸易，发达国家与发展中国家之间、产业间贸易或垂直贸易的比重在下降，用规模经济贸易学说可以很好地说明这一现象。

通过国际贸易，厂商可以面对更为广阔的市场，生产规模可以扩大，规模经济使扩大生产规模后的厂商的生产成本、产品价格下降，生产相同产品而规模不变的其他国内厂商就会被淘汰。因此，在存在规模经济的某一产业部门内，各国将各自专注于该产业部门的某些差异产品的发展，再相互交换（即开展产业内贸易）以满足彼此的多样化需要。国家间的要素禀赋越相似，就越可能生产更多相同类型的产品，它们之间的产业内贸易量就越大。正是有了越来越多的产业内贸易现象，规模经济因素在国际贸易中的作用越来越重要。

（二）解释了当代国际贸易格局形成的根本原因

传统贸易理论认为，两国相对要素禀赋的差异决定了两国相对要素报酬的差异，这直接导致了两国相对商品价格的差异并进行交易，从而形成国际贸易，相对要素禀赋的差异是贸易形成的根本原因。如果两国不存在相对要素禀赋差异，两国间的贸易就不会发生。但从当代贸易的发展来看，发达工业化国家之间的贸易，特别是资本、技术密集型产品贸易，并不是以要素禀赋差异为基础的。

规模经济贸易学说可以解释国际贸易形成的另一个根本原因。由于规模经济的存在，两国相对商品价格的差异就不能由要素价格差异直接得出。在其他条件相同的情况下，两国规

模经济的不同就会导致生产成本的差异，也就影响到商品的价格。商品相对价格的差异将毫无疑问地产生贸易。这就解释了传统贸易理论面临的发达国家之间存在大量贸易这一难题。

许多贸易（尤其是资源、技术相似的国家之间的贸易）就是这种以规模经济为基础的专业化分工的产物，而不是以比较利益为依据的专业化分工的结果。例如，飞机制造业最低限度的规模经济也是很大的。据估算，美国波音公司在销售一架 777 喷气式飞机前须投资 30 亿美元，销售 300 架才能拉平成本与收益，这样高昂的固定成本需要巨大的规模经济，而世界需求或世界市场容量只能支持三家这样的寡头垄断公司。可见，世界市场只能容纳下屈指可数的达到有效规模的生产厂家，由此而形成的少数几个厂家便能完全满足世界市场的需要，为了使这些厂家为世界市场服务，国际贸易势在必行。

第四节　国家竞争优势理论

入门案例

IMD 世界竞争力排名：中国香港跃居全球亚军　中国台湾第八[1]

根据瑞士洛桑国际管理学院（IMD）2010 年世界竞争力年鉴，向来排名第一的美国，此次被新加坡与中国香港超越，落到第三，为数十年来首见。

报道说，同时，其他亚洲国家或地区如马来西亚、中国台湾的名次都大跃进，而且该项排行榜前十名有一半为亚洲包办，彰显亚洲势力强势崛起。

报告指出，美国虽拥有庞大的经济规模、强劲的商业领导地位及高超的科技之赐，度过了全球金融与经济危机，但其竞争力却日渐消减，在 IMD2010 年的世界竞争力排名上，与去年排在第三位的新加坡位置互换。

此次分别拿下排行榜冠、亚军的新加坡与中国香港，在全球金融与经济危机期间展现出了坚强韧性，而且现正充分享受亚洲地区经济强劲扩张的好处。新加坡 2010 年第一季已交出经济增长率超过 13%的耀眼成绩。

报道说，挤入排行榜前十名的马来西亚与中国台湾，也都是亚洲强劲需求的受益者，并在“政府效能”的分项排名上表现杰出。中国台湾的竞争力排名从去年的第 23 名跃居到第 8 名，马来西亚从 18 名攀升至第 10 名，都令人刮目相看。

在金砖四国（BRIC）方面，中国大陆的竞争力继续领先另外三国——巴西、俄罗斯与印度。根据 IMD 最新排行榜，中国大陆排名第 18（去年为第 20 名），印度、巴西与俄罗斯名次依序为 31、38、51。报道说，此排名反映了中国大陆在因应全球经济衰退打击上的表现优于其他三国。巴西与俄罗斯排名落后也反映出受到了大宗商品价格下跌的冲击。

IMD 指出，随着经济成长，金砖四国的前景因内需反弹与基建方案及投资增加而更加光

[1] 文章来源：新华网，2010-05-18。

明。反观目前正深陷在主权债务危机之中的欧盟国家，只有该区最大经济体德国挤进前20名。德国靠着强劲贸易（为全球第二大制成品出口国）、绝佳的基础建设与可靠的金融声誉，拿下排行榜第16名。

IMD所公布2010年世界竞争力排名，前十名依次是：新加坡、中国香港、美国、瑞士、澳大利亚、瑞典、加拿大、中国台湾、挪威及马来西亚。

至于其他亚洲国家和地区排名及名次变化，排名18的是中国大陆，排名23的是韩国，泰国仍保持第26位，第27名是日本。

带着问题学习：

1．什么是国际竞争力？其相关理论内容是什么？

2．根据国家竞争力理论，确定一国国际竞争力的要素有哪些？如何运用？

一、国家竞争优势理论概述

国家竞争优势，又称“国家竞争优势钻石理论”，“钻石理论”，是由哈佛商学院教授迈克尔·波特（Michael E. Porter）在其代表作《国家竞争优势》（The Competitive Advantage of Nations）中提出的。该理论试图归纳国际贸易新理论中各派提出的观点，被认为是对国际贸易理论的一个重要综合和发展。它较为全面地阐述了国家竞争力的主要来源，从而对国际贸易的解释更加具有统一性和说服性。

国家竞争优势理论既是基于国家的理论，也是基于公司的理论。该理论试图解释如何才能造就并保持可持续的相对优势。波特认为：一国兴衰的根本在于能否在国际竞争中赢得优势。其理论的主要内容如下：

（一）竞争力和竞争优势

波特认为，一个国家在国际贸易中的竞争力取决于生产力发展水平。出口成本低的国家、有大量贸易顺差的国家，以及在国际出口贸易总额中比重不断上升的国家，都不一定有很强的竞争力。有的国家实行货币贬值，一时扩大了出口；有的国家被动地采取低成本、低价格出口方式，这都不能说竞争力很强。一个国家的竞争优势，实质上是生产力发展水平上的优势。

工作提示

对于外贸从业人员，国家竞争优势理论不仅可以用于判断一国的竞争力，还可以用于判断合作企业及自身的竞争力。

（二）创新机制的三个层面

波特认为，一国兴衰的根本在于赢得国家竞争优势，而国家竞争优势的形成有赖于提高劳动生产效率，提高劳动生产效率的源泉在于国家是否具有适宜的创新机制和充分的创新能力。创新机制可以从三个层面来分析：

1．微观竞争机制

国家竞争优势的基础是企业内部的活力，企业缺少活力则难以进步，国家也就难以树立整体优势。能使企业获得长期盈利能力的创新，应当是在研究、开发、生产、销售及服务各环节上都使产品增值和创新。

2. 中观竞争机制

企业的创新不仅取决于企业内部要素，还要涉及产业及区域。企业经营过程的升级有赖于企业的前向、后向和旁侧关联产业的辅助与支持。企业追求长远发展要有空间战略，可以把企业的各个部门分别置于最适当的地方。

3. 宏观竞争优势

个别企业或产业的竞争优势并不必然导致国家竞争优势。为了对国家竞争优势提供一个比较完整的解释，波特提出了一个"国家竞争优势四因素模型"，又称"钻石理论模型"，如图 4-4 所示。他认为，国家整体优势取决于四个基本因素和两个辅助因素。在一个国家的众多行业中，最有可能在国家竞争中取胜的是国内"四因素"环境特别有利的那些行业。因此，"四因素"是一国国际竞争的重要来源。此外，政府和机遇也会起到相当重要的作用。

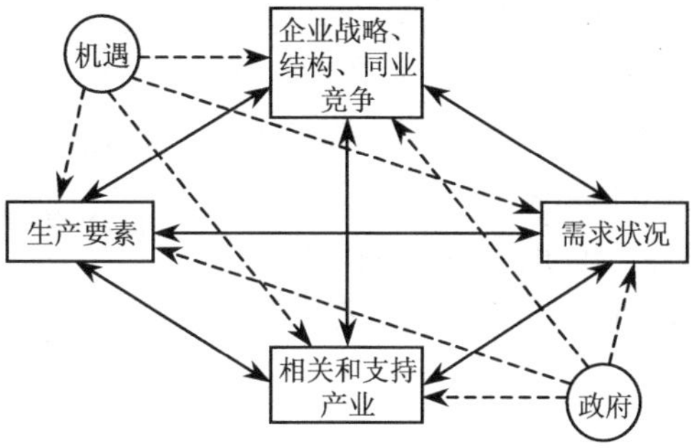

图 4-4 国家竞争优势"钻石"模型

（三）国家竞争优势的发展阶段

波特认为，一国经济地位上升的过程就是其竞争优势加强的过程，国家竞争优势的发展分为四个阶段，即要素驱动（Factor-driven）阶段、投资驱动（Investment-driven）阶段、创新驱动（Innovation-driven）阶段及财富驱动（Wealth-driven）阶段。

1. 要素驱动阶段

在要素驱动阶段，基本要素上的优势是竞争优势的主要源泉，产业竞争主要依赖于国内自然资源和劳动力资源的拥有状况，具有竞争优势的产业一般是那些资源密集型产业。在这一阶段，产业技术水平层次较低。

2. 投资驱动阶段

在投资驱动阶段，竞争优势的获得主要来源于资本要素。产业竞争依赖于国家和企业的技术创新愿望和技术创新能力，具有竞争优势的产业一般是资本密集型产业。在这一阶段，相关和支持产业还不够发达，产品的生产主要依赖于国外的技术、国外的设备，一些产业工人的技术水平虽然可能较高，但产业整体技术水平仍然落后于世界先进水平。

3. 创新驱动阶段

在创新驱动阶段，竞争优势主要来源于企业的创新。产业竞争依赖于国家和企业的技术创新能力，具有竞争优势的产业一般是技术密集型产业。在这一阶段，企业能够在广泛的领域成功地进行市场竞争，并实现不断地技术升级，并向其他产业扩散，进而形成一系列产业及产业群的横向扩展优势，即通过建立企业或拓展业务形成新的产业发展领域。越来越多的企业进入高水平的服务业，使得高水平的服务业占据越来越重要的国际地位。

4. 财富驱动阶段

在财富驱动阶段，产业竞争依赖于已获得的财富，投资、经理人员和个人的动机转向了无助于投资、创新和产业升级的方面；企业回避竞争，更注重保持地位而不是进一步增强国际竞争力，从而导致实业投资下降。有实力的企业试图通过影响政府政策来保护自己。在这一阶段，产业竞争力逐渐衰弱。

> **思考**
> 你认为外部规模经济中企业聚集和波特的“企业集群”是一样的吗？谈谈你的见解。

事实上，波特的“钻石”模型是一种理解国家或地区全球竞争地位的全新方法，现在已经成为国际商业思维中不可或缺的一部分。波特的“集群”观点或相互联系的企业、供应商、相关产业和特定地区的组织机构组成的群体，已经成为企业和政府思考经济、评估地区的竞争优势和制定公共政策的一种新方式。

波特的理论已经指导了新西兰和其他地方国家竞争力的重新评估。他的观点和亲身参与研究形成了一些国家和地区的战略，如荷兰、葡萄牙、哥斯达黎加和印度等国家，以及中国台湾、美国的马萨诸塞州、加利福尼亚州和巴斯克县等地区。上百种集群战略已经在全球遍地开花了。在激烈的全球竞争时代，这项开拓性的研究已经成为衡量未来所有工作必需的标准。

> **思考**
> 尝试运用波特钻石模型来简要分析中国的国际竞争力。

二、国家竞争优势理论的要素分析

“钻石”模型从现实角度分析证明，生产要素、需求状况、相关和支持产业、企业战略、结构和同业竞争等所构成的不同组合，是一国在国际贸易中取得成功的决定因素。

（一）生产要素

波特将生产要素划分为初级生产要素和高级生产要素，初级生产要素是指天然资源、气候、地理位置、非技术工人及资金等，高级生产要素则是指现代通信、信息、交通等基础设施，以及受过高等教育的人力、研究机构等。在特定条件下，一国某些基本要素上的劣势反而可能刺激创新，使企业在可见的瓶颈、明显的威胁面前为提高自己的竞争地位而奋发努力，最终使国家在高等要素上具有竞争力。但这种转化需要的条件是：要素劣势不能处处存在。一定的劣势，可以刺激创新，而太大的劣势，可能导致被淘汰；企业必须从环境中接受到正确信息；企业要面对相对有利的市场需求、国家政策及相关产业。

> **工作提示**
> 在生产要素上表现的一定劣势能迫使企业向前发展，类似于个人遇到某些不利因素刺激而奋发图强的情况，受主观因素影响很大。

（二）需求状况

> **思考**
> 你认为我国汽车市场的需求特点如何？什么类型的汽车会最受欢迎？

这里的需求是指国内需求市场。波特指出，本地客户的本质非常重要，特别是内行而挑剔的客户。假如本地客户对产品、服务的要求或挑剔程度在国际间数一数二，就会激发出该国企业的竞争优势，这个道理很简单，如果能满足最难缠的顾客，其他客户的要求就不在话下了。如日本消费者在汽车消费上的挑剔是全球出名的，欧洲严格的环保要求也使许多欧洲公司的汽车环保性能、节能性能全球一流。美国人大大咧咧的消费作风惯坏了汽车工业，致使美国汽车工业在石油危机的打击面前久久缓不过神来。

另一方面，如果本地的顾客需求领先于其他国家，这也可以成为本地企业的一种优势，因为先进的产品需要前卫的需求来支持。德国高速公路没有限速，当地汽车工业就非常卖力地满足驾驶者对高速的狂热追求，而超过200公里乃至300公里的时速在其他国家毫无实际意义。

（三）相关和支持产业

对形成国家竞争优势而言，相关和支持性产业与优势产业是一种休戚与共的关系。波特的研究提醒人们注意“产业集群”这种现象，就是一个优势产业不是单独存在的，它一定是同国内相关强势产业一同崛起。以德国印刷机行业为例，德国印刷机雄霸全球，离不开德国造纸业、油墨业、制版业及机械制造业的强势。美国、德国及日本汽车工业的竞争优势也离不开钢铁、机械、化工及零部件等行业的支持。有的经济学家指出，发展中国家往往采用集中资源配置，优先发展某一产业的政策，孤军深入的结果就是牺牲了其他行业，钟爱的产业也无法一枝独秀。

工作提示

企业集群产生的经济效应被德国学者称为“集聚经济效应”。我国珠三角地区的聚集经济发展非常蓬勃，其中家电、家具及纺织等行业的企业聚集联合生产已非常成熟。

（四）企业战略、结构和同业竞争

国家环境对人才流向、企业战略和企业组织结构的形成的影响都决定了该行业是否具有竞争力。波特强调，强大的本地本国竞争对手是企业竞争优势产生并得以长久保持的最强有力的刺激。

除了以上四个因素外，波特认为，一国所面临的机遇和政府所起的作用对国家整体竞争优势的形成也具有辅助作用。他主张政府应该在经济发展中起催化和激发企业创造能力的作用。政府政策和行为成功的要旨在于为企业创造性提供宽松、公平的竞争环境。

▶ 专栏 4-3

人口增长影响竞争力㊀

在未来的50年中，仅仅5个国家——印度、中国、巴基斯坦、孟加拉和美国——就将占据世界人口增长的50%。到2050年，世界人口将达到89亿，比现在㊁的人口增长约50%。到那时候，在全世界人口超过1亿的12个国家中，美国将成为唯一的工业化国家。

在欧洲，只有6个国家（如果算上土耳其，就是7个）拥有超过3 500万居民——这是一个重要的参考指标。只有达到或超过这一人口数量的国家才能在国际经济事务上拥有更重要的地位，这6个国家是：德国、英国、法国、意大利、西班牙和波兰。按照这一指标，其他所有欧洲国家都是小国。当然，小国也可以变得很有竞争力，并确保它们的社会经济繁荣。但作为单个国家来说，它们不可能在世界经济舞台上扮演很重要的角色。

㊀ 文章来源：斯蒂芬·格瑞理《顶级竞争力》。
㊁ 文中数据以2000年为准。

世界人口增长越来越快。从1804年到1927年，世界人口增长10亿用了123年的时间。然而，从1987年到1999年，世界人口同样也增长了10亿，却仅用了12年时间。世界人口的增长越来越快，但并不是所有地区的情况都是这样。在欧洲，在同一个时期，它的人口减少了将近1亿。此外，人口的“老龄化”也将产生巨大的经济影响。到2050年，欧洲每3个人中就有1个人的年龄超过60岁。到那时候，全世界的21个国家将有10%的人口年龄超过80岁。

美国和欧洲贡献了全球GDP总值的三分之二，而其人口占全世界人口的十分之一。而且，它们在全球人口中所占的百分比还在下降。预计到2050年，美国和欧洲的人口加在一起也仅占全球人口的7.7%，届时，它们在全球GDP中所占的份额仍然能这么高吗？很可能不会了。

本章提要

1. 产品生命周期（Product Life Cycle），简称PLC。是指产品的市场寿命，即一种新产品从开始进入市场到被市场淘汰的整个过程，分为引入期（Introduction）、成长期（Growth）、成熟期（Mature）、衰退期（Decline）四个阶段。

2. 产品生命周期反映了同一产品在不同国家市场上竞争地位的差异，从而决定了国际贸易和国际投资的变化。

3. 从产品内容上看，可以把国际贸易分成两种基本类型：一种是国家进口和出口的产品属于不同的产业部门，比如出口初级产品，进口制成品，这种国际贸易称为产业间贸易（Inter-Industry Trade）；另外一种被称为产业内贸易（Intra-Industry Trade），也就是一国同时出口和进口同类型的制成品，因此这种贸易通常也被称为双向贸易（Two-way Trade）或重叠贸易（Over-lap Trade）。

4. 产业内贸易理论认为同一产业部门的产品可以分为同质产品和异质产品两种类型。异质产品也称差异产品，是指企业生产的产品具有区别于其他同类产品的主观上或客观上的特点，该种产品间不能完全替代（尚可替代），要素投入具有相似性，大多数产业内贸易的产品都属于这类产品。差异产品一般分为三类：水平差异产品、垂直差异产品及技术差异产品。

5. 产业内贸易理论是用“国际产品异质性”、“需求偏好相似”和“规模经济”三个原理来解释产业内贸易现象。

6. 著名经济学家克鲁格曼（Paul Krugman）在与艾瀚南·赫尔普曼（Elhanan Helpman）合著的《市场结构与对外贸易》（1985）一书中提出了规模经济贸易学说。其主要观点为：规模收益递增为国际贸易直接提供了基础，当某一产品的生产发生规模收益递增时，随着生产规模的扩大，单位产品成本递减而取得成本优势，由此导致专业化生产并出口这一产品。

7. 内部规模经济（Internal Economy of Scale）是指一经济实体在规模变化时由自己内部所引起的收益增加。这种规模经济是从设备、生产线及工艺过程等角度提出的，称为工厂规模经济。而外部规模经济（External Economy of Scale）则是指整个行业（生产部门）规模变化而使个别经济实体的收益增加。其经济效益主要来自于行业规模扩大后，相关行业厂商的聚集或产业的扩大而产生了中间专业供货商的出现、技术劳工的汇集及专业知识与技术的扩散，从而降低整个行业内各公司、企业的生产成本，使之获得相应收益。

8. 国家竞争优势理论又称“钻石”模型，该理论人为生产要素、需求状况、相关和支持产业、企业战略及结构和同业竞争等所构成的不同组合，是一国在国际贸易中取得成功的决定因素。

9. 波特认为，一国经济地位上升的过程就是其竞争优势加强的过程，国家竞争优势的发展分为四个阶段，即要素驱动（Factor-driven）阶段、投资驱动（Investment-driven）阶段、创新驱动（Innovation-driven）阶段和财富驱动（Wealth-driven）阶段。

10. 波特的“集群”观点或相互联系的企业、供应商、相关产业和特定地区的组织机构组成的群体，已经成为企业和政府思考经济、评估地区的竞争优势和制定公共政策的一种新方式。

知识与技能训练

【名词解释】

产品生命周期理论	引入期	成长期
成熟期	衰退期	产业内贸易理论
差异产品	需求偏好相似理论	规模报酬
规模经济	规模不经济	内部规模经济
外部规模经济	垄断竞争	国家竞争优势

【判断题】

1. 产品生命周期理论把一种产品的生命周期划分为创新、成熟和衰退三个阶段。（　）

2. 产品生命周期在创新阶段，产品的需求价格弹性很大，生产在创新国国内进行。（　）

3. 引入（介绍）期的营销需要大量的促销费用，对产品进行宣传且产品不能大批量生产，因而成本高，销售额增长缓慢。（　）

4. 引入期投入市场的产品要有针对性；进入市场的时机要合适；设法把销售力量直接投向最有可能的购买者，使市场尽快接受该产品，以缩短介绍期，更快地进入成长期。（　）

5. 对成长期的产品，宜采取主动出击的策略，使成熟期延长，或使产品生命周期出现再循环。（　）

6. 成熟期期阶段，企业为维持市场的继续成长，需要保持或稍微增加促销费用，但由于销量增加，平均促销费用有所下降。（　）

7. 产业内贸易是指同一工业部门所生产的产品交换活动，而产业间贸易是指不同工业部门之间发生的产品交换。（　）

8. 一种商品的相异产品称为变体，生产技术越发达，就可以将更多潜在的变体生产出来。（　）

9. 垂直差异是指同一类商品具有一些相同的属性，但这些属性的不同组合会使商品产生差异。（　）

10. 产业内贸易理论用“国际产品异质性”、“需求偏好相似”和“规模经济”三个原理来解释产业内贸易现象。（　）

11. 需求偏好相似理论认为发达国家之间收入水平相近，消费结构相同，对对方的产品形成广泛的相互需求。（　）

12. 规模经济也是绝对利益的重要内容。 （ ）

13. 当所有投入的增加导致了产出水平的更大比例增加，则规模报酬递增。 （ ）

14. 规模经济贸易学说认为，当某一产品的生产发生规模收益递增时，随着生产规模的扩大，单位产品成本递减而取得成本优势，由此导致专业化生产并出口这一产品。 （ ）

15. 规模经济效应使资源禀赋即使无差异的国家之间也能凭生产规模大的优势形成竞争力，取得贸易利益。 （ ）

16. 外部规模经济的经济效益主要来自于行业规模扩大后，相关行业厂商的聚集或产业的扩大而产生了中间专业供货商的出现、技术劳工的汇集及专业知识与技术的扩散，从而降低整个行业内各公司、企业的生产成本，使之获得相应收益。 （ ）

17. 当生产扩张到一定规模以后，厂商继续扩大生产规模，会导致经济效益下降，这叫规模不经济。 （ ）

18. 根据国家竞争优势理论，生产要素、需求状况、相关和支持产业、企业战略、结构和同业竞争等所构成的不同组合，是一国在国际贸易中取得成功的决定因素，与该国所遇到的机遇和政府能力无关。 （ ）

19. 国家竞争优势的发展分为四个阶段，即要素驱动阶段、投资驱动阶段、创新驱动阶段和财富驱动阶段。 （ ）

【简答题】

1. 产品生命周期理论的主要内容是什么？
2. 如何量度产业内贸易？
3. 产业内贸易和产业间贸易有什么差异？运用什么方法来区分这两种贸易形式？
4. 我国运用规模经济贸易理论表现在哪些方面？
5. 规模经济有哪些假设条件？
6. 国家竞争优势的决定因素有哪些？

【计算题】

某国 2001 年纺织服装出口 100 亿美元，同时进口纺织服装 40 亿美元，试测算该国本年度纺织服装业的产业内贸易程度。

【应用题】

1. 请运用产品生命周期理论分析世界电视机产业从黑白电视到液晶电视发展的贸易状况。

2. 2000 年，一小型家电企业看到当年空调非常热销，就组织生产了 3 000 台空调，由于市场上空调比较热销，这一年里，这家企业虽然空调生产的数量和规模比较小，但没有赚钱也没有赔钱。受到空调热销局面的鼓舞，企业经营者当年就进一步做出了 2001 年要扩大生产规模和投资的决策，希望通过达到年产 1 万台的量来赚取一定利润。始料不及的是，同样基于上年空调热销局面的鼓舞，国内一些年产几十万台、上百万台的大型空调生产企业，如春兰空调也做出了进一步扩大生产规模的决策。当该小企业 2001 年真的生产出 10 000 台空调的时候，由于当年市场空调供大于求，大公司纷纷降价。结果，该企业不仅没有赚钱，而且赔了不少。请用规模经济理论解释这家小企业的情况。

3. 利用二手资料，分小组对“亚洲四小龙”（韩国、新加坡和中国台湾、中国香港）目前的国际竞争力进行分析比较，并在课堂上进行演示说明。

第五章

生产要素的国际流动和跨国公司

学习目标

技能目标

- 掌握以劳动力和资本为主的生产要素的国际流动和跨国公司对世界经贸影响的分析方法。

知识目标

- 熟悉并理解国际劳动力流动的经济效应；
- 熟悉并理解国际资本流动的经济效应；
- 理解跨国公司的发展对国际贸易的影响。

学习背景

学到这里，我们已经接触到了国际贸易理论的基本框架，对国际贸易的原因及其影响有了一定的了解。但是，前面所学的内容都是建立在这样的假设下：劳动力、资本等这类生产要素在国际间是不流动的。而现实生活中，生产要素不仅在各国之间流动，而且通过改变各国经济结构而对贸易模式和贸易量产生很大的影响。另外，作为一种特殊商品，生产要素的国际流动本身会对各国要素市场的供给、需求和社会福利产生影响。同时，生产要素的国际流动，简称要素流动，整体而言也要比国际贸易引起更多的政治和社会问题，因此要素流动会比前面所学的商品流动受到更多的约束。这也是为什么跨国公司在本土经营中常常会感到举步维艰。

本章通过分析劳动力的国际流动、资本的国际流动及跨国公司的成因、影响及应用，理清其中千丝万缕的国际联系。

第一节　国际劳动力流动

入门案例

希腊"脑力外流"㊀

【财新网】（特派记者张翃发自希腊雅典）Spyridoula今年29岁，在希腊一家银行做房产

㊀ 文章来源：财新网，2010-06-11。

评估工作。2008 年从英国留学毕业回到希腊，遇上经济危机，她能在银行找到一份工作，已经算是比较幸运。但现在她考虑到伦敦或巴塞罗那找工作。

在希腊，像她这样在国外受过教育，但不想在国内工作的年轻人还有很多。

由于历史上的沦陷、战争等原因，希腊向来就是一个向外输出侨民的大国。希腊人口只有 1 100 万，但海外侨民，根据不同的估计，少则 300 万，多则 700 万。今天的希腊仍然在向外输出侨民，但令人担忧的是，其中很多是受过优良高等教育的年轻人。

“在经济不景气的时候，很多学生出国留学毕业后就在当地留下来找工作。”雅典 Panteion 大学教授 Savas Robolis 对财新网记者说。30 年前，他也是留学大军中的一员，在法国留学。但他说自己还是很想回国，所以在希腊找到教职后便回国了。如今，他去法国留学的儿子却已经选择在法国找工作。

“今天的希腊在经历一场‘脑力外流’(brain drain)。”雅典经济与商业大学副教授 Manos Matsaganis 对财新网记者说。希腊没有一个很好的研发部门，一些学成回国的留学生回国找工作会很沮丧，有些人则干脆不回国。

除了经济不景气，这与希腊的教育体系也有很大关系。

希腊的高等教育是国家公办，近年来，在政策导向下，希腊大学进行了大量扩招。“现在基本上是你想上大学就可以上。”Matsaganis 说，每年的大学入学人数与高中毕业生大概是 2:3 的比例。

“我们的大学入学考试太容易。”雅典大学大一学生 Aki 也对财新网记者说。

但大学扩招的负面效果是带来教育质量的下降。因此许多学生毕业后，仍希望到美国、英国等这些教育大国继续深造。据统计，希腊是欧洲国家中“出口”大学生人数最多的。

虽然希腊大学“供给”充足，但有一些“供给”没有“需求”，Matsaganis 说。比如一些工程技术类院校，对希腊学生的吸引力越来越小。因此，希腊的水管工、电工等极其短缺，这些职业收入非常高。但即便如此，年轻人还是不愿做这类体力劳动，即使这是高技术的工种。“年轻人不想把自己的手弄脏。”

对于许多希腊大学生来说，到政府部门工作仍然是最理想的，因为这是终身合同的“铁饭碗”，不用像在私有企业工作担心被减员，而且政府部门工作也更轻松。如果不能找到比较满意的工作，很多大学生甚至可以推迟毕业，继续享有大学生的各种福利，如半票优惠、学校免费膳食和校医院免费就医等。而希腊政府教育部门并没有对在学年限做出上限规定。

对一些不能在希腊考取较好大学的学生而言，如果家庭经济情况允许，很多人会选择到国外留学，特别是选择一些能够到高收入行业就业的专业，如医学。Matsaganis 认为，希腊的人均医生数量在世界上领先就与之有很大关系。

受高等教育的人才外流的同时，如今希腊劳动力市场上又涌入了许多低技能移民，这意味着这个国家的人才结构在向低端移动。“这让人很担心。”Matsaganis 说。

带着问题学习：

1. 希腊的移民实际上是什么现象？产生劳动力流动的原因是什么？
2. 国际劳动力流动会对流入国和流出国产生什么影响？

一、国际劳动力流动概述

（一）国际劳动力流动的形式

国际劳动力流动（International Labor Flows）主要有两种形式：永久移民式的国际劳动力流动和中短期的国际劳动力流动。

1．永久移民式的国际劳动力流动

这种劳动力的国际流动一般是同人口的国际迁移结合在一起的，也就是迁居国外，一般不再返回。历史上有三次大规模的人口迁移浪潮，大多属于这种情况。

第一次浪潮从 15 世纪初延续到 19 世纪上半叶，发达国家的殖民扩张导致人口向新大陆的大规模迁移，包括大量的非洲人被贩卖到美洲。据估计，被拐运到南北美洲的非洲人口有 3 500 万到 4 000 万，不过实际到达目的地的只有大约 1 000 万人，大部分人在途中死亡。这些非洲奴隶主要分布在巴西（365 万）、加勒比海的英法荷丹殖民地（380 万）、西属美洲（155 万）和英属北美洲（40 万）。

第二次浪潮发生在 19 世纪下半叶到 20 世纪初，这一时期的人口迁移主要由欧洲工业化国家的经济扩张引发，生产率的增长和医学的进步导致这一时期欧洲人口的急剧增加，快速增加的人口压力需要通过人口向外迁移来缓解。在 19 世纪 20 年代，仅有 14.5 万人离开欧洲；而 1900 年至 1910 年间，移民人数已高达 900 万，每年有近 100 万移民[㊀]。

第二次世界大战前后发生了人口迁移的第三次浪潮。躲避战争的难民、战败国被遣返战俘和平民及许多民族国家的新建与独立，在欧洲和亚洲引发了两个庞大的人口迁移流。

在今天，劳动力跨国流动中的永久性移民仍然占有很大比例。

工作提示

尽管永久移民中的劳动力属于生产要素的国际流动，但由于其中不存在等价交换，因此，永久移民不能算是一种贸易现象。但永久移民本身却能给社会带来福利变化，因此永久移民现象值得国际贸易专业人员的研究。

2．中短期的国际劳动力流动

这种劳动力的国际流动是指一国根据国际间签署的有关合同派遣有关人员到劳动力输入国履行合同，一旦完成合同规定的任务后即刻返回。中短期国际劳动力流动，顾名思义，劳动力在国外的滞留时间不像移民那样长久，更不像移民那样一去不复还，而是在或长或短的时期之后又会返回国内。这种形式的国际劳动力流动涉及的范围较广，它包括与工程、服务等有关的国际劳务出口，留学人员的派遣，根据国际经济技术合作协定进行的人员派遣，甚至还包括虽未跨出国门但在外国机构或外资机构工作的人员流动等。总之，但凡外国雇用本国劳动力，都可纳入中短期国际劳动力流动的范围。

中短期的国际劳动力流动在第二次世界大战以后特别是 20 世纪 80 年代以来发展很快，它对世界经济的发展具有特殊的意义。随着国际经济一体化和经济全球化的进一步发展，它的规模将会不断扩大，并将受到人们越来越多的关注。

㊀ 斯塔夫里阿诺斯，《全球通史：1500 年以后的世界》，中译本，第 233 页，第 308～310 页。

工作提示

和一般的有形贸易不同，工程、服务等劳务输出属于无形贸易，其操作流程主要体现在劳务合同的签订和雇员签证的办理上。

（二）国际劳动力流动的成因

1．劳动力供求失衡

与劳动力的国际流动有直接关系的不是人口密度，而是劳动力的供求状况。劳动力的供求状况是决定国际劳动力流动的根本原因。如非洲劳动力被贩运到拉美地区，不是因为非洲黑人太多，也不是因为拉美地区的印第安人太少，而是因为在西班牙和葡萄牙殖民主义者的殖民奴役和掠夺下，为满足西班牙、葡萄牙，特别是英国国内对烟草、大米及兰靛等的需要而大力发展种植园经济的结果；也就是说，除了政治方面的原因之外，从经济方面分析，种植园的大量建立引起了对劳动力的大量需求，这种需求必然引起黑奴的贩运。

思考

你能利用劳动力供求失衡来解释第二次、第三次国际劳动力流动浪潮吗？

2．收入差异

人们进行迁移的主要目的是改善自己的经济状况，追逐更高的收入。由于各国经济的发展从来就是不平衡的，加之历史上殖民主义的统治和掠夺，以及由此形成并发展至今的国际经济旧秩序的统治，世界经济的发展就更加不平衡了，各国之间的收入差距仍然在继续扩大。这种收入差异的存在推动了劳动力的国际流动，收入差异是国际劳动力流动的基本动力。相对收入低的地区劳动力会向相对收入高的地区迁移。

3．经济周期的影响

经济周期的存在引起经济发展的周期性波动。一国经济的繁荣、高涨时期通常也是国家和企业投资迅速增长的时期；在这一时期，不仅劳动力需求急剧增加，而且工资水平也较高，由此形成对本国劳动力外流的阻力与对外国劳动力的巨大吸引力，外国劳动力大量流入。相反，当一国经济处于危机、衰退时期，企业压缩规模、缩减生产甚至停产倒闭，投资急剧下降，对劳动力的需求萎缩，工资水平也会下降，这种情况不仅使外国劳动力回流，也会使本国劳动力流向其他国家。

另外，农业生产的季节性也会造成对劳动力需求的周期性变动。农业生产的特点是忙、闲不均，而任何一家农场都不会终年雇佣大量工人；种植和收获的大忙季节对劳动力的需求十分旺盛，在其他季节对劳动力几乎没有什么需求。农业生产对劳动力需求的这种特点是造成相邻国家国际劳动力流动的重要原因。

4．国际经济合作

国际经济合作是当代国际经济关系中的一种十分普遍的现象，它是国际劳动力流动特别是交叉流动的重要原因。国际贸易必然伴随着各国之间的频繁持续的人员往来，对外直接投资则不仅仅是资本的流动，而且也伴随着经营管理人员、技术专家及熟练工人的国际流动。随着国际贸易和跨国公司对外投资的加速发展，发达国家相互之间、发展中国家相互之间和发达国家与发展中国家之间存在越来越多的劳动力跨国流动。另外，各国之间包括发展中国家相互之间日益增多的工程承包和劳务合同，也会促使越来越多的劳动力加入到国际流动的队伍中来。

应该指出，国际劳动力流动的原因多种多样，如政治的、宗教的原因，或者是由动乱、战争引起的；但这些原因造成的国际劳动力流动往往具有暂时的性质。我们这里涉及的仅仅是经济方面的一些主要原因，而这些原因是国际劳动力流动的长期性原因，在国际经济一体化和经济全球化的今天尤其如此；这就是说，国际劳动力流动是经济利益所致，经济方面的原因是国际劳动力流动的根本原因。

二、国际劳动力流动分析

（一）国际劳动力流动的经济效应分析

1．分析假定

国际劳动力流动是十分复杂的问题。美国著名经济学家巴格瓦蒂（J. N. Bhagwati）认为，在商品、资本和劳动力三者的国际流动中，劳动力的国际流动是最困难的，特别是大规模的劳动力流动，如移民。总的来说，劳动力的国际流动是多种因素作用的结果，但主要是经济因素。因而，我们这里主要从经济角度分析国际间劳动力流动的福利效应。

（1）假定劳动力的国际流动没有非经济因素的限制，仅仅是由收入所决定的；

（2）在封闭条件下，各个国家的劳动力收入由本国劳动供给和劳动需求决定；于是，不同的国家内部将存在不同的工资水平；

（3）开放以后，为追求较高的收入水平，劳动力将由收入较低的地区流向收入较高的地区；

（4）在其他条件保持不变的情况下，这种劳动力的流动将一直持续下去，直到各个国家的工资水平达到均等；

（5）从福利角度讲，劳动流入国将获得较廉价的劳动，从而扩大其生产规模；劳动流出国则获得外流劳工的工资汇款；对于外流劳工来说，他们将获得更高的工资水平。

为方便起见，我们假定世界上只有两个国家，一个是劳动输出国（A 国），另一个是劳动输入国（B 国）。劳动力从输出国流入输入国会引起两国劳动力市场上劳动力供应的变化，从而使劳动力的价格或工资发生变化，如图 5-1 所示。

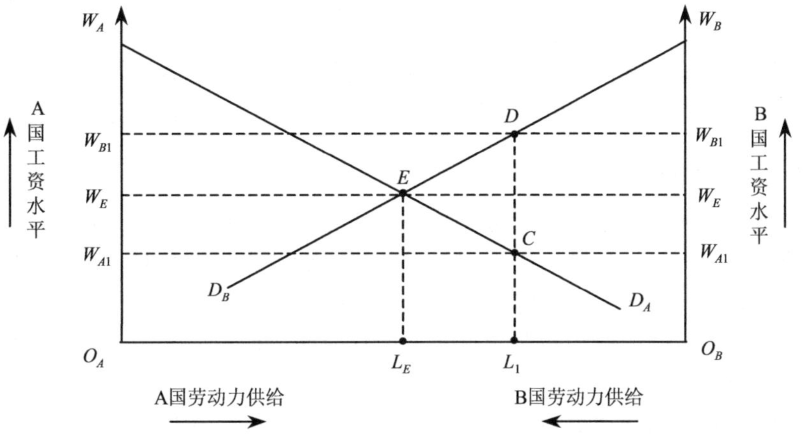

图 5-1 A、B 两国间劳动力流动

2．图形解释

图 5-1 中纵轴 O_AW_A、O_BW_B 分别是劳动输出国 A 国的工资水平和劳动输入国 B 国的工资水平。横轴 O_AO_B 则是两个国家的劳动力总和。D_A、D_B 分别是 A 国和 B 国国内的劳动需求曲线。由于 A 国是劳动力富足的国家，在劳动力还没有发生国际流动时，A 国的劳动力供给是 O_AL_1，比劳动力相对缺乏的 B 国国内劳动力供给 O_BL_1 要大。从图中可知，此时 A 国国内劳动力需求和供给均衡点 C 点对应的劳动力价格，即工资水平在 W_{A1} 上，而 B 国国内劳动力需求和供给均衡点 D 点对应的劳动力价格则在 W_{B1} 上。

当两国劳动力流动开放后，由于 B 国的工资水平比 A 国的高而且 A 国劳动力供给比 B 国丰富，A 国的劳动力为了获得更高的工资，会纷纷选择移向 B 国。此时，A 国的国内劳动力供给会逐渐减少而 B 国的劳动力供给会逐渐增加，A 国国内工资水平会因为劳动力供给的减少而提高，而 B 国的国内工资水平则会因为劳动力供给的增加而下降。这种为了追逐更高收入的现象会一直持续直到 A、B 两国对劳动力的需求和供给均处在一个均衡状态为止。图中所示的 E 点上，A 国和 B 国的工资水平一致为 W_E，两国的劳动力在经济上失去了迁移的动力，两国劳动力市场达到均衡。

3．效应分析

下面我们来分析一下劳动力从 A 国流动到 B 国的经济效应。

（1）对于选择从 A 国流出的劳动力，刚开始时会获得较于本国较高的收入。但随着流出劳动力的增加，两国收入水平差距会逐渐减少，流出的劳动力收入也会渐渐减少直至在两国国内获得的收入均等。

（2）对于选择留在 A 国的劳动力将会因为部分 A 国劳动力的流出而获益。这是因为 A 国国内劳动力供给的减少，使得 A 国国内收入水平提高。这种收入的提高会一直持续到两国收入水平均等为止。

（3）对于 B 国原来的劳动力将会因为 A 国劳动力的流入而利益受损。这是由于 A 国劳动力的流入，使得 B 国劳动力供给增加，B 国国内收入会下降。这种工资的下降会一直持续到两国收入水平均等为止。

（4）对于劳动力输出国 A 国而言，因为部分劳动力的流出，A 国国内劳动力供给减少即生产力减少，劳动力价格即工资上涨，这样 A 国国内 GDP 有可能会下降，但人均 GDP 却有可能提高。

（5）对于劳动力输入国 B 国而言，因为 A 国劳动力的流入，B 国国内劳动力供给即生产力会增加，因此国内 GDP 也会增加；但因为人口的增加，人均 GDP 可能反而会下降。

（二）移民政策分析

从前面内容中，我们了解到国际劳动力流动常见的两种形式是永久移民式的国际劳动力流动和中短期的国际劳动力流动。因为中短期的国际劳动力流动带有临时性，因此这种国际劳动力流动形式对世界经济效应的影响并不大或只是暂时的。而移民因为是永久性的，因此其对世界经济效应的影响相对较长久。事实上，从前面我们可以看出，移民现象集中体现了国际劳动力流动对全球经济的影响。

根据赫克歇尔和俄林的要素禀赋论的设想，自由贸易的最终结果会使得国际间的生产要素价格一致。劳动力也是生产要素，因此，自由贸易可以让国际间工资变得完全一致，且一旦工资完全一致，人们就没有理由移民到其他国家了。然而，尽管现今国际贸易变得越来越重要，但由于各国生产方式、生产技术、竞争环境、经营环境及政府政策等软因素的不同，各国的工资水平和其他要素价格仍然有着很大的差别。总之，大量的国际贸易仍然无法消除不同国家之间的工资差别，因此移民现象也成为必然存在的现实。

对于移民的经济效应，和我们前面的分析是一致的。这里我们着重分析一下移民输出国和输入国的移民政策。

1．移民输出国对移民的政策

（1）移民会使得移民输出国工作人口减少，这时，政府的税收可能会因为征税税基的减少而减少。由于许多公共支出，例如国防、交通设施、疾病预防等产品和服务是稳定的，不会因人口数量的变化而改变，因此作为主要财政收入的税收的减少会给移民输出国政府带来负面影响。

（2）由于一般移民输入国只接受正当青壮年且具备高技术高素质的劳动人才，因此，移民输出国可能会面临人才流失（Brain Drain）的危机，这往往是移民输出国不愿意看到的。

（3）移民在外国赚取的工资往往会汇回家乡——移民输出国，使得移民输出国的外汇收入会增加，而移民在本国的亲人的消费也会增加，这样，政府又可从这些移民亲人的消费中获得税收从而弥补了上述的部分税收缺口，减轻了因为移民输出而导致的财政负担。

（4）从现实角度来看，移民的思乡之情往往会促使移民回流或者把在国外获得的资金或学到的先进技术、知识、管理方法和海外渠道等带回移民输出国，从而为移民输出国作出不少贡献。如近年来，中国的外商直接投资中，华侨占据了主导地位。而印度能成为全球软件和服务外包的主要国家，也要归功于大量在美国的印度裔移民的回国创业。

根据上面的分析，移民对输出国的影响比较复杂，但我们可以看到，对于劳动力过剩、资金和技术相对落后且民族思乡情比较重的发展中国家而言，移民输出对本国的影响是利大于弊的，因此，这类国家一般不会反对移民，并且在政策上会鼓励已经在海外的移民回到母国进行投资和创业。

2．移民输入国对移民的政策

与移民输出国一样，输入国对移民的政策也是根据移民的经济影响而制定的。

（1）从国际劳动力流动的经济效应分析以及上述分析中我们可以看到，移民可以增加输入国的 GDP 和财政收入。但是，由于移民使得输入国国内人数增加，一些公共设施的负担会加大：道路变得更拥挤、公立学校人数增加更快、公共医疗资源更加紧张等。因此输入国往往会采取一些歧视性政策来限制移民。如移入美国的移民如果要享受国民退休金，必须要有十年以上的纳税记录。

（2）由于移民的移入可能会使移入国的人均 GDP 下降，许多移民移入国在设置移民门槛上，也往往会限制受教育程度低或不具备本国急需技术的人员的移入，或对这类人员的移民门槛设置得非常高，如美国对于非技术移民的一般个人投资移民需要在美国投资 100 万美元方可获得移民资格。事实上，移民移入国的这些政策，为当地带来了许多有用知识和技能的流入。例如爱因斯坦、贝聿铭及卡内基等来自不同国家的移民，为美国社会所做出的贡献根本无法用金钱来衡量。

工作提示

尽管中国是移民输出大国，但中国对外国人的居留期管理非常严格。因此，为了避免不必要的麻烦，了解外国人出入境管理条例显得非常必要。

当然，移民也可能引起社会摩擦，如果政策不当，甚至会导致社会动乱。2005 年法国巴黎发生的少数族裔移民的动乱就是典型例子。少数族裔移民在法国长期受到社会和工作上的歧视，生活在社会的边缘，无法融入法国主流社会，长年的积怨终于在 2005 年得以爆发。

第二节 国际资本流动

入门案例

金砖国家发展前景面临分化㊀

2008 年世界金融危机后，“脱钩理论”盛极一时，以“金砖国家”为代表的新兴市场大有如日中天，抢占成为全球经济增长新引擎的势头。

2011 年 8 月后新兴市场急跌

然而，由摩根士丹利资本国际公司（MSCI）编制的投资市场指数指出，2011 年 MSCI 新兴市场指数下跌 19.5%，跌幅远超全球平均跌幅指数 7.96%；尤其是 MSCI 金砖国家指数 2011 全年下挫 23.14%。新兴市场经济体的急速下跌主要体现在 2011 年 8 月份之后，主要新兴市场股市整体震荡下行，“金砖国家”股市遭到重挫，其中巴西 BOVP 指数跌 4%，上证综指跌 18%，印度孟买综指跌 15%，俄罗斯 MICEX 指数跌 20%。

“金砖国家”货币除了中国人民币之外均出现大幅贬值。2011 年 8 月至 12 月，印度卢比对美元贬值约 18%，比 2008 年 9 月雷曼破产之后危机最深重的时期贬值还要多。由于对本币的迅猛贬值感到紧张，印度已经决定取缔卢比的远期交易。巴西雷亚尔对美元贬值约 17%；俄罗斯卢布对美元贬值约 13%；南非兰特对美元贬值约 21%。实际上自 2011 年 8 月欧债危机加剧以来，几乎所有的新兴经济体货币基本都呈贬值趋势。

资本外流是祸首

新兴经济体集体出现的货币贬值、股票市场下跌，直接缘于资本外流。根据美国新兴市场投资基金研究公司（EPFR）数据追踪的全球专注于新兴市场投资的基金资金变动情况，2011 年新兴市场股市、债市等资产遭到海外投资者大规模抛售，部分地区遭受的抛售规模逼近甚至超过了 2008 年金融危机时期。2011 年净流出比例达到 4%，而这个数字在 2008 年是 7%。其中拉美新兴市场股市基金资金净流出 11%，逼近 2008 年的净流出 12%；EMEA（欧洲、中东和非洲）新兴市场股市基金资金净流出 9%，已经超过 2008 年的净流出 8%；亚太新兴市场股市基金净流出 6%，已接近 2008 年净流出 9%的程度。对于新兴市场债市基金而言，虽

㊀ 文章来源：《环球财经》杂志，2012-02-21，作者：万喆。

然2011年至今整体维持资金净流入状态，但相比2010年净流入54%来说，仅仅7%的净流入已显示出海外投资者正在大规模降低对新兴市场债市的投资额度。

几乎在一夜之间，“金砖国家”从国际资本流入的热土变成主要流出地。但我们应该看到，资金流出事出必然。总体来说，此轮动荡有“一个根本，两剂催化剂和一条导火索”。根本是“金砖国家”自身实体经济发展不足，无法提供良性运转、具有持续发展力的内部市场；而其国际经济金融地位有限，缺乏对国际资本流动的影响力和掌控力。在美债危机导致的输入型通货膨胀和欧债导致的经济衰退、需求下降的催化剂作用下，被全球资本流动性收缩这条导火索点燃了。

……

带着问题学习：

1. 什么是国际资本流动？其产生原因是什么？
2. 国际资本流动的方式有哪些？
3. 国际资本流动会对流出国和流入国产生什么影响？
4. 你认为“金砖国家”的资本可能会外流到哪里？

一、国际资本流动的原因及类型

国际资本流动（International Capital Flows），简言之，是指资本在国际间转移，或者说，资本在不同国家或地区之间作单向、双向或多向流动，具体包括：贷款、援助、投资、债务的增加、债权的取得、利息收支、买方信贷、卖方信贷、外汇买卖及证券发行与流通等。

（一）国际资本流动的原因

引起国际资本流动的原因很多，有根本性的、一般性的、政治的及经济的，归结起来主要有以下几个方面：

1．过剩资本的形成或国际收支人量顺差

过剩资本是指相对的过剩资本。随着资本主义生产方式的建立，资本主义劳动生产率和资本积累率的提高，资本积累迅速增长，在资本的特性和资本家唯利是图本性的支配下，大量的过剩资本被输往国外，追逐高额利润，早期的国际资本流动就由此产生了。随着资本主义的发展，资本在国外获得的利润也大量增加，反过来又加速了资本积累，加剧了资本过剩，进而导致资本对外输出规模的扩大，加剧了国际资本流动。近20年以来，国际经济关系发生了巨大变化，国际资本、金融及经济等一体化趋势有增无减，加之现代通信技术的发明与运用，资本流动方式的创新与多样化，使当今世界的国际资本流动频繁而快捷。总之，过剩资本的形成与国际收支大量顺差是早期也是现代国际资本流动的一个重要原因。

2．利用外资策略的实施

无论发达国家还是发展中国家，都会不同程度地通过不同的政策和方式来吸引外资，以达到一定的经济目的。美国目前是全球最大的债务国。大部分发展中国家，经济比较落后，迫切需要资金来加速本国经济的发展，因此，往往通过开放市场、提供优惠税收、改善投资软硬环境等措施吸引外资的进入，从而增加或扩大了国际资本的需求，引起或加剧了国际资本流动。

3．利润的驱动

增值是资本运动的内在动力，利润驱动是各种资本输出的共同动机。当投资者预期到一国的资本收益率高于他国，资本就会从他国流向这一国；反之，资本就会从这一国流向他国。此外，当投资者在一国所获得的实际利润高于本国或他国时，该投资者就会增加对这一国的投资，以获取更多的国际超额利润或国际垄断利润，这些也会导致或加剧国际资本流动。在利润机制的驱动下，资本从利率低的国家或地区流往利率高的国家或地区，这是国际资本流动的又一个重要原因。

4．汇率的变化

汇率的变化也会引起国际资本流动，尤其是20世纪70年代以来，随着浮动汇率制度的普遍建立，主要国家货币汇率经常波动，且幅度较大。如果一个国家货币汇率持续上升，就会产生兑换需求，从而导致国际资本流入；如果一个国家货币汇率不稳定或下降，资本持有者可能预期到所持的资本实际价值将会降低，就会把手中的资本或货币资产转换成他国资产，从而导致资本向汇率稳定或升高的国家或地区流动。

工作提示

汇率的变化对进出口影响非常大。一国货币汇率上升，对进口有利，反之对出口有利。

在一般情况下，利率与汇率呈正相关关系。一国利率提高，其汇率也会上浮；反之，一国利率降低，其汇率则会下浮。例如，1994年美元汇率下滑，为此美国连续进行了7次加息，以期稳定汇率。尽管加息能否完全见效，取决于各种因素，但加息确实已成为各国用来稳定汇率的一种常用方法。当然，利率、汇率的变化，伴随着的是短期国际资本（游资或热钱）的经常或大量的流动。

工作提示

理解汇率作用，首先要把一国货币看成是一种特殊商品，汇率则是这种商品的对外价格。

5．通货膨胀的发生

通货膨胀往往与一个国家的财政赤字有关系。如果一个国家出现了财政赤字，该赤字又是以发行纸币来弥补，必然增加了对通货膨胀的压力，一旦发生了严重的通货膨胀，为减少损失，投资者会把国内资产转换成外国债权。如果一个国家发生了财政赤字，而该赤字以出售债券或向外借款来弥补，也可能会导致国际资本流动。这是因为，当某个时期人们预期到政府又会通过印发纸币来抵偿债务或征收额外赋税来偿付债务时，则又会把资产从国内转往国外。

6．政治经济及战争风险的存在

政治、经济及战争风险的存在，也是影响一个国家资本流动的重要因素。政治风险是指由于一国的投资环境恶化而可能使资本持有者所持有的资本遭受损失。经济风险是指由于一国投资条件发生变化而可能给资本持有者带来的损失。战争风险，是指可能爆发或已经爆发的战争对资本流动造成的可能影响。例如海湾战争，就使国际资本流向发生重大变化，在战争期间许多资金流往以美国为主的几个发达国家（大多为军费）。战后安排又使大量资本涌入中东，尤其是科威特等国。

7. 国际炒家的恶性投机

所谓恶性投机，包含两种含义：①投机者基于对市场走势的判断，纯粹以追逐利润为目的，刻意打压某种货币而抢购另一种货币的行为。这种行为的普遍发生，毫无疑问会导致有关国家货币汇率的大起大落，进而加剧投机，汇率进一步动荡，形成恶性循环，投机者则在“乱”中牟利。这是一种以经济利益为目的的恶性投机。②投机者不是以追求盈利为目的，而是基于某种政治理念或对某种社会制度的偏见，动用大规模资金对某国货币进行刻意打压，由此阻碍、破坏该国经济的正常发展。但无论哪种投机，都会导致资本的大规模外逃，并会导致该国经济的衰退，如 1997 年 7 月爆发的东南亚金融风暴就是典型的例子。一国经济状况恶化，导致国际炒家恶性炒作，导致汇市股市暴跌，导致资本加速外逃，导致政府官员下台，导致一国经济衰退，这几乎已成为当代国际货币危机的“统一模式”。

> **思考**
> 了解东南亚金融风暴的始末。

8. 其他因素

如政治及新闻舆论、谣言、政府对资本市场和外汇市场的干预，以及人们的心理预期等因素，都会对短期资本流动产生极大的影响。

（二）国际资本流动的类型

国际资本流动按照不同的标志可以划分为不同类型，按资本的使用期限长短将其分为长期资本流动和短期资本流动两大类。

1. 短期国际资本流动

短期国际资本流动（Short-term International Capital Flows）是指期限为一年或一年以内或即期支付资本的流入与流出。这种国际资本流动，一般都借助于有关信用工具，并通过电话、电报及传真等通信方式来进行。这些信用工具包括短期政府债券、商业票据、银行承兑汇票、银行活期存款凭单及大额可转让定期存单等。由于通过信汇、票汇等方式进行国际资本转移，相对来说周转较慢，面临的汇率风险也较大，因此，短期国际资本流动多利用电话、电报及传真等方式来实现。

2. 长期国际资本流动

长期国际资本流动（Long-term International Capital Flows）是指使用期限在一年以上或未规定使用期限的资本流动，与短期国际资本流动一样，长期国际资本流动也分为政府和私人的长期资本流动，包括国际直接投资、国际证券投资和国际借贷三种主要方式。

二、国际资本流动的经济效应及 FDI

（一）国际资本流动的经济效应分析

1. 图形解释

和国际劳动力流动的分析一样，我们假定世界上只有两个国家，一个是资本输出国（A 国），另一个是资本输入国（B 国）。资本从输出国流入输入国会引起两国资本市场上资本供应的变化，从而使资本的价格即利率发生变化。如图 5-2 所示，我们可以分析国际资本流动对资本输出国和资本输入国利率的影响。

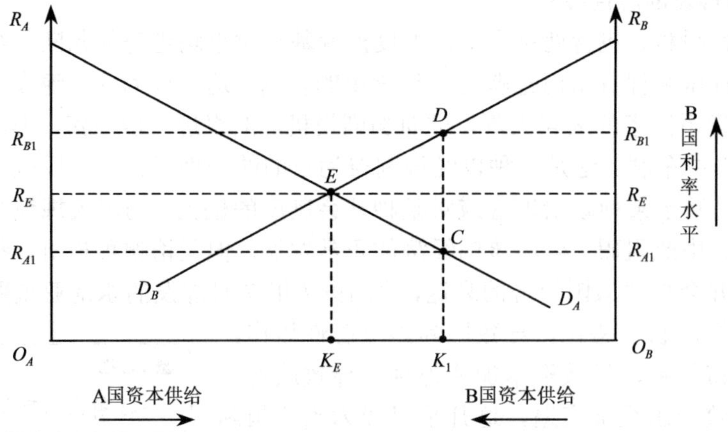

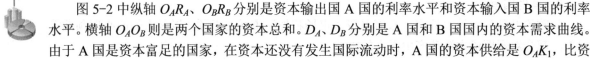

图 5-2　A、B 两国间资本流动

图 5-2 中纵轴 O_AR_A、O_BR_B 分别是资本输出国 A 国的利率水平和资本输入国 B 国的利率水平。横轴 O_AO_B 则是两个国家的资本总和。D_A、D_B 分别是 A 国和 B 国国内的资本需求曲线。由于 A 国是资本富足的国家，在资本还没有发生国际流动时，A 国的资本供给是 O_AK_1，比资本相对缺乏的 B 国国内资本供给 O_BK_1 要大。从图中可知，此时 A 国国内资本需求和供给均衡点 C 点对应的资本价格，即利率水平在 R_{A1} 上，而 B 国国内资本需求和供给均衡点 D 点对应的资本价格则在 R_{B1} 上。

当两国资本流动开放后，由于 B 国的利率水平比 A 国高，而且 A 国资本供给比 B 国丰富，A 国的投资者为了获得更高的利率，会纷纷选择将资本投向 B 国。此时，A 国的国内资本供给会逐渐减少，而 B 国的资本供给会逐渐增加，A 国国内利率水平会因为资本供给的减少而提高，而 B 国的国内利率水平则会因为资本供给的增加而下降。这种为了追逐更高投资回报的现象会一直持续直到 A、B 两国对资本的需求和供给均处在一个均衡状态为止。图中所示的 E 点上，A 国和 B 国的利率水平一致为 R_E，两国的投资者在经济上失去了转移资本的动力，两国资本市场达到均衡。

2．影响分析

国际资本流动对资本输出国、资本输入国及国际经济形势的影响各不相同。

（1）长期资本流动的期限长、数量大，对经济的长期稳定和持续发展影响较大。

对资本输出国而言，长期资本流动能够：

① 提高资本的边际收益；

② 有利于占领世界市场，促进商品和劳务的输出；

③ 有助于克服贸易保护壁垒；

④ 有利于提高国际地位。

对资本输入国而言，长期资本流动能够：

① 缓和资金短缺的困难；

② 提高工业化水平；

③ 扩大产品出口数量，提高产品的国际竞争能力；

④ 增加了新兴工业部门和第三产业部门的就业机会，缓解就业压力。

（2）在短期资本流动中，贸易性流动和金融性资本流动比较稳定，并且其影响相对有利。而以投机性资本为主的国际贸易则最受国际金融界和各国货币当局所关注，原因在于其流动规模巨大，变化速度快，对一国乃至世界经济金融造成的影响深刻而复杂。

① 短期资本流动对国内经济的影响主要体现在对国际收支、汇率、货币政策及国内金融市场的影响上；

② 短期投机资本对世界经济产生的影响主要体现在国际经济和金融一体化进程、国际货币体系、国际金融市场及资金在国际间配置的影响四个方面。

工作提示

一般情况下，一国利率水平往往由该国货币政策决定。国际贸易从业人员应该时刻留意一国货币政策以预测贸易环境。

（二）外商直接投资

国际资本流动的形式非常多，具体包括：贷款、援助、投资、债务的增加、债权的取得、利息收支、买方信贷、卖方信贷、外汇买卖及证券发行与流通等。本章重点介绍另一种常见的国际资本流动形式——外商直接投资（Foreign Direct Investment，FDI）在中国的实际运用。其他资本流动方式的实际运用，我们留在国际金融课程中学习。

思考

各投资方在不同的外商直接投资方式下承担的风险各不相同。试比较中方在不同外商直接投资方式中的风险程度。

1．中外合资经营企业

中外合资经营企业亦称股权式合营企业，是外国公司、企业和其他经济组织或个人同中国的公司、企业或其他经济组织在中国境内共同投资举办的企业。其特点是合营各方共同投资、共同经营、按各自的出资比例共担风险、共负盈亏。各方出资折算成一定的出资比例，外国合营者的出资比例不低于25%。

中外合资经营企业是中国利用外商直接投资各种方式最早兴办和数量最多的一种。目前在吸收外资中还占有相当比重。

2．中外合作经营企业

中外合作经营企业亦称契约式合营企业，是由外国公司、企业和其他经济组织或个人同中国的公司、企业或其他经济组织在中国境内共同投资或提供合作条件举办的企业。各方的权利和义务，在各方签订的合同中确定。举办中外合作经营企业一般由外国合作者提供全部或大部分资金，中方提供土地、厂房、可利用的设备及设施，有的也提供一定量的资金。

3．外商独资经营企业

外商独资经营企业指外国的公司、企业、其他经济组织或者个人，依照中国法律在中国境内设立的全部资本由外国投资者投资的企业。根据外资企业法的规定，设立外资企业必须有利于我国国民经济的发展，并应至少符合下列一项条件，即采用国际先进技术和设备的；产品全部或者大部分出口的。外资企业的组织形式一般为有限责任公司。

4．合作开发

合作开发是海上和陆上石油合作勘探开发的简称，是目前国际上在自然资源领域广泛使用的一种经济合作方式，其最大的特点虽高风险、高投入、高收益。合作开发一般分为三个阶段，即勘探、开发和生产阶段。合作开发与以上三种方式相比，所占比重很小。

5. 新的投资方式

在不断扩大投资领域，进一步开放国内市场的同时，我们还在积极探索和拓展利用外资的新方式。

（1）BOT：BOT 是私人资本参与基础设施建设，向社会提供公共服务的一种特殊的投资方式，包括建设（Build）、经营（Operate）、移交（Transfer）三个过程。BOT 方式在中国出现已有十年有余，1984 年香港合和实业公司和中国发展投资公司等作为承包商和广东省政府合作在深圳投资建设了沙角 B 电厂项目，是我国首家 BOT 基础项目。但在具体做法上并不规范。1995 年广西来宾电厂二期工程是我国引进 BOT 方式的一个里程碑，为我国利用 BOT 方式提供了宝贵的经验。

（2）投资性公司：外商投资性公司是指外国投资者在中国以独资或与中国投资者合资的形式设立的从事直接投资的公司。公司形式为有限责任公司。1995 年 4 月，外经贸部发布了《关于外商投资举办投资性公司的暂行规定》，以鼓励境外大公司开展其系列投资计划。

（3）外商投资股份公司：股份公司可以以发起方式或募集方式设立，现有的外商投资有限责任公司也可申请改制为股份有限公司。

（4）跨国并购：跨国并购已成为国际直接投资的主要方式之一，目前我国正在研究制定相关政策。

第三节 跨 国 公 司

入门案例

摩根士丹利公司亚洲区主席斯蒂芬·罗奇：

人民币升值不会给美国带来政治以外的任何好处㊀

“美国现在面临非常严重的国内就业压力，所以就在汇率问题上责怪中国，这其实是一个政治动机的问题，而不是一个单纯的货币问题。”一直被公认为华尔街最具影响力的经济学家之一的摩根士丹利公司亚洲区主席史蒂芬·罗奇 3 月 26 日在北京发出了自己的声音。伦敦政治经济学院（LSE）院长霍华德·戴维斯在同一天表示，“全球经济重心在金融危机后东移亚洲，不会给美国带来任何实际好处。”

当天，罗奇在“伦敦政治经济学院第五届亚洲论坛”发表演讲时，谈及本次全球金融危机和近日颇受关注的人民币升值问题。

罗奇表示：“我认为，（人民币升值）不会给美国带来任何实际好处。”这位常以专家身份在美国国会听证会上发言的经济学家表示：“如果人民币升值，最直接的影响就是中国出口到

㊀ 文章来源：刘坤喆 人民币升值不会给美国带来政治以外的任何好处，中青在线－中国青年报 2010-04-04。

美国产品的价格会上涨，而这势必会影响到美国普通消费者的购买力。”

“同时，这也会影响中国的出口商。我们看到中国出口商的 60%都是国外的跨国公司设在中国的分支机构，因此实际上那些来自美国、日本及欧洲的跨国公司将受到最直接的冲击。至于是否真能给美国带来就业机会，短期内并不明朗。美国不仅对中国有贸易赤字，对其他很多国家也有。所以，即使人民币升值了，与中国之间的问题解决了，美国的赤字问题也会转向其他国家，所以依然是个问题。”罗奇表示。

“如果美国真把中国列为汇率操纵国，中国该如何应对？”面对这一问题，长期给世界各国政府和政策制定者提供建议的罗奇回答道：“我在同中国商务部部长陈德铭会谈时，也问过这一问题。他说，中国不会坐以待毙，但他并未告诉我具体措施。我个人认为，中国可以有三个选择：第一，直接进行口头抗议；第二，对美国输入中国的商品进行制裁；第三，如果美国做得确实非常过分的话，中国可以改变购入美国国债的方式。我个人认为，第二和第三个做法实施的可能性不大，因为是比较极端的方式，直接口头抗议的可能性最大。”

带着问题学习：

1．什么是跨国公司？其发展历程如何？

2．跨国公司有哪些经营形式及管理特点？

3．跨国公司对外直接投资的动因是什么？

4．跨国公司对外直接投资对国际贸易会产生什么影响？

一、跨国公司概述

（一）跨国公司的含义

跨国公司（Transnational Corporation），又称多国公司（Multi-national Enterprise）、国际公司（International Firm）等，指由两个或两个以上国家的经济实体所组成，并从事生产、销售和其他经营活动的国际性大型企业。20 世纪 70 年代初，联合国经济及社会理事会组成了由知名人士参加的小组，较为全面地考察了跨国公司的各种准则和定义后，于 1974 年作出决议，决定联合国统一采用“跨国公司”这一名称。

联合国跨国公司委员会认为跨国公司应具备以下三要素：

（1）跨国公司是指一个工商企业，组成这个企业的实体在两个或两个以上的国家内经营业务，而不论其采取何种法律形式经营，也不论其在哪一经济部门经营；

（2）这种企业有一个中央决策体系，因而具有共同的政策，此等政策可能反映企业的全球战略目标；

（3）这种企业的各个实体分享资源、信息及分担责任。

（二）跨国公司的产生与发展

1．跨国公司的产生

跨国公司是垄断资本主义高度发展的产物，它的出现与国际资本流动密切相关。19 世纪末 20 世纪初，资本主义进入垄断阶段，资本输出大大发展起来，这时才开始出现少数跨国公司。当时，发达资本主义国家的某些大型企业通过对外直接投资，在海外设立分支机构和子公司，开始跨国性经营。例如，美国的胜家缝纫机器公司、威斯汀豪斯电气公司、爱迪生电器公司、英国的帝国化学公司等都先后在国外活动。这些公司是现代跨国公司的先驱。

2. 第二次世界大战后跨国公司的高速发展中美国独占鳌头

主要垄断资本主义国家经过半个多世纪的垄断统治，尤其经历了第二次世界大战资本主义经济的黄金发展时期，积累了大量的垄断资本，国内有限的投资场所和相对昂贵的投资成本促使这些大量的过剩资本向外寻求发展机会，以获得更高利润。此时，跨国公司得到迅速发展。其中，美国跨国公司的数目、规模、国外生产和销售额均居世界之首。据联合国贸易与发展会议公布的《1993年世界投资报告》中对全球跨国公司的排名，前十名中美国占了五名。这是按公司海外资产进行的排名。若按销售额排列，美国依然居前列。1987年按销售额排列的世界最大跨国公司的金字塔，在高居塔尖的23家中，美国占了10家，平均每家年销售额高达250亿美元。在紧接塔尖之下的52家中，美国占了21家，平均每家年销售额达100亿美元。1987年600家世界最大跨国公司的销售总额高达4万亿美元，其中美国占42%，西欧占32%，日本占18%，发展中国家和地区仅占2%。

3. 第三次科技革命加速跨国公司的发展

第二次世界大战科技革命促使各垄断资本主义国家从工业经济向新型的信息经济转变，从而带动了国际产业结构的调整。以美国为例，100年前的铁路，40年前的三大汽车公司（通用、福特及克莱斯勒），都是美国当时的支柱产业，而今信息时代，微软公司（软件）、英特尔公司（芯片）则成为新型产业和新经济的增长点。伴随着产业结构在国际的梯度转移，一些对于发达国家来说落后的夕阳产业纷纷移出本土，移入他国，带动了跨国生产与经营。

事实上，新技术革命不但带来了科技革新，而且缩短了空间距离，克服了空间与时间矛盾的交通、通信技术的不断升级演进，为跨国公司的迅猛发展提供了基本前提条件。现代交通技术使原料、劳动及产品能便捷安全地从一地移动到另一地，通信技术则使以思想、指令及符号等体现的信息在各地之间输送，这两类技术彻底改变了世界经济，使得要素与产品以前所未有的速度在世界范围内流动，市场成了全球市场，投资成了国际投资，生产成了跨国生产，跨国公司得到了空前的发展。

4. 21世纪跨国公司的新发展

20世纪是人类文明史上的一个新纪元。新环境将为跨国公司创造更为广阔的市场空间和更广泛的市场机会，与此同时，前所未有的全球性金融危机面对更为激烈的竞争环境，又必然使跨国公司的国际投资及其经营管理出现一些新变化。以全球金融危机为分界线，我们可把21世纪的第一个十年分为危机前阶段和危机后阶段。

在危机前阶段，企业兼并、强强联合是跨国公司扩大规模、提高竞争力的重要形式。例如，在银行业、电子与计算机行业、飞机制造业、钢铁业、汽车业、石油业及制药业，均发生了大规模的横向兼并。这种横向兼并加强了大企业的市场垄断能力，充分地发挥了规模经济的效益，有利于实现跨国公司的内部化、网络化、集团化及全球战略目标。

同时，此阶段发展中国家经济体公司在全球跨国公司经济体中占有相当重要的地位。从行业的角度看，在某些交通行业，特别是港口和电信行业，包括移动通信方面的运营，来自发展中国家的公司已经成为这些领域的最大的跨国公司，业务遍及包括发展中国家和发达国

> **思考**
>
> 你能列举在全球跨国公司经济体中占领龙头的发展中国家经济体公司吗？

家在内的全球范围。其中，根据联合国发布的《2009 年世界投资报告》，中国已连续多年稳居世界最具吸引力投资目的地首位。

而在 2008 年全面爆发的全球金融危机背景下，全球跨国公司的对外直接投资锐减，金融市场萎缩。为了渡过难关，许多跨国企业纷纷进行合并、重组、撤资，甚者选择对个别地区的公司申请破产保护。如美国通用汽车公司在 2010 年 6 月 1 日宣布破产，并通过重组一个新的美国通用汽车公司来偿还美国政府的 500 亿美元贷款援助。

联合国贸易和发展会议对数百家跨国公司的调查显示，大多数跨国公司对 2010 年的国际直接投资环境表现出乐观的态度。在国际资本的地区流向上，中国及其他亚洲新兴经济体将依然是各路兵家“必争之地”。中国依然是对跨国公司直接投资最有吸引力的地区之一。有分析说，未来直接投资的流向会有所改变，农业、服务行业及采矿业等会是投资的重点，而制造业方面恢复的速度相对稍慢。

二、跨国公司的经营

（一）跨国公司的经营方式

1．横向型（水平型）多种经营

此类公司主要从事单一产品的生产经营，母公司和子公司很少有专业化分工，但公司内部转移生产技术、销售技能和商标专利等无形资产的数额较大。如全球最大的饮料公司可口可乐公司，在 200 个国家拥有 160 种饮料品牌，其中可口可乐商标被公认为拥有全球最高品牌价值的饮料。

工作提示

跨国公司的业务内涵通常非常丰富，在与跨国公司合作前，应全面了解其经营范围。

2．垂直型多种经营

此类公司按其经营内容又可分为两种。一种是母公司和子公司生产和经营不同行业的、但却相关的产品。它们是跨行业的公司，主要涉及原材料、初级产品的生产和加工行业，如开采种植→提炼→加工制造→销售等行业。另一种是母公司和子公司生产和经营同一行业不同加工程度或工艺阶段的产品，主要涉及汽车、电子等专业化分工水平较高的行业。如美国的美孚石油公司就是前一种垂直型的跨国公司，它在全球范围内从事石油和天然气的勘探、开采，以管道、油槽和车船运输石油和天然气，经营大型炼油厂，从原油中精炼出最终产品，批发和零售几百种石油衍生产品。而法国的珀若-雪铁龙汽车公司则是后一种垂直型的跨国公司，公司内部实行专业化分工，它在国外的 84 个子公司和销售机构，分别从事铸模、铸造、发动机、齿轮、减速器、机械加工、组装和销售等各工序的业务，实现了垂直型的生产经营一体化。

思考

你能依据不同的经营方式列举更多的各类跨国公司吗？

3．混合型多种经营

此类公司经营多种产品，母公司和子公司生产不同的产品，经营不同的业务，而且它们之间互不衔接，没有必然联系。如日本的三菱重工公司即是如此。它原是一家造船公司，后改为混合多种经营，经营范围包括：汽车、建筑机械、发电系统产品、造船和钢构件、化学工业、一般机械及飞机制造业等。

（二）跨国公司的国外分支

跨国公司的国外分支（Affiliates）大体上有三种类型：

1．附属企业（Subsidiary Enterprises）

跨国公司的附属企业是指那些位于东道国的公司型企业，其一半以上的股份表决权为母公司直接持有，后者有权任免大部分行政管理人员或监管人员。

2．合作企业（Associate Enterprises）

跨国公司的合作企业的投资者即母公司持有的股份表决权介于10%～50%。

3．分支机构（Branch）

跨国公司的分支机构是指那些母公司独自持有或合作持有资产的，位于东道国的非公司制企业（Unincorporated Enterprises）。分支机构种类具体有四种形式：

（1）境外投资者设立的常驻办事处或分公司；

（2）外国直接投资者与一个或多个第三方联合设立的非公司制合伙机构；

（3）外国居民直接拥有的地产、建筑物及固定设施或物体；

（4）在东道国运行一年以上的非直接投资移动设备，诸如船舶、飞机及石油钻井设备等。

工作提示

跨国公司的分支机构通常不具备法人资格，甚至不具有业务经营权。在与跨国公司签订合作合同时，应先确认对方的法人资格以确保合同的法律效力。

（三）跨国公司的管理特点

跨国公司作为在国内外拥有较多分支机构、从事全球性生产经营活动的公司，与国内企业的区别表现在：

（1）跨国公司的战略目标是以国际市场为导向的，目的是实现全球利润最大化，而国内企业是以国内市场为导向的。

（2）跨国公司是通过控股的方式对国外的企业实行控制，而国内企业对其较少的涉外经济活动大多是以契约的方式来实行控制。

（3）国内企业的涉外活动不涉及在国外建立经济实体问题，国内外经济活动的关系是松散的，有较大偶然性，其涉外经济活动往往在交易完成后就立即终止，不再参与以后的再生产过程；而跨国公司则在世界范围内的各个领域，全面进行资本、商品，人才、技术、管理和信息等交易活动，并且这种“一揽子”活动必须符合公司总体战略目标而且处于母公司控制之下，其子公司也像外国企业一样参加当地的再生产过程。所以，跨国公司对其分支机构必然实行高度集中的统一管理。

三、跨国公司对外直接投资对国际贸易的影响

（一）跨国公司对外直接投资的动因

跨国公司对外直接投资的动因源于企业为了自身的利益和发展而进行的对外扩张。企业

对外直接投资的原因很多。一般来说，企业对外直接投资的原因主要包括以下类型：

1．追求高额利润型投资动机

追求高额利润，或以追求利润最大化为目标，这是对外直接投资最根本的决定性动机。例如，在 20 世纪 70 年代末，美国国内制造业平均利润率为 13%左右，而 1979 年美国在发达国家直接投资的利润率为 19.2%，在发展中国家直接投资的利润率高达 32%。如此丰厚的利润，是企业进行对外直接投资最大的驱动力。

为什么跨国企业对外直接投资能产生如此丰厚的利润，概括来看主要有以下几个原因：

（1）占领资源。跨国公司在东道国进行直接投资，往往是看中了东道国稳定而廉价的资源供应。资源可以是自然资源，也可以是人力资源。

（2）获取技术。跨国企业可通过对外直接投资来获取东道国的先进技术和管理经验，这种动机的投资通常集中在发达国家和地区的资本技术密集型产业。

> **思考**
>
> 你能列举基于各种利润型投资动机而进行投资的跨国公司吗？

（3）占领市场。跨国公司对外直接投资可能是为了开辟新市场或保护和扩大原有市场，也可能是出于绕过贸易壁垒，在第三国生产后再出口到进口国的目的。有时候在寡头垄断市场结构下，即少数大企业占领统治地位的市场结构中，当一家企业率先到国外直接投资，其他企业就会跟随，甚者会不惜亏损来维护自己的相对市场份额。

（4）降低成本。跨国公司可以通过对外直接投资方式在国外设厂生产，以降低生产成本及运输成本。

（5）规模经济。当企业的发展受到国内市场容量的限制而难以达到规模经济效益时，企业可通过对外直接投资，将其相对闲置的生产力转移到国外，以提高生产效率，实现规模经济效益。

2．分散风险型投资动机

跨国公司对外直接投资，从长远来讲可以把经营风险分散到不同市场中。当本国市场无法满足公司生存需要时，则可把精力和资源转移到其他市场以保证利润。如前面说到的美国通用汽车公司虽然在美国本土破产，但其在华业务依然盈利且保持增长势头。

当然，企业在进行对外直接投资过程中也会面临种种风险。这些风险主要有经济风险（如汇率风险、利率风险及通货膨胀等）和政治风险（如政治动荡风险、国有化风险及政策变动风险等）。对于政治风险，企业通常采用谨慎的方式对待，尽可能避免在政治风险大的国家投资；对于经济风险，企业主要采用多样化投资方式来分散或减少风险，通过对外直接投资在世界各地建立子公司，将投资分散于不同的国家和产业，以便安全稳妥地获得较高的利润。

3．追求优惠政策型投资动机

企业被东道国政府的优惠政策所吸引而进行直接投资，可以减少投资风险，降低投资成本，获得高额利润。这类投资一般集中在发展中国家和地区。东道国特别是发展中国家东道国的优惠政策，对外国直接投资产生了强烈的吸引力，促进了企业对外直接投资的发展。

4．环境污染转移型投资动机

转移环境污染是一些国家的跨国公司进行对外直接投资的重要动机之一。环境污染是威胁人类生存和经济发展的世界性问题，一些发达资本主义国家迫于日益严重的环境污染问题，严格限制企业在国内从事易造成污染的产品生产，从而促使企业通过对外直接投资，将污染产业向国外转移。在发达国家对外直接投资中，尤其是在制造业对外直接投资中，化工产品、石油和煤炭产品、冶金及纸浆造纸这四大高污染行业所占比重是相当高的。

对外直接投资的各种投资动机可以单独存在，也可以同时并存，其中追求高额利润型投资动机是最基本的投资动机，而其他各种类型的投资动机都是它的派生形式。

（二）跨国公司对外直接投资对国际贸易的影响

1．跨国公司的企业内贸易，促进了国际贸易和世界经济的增长

所谓企业内贸易（Intra-Firm Trade）是与企业间贸易（Inter-Firm Trade）相对应的贸易概念，是指一家跨国公司内部的产品，原材料，技术与服务在国际间流动，这主要表现为跨国公司的母公司与国外子公司之间，以及国外子公司之间在产品、技术及服务方面的交易活动。这种内部贸易可以绕过高成本的外部市场在公司内部进行交易，并且通过公司内部定价机制，即转移定价（Transfer Pricing）来降低交易成本，大大提高了贸易效率。据统计，20 世纪 70 年代，跨国公司内部贸易仅占世界贸易的 20%，20 世纪八九十年代升至 40%，而目前世界贸易总量的近 80%为跨国公司内部贸易。

在世界科技开发和技术贸易领域，跨国公司，特别是来自美国、日本、德国及英国等发达国家的跨国公司，发挥着举足轻重的作用。目前，跨国公司掌握了世界上 80%左右的专利权，基本上垄断了国际技术贸易；在发达国家，大约有 90%的生产技术和 75%的技术贸易被这些国家最大的 500 家跨国公司所控制。许多专家学者认为：跨国公司是当代新技术的主要源泉、技术贸易的主要组织者和推动者。

工作提示

尽管企业内贸易是公司内部发生的业务，但其进出口程序与一般企业外贸易程序无异。

2．跨国公司对外投资对东道国的影响

（1）正面影响。①跨国公司对外直接投资和私人信贷，补充了东道国进口资金的短缺。②跨国公司的资本流入，加速了发展中国家对外贸易商品结构的变化。第二次世界大战后，发展中国家引进外国公司资本、技术和管理经验，大力发展出口加工工业，使某些工业部门实现了技术跳跃，促进了对外贸易商品结构的改变和国民经济的发展。③跨国公司的资本流入，促进了发展中国家工业化模式和与其相适应的贸易模式的形成和发展。发展中国家利用外资，尤其是跨国公司的投资，实施工业化模式和与其相适应的贸易模式，大体上可分为：初级产品出口工业化、进口替代工业化和工业制成品出口替代工业化三个阶段（详见第六章第三节）。

东道国作为跨国公司投资的接受方，好处是多方面的，但也存在一些负面影响。

（2）负面影响。①跨国公司的先进经营和管理技术可能会导致当地同行业企业的破产关闭，从而引起失业。尤其是当跨国公司使用的是资本密集型技术，而当地企业使用的是劳动密集型技术时，这种负面影响会非常严重。②跨国公司对于自身核心技术会有所保留，东道国难以掌握其先进的经营和管理技术。这种情况最典型的是跨国公司往往把分支机构的高级

管理岗位保留给来自母国的管理人员，而东道国人员只被安置在中下级管理层。③由于跨国公司的投资会带来大量的资本流入，如果东道国政府不注意本国储蓄，且过分依赖这些国外投资，这将会埋下未来经济不稳定的种子，一旦跨国公司抽走资金，对东道国的宏观经济会产生巨大的冲击。

3．跨国公司对外投资对母国的影响

和对东道国影响一样，跨国公司的对外投资对母国的影响也有正面和负面之分。

（1）正面影响。跨国公司的发展对战后母国的对外贸易起了极大的推动作用。这些作用表现在，使母国的产品能够通过对外直接投资的方式在东道国生产并销售，从而绕过了贸易壁垒，提高了其产品的竞争力；从原材料、能量的角度看，减少了母国对东道国的依赖；也使得发达国家的产品较顺利地进入和利用东道国的对外贸易渠道并易于获得商业情报信息。

（2）负面影响。①跨国公司把母国的部分资本输出到其他国家，使得留在母国可以用来生产的资本减少，相对应的资本所需劳动力也会减少，母国的失业率可能会升高。②跨国公司因为对外直接投资减少了在母国的经济活动，从而减少了母国政府的税收。③前面所述的跨国公司内部的转移定价，可以让跨国公司随意确定其从国外分支机构进口的零部件和服务的价格来使得它的纳税额最小化。即可以通过对自家生产的零部件定高价而使得生产成本增加来降低应纳税款。这种做法实际上是把利润转移到了其分支机构。事实上，很多跨国公司正是通过这样的转移定价把部分利润留在了“税务天堂（Tax Heaven）”，如英属维京岛、开曼群岛等这些不征税或征低税的地方。④正如前面讲到跨国公司为了不让自身核心技术外流到东道国，它往往会把母国的真正掌握核心经营管理技术的人才送出国外，从而减少了母国这类高级人力资源。

本章提要

1. 国际劳动力流动（International Labor Flows）主要有两种形式：永久移民式的国际劳动力流动和中短期的国际劳动力流动。

2. 永久移民式的国际劳动力流动一般是同人口的国际迁移结合在一起的，也就是迁居国外，一般不再返回。中短期的国际劳动力流动是指一国根据国际间签署的有关合同派遣有关人员到劳动力输入国履行合同，一旦完成合同规定的任务后即刻返回。

3. 国际劳动力流动的原因多种多样，如政治的、宗教的原因，或者动乱、战争的原因；但这些原因造成的国际劳动力流动往往具有暂时的性质。经济上促使国际劳动力流动的原因主要有劳动力供求失衡、收入差异、经济周期的影响及国际经济合作。

4. 对于劳动力过剩、资金和技术相对落后且民族思乡情比较重的发展中国家而言，移民输出对本国的影响是利大于弊的，因此这类国家一般不会反对移民，并且在政策上会鼓励已经在海外的移民回到母国进行投资和创业。

5. 过剩资本的形成或国际收支大量顺差、利用外资策略的实施、利润的驱动、汇率的变化、通货膨胀的发生、政治经济及战争风险的存在、国际炒家的恶性投机、政治及新闻舆论、谣言、政府对资本市场和外汇市场的干预，以及人们的心理预期等因素，都是引起国际资本流动的原因。

6. 一国经济状况恶化→国际炒家恶性炒作→汇市股市暴跌→资本加速外逃→政府官员下台→一国经济衰退→这几乎已成为当代国际货币危机的“统一模式”。

7. 国际资本流动对资本输出国、资本输入国及国际经济形势的影响各不相同。长期资本流动的期限长、数量大，对经济的长期稳定和持续发展影响较大。在短期资本流动中，贸易性流动和金融性资本流动比较稳定，并且其影响相对有利。而以投机性资本为主的国际贸易则最受国际金融界和各国货币当局所关注，原因在于其流动规模巨大，变化速度快，对一国乃至世界经济金融造成的影响深刻而复杂。

8. 外商直接投资在中国的主要形式有：中外合资经营企业、中外合作经营企业、外商独资经营企业、合作开发、BOT、投资性公司、外商投资股份公司及跨国购并。

9. 跨国公司的经营方式有横向型水平型多种经营、垂直型多种经营、混合型多种经营。

10. 跨国公司对外直接投资的动机源于企业为了自身的利益和发展而进行的对外扩张。主要体现在占领资源、获取技术、占领市场、降低成本和规模经济等目的的追求高额利润型投资动机，分散风险型投资动机，追求优惠政策型投资动机，以及环境污染转移型投资动机。

11. 企业内贸易是与企业间贸易相对应的贸易概念，是指一家跨国公司内部的产品、原材料、技术与服务在国际间流动，这主要表现为跨国公司的母公司与国外子公司之间，以及国外子公司之间在产品、技术及服务方面的交易活动。这种内部贸易可以绕过高成本的外部市场在公司内部进行交易，并且通过公司内部定价机制，即转移定价来降低交易成本，大大提高了贸易效率。

知识与技能训练

【名词解释】

国际劳动力流动　　国际资本流动　　短期国际资本流动
长期国际资本流动　　跨国公司　　企业内贸易
转移定价

【判断题】

1. 但凡外国雇佣本国劳动力，都可纳入长期国际劳动力流动的范围。（　）
2. 与劳动力的国际流动有直接关系的不是人口密度，而是劳动力的供求状况。（　）
3. 当一国经济处于危机、衰退时期，本国劳动力会流向其他国家。（　）
4. 政治方面的原因是国际劳动力流动的根本原因。（　）
5. 在利润机制的驱动下，资本从利率高的国家或地区流往利率低的国家或地区。（　）
6. 在一般情况下，利率与汇率呈负相关关系。一国利率提高，其汇率也会下浮；反之，一国利率降低，其汇率则会上浮。（　）
7. 如果一个国家发生了财政赤字，而该赤字以出售债券或向外借款来弥补，也可能会导

致国际资本流动。 ( )

8. 中外合资经营企业亦称股权式合营企业，各投资方出资折算成一定的出资比例，外国合营者的出资比例不低于20%。 ( )

9. BOT 是私人资本参与基础设施建设，向社会提供公共服务的一种特殊的投资方式，包括建设（Build）、经营（Operate）、移交（Transfer）三个过程。 ( )

10. 跨国公司内部的转移定价，可以让跨国公司随意确定其从国外分支机构进口的零部件和服务的价格来使得它的纳税额最小化。 ( )

11. 跨国公司的分支机构是指那些母公司独自持有或合作持有资产的，位于东道国的非公司制企业。 ( )

【简答题】

1. 国际劳动力流动有哪些原因？
2. 国际资本流动有哪些原因？
3. 国际资本流动有哪些类型？
4. 简述国际资本流动对资本输出国、资本输入国及国际经济形势的影响。
5. 中国的外商直接投资的主要形式有哪些？
6. 列举跨国公司的经营方式及例子。
7. 跨国公司对外直接投资的动因有哪些？
8. 跨国公司的国外分支有哪些种类？

【论述题】

1. 分析国际劳动力流动的经济效应。
2. 试述移民输出国和输入国的移民政策。
3. 分析国际资本流动的经济效应。
4. 论述跨国公司对外直接投资的动因。

【应用题】

[1]富士康科技集团是专业从事电脑、通信、消费电子、数位内容、汽车零组件及通路等6C产业的高新科技企业。凭借扎根科技、专业制造和前瞻决策，自1974年在台湾肇基，特别是1988年在深圳地区建厂以来，富士康迅速发展壮大，拥有60余万员工及全球顶尖IT客户群，为全球最大的电子产业专业制造商。2008年富士康依然保持强劲发展、逆势成长，出口总额达556亿美元，占中国大陆出口总额的3.9%，连续7年雄居大陆出口200强榜首；跃居《财富》2009年全球企业500强第109位。

富士康持续提升研发设计和工程技术服务能力，逐步建立起以中国大陆为中心，延伸发展至世界各地的国际化版图。

在珠三角地区，建成深圳、佛山、中山等科技园，并确立深圳龙华科技园为集团全球运筹暨制造总部，旗下3家企业连年进入深圳市企业营收前十强和纳税前十强，每年为深圳税收贡献超过百亿元。园区正转型为新产品研发与设计中心、关键制造技术研发中心、新材料新能源研发中心、制造设备与模具技术研发中心、产品展示/交易/物流配送中心，以及新产品

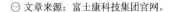

[1] 文章来源：富士康科技集团官网。

量试基地，力争成为深圳建设“国家创新型城市”的主力推手。

在长三角地区，布局昆山、杭州、上海、南京、淮安、嘉善及常熟等地，形成以精密连接器、无线通信组件、网通设备机构件、半导体设备和软件技术开发等产业链及供应链聚合体系，助推区域产业结构优化和升级。

在环渤海地区，布局烟台、北京、廊坊、天津、秦皇岛、营口及沈阳等地，以无线通信、消费电子、电脑组件、精密机床、自动化设备、环境科技及纳米科技等作为骨干产业，为区域经济发展输送科技与制造动能。

在中西部地区，投资太原、晋城、武汉和南宁等地，重点发展精密模具、镁铝合金、汽车零部件及光机电模组等产品，积极配合“中部崛起”、“西部大开发”国家发展战略的实施。

运用本章所学知识，从生产要素的国际流动及跨国公司理论角度详细分析富士康直接投资中国的原因及其经济效应。

第六章

国际贸易政策

学习目标

技能目标

- 掌握一国贸易政策对该国经济影响的分析方法。

知识目标

- 理解国际贸易政策的基本含义；
- 熟悉国际贸易政策的基本类型；
- 熟悉保护贸易政策和自由贸易政策的内容和措施；
- 了解发达国家和发展中国家的贸易政策。

学习背景

通过前面几章的学习，我们已经能回答“一国为什么要贸易”的问题。接下来，我们要解决“一国该怎样贸易”的问题。

其实“一国该怎样贸易”，是要先弄清楚一国该选择什么样的贸易政策。是自由贸易政策还是保护贸易政策？不同的国家会根据不同的国情进行选择。作为外贸从业员应该要清楚知道一国的对外贸易政策会直接影响到他们的业务操作程序。而世界上没有哪个国家的对外贸易政策是一成不变的。第二次世界大战后，随着生产国际化和资本国际化，出现了由发达国家控制的世界范围的贸易自由化。广大发展中国家在走上政治独立后，为了发展民族经济，大部分实行贸易保护主义，小部分国家推行自由贸易政策。那么这些千变万化的贸易政策到底是什么样的呢？我们先从一些最主要的贸易政策入手。本章为理解这些主要的贸易政策提供了一个基本框架的同时，也让大家了解到发达国家和发展中国家的贸易政策的发展策略。

第一节　国际贸易政策概述

入门案例

欧盟在服装贸易政策上开始采取强硬立场[1]

《华尔街日报》2011年5月10日报道，欧盟贸易专员德古赫特在当天的欧盟会议上提议，取消对中国、印度、俄罗斯及巴西等富裕新兴经济体的贸易让步。有欧盟官员称，该提议届时定将获得欧盟理事会和欧洲议会的批准，并将于2014年付诸实施。

尽管欧盟方面声称，取消对新兴出口大国的贸易优惠是为了使真正需要贸易优惠的低度开发国家从中受惠，但分析人士认为，这反映了欧美国家在金融危机后贸易政策的转变，它们更加强调与新兴出口大国的竞争关系，因此在贸易政策上也开始采取强硬的立场。

据欧盟所提供资料显示，2008年欧盟给发展中国家提供的贸易让步总价值达20亿美元，受益国家及地区多达178个。但欧盟方面认为，用来对发展中国家提供最重要发展援助的贸易工具使印度、巴西及俄罗斯等国家实现经济繁荣的同时，却也使低度发展中国家很难从中受益。为此，欧盟贸易专员德古赫特于上月在欧盟议会上称，希望将接受贸易让步的发展中国家减少一半，目的是“将优惠集中给那些真正需要的国家”。

欧盟官员们还认为，让低度发展中国家而非成功的新兴经济体接受更多贸易优惠，有助于更好地抵御贫困。不过，贸易专家已经对上述建议的效果提出质疑。欧洲国际政治研究中心主任埃里克森指出，仅仅是在关税方面的少许优惠并不能改变跨国公司现有的投资地点，相反，关税的调整可能只会给后者构成一种额外的负担。

中国商务部研究院欧洲经济研究专家姚玲指出，贸易专员德古赫特的提议实际反映的是欧盟整体贸易政策的变化，欧盟在2010年11月公布在新形势下欧盟未来5年的全球贸易新策略蓝图，其中引人注目的是，特别强调贸易的竞争性，希望以贸易促进欧盟国家经济增长，以解决居高不下的失业率问题。在全球金融危机及欧债危机的打击下，欧洲经济增速显著放缓，此为其贸易政策也产生很大的变化，“欧盟以前是自由贸易的先锋宣导者，而现在却更强调贸易的互惠互利，希望发展中国家能为其经济发展做贡献”。

中国社会科学院世界经济与政治研究所国际贸易研究室主任宋泓也赞同上述说法，他还指出，欧盟贸易专员提议取消对新兴出口大国的贸易让步，实际上是希望将中国、巴西及俄罗斯等经济规模较大的新兴经济体与其他发展中国家区分开。

……

除欧盟外，美国及日本的贸易政策在金融危机后也变得强硬。日本财务省2010年曾宣布，从2011年起调整针对发展中国家商品的贸易优惠措施，使中国等新兴出口大国更难享受到关税优惠。美国奥巴马政府于2010年制定的贸易目标是5年间让美国出口成长一倍。

---

[1] 文章来源：慧聪网，2011-05-20。

为此，美国滥用贸易救济措施，频频发起针对中国等新兴经济体产品的反倾销或反补贴调查案，而美国在金融危机后采取的“购买美国货”及“雇佣美国人”等政策措施明显违反其国际承诺。

带着问题学习：

1. 什么是国际贸易政策？其基本类型有哪些？
2. 你认为影响欧盟制定贸易政策的因素有哪些？
3. 上述案例中，欧盟的贸易政策将会对中国对外经济产生什么样的影响？

一、国际贸易政策的构成及类型

（一）国际贸易政策的构成

国际贸易政策是各国在一定时期内对进出口贸易所制定和实行的政策。它是一国总的经济政策的组成部分，是为该国经济基础和对外政策服务的。一般来说，国际贸易政策主要包括三个方面的内容：

1. 对外贸易总政策

对外贸易总政策即一国根据本国国民经济的整体状况及发展战略，结合本国在世界经济格局中所处地位而制定的政策，通常会在一个较长的时期内加以贯彻实行。例如一国实行的是相对自由还是保护贸易政策。因此，它是一国对外经济关系的基本政策，是整个对外贸易政策的立足点。

2. 进出口商品政策

进出口商品政策是在对外贸易总政策的基础上，根据本国的经济结构和国内外市场的供求状况而制定的政策，主要表现为对不同的进出口商品实行不同的待遇。如对有些商品用关税或非关税壁垒来限制进口，或有意识地扶植某些出口部门等。

3. 对外贸易国别政策

对外贸易国别政策是一国根据对外贸易总政策，结合国际经济格局及社会政治关系等，对不同的国家和地区制定不同的政策，如对不同国家实行差别关税率或差别优惠待遇等。

工作提示

由于进出口商品政策和对外贸易国别政策常常是临时性的，外贸从业员在开展进出口业务前先了解清楚进、出口国当时的有关进出口商品政策和国别政策，可以避免许多风险的发生。

案例链接

2008年12月23日，比利时向世界动物卫生组织（OIE）紧急报告，2008年12月16日至12月19日，比利时发生2起H5亚型低致病性禽流感。为防止该病传入我国，保护我国畜牧业安全，我国立即制定并于2009年1月14日公告禁止直接或间接从比利时输入禽类及其产品，停止签发从比利时进口禽类及其产品的《进境动植物检疫许可证》，撤销已经签发的《进境动植物检疫许可证》等对比利时禽类产品的贸易政策。

国际贸易政策三个方面的内容是相互交织、相互联系在一起的，如进出口的商品政策和国别政策都离不开对外贸易总政策的指导，而对外贸易总政策只有通过具体的进出口商品政策和国别政策才能体现出来。

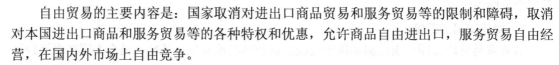

> **思考**
> 你认为我国给予一些最不发达国家零关税待遇的贸易政策是倾向于什么目的？

由于各国经济体制、发展水平及产品竞争力等不同，其对外贸易政策也有所不同，并随着经济实力的变化而不断变化，但其制定对外贸易政策的基本目的是大体一致的，主要有：保护本国的市场；扩大本国产品的出口市场；促进本国产业结构的改善；积累资金；以及维护本国对外的政治关系等。

（二）对外贸易政策的类型

从对外贸易的产生与发展来看，基本上有三种类型的对外贸易政策，即自由贸易政策、保护贸易政策和管理贸易政策。

1. 自由贸易政策

自由贸易的主要内容是：国家取消对进出口商品贸易和服务贸易等的限制和障碍，取消对本国进出口商品和服务贸易等的各种特权和优惠，允许商品自由进出口，服务贸易自由经营，在国内外市场上自由竞争。

2. 保护贸易政策

保护贸易政策的主要内容是：国家广泛采取各种措施限制进口和控制经营范围，保护本国商品和服务在本国市场上，免受外国商品和服务等的竞争，并对本国出口商品和服务贸易给予优惠和补贴以鼓励出口。

3. 管理贸易政策

管理贸易政策，又称协调贸易政策，是指国家对内制定一系列的贸易政策、法规，加强对外贸易的管理，实现一国对外贸易的有秩序、健康的发展；对外通过谈判签订双边、区域及多边贸易条约或协定，协调与其他贸易伙伴在经济贸易方面的权利与义务。管理贸易政策是 20 世纪 80 年代以来，在国际经济联系日益加强而新贸易保护主义重新抬头的双重背景下逐步形成的。在这种背景下，为了既保护本国市场，又不伤害国际贸易秩序，保证世界经济的正常发展，各国政府纷纷加强了对外贸易的管理和协调，从而逐步形成了管理贸易政策或者说协调贸易政策。管理贸易是介于自由贸易和保护贸易之间的一种对外贸易政策，是一种协调和管理兼顾的国际贸易体制，是各国对外贸易政策发展的方向。

二、自由贸易政策

（一）自由贸易政策指导思想

自由贸易政策的指导思想是国际分工理论，起始于法国的重农主义，完成于古典政治经济学派。法国的重农主义提倡商业的自由竞争，反对重商主义的贸易差额论，并反对课征高额关税。英国学者休谟（D. Hume）主张自由贸易，并提出“物价—现金流动机制”的理论，驳斥重商主义的贸易差额论。

古典政治经济学派首先由亚当·斯密提出“绝对优势”理论，主张实行国际分工、自由贸易。后由大卫·李嘉图继承并发展，提出“比较优势”理论。后来一些经济学家如约翰·穆勒、马歇尔、赫克歇尔和俄林等进行了进一步的阐述和演绎。

自由贸易理论着重于论证自由贸易的利益，即通过自由贸易，各国和世界都能实现资源的最优配置和经济福利水平最大化。自由贸易的利益可以分为静态利益和动态利益。

1．自由贸易的静态利益

静态利益是在各国的资源总量不增加、技术条件没有改进的前提下出现的实际福利的增长，这是贸易所带来的直接利益。

在自由贸易的条件下，各国总是致力于出口本国生产成本较低的商品，而进口本国生产成本较高的商品，从而在资源总量不变的情况下增加本国的经济福利，包括两个方面：

（1）从交换获得的利益。通过自由贸易可以获得本国不能生产的商品或国内生产成本太高的产品，因此，消费者可以得到的商品数量，要大于各国在封闭状态中由自己来生产所得到的数量，从而增加其经济福利。

（2）从专业化获得的利益。通过参与国际分工和自由贸易，各国可以专门生产本国有比较优势的商品，而进口本国不具有比较优势的商品，从而实现资源的优化配置。

工作提示

一般来说，静态利益，即直接利益体现得较快；而动态利益，即间接利益则需假以时日方可体现。如学习效应有时需要数十年才能达到预期目的。

2．自由贸易的动态利益

动态利益指一国参与国际分工和自由贸易后对生产、技术的刺激作用及对社会生活其他诸方面的积极影响。这是自由贸易带动和促进经济发展的间接利益，主要体现在以下几个方面：

（1）规模经济效益。封闭条件下，一国国内市场有限，将使企业生产达不到规模经济的要求，尤其是贸易保护带来的高利润，诱使大量企业进入，从而造成产业拥挤，降低企业的平均规模。而自由贸易可以打破国内市场狭小的限制，使企业达到规模经济的要求。

（2）竞争效应。自由贸易将企业直接或间接地纳入与外国企业的竞争之中，出口企业要与外国同类企业竞争，国内企业也避不开进口商品的竞争。这就迫使企业不得不努力扩大生产，改进技术，提高效率和国际竞争力。

（3）结构调整效应。一个国家的各种产业之间是相互联系的，在对外贸易的带动下，一国积极参与国际分工，引进竞争，必然要大力发展本国具有比较优势的产业部门，同时带动一系列其他相关产业部门的发展，从而优化资源配置，促进产业结构的高级化。

思考

你能分别举例身边一些通过自由贸易而获得各种动态效应的产业吗？

（4）学习效应。学习效应是指企业产量的扩大和经验的积累所带来的生产成本的降低。在自由贸易的条件下，后进国通过引进大量先进技术和设备，改进本国的生产设备和工艺流程，不仅可以刺激经济快速成长，还可以节省创新的成本。

（二）自由贸易政策主要措施

1．大幅度削减关税

（1）在关税与贸易总协定成员国范围内大幅度地降低关税。自 1947 年以来，在关税与贸易总协定的主持下，各缔约国举行了多轮的多边贸易谈判，使得平均进口最惠国待遇税率已从50%左右下降到5%以下。

工作提示

贸易自由化是相对的。贸易自由化组织从来都是要用协议进行约束。

（2）欧洲经济共同体实行关税同盟，对内取消关税，对外通过谈判，达成关税减让的协议，导致关税大幅下降。其他地区的国家也纷纷建立了区域经济组织，达成优惠协议。

（3）通过普惠制的实施，发达国家对来自发展中国家和地区的制成品或半成品及其他进口产品给予普遍的、非歧视和非互惠的关税优惠。

2．降低或撤销非关税壁垒

由于关贸总协定进行多轮的多边会谈，不但使关税逐渐降低，各国所设置的各种非关税壁垒措施也逐渐被拆除。

3．放宽外汇管制

随着经济的恢复与国际收支状况的改善，发达国家都在不同程度上放宽或解除外汇管制，恢复了货币自由兑换，实行外汇自由化。

三、保护贸易政策

（一）保护贸易政策指导思想

大多数贸易理论支持自由贸易政策，但在现实中从未有过单纯的自由贸易政策。自由贸易虽会给世界带来经济利益，但也会引起经济利益在不同国家及不同利益集团之间的重新分配。一国政府出于某种目的，采取某种手段来干预这种经济利益的分配过程，这正是保护贸易理论的出发点。保护贸易也有许多指导思想，最主要的包括15～17世纪的重商主义学说，18～19世纪有汉密尔顿提出、李斯特加以系统化的幼稚产业保护论，20世纪经济大萧条背景下诞生的凯恩斯主义超保护贸易学说，以及20世纪80年代后发展起来的战略性贸易理论等保护贸易新理论。具体内容已在第三章详述，这里不再阐述。

> **思考**
>
> 试设想，假如中国实行完全的自由贸易政策，结果会怎样？试用身边的例子说明。

无论是哪一种学说或理论，它们都指导着各国政府坚持广泛利用各种措施对进口和经营领域与范围进行限制，保护本国的产品和服务在本国市场上免受外国产品和服务的竞争，并对本国出口的产品和服务给予优待与补贴。在这些理论和思想的指导下，各国纷纷对于贸易活动进行干预，限制外国商品、服务和有关要素参与本国市场竞争。

一个国家选择哪一种保护贸易政策，取决于该国的经济发展水平和其在国际经济中所处的地位。不同的国家在同一历史时期实行的保护贸易政策会不同，一个国家在不同的发展时期实行的保护贸易政策也不会相同。

1．政策目的

主要是为了保护国内市场以促进国内生产力的发展。这与早期的重商主义的保护贸易目的很不相同。重商主义限制进口，鼓励出口，其目的是为了积累金银财富；主张保护贸易的目的则是提高创造财富的生产力。表现方式主要有：出口补贴，进口关税和进口配额。国家广泛利用各种限制进口的措施，保护本国市场免受外国商品的竞争，并对本国商品给予优待和补贴，以鼓励出口。

2. 政策重点

重点保护的对象是那些对国家独立自主和经济发展有重要意义的工业。李斯特认为，在一个国家的各类产业中，工业最为重要，工业生产力提高了，会把农业的生产水平带动上去。因此他认为，农业不需要保护，不必限制农产品进口，否则不能从外国取得廉价的粮食和原料，这将不利于本国工业的发展。在工业中，也不是所有的部门都需要保护。需要保护的是那些有发展前途的工业，是那些建立时需要大量投资并且所生产的是最重要的生活必需品的工业。

3. 政策期限

对国内工业的保护决不应该是无限期的，否则将会出现保护落后和保护低效率的结局。有些被保护了一定时期的工业部门，当其产品价格已低于国外同类产品的价格时，可以降低保护程度或完全撤除保护，让其进入国际市场自由竞争。有些被保护的工业部门，在过了一定的保护期后仍没有明显进步，离开政府给予的协助和扶植仍难以独立发展，这表明它们不适宜成为被保护的对象，政府应该撤除对它们的保护，任其自生自灭。对工业部门的保护期限最长不应超过30年，否则，将不利于经济的发展和生产率的提高。

（二）保护贸易政策主要措施

各国的对外保护贸易政策是通过实施具体的措施实现的。这些具体措施主要包括关税措施、非关税措施、出口鼓励和管制措施等。

1. 关税措施

关税（Customs Duties；Tariff）是进出口商品经过一国关境时，由海关对进出口商品所征收的一种税。关境是一国征收关税的领域。关税的纳税人虽然是进出口企业，但是企业可用增加商品价格的方法，将关税负担转嫁到消费者身上，所以说消费者是关税的最终承担者。

2. 非关税措施

非关税措施是指关税以外的一切限制进口的措施，包括数量限制措施和其他对贸易造成障碍的非关税措施。数量限制措施表现为配额、进口许可证、自动出口限制和数量性外汇管制等；其他非关税措施包括技术性贸易壁垒、动植物检验检疫措施、海关估价、原产地规则，以及当地含量要求、贸易平衡要求、国内销售要求等投资管理措施，等等。

3. 出口鼓励措施

常见的出口鼓励措施包括出口信贷、出口信贷国家担保、出口补贴、商品倾销及外汇倾销等。此外，还包括政府利用国家财政经费举办出口商品展销会，邀请外国贸易代表团来访和组织本国贸易代表团出访，颁布各种出口奖励政策，设置促进出口的行政机构，建立各类为出口厂商服务的信息情报网络，创办经济特区，鼓励出口加工贸易和转口贸易等促进对外贸易发展的措施。

4. 出口管制措施

出口管制是指为了达到一定的政治、军事和经济目的，及履行联合国决议，一国或一些国家对某国或某些国家的某些出口商品，特别是战略物资与先进技术资料的出口贸易实行限制出口或禁止出口。

四、国际贸易政策的制定和执行

（一）国际贸易政策的影响因素

从实践看，一国对外贸易政策的选择要受到以下因素的影响：

1. 经济实力的强弱

一般说来，经济比较发达、国际竞争力较强的国家，比较倾向于自由贸易政策，主张在世界范围内进行自由竞争与合作。经济状况较差的国家倾向于贸易保护政策。一国国际竞争力相对地位的变化，也会影响到贸易政策的选择。

2. 经济发展战略的选择

如果一国采取外向型经济发展战略，就会制定比较开放和自由的外贸政策；对外贸易对一国的经济发展越重要，该国就越会主张在世界范围内进行竞争与合作。

3. 国内利益集团的影响

不同的贸易政策对不同的利益集团会产生不同的影响，如自由贸易政策有利于进出口商和消费者，但会给进口竞争集团带来竞争的压力和利益的损失。利益集团对对外贸易政策的走向影响很大，往往是某一利益集团在政治和经济方面占上风时，制定外贸政策的过程中就会充分考虑该集团的需要，以促进或阻碍某些特定商品的进出口来谋求最大利益。

4. 国际政治经济环境和外交政策

外贸政策和外交政策有着相互服务、相互促进的关系。在某些场合，对外贸易要服从外交的需要，而在更多的场合，外交是为外贸打通道路、提供保护的。

> **思考**
>
> 试分析本学习情景入门案例中的贸易政策的影响因素？

总之，一国选择什么样的外贸政策，取决于本国的具体情况和国际环境，但各国既要积极参与国际分工，又要把获取贸易分工利益的代价降低到最低程度作为制定外贸政策的基本出发点。

（二）国际贸易政策的执行

各国对外贸易政策的制定与修改是由国家立法机构进行的，而立法机构在制定和修改有关外贸的法令前，一般都要广泛地征求各经济集团的意见。如发达资本主义国家一般要征询大垄断集团的意见，最高立法机关所颁布的各项对外贸易政策，既要包括一国在较长时期内对外贸易政策的总方针和基本原则，又要规定某些重要措施，以及给予行政机构的特定权限。

> **工作提示**
>
> 根据刑法的有关规定，走私罪是指单位或者个人违反海关法规，逃避海关监管，运输、携带、邮寄国家禁止进出口货物、物品或者依法应当向国家缴纳税款的货物、物品进出境，数额较大、情节严重的犯罪行为。

外贸政策的具体实施过程则由行政机构负责，政府部门根据有关的法令来制定具体的实施细则，主要有以下几种方式：

（1）通过海关对进出口贸易进行监督管理。海关是国家行政机关，是设置在对外开放口岸的进出口监督管理机关，负责对进出国境的货物和物品、运输工具进行监督管理，稽查征收关税和代征其他税费，查禁走私等。

（2）国家广泛设立各种行政机构，负责促进出口和管理进口。

（3）以政府名义参与各种与国际贸易有关的国际机构与组织，促进国际贸易政策、关税等各方面的协调工作。

第二节 发达国家贸易政策

入门案例

应对新一轮贸易保护主义㊀

在中国人都沉浸在国庆中秋的喜悦之时，来自大洋彼岸的两则针对中国贸易的消息引起了我们的忧虑。一是欧盟部长理事会日前裁定中国输欧无缝钢管对欧盟产业构成损害威胁，决定征收 17.7%至 39.2%的最终反倾销税。二是美国商务部宣布对从中国进口的无缝钢管发起反倾销和反补贴税调查。

笔者此前就已经预测，诸如中国输美轮胎特保案之类的摩擦还会继续增加，现在果不出所料。在当前世界经济面临困难的时期，欧美对从中国进口的钢管展开调查的举措，等同于向世界发出了纵容贸易保护主义的错误信号。此举势必使中美、中欧贸易摩擦进一步升级，冲击世界经济复苏的进程，也不利于中美和中欧经贸关系的良性发展。

面对严重贸易保护危机

可以这样说，在全球金融危机的冲击下，国际贸易目前已经出现了第二次世界大战以来最严重的贸易保护危机。

世界主要发达国家为了应对经济的稳定发展，虽然都明确反对贸易保护主义，但是这并没有消除贸易保护主义。随着经济危机的不断深化，失业的民众将会把更多的怨气发泄到外国人身上，某些政治家看到这一机会必将全力加以利用，因此各国保护主义势力将得到“茁壮成长”。从目前美国政府的一系列贸易政策就可以看到，奥巴马政府的贸易政策其实已经为中美贸易的发展提出了基本的框架。

虽然当前的全球经济形势正在发生转变，但是世界各国政府对当前的形势都保持着谨慎乐观。而发达国家与发展中国家之间的贸易较量也在不断地上演，发达国家一直在积极利用其自身的优势不断提高非关税壁垒的贸易政策，使得发展中国家的进出口贸易受到大幅的损失。

随着美国持续的去杠杆化，美国政府的巨额债务和贸易赤字，都成为当前美国决策层的核心问题：怎样在新一轮的去杠杆化中利用发展中国家的劣势和国际市场的规则将美国的负担再一次地转嫁到发展中国家。包括其贸易政策在内的所有措施都是为了美国的这个核心利

㊀ 文章来源：大公网，作者 周子勋，2009-10-12。

益而准备的。所以在当前全球经济复苏迟缓的形势下，对贸易保护主义要有实质上的行动，不能存在丝毫的幻想，而放松维护自身利益的行为。以美国特保案来看，只要知道 WTO 规则的人都知道，这就是一个明目张胆的贸易保护主义措施。虽然国内人士提出将美国商务部上诉到美国法院，不过这正是美国人最希望看到的，不管结果怎么样，我们都把时间和金钱浪费在了没有任何意义的官司上，即使最终打赢了，美国人只要撤掉就行了，不会有任何的损失。所以在目前的国际贸易规则背景下，发展中国家根本就没有任何讨价还价的筹码。

带着问题学习：

1．什么是发达国家？

2．发达国家推行贸易自由化的手段有哪些？具有什么特点？

3．发达国家采取的保护贸易政策措施有哪些？具有什么特点？

发达国家（Developed Country），又称已发展国家，是指经济发展水平较高，技术较为先进，生活水平较高的国家，又称作工业化国家、高经济开发国家（MEDC）。发达国家大多具有较高的人均国内生产总值（Per Capita GDP），但是较高的国内生产总值并不意味着就有较先进的科技水平（比如沙特阿拉伯开发石油，瑙鲁开发磷肥等）。发达国家这一词语的范畴在不同领域有着不尽相同的解释，目前被联合国明文确认的发达国家只有美国、日本、德国、法国、英国、意大利及加拿大等 44 个国家或地区。

一、发达国家的自由贸易政策

自由贸易政策为经济实力强制国家所采用，为国内成长产业集团所推动，它们是主要受益者。对经济实力薄弱的国家及幼稚产业，却意味着市场被外国占领，它们是主要受害者。因而自由贸易被认为是“强者”的政策。

（一）资本主义自由竞争时期积极推行的自由贸易政策

1．英国

英国是最早实行自由贸易政策的国家，它最先完成产业革命，是 19 世纪最强大的工业国家，1850 年其工业产量占世界 30%。同时英国又是最大的殖民帝国，版图占地球陆地面积四分之一，殖民地面积超过本土 10 倍。英国成为当时的“世界工厂”，商品销向全世界，原料、食品购自全世界。这就决定了英国必须冲破国内保护贸易的限制，积极推行自由贸易政策。其主要措施有：

> **思考**
>
> 请回顾之前第三章学的“重商主义”内容。

（1）废除谷物条例。该条例是当时重商主义保护贸易的重要立法，为保持国内粮食价格处于较高水平，用征收滑准关税的办法，限制谷物进口。经过工业资产阶级与地主贵族之间的长期斗争，该条例终于在 1846 年废除，工业资产阶级从中获得降低粮价、降低工资的利益，被视为英国自由贸易的最大胜利。

（2）改革关税制度。1842 年英国进口项目共有 1 052 个，1859 年减至 419 个，1860 年减至 48 个，以后又减至 43 个。把极复杂的关税税则加以简化，绝大部分进口商品不予征税，并基本上废除出口税。

（3）签订自由通商条约。1860 年英法通商条约及后来的英意、英荷、英德等通商条约，相互提供最惠国待遇，放弃贸易歧视，意味着英国自由贸易政策在国际上的胜利。

（4）取消对殖民地的贸易垄断。解散特权贸易公司，开放殖民地市场，把殖民地贸易纳入自由贸易体系。

2．法国

法国是当时第二大工业强国，从 19 世纪中叶起也逐渐倾向于自由贸易。1853～1855 年期间，曾降低煤、铁、钢材、羊毛及棉花的进口税。1860 年全部取消禁止进口货单，接着又废除出口奖励金，降低原料进口税，并同一些国家签订旨在推进自由通商的商约。

3．德国

德国工业落后，直到 19 世纪 60 年代才逐渐放松以关税为主要工具的保护政策，出现自由贸易倾向。从 1865 年修改关税法开始，1867 年修改德意志关税同盟条约，以后又废除出口税及部分进口税，降低进口税率，关税壁垒政策具有自由色彩，反映了南方种植园主用农产品出口换回低价工业品的要求。

4．美国

美国南北战争中，北方取得胜利后，转到保护贸易方面，不断提高工业品进口关税，就工业品贸易来说，美国并未出现自由贸易时代。

从世界范围来看，1860～1880 年这 20 年间，是自由贸易的黄金时代，这是与资本主义自由竞争时代相适应的。

（二）第二次世界大战后的贸易自由化

随着自由竞争向垄断的过渡，自由贸易又逐渐为保护贸易所代替。从 19 世纪 80 年代到第二次世界大战前的 60 年间，是自由贸易衰亡时期。第二次世界大战后，经济实力大为增强的美国竭力鼓吹贸易自由化，主张降低关税，取消数量限制，实行无差别待遇的互惠原则，在它的影响下，建立起以“关税及贸易总协定”与“国际货币基金协定”为中心的国际经济贸易体制。经过 40 余年的矛盾与冲突，从世界范围来看，关税壁垒大为削弱，贸易数量限制有所放宽，贸易自由化取得进展。但其他各种形式关税壁垒却大为加强，新贸易保护主义势力有增无减，贸易自由化成为经济大国进行贸易扩张的工具。第二次世界大战后贸易自由化具有很强的时代特征，具体表现为：

> **思考**
>
> 为什么第二次世界大战后美国会积极主张贸易自由化？

1．美国积极推行贸易自由化

第二次世界大战后，美国成为资本主义国家中最强大的经济体和贸易国家。为了对外经济扩张，美国积极主张削减关税，取消数量限制，成为贸易自由化的积极推行者。

2．第二次世界大战后贸易自由化的经济基础十分雄厚

第二次世界大战后贸易自由化席卷全球，除去美国对外扩张以外，还有更重要的原因，诸如生产的国际化，资本的国际化，国际分工向纵深发展，西欧和日本经济的迅速恢复和发展，以及跨国公司的大量出现等。它们反映了世界经济和生产力发展的内在要求，而之前历史上的自由贸易则反映了英国一国工业资产阶级资本自由扩张的利益与要求。

3．第二次世界大战后贸易自由化主要反映了垄断资本的利益

第二次世界大战后贸易自由化是在国家垄断资本主义日益加强的条件下发展起来的，主要反映了垄断资本的利益，特别是垄断资本与国家政权相结合建立区域性贸易集团，对内取消关税实行自由贸易政策。

4．各种国际组织起了重要作用

第二次世界大战后贸易自由化主要是通过 1947 年关贸总协定和世界贸易组织在世界范围内进行。

世界贸易组织的建立，关税的进一步下降，非关税壁垒的逐步取消，将加速贸易自由化的进程。此外，区域性关税同盟、自由贸易区及共同市场等地区性经济合作，也都促进了国际商品的自由流通。

案例链接

泰国积极参与自由贸易，并于 1995 年加入世界贸易组织，但事实显示，当地部分人民和农民却未能从中受惠。以大豆贸易为例，自从泰国开放其大豆市场后，美国大豆逐渐增加其在泰国的市场份额，最后更是垄断了泰国市场。此后，美国开始抬高进口大豆的价格，再加上美元升值，令泰国人民要多付一倍价钱购买大豆。

5．各种类型国家、贸易集团和各类商品贸易自由化的发展不平衡

（1）发达国家之间的贸易自由化超过它们和发展中国家之间的贸易自由化。

（2）区域性经济集团内部的贸易自由化超过集团对外的贸易自由化。

（3）工业制成品的贸易自由化超过农产品的贸易自由化，如机器设备的贸易自由化。

二、发达国家的新贸易保护主义

20 世纪 70 年代中期以后，在国际贸易自由化中出现了新贸易保护主义，实际上是发达国家保护贸易政策在现实中被广泛运用而产生的。

（一）新贸易保护主义的主要特点

1．被保护的商品不断增加

被保护的商品从传统产品、农产品转向高级工业品和劳务部门。1977 年欧洲经济共同体对钢铁进口实行限制。1978 年，美国对进口钢铁采取“起动价格”。1977～1979 年，美国、法国、意大利和英国限制彩电进口。进入 20 世纪 80 年代以来，美国对日本汽车实行进口限制，迫使日本实行汽车的“自愿出口限额”。加拿大、德国也相继采取限制汽车进口的措施。1982 年，美国与欧洲经济共同体签订钢铁的“自愿”出口限额协议。1968 年 8 月国际多种纤维协定，对纺织进口限制进一步升级，把限制的种类从棉花、合成纤维扩大到棉麻、棉丝混纺品等。此外，还加强了劳务上的保护。

2．限制进口措施的重点从关税壁垒转向非关税壁垒

非关税壁垒的种类显著增多，在 20 世纪 60 年代末至 70 年代初，世界上采用的非关税壁垒由 850 种增加到 1 000 多种。目前，世界上采用的非关税壁垒已经超过 5 000 种。

3. 加强了征收反补贴和反倾销税行动

近年来，发达国家采用的征收反补贴税和反倾销税的行动更有增无减。1981～1990 年，发达国家对发展中国家进行的反补贴和反倾销调查共有 1 000 多起。1991～2000 年，发达国家对发展中国家进行的反补贴和反倾销调查增加至 3 000 多起。进入 21 世纪以来，世界每年反补贴和反倾销调查多达 2 000 多起。

4. 管理贸易日益合法化和系统化

第二次世界大战后，随着国家垄断资本主义的加强，发达资本主义国家加强了管理贸易。管理贸易是以国内贸易法规、法令和国际贸易条约与协定来约束贸易行为的。管理贸易可分为国家管理贸易和国际管理贸易两种形式。国家管理贸易是指一国政府针对本国对外贸易情况，通过新建或改组对外贸易行政机构，颁布和执行贸易法规和条例，直接干预本国对外贸易，加强对外贸易管理。国际管理贸易是指几个国家之间通过建立和完善国际经济组织和签订多边国际经济和贸易条约与协定等，协调彼此之间的国际经济贸易关系，共同遵循达成的国际经济贸易法律准则，在一定程度上加强国际贸易管理。

20 世纪 80 年代以来，管理贸易进一步加强，主要表现在以下两方面：①合法化。许多发达资本主义国家重新修订和补充原有的贸易法规，使对外贸易管理更加有法可依。②系统化。对各种对外贸易制度和法规，制定更为详细、系统、具体的细则，并与国内法规进一步结合，以便各种管理制度和行政部门更好地配合与协调，加强对进出口贸易更系统的管理。

5.“奖出限入”措施的重点从限制进口转向鼓励出口

20 世纪 70 年代中期以来，随着发达资本主义国家之间贸易战的日益加剧，各国政府仅靠贸易壁垒来限制进口不但难以满足本国垄断资本对外扩张的需要，而且往往会遭到其他国家的谴责和报复。因此，许多发达国家把“奖山限入”措施的重点从限制进口转向鼓励出口，从财政、组织等方面鼓励出口，以促使商品输出。

（二）新贸易保护主义不断加强的原因

新贸易保护主义的出现与加强有着深厚的经济和政治根源，主要有如下原因：

1. 国内经济发展缓慢

20 世纪 80 年代以来，主要工业发达国家经济处于低速发展状态，失业率一直较高。

2. 主要工业发达国家的对外贸易发展不平衡

以美国为首的发达国家贸易逆差急剧上升，美国成为新贸易保护主义的重要发源地。20 世纪 70 年代中期以来，美国对外贸易逆差不断增加。为了减少贸易逆差，美国一方面迫使对它有巨大贸易顺差的国家开放市场；另一方面，加强限制和报复的进口措施。

3. 国际货币关系的失调

汇率长期失调影响了国际贸易正常发展，带来了巨大的贸易保护压力。首先，浮动汇率迫使贸易商购买期货和“海琴”（Hedging）来保值，增加了交易成本，又引起价格、投资效益和竞争地位的变化。其次，汇率的过高与过低均容易产生贸易保护主义的压力。

知识链接：

“海琴”又称套期保值，是指交易者配合在现货市场的买卖，在期货市场买进或卖出与现货市场交易品种、数量相同，但方向相反的期货合同，以期在未来某一时间通过卖出或买进此期货合同来补偿因现货市场价格变动带来的实际价格风险。

4．政治上的需要

高失业率、工会力量的强大、党派的斗争和维护政治形象，大大加强了贸易保护主义的压力。如美国贸易保护主义的最大压力来自纺织部门。

5．贸易政策的相互影响

随着世界经济相互依赖性的加强，贸易政策的连锁反应也更加敏感。美国采取了许多贸易保护措施，它反过来又遭到其他国家的报复措施，使得新贸易保护主义进一步蔓延。

随着关贸总协定“乌拉圭回合”的结束，世界贸易组织的成立，最后文件的生效与执行，新贸易保护主义受到一定程度的抑制。

（三）新贸易保护主义对国际贸易发展的影响

1．新贸易保护主义限制国际贸易的发展

由于各国都采取“奖出限入”的措施，各国的比较优势无法充分发挥，国际贸易受到严重的限制。

2．新贸易保护主义扭曲了贸易流向

数量限制影响了产品贸易的性质，改变了进口的地理方向。同时，为了打破出口数量限制，出口国家努力在受限制的商品组中扩大市场，从而扩大了贸易额。

3．新贸易保护主义推动价格上涨

歧视性的数量限制使被保护市场产生了价格提高的压力。首先，受到限制最多的国家和地区是那些成本最低的国家和地区；其次，进口商品价格的提高成为同类产品生产厂商的重要“价格保护伞”。随着保护的加强，以进口商品抵消价格上升的作用减弱，增强了价格提高的压力。

4．新贸易保护主义阻碍世界经济发展

由于国际贸易能够带来一国经济的发展，新贸易保护主义限制了各国比较优势的发挥，也就限制世界各国经济的发展，从而未能有效地维持就业。

5．新贸易保护主义严重阻碍发展中国家对外贸易的发展

由于新贸易保护主义的各种贸易保护措施都是限制成本低的国家和地区的产品，而发展中国家由于劳动力成本较低，受新贸易保护措施影响最大。贸易条件日趋恶化，在国际竞争中难以改变劣势的状况，使国际贸易受到严重影响。

第三节　发展中国家贸易政策

入门案例

庄健："亚洲发展模式"面临变革㊀

近30多年来，亚洲发展中国家的繁荣，在很大程度上得益于该地区独特的发展模式——"亚洲发展模式"。从1970到2008年的38年间，亚洲"四小龙"（中国香港、中国台湾、韩国和新加坡）的人均收入年均增长9%左右，基本消除了贫困现象；中国和东南亚国家也以相同发展模式取得了很大成功。然而，1997～1998年那次亚洲金融危机和2008年下半年以来的这次全球金融危机却对"亚洲发展模式"造成严重冲击。部分学者预言：由于亚洲发展模式隐含的一个基本前提——欧美国家有能力无限制地贷款和消费——正发生根本性转变，"亚洲发展模式"面临破产。然而笔者认为，只要对其中的部分内容进行适当调整，"亚洲发展模式"就仍具有旺盛的生命力。

"亚洲发展模式"具有两大重要特征：一是出口导向，二是金融全球化。1997～1998年发生的亚洲金融危机对"亚洲发展模式"中的金融全球化战略是一次重大考验。其中一个重要教训是：亚洲国家和地区需要加强内部机构能力建设，以有效管理金融全球化进程。1997～1998年的亚洲金融危机之后，亚洲发展中国家成功地改革了各自的金融系统，提高了应对金融冲击的能力，这在很大程度上帮助这些国家抵御了当前全球金融危机的不利影响。

然而，亚太地区为摆脱亚洲金融危机，也付出了过度依赖欧美国家需求的代价。自2007年9月全球金融危机爆发以来，伴随欧美地区家庭消费的大幅度下降，"亚洲发展模式"中的出口导向战略遭受重大挫折。今年前10个月，中国大陆出口下降20.4%，中国台湾下降22.6%，新加坡下降22.8%，韩国下降34%。出口的萎缩严重拖累经济增长。今年前三季度，除了中国GDP实现7.7%的增长外，中国台湾、韩国、新加坡GDP都出现同比下降。

近十年来的实践表明，亚洲发展中国家过于依靠区域外市场而对区域内市场的挖掘不够。特别是近年来，伴随中国和印度经济的快速增长，成百上千万的消费者已开始购买第一部私家车并开始出国旅游，亚洲区域内对最终产品出口的消化吸收能力已大大增强。笔者通过研究1996～2008年中国和东亚、东南亚的贸易结构变化发现，中国作为本地区产品组装中心的地位已逐渐下降，而作为最终消费者的地位开始上升。

……

带着问题学习：

1. 什么是发展中国家？
2. 发展中国家出口导向贸易战略主要有哪些模式？各有什么特点？
3. 你认为中国的贸易战略模式是什么样的？

发展中国家（Developing Country），也称作开发中国家、欠发达国家，指经济、社会方

㊀ 文章来源：上海证券报，2009年12月18日。

面发展程度较低的国家，与发达国家相对。通常指第三世界国家，包括亚洲、非洲、拉丁美洲及其他地区的130多个国家，占世界陆地面积和总人口的70%以上。

第二次世界大战以前，亚洲、非洲、拉丁美洲的大多数国家都是殖民地或半殖民地国家，长期以来形成了单一、畸形的经济结构，经济发展水平很低，人们生活贫困。战后他们在政治上获得独立，并开始致力于工业化和民族经济的发展，使发展中国家的经济发展问题成为西方经济学，尤其是发展经济学研究的重大课题。发展经济学家认为，发展中国家的政治经济条件千差万别，没有一条共同的发展道路，但对外贸易采取何种战略对经济发展影响重大。因此，他们对发展中国家的对外贸易发展战略进行了研究和探讨，提出了不同的对外贸易战略模式。

一、初级产品出口导向战略

初级产品是指未经加工或因销售习惯而略作加工的产品，如天然橡胶、原油、铁矿石等农林牧渔矿产品。按照联合国《国际贸易标准》分类，初级产品分为食品、饮料、农矿原料、动植物油脂和燃料五大类。初级产品是发展中国家的主要出口商品，约占发展中国家出口总值的3/4，大部分输往发达国家。在国际贸易中，初级产品约占1/3。一个国家、地区初级产品的数量，主要取决于自然条件、自然资源和社会生产力水平的高低。

初级产品出口导向是指发展中国家通过出口初级产品，换取外汇进口制成品，从而推动经济增长。

提出该战略的发展经济学家认为，发展中国家工业基础薄弱，制成品缺乏国际竞争力，农矿产品生产在国民经济中占举足轻重的地位，发展中国家应根据这种实际情况，大力发展初级产品出口，使国民收入、国民投资、国民消费及政府税收都随之增加，从而带动经济增长。

在外向型经济发展的初期，一些资源丰富的国家采取初级产品出口导向战略是比较现实的，而且历史上确有成功的先例。如19世纪宗主国与殖民地之间的贸易格局，英国自然资源贫乏，为了发展工业，大量从美国、加拿大、澳大利亚等殖民地国进口粮食、原材料等初级产品，殖民地国出口的增长通过乘数作用带动其他经济部门成长，从而推动了经济的发展，第二次世界大战后直到20世纪60年代以前，也有很多发展中国家采用这种贸易战略。

但是，初级产品出口导向战略，只能作为外向型经济的起步而在短期内采用。由于初级产品中很多是工业原料，其价格变动的特点，一般说来是涨、跌幅度较大；如果一般经济行情有变化，它的涨、跌反应都较快。更值得注意的是，发展中国家输出的初级产品，经常受到资本主义经济发达国家垄断组织的压价，特别是有些发展中国家至今还没有摆脱单一经济状况，只依赖一、二种初级产品出口，作为外汇收入的来源，那就更容易遭到垄断低价的盘剥。所以一般说来，初级产品价格，尽管有暴涨的时候，但不用很久可能就遭到压抑而出现暴跌。从较长远的时间看，初级产品价格即使有所上升，但总是远远跟不上发达国家出口的工业品。如果主要是由发达国家输出的初级产品，如某些矿产品，情况就会有改变。它们除了一般地具有原料品价格变动的特点外，还在不同程度上具有垄断性。

工作提示

尽管初级产品出口导向战略是一国在经济发展初期采用的权宜之计，但有些资源特别丰富的国家却能够通过联合垄断资源而获得巨大财富。如石油输出国组织的成员国多为发展中国家，通过控制世界石油价格而获得了巨大财富。

由于初级产品的出口收入受国际市场需求与价格变动的影响较大，且合成替代品及生产技术的提高也使初级产品的需求大大减少，因而初级产品的出口面临贸易条件恶化的境况。再加上国内消费又依赖于从发达国家的进口，经济发展和人民生活往往受制于世界市场，具有严重的对外依赖性。片面依赖初级产品出口不但经济增长潜力有限，而且不利于发展中国家的工业化，难以享受工业化所带来的动态利益。因此，到20世纪50年代末至60年代初，很多发展中国家已开始改变这种战略。发展中国家要彻底摆脱贫穷和落后，在国际市场上与发达国家展开竞争，就必须实现工业化和现代化，发展中国家围绕工业化所采取的贸易战略可分为进口替代战略和出口替代战略。

> **思考**
>
> 试举例证明一国一直采取初级产品出口导向的弊端。

二、进口替代战略

所谓进口替代战略，就是在保护本国工业的前提下，通过引进必要的技术和设备，在国内建立生产能力，发展本国的工业制成品以替代同类商品进口，实现本国的工业化，带动经济增长，改善国际收支状况。

（一）进口替代战略的贸易政策

进口替代战略的实施一般从消费品进口替代入手，依次过渡到中间产品进口替代和资本货物进口替代。进口替代战略的实施需要实行贸易保护政策，主要包括3个方面：

> **思考**
>
> 你能举例中国运用了进口替代战略进行保护的产业吗？

（1）关税保护，即对最终消费品的工业制成品进口征收高关税，对生产最终消费品所需的资本品和中间产品征收低关税或免征关税。

（2）进口配额，即限制各类商品的进口数量，以减少非必需品的进口，同时对进口替代工业给予各种优惠政策，并保证国家扶植的工业企业能够得到进口的资本品和中间产品，降低它们的生产成本。

（3）实施严格的外汇管理政策，使本国货币升值，以降低进口商品的成本，减轻外汇不足的压力。其中关税和配额是进口替代战略中最重要的保护措施。

（二）进口替代战略的作用

进口替代战略的实施可以对发展中国家的经济发展起到积极的推动作用：

1. 为弱小的民族工业的成长创造出一个宽松的发展环境

这种战略及其配套政策要重点保护的是落后国家的幼稚工业，这种工业的产品成本高、质量低、竞争力较差，很难与外国的同类产品进行市场较量。各国的经济发展史已充分证明，在一个没有保护的市场中进行竞争，落后国家的幼稚工业会在发达国家的成熟工业面前败下阵来。实施进口替代战略的国家为本国的弱小工业提供了一个温和的成长空间，使民族工业能在这种环境里从幼稚走向成熟，从弱小走向强大。自己的国家也会在这个过程中由一个农业国或二流工业国发展成为一个新兴的工业化国家。

2. 改善了发展中国家的经济结构，增强了经济成长的独立性

发展中国家的传统经济结构是单一的、畸形的，主要依靠农产品和矿产品的生产和出口来维持国民经济的运行。通过进口替代战略的实施，这种传统的经济结构会发生明显的改善，主要表现为：①国内生产总值中工业的比重在上升；②工业生产总值中制造业的比重在上升；③制造业中重化工业和机电工业的比重在上升。这几个“上升”表明了发展中国家工业化进程的合理化与经济结构的多样化。这种多样化的经济结构使发展中国家摆脱了历史上对发达国家过分依赖的状态，增强了独立自主发展民族经济的信心和能力。

3．扭转了发展中国家在国际分工体系中的不利地位

各种资料表明，国际分工体系对生产和出口初级产品的发展中国家是不利的，具体表现为这类国家的贸易条件处于一种长期恶化的趋势。这种趋势在第二次世界大战后更为明显，国际市场上初级产品的相对价格不断下降，工业制成品的相对价格不断上升。实施进口替代战略的国家已经在很大程度上扭转了这种不利局面，因为它们已改变了生产和出口初级产品并进口工业制成品的传统做法，把更多的初级产品留在国内，供自己的进口替代工业使用，国内消费所需要的多数工业制成品也已经能够由本国企业来提供，使加工和销售利润更多地留在了国内。

（三）进口替代战略的弊端

从 20 世纪 50 年代开始，很多发展中国家相继采用了进口替代战略，也取得了一定的成就，但随着工业化的进一步发展，进口替代面临着一系列严重的问题，主要表现在：

1．贸易保护政策使发展中国家的工业缺乏国际竞争力

进口替代工业是在没有外国竞争的环境下成长起来的，企业家满足于国内市场的丰厚利润，而没有进一步创新和提高效率的刺激，使其国际竞争力难以提高。

2．进口替代工业的发展受到国内市场狭小的限制

进口替代工业主要面向国内市场，而且由于效率低下，成本高，缺乏国际竞争力，难以发展出口，因而无法进行大规模生产以获取规模经济利益，阻碍了进口替代工业的进一步发展。

3．进口替代政策可能导致发展中国家存在的二元经济结构得到进一步强化

实行进口替代战略的发展中国家，着眼于进口替代工业的发展，造成资源配置不合理，非进口替代部门和农业基础设施等的发展被忽视，处于发展缓慢，甚至停滞的困境，结果使二元经济结构得到强化，阻碍整体经济发展和工业化进程。

4．进口替代战略未能减少发展中国家国际收支不平衡的困难

进口替代战略虽然可以减少发展中国家的消费品进口，节约外汇，但随着进口替代工业的发展，所需的生产设备、原材料及中间产品的进口也相应增加，反而增加了外汇支出。同时，本国工业制成品出口竞争力较差，传统的初级产品出口也因币值高估而受到影响。必要的进口在增加，出口又难以增长，必然导致外汇短缺，国际收支状况恶化。

由于进口替代战略所暴露出来的种种矛盾，很多发展经济学家及发展中国家政府开始对这种战略进行反省和批判。事实上，进口替代战略本身就存在缺陷，尤其是它排斥贸易的动态利益，决定了它必然会阻碍发展中国家的经济发展。因此，很多发展中国家在实践中认识到出口工业制成品的重要性，开始转向了出口替代战略。

三、出口替代战略

所谓出口替代战略是指采取各种放宽贸易限制和鼓励出口的措施，大力发展工业制成品和半制成品的出口以代替传统的初级产品出口，以增加外汇收入，带动工业体系的建立和国民经济的持续发展。

> **思考**
> 出口替代战略一直被许多学者认为是亚洲“四小龙”成功的根源。如果真是这样，你能举例说明一下它们是如何运用出口替代战略的吗？

（一）出口替代战略主要措施

出口替代战略的贸易保护措施比较宽松，并且与鼓励出口措施相结合。与进口替代相比，出口替代战略的开放度要大一些。出口替代战略一般也要经历两个阶段：第一个阶段，以轻工业产品出口替代初级产品出口，主要发展劳动密集型工业，如食品、服装、纺织品及一般家电制造业等，随着生产规模的扩大和国际市场环境的变化就进入了第二个阶段；第二个阶段是以重化工业产品出口替代轻工业产品的出口，致力于发展资本密集型和技术密集型工业，如机械电子和石化等行业。此后，极少数发展中国家和地区开始着手建立知识和信息密集型等高科技产业，力图在高科技产业产品的世界出口贸易中占有一席之地。

出口替代战略采取的贸易保护措施主要是：

（1）给出口企业提供减免出口关税、出口退税、出口补贴、出口信贷和出口保险等，目的在于降低出口成本，开拓国外市场，增强出口竞争能力。

（2）给出口生产企业提供低利生产贷款，优先供给进口设备，原材料所需外汇，大力引进资本、技术及经营管理知识，建立出口加工区等，目的在于降低生产成本，提高产品质量，增加创汇能力。

20 世纪 60 年代中期前后，东南亚和东亚的一些国家和地区如新加坡、韩国及中国台湾，都开始实行出口替代战略。此后，巴西、墨西哥、菲律宾、马来西亚、泰国、印度、巴基斯坦及土耳其等，也先后不同程度地转向出口替代战略。

（二）出口替代战略的优势

1. 出口替代战略可以刺激经济效率的提高

由于出口替代工业是面向国际市场的，必然会给企业带来竞争的压力和提高效率的刺激。同时，由于进口限制被放松，国内企业也面临进口商品的激烈竞争，这种竞争激烈化的环境，激发了技术的创新，管理水平的提高，使资源配置更加合理，因而提高整体工业经济的效率。

2. 出口替代战略有利于获取规模经济效益

企业面向国际市场进行生产，其规模不再受国内市场相对狭小的限制，因而可以按照生产的技术性质达到最佳生产规模，获取规模经济效益，提高产品竞争力，使出口替代工业进一步发展的潜力增大。

3. 出口替代战略有利于改善国际收支状况

出口替代战略以发展出口来推动经济增长，尤其是制成品出口的增长，可以大大增加外汇收入，改善本国国际收支状况。

4. 出口替代战略有利于增加就业

出口替代战略，尤其是第一阶段，往往集中发展劳动密集型产业，而且面向广阔的国际市场，因此可以吸纳较多的劳动力，缓解发展中国家的就业压力，并使就业结构更趋合理，劳动力素质也不断提高。

出口替代战略促进了一些发展中国家，尤其是新兴工业化国家和地区的对外贸易和经济发展。这些国家和地区实施出口替代战略后，制造业迅速发展，产业结构趋向合理，外贸增长迅速且制成品占出口的比重迅速提高，人均国民生产总值迅速增长，外汇储备不断增多，在世界经济和贸易中的地位日益提高，如“亚洲四小龙”的经济腾飞就是很好的例证。

（三）出口替代战略的局限性

在经济的发展过程中，一味地将出口作为经济的发展动力的话，最终可能会降低甚至丧失本国经济自我发展能力和抵御外部冲击的“免疫力”，从而更易受到外部市场的摆布，这对一国经济的长远发展是非常不利的。

（1）发展中国家对外开放的水平受制于其国内的经济发展水平，这决定了即使一个经济落后的国家实行了全面的对外开放，其水平和层次也不会很高，这必然会降低其在开放中所能获取的比较利益。

（2）发展中国家在国际政治经济旧秩序中处于非常不平等的地位，不平等的贸易地位将使之获利较少甚至无法获利，并且其贸易条件将不断恶化，从而使这些国家在对外开放中陷入比较利益的陷阱而无力逃脱。

（3）出口导向型战略的实施，容易使许多跨国公司介入发展中国家的“出口替代活动”中，很容易使发展中国家的产品所有权、销售权和管理权落入其强有力的控制之中，这非常不利于发展中国家战略性产业的成长和起飞，并可能在发展中国家对一些跨国公司失去控制力的情况下，危及这些国家的经济安全。

（4）出口导向型发展战略的作用受到市场发展的制约。亚洲一些国家实施出口导向型战略，并取得较大成功有其特定的历史背景。一些国家所奉行的出口导向型是以国外市场的需求，主要又是发达国家的市场需求为重点的。在20世纪70、80年代，正值西方产业结构调整的高潮，西方产业结构的高级化，使得一些传统产业逐步退出其市场，这时实施出口导向型战略，将大量传统产业打入发达国家市场，正好适应了其市场上传统产品不足，需要填补的要求；另外，20世纪80年代之前实行出口导向型战略的国家较少，传统产业的市场还未饱和，因此，相对于没有实施该战略的国家而言，少数实施出口导向型战略的国家，就很容易从相对较大容量的传统产品市场中获益。进入20世纪90年代以后，实施出口导向型战略的国家增多，并加入传统产品的生产行列。这时，所有实施该战略的国家就不仅要面临来自发达国家具有更高生产效率对手的竞争，还要面临来自发展中国家之间的竞争，这就使得其出口增长下降成为必然，并且在竞争中，发展中国家为了赢得并不丰富的市场，可能会形成一种恶性的价格竞争，结果只会恶化其出口结构，进一步降低其比较利益，这最终是不利于其产业国际竞争力的提高的。

（5）发达国家还实行种种贸易保护措施，致使发展中国家的优势产品很难打进国际市场，即使进入，也会因发达国家各种名义的贸易保护措施而丧失其低成本的竞争优势。假如为促进出口，一国的出口补贴力度太大的话，又会加重发展中国家的财政负担，出现企业受益而国家损失的局面。

（6）出口导向型发展模式在一定情况下可能会强化落后经济的“二元化”特征。出口导向型发展模式会改变出口国的区域经济结构，结构可能会朝不同的方向变化。发展中国家实施出口替代的一个出发点，本身是想借用“国际经济大循环”，通过国际市场的转换机制，纠正和消除落后经济中的“二元结构”的偏差，以实现经济的工业化和现代化。但如果该战略的实施导致区域经济差距扩大而不是缩小时，贫富分配不均出现两极分化时，反而会使该战略的实施结果违背其初衷走向反面，强化落后经济的“二元化”特征。

总之，从初级产品出口到进口替代，再到出口替代，具有由低级到高级的阶段性，每一种战略各有利弊，但各发展中国家在历史背景、自然条件、经济发展水平及政治体制等各方面情况不同，因此所走的道路也不尽相同。一国一定时期内采取何种贸易战略，反映了其这一时期对外贸易政策的总趋势。

本 章 提 要

1. 国际贸易政策是各国在一定时期内对进出口贸易所制定和实行的政策。它是一国总的经济政策的组成部分，是为该国经济基础和对外政策服务的。

2. 对外贸易总政策是指一国根据本国国民经济的整体状况及发展战略，结合本国在世界经济格局中所处地位而制定的政策，通常会在一个较长的时期内加以贯彻实行。具体体现在进出口商品政策和对外贸易国别政策上。

3. 自由贸易的主要内容是：国家取消对进出口商品贸易和服务贸易等的限制和障碍，取消对本国进出口商品和服务贸易等的各种特权和优惠，允许商品自由进出口，服务贸易自由经营，在国内外市场上自由竞争。

4. 保护贸易政策的主要内容是：国家广泛采取各种措施限制进口和控制经营范围，保护本国商品和服务在本国市场上，免受外国商品和服务等的竞争，并对本国出口商品和服务贸易给予优惠和补贴以鼓励出口。

5. 国际贸易政策的影响因素包括：经济实力的强弱、经济发展战略的选择、国内利益集团的影响及国际政治经济环境和外交政策。

6. 自由贸易政策的理论基础是国际分工理论，起始于法国的重农主义，完成于古典政治经济学派。自由贸易政策的动态利益主要体现在：规模经济效益、竞争效应、结构调整效应及学习效应。手段主要表现有：大幅度削减关税，降低或撤销非关税壁垒，以及放宽外汇管制。

7. 以公平贸易为理由实行保护的主要是发达国家，相应的手段包括反补贴税、反倾销税、惩罚性关税、进口限额及贸易制裁等。

8. 新贸易保护主义的主要特点表现为：被保护的商品不断增加；限制进口措施的重点从关税壁垒转向非关税壁垒；加强了征税反补贴和反倾销税行动；管理贸易日益合法化和系统化；以及“奖出限入”措施的重点从限制进口转向鼓励出口。

9. 初级产品出口导向是指发展中国家通过出口农、矿等初级产品，以换取外汇进口制成品，从而推动经济增长。由于初级产品需求弹性较小，且合成替代品及生产技术的提高也使初级产品的需求大大减少，因而初级产品的出口面临贸易条件恶化的境况。

10. 进口替代战略，就是在保护本国工业的前提下，通过引进必要的技术和设备，在国内建立生产能力，发展本国的工业制成品以替代同类商品进口，实现本国的工业化，带动经济增长，改善国际收支状况。

11. 所谓出口替代战略是指采取各种放宽贸易限制和鼓励出口的措施，大力发展工业制成品和半制成品的出口以代替传统的初级产品出口，以增加外汇收入，带动工业体系的建立和国民经济的持续发展。一般也经历两个阶段：第一阶段以劳动密集型制成品替代初级产品出口；第二阶段转向机器设备、电子仪器等技术密集型工业制成品的出口。

知识与技能训练

【名词解释】

国际贸易政策	自由贸易政策	保护贸易政策
学习效应	幼稚产业	对外贸易乘数
保护公平竞争论	夕阳产业保护论	初级产品出口导向
进口替代战略	出口替代战略	

【判断题】

1. 对外贸易总政策是根据本国的经济结构和国内外市场的供求状况而制定的政策，如对有些商品用关税或非关税壁垒来限制进口，或有意识地扶植某些出口部门等。 ( )

2. 一般说来，经济比较发达、国际竞争力较强的国家，比较倾向于自由贸易政策，主张在世界范围内进行自由竞争与合作。经济状况较差的国家倾向于贸易保护政策。 ( )

3. 自由贸易政策的理论基础是国际分工理论，起始于法国的重农主义，完成于古典政治经济学派。亚当·斯密、大卫·李嘉图、约翰·穆勒、马歇尔、赫克歇尔和俄林及李斯特等都是自由贸易主义的拥护者。 ( )

4. 自由贸易理论着重于论证自由贸易的利益，即通过自由贸易，各国和世界都能实现资源的最优配置和经济福利水平最大化。 ( )

5. 区域性关税同盟、自由贸易区及共同市场等地区性经济合作均是自由贸易政策的具体表现。 ( )

6. 20 世纪 70 年代中期以后，在国际贸易自由化中出现了新贸易保护主义，实际上是发达国家保护贸易政策在现实中被广泛运用而产生的。 ( )

7. 新贸易保护主义促进了发展中国家对外贸易的发展。 ( )

8. 初级产品出口导向是指发展中国家通过出口农、矿等初级产品，换取外汇进口制成品，从而推动经济增长。 ( )

9. 进口替代策略是指采取各种放宽贸易限制和鼓励出口的措施，大力发展工业制成品和半制成品的出口以代替传统的初级产品出口，以增加外汇收入，带动工业体系的建立和国民经济的持续发展。 ( )

10. 片面依赖初级产品出口不但经济增长潜力有限，而且不利于发展中国家的工业化，难以享受工业化所带来的动态利益。 ( )

11. 进口替代战略的实施一般从消费品进口替代入手，依次过渡到中间产品进口替代和资本货物进口替代。 ( )

12. 出口替代战略的贸易保护措施比较宽松，并且与鼓励出口措施相结合。与进口替代相比，出口替代战略的开放度相对要小一些。（　）

【简答题】

1. 什么是国际贸易政策？国际贸易政策由哪些内容构成？
2. 国际贸易政策的制定受哪些因素影响？
3. 自由贸易政策的主要理论依据是什么？
4. 简述资本主义自由竞争时期积极推行的自由贸易政策。
5. 新保护贸易主义的主要特点是什么？
6. 简述发达国家的新贸易保护主义对国际贸易的影响。
7. 进口替代和出口替代战略各有何利弊？

【应用题】

我国对汽车产业实行的贸易政策大体可以分为四个阶段：[一]

第一阶段是从 1951 年我国第一部进出口关税税则开始实施到 1984 年。新中国成立后，我国恢复了关税自主。为了保护尚未起步的汽车工业，我国对汽车工业实行了较高的关税保护，其关税税率为 60%。

从 1985 年我国第二部关税税则实施到 1993 年是我国对汽车产业实行超高保护的阶段。当时，汽车行业属于我国已能基本满足需求的产品，为保护国内生产的发展，我国又提高了汽车进口税率，汽车整车的进口税率为 100%～120%。

第三阶段是从 1994 年开始到 2001 年，在国家关税全面下调的背景下，汽车的进口关税不断降低。1994 年 1 月 1 日开始汽车产品平均关税下降到 57.4%，1996 年 4 月 1 日汽车产品平均关税下降到 44.4%，1997 年 10 月 1 日汽车产品平均关税下降到 38.9%。

第四个阶段从 2002 年开始，为我国正式加入 WTO 后，2002 年轿车整车进口关税大幅下调为 43.8%～50.7%，在以后 5 年内继续逐渐下降，到 2006 年汽车整车的进口关税降到 25%。

加入世贸组织以来，汽车工业逐步成为拉动国民经济增长的重要力量。2007 年，我国生产汽车 888.24 万辆，同比增长 22.02%，比上年净增 160.27 万辆：销售 879.15 万辆，同比增长 21.84%，比上年净增 157.60 万辆，再创历史新高。中国已经稳居世界汽车生产与消费的前三位。已经成为名副其实的世界汽车产销大国。汽车工业已无可争议地成为我国的支柱产业。

请分析我国汽车产业发展运用了什么贸易保护策略？其理论基础是什么？

[一] 文章来源：张宇婷，我国汽车产业贸易政策研究，合作经济与科技，2005（2s）。

第七章

关税措施

学习目标

技能目标

- 掌握关税壁垒对进、出口国的影响的分析方法。

知识目标

- 熟悉关税的概念、特点和作用；
- 熟悉和掌握关税的经济效应；
- 熟悉和掌握关税有效保护率。

学习背景

一国政府干预本国对外贸易活动的保护性政策措施，主要可以分为两大类型：关税壁垒措施和非关税壁垒措施。所谓关税壁垒（Tariff Barriers），就是以征收关税为手段，在本国关境上形成一道无形的堤坝，借以控制外国商品的输入；所谓非关税壁垒（Non-Tariff Barriers，NTBs），顾名思义，就是关税手段以外所有限制与扭曲贸易的措施。

2001 年 12 月 11 日，我国正式加入世界贸易组织，标志着我国国民经济加快融入贸易自由化和经济全球化的步伐。关税作为各国调节、控制对外贸易和经济联系的一个重要手段，一直是 WTO 多边谈判的核心。那么关税如何影响一国的经济贸易和福利水平？一国如何实施关税贸易壁垒？WTO 为什么对关税壁垒如此深恶痛绝？本章将会让学习者学会解答这一系列问题。

第一节 关税概述

入门案例

欧盟下调拉美香蕉关税　了结 16 年贸易争端[1]

欧盟周二同意对 Dole Food、Fresh Del Monte Produce 和 Chiquita Brands International 等美

[1] 文章来源：John W. Miller，华尔街日报中文网，2010-02-15。

国公司在拉丁美洲种植的香蕉下调进口关税，从而结束了全球持续时间最长的一起贸易争端。

贸易官员们说，这一问题的解决将促使欧洲的香蕉售价下降，给美国水果公司带来更多利益，导致一些欧洲前殖民地国家的收入减少。预计欧盟各国议会将在4个月内批准下调关税的决定，结束这起为期16年的围绕欧盟香蕉进口关税的争端。欧盟是全球规模最大的香蕉市场，年销售额达到67亿美元。

1993年创建自由关税区后，欧盟一直对喀麦隆、科特迪瓦和伯利兹等12个前殖民地国家提供最佳进口关税。

此举引发了哥伦比亚、哥斯达黎加及危地马拉等国家政府的不满，美国公司在这些国家工业化运营着水果种植园。

在美国的支持下，5个拉美国家在1993年向世界贸易组织（WTO）首次正式提出贸易申诉。随着争端的升级，其他国家也加入了针对欧盟关税的纷争。

此后欧盟曾数次下调关税，但每次拉美国家都认为关税降幅不够，于是再次向WTO提出申诉。1999年，WTO认可美国对欧盟实施价值1.914亿美元的贸易制裁。WTO最近一份裁决发布于2008年年初，再次支持申诉方。各国贸易官员曾试图在多哈回合贸易谈判中就此事达成协议，但未能如愿。

最终，这一争端涉及的四个集团在2010年就一份单独的协议达成了一致。WTO官员说，来自欧盟、美国、前欧盟殖民地国家以及拉美香蕉生产国家的代表在日内瓦进行了100多次会谈，谈判时间总计达到了400小时。

根据协议结果，欧盟将把来自拉美国家的香蕉关税从目前的每吨176欧元下调到2017年的每吨114欧元（约合167美元），而拉美国家则撤回他们向WTO提起的申诉。

欧盟前殖民地国家将继续在对欧盟出口香蕉中获得实际免关税待遇，并将一次性获得2亿欧元的现金补偿。

带着问题学习：

1．什么是关税？其性质及特点是什么？

2．关税有哪些类型？案例中欧盟对前殖民地国家的优惠关税属于什么关税？而后向拉美香蕉征收的关税又属于什么关税？

3．你认为哥伦比亚、哥斯达黎加及危地马拉等国家依据什么向世界贸易组织提出贸易申诉？

一、关税的含义

（一）关税的概念

关税（Tariff）是进出口商品经过一国关境时，由该国政府所设置的海关向进出口商所征收的税收。海关是设在关境上的国家行政机构，主要任务是根据国家有关进出口政策、法令和规章对进出关境的人员、货物、货币及运输工具等实行监督管理、征收关税、查禁走私货物和统计进出口商品等。所谓关境是指实施同一海关法规和关税制度的境域，即国家（地区）行使海关主权的执法空间，又称“税境”或“海关境域”。一般情况下，关境等于国境，但有些国家关境不等于国境。

关税的历史非常悠久，最早的关税出现在欧洲古希腊时代。当时希腊在爱琴海、黑海沿岸有很多属地，政府便对来往属地的进出口货物按 1%～5%的比例征收关税。我国在周朝以后出现了税收，至唐、宋、元、明时期，设立市舶机构管理对外贸易，征收关税。

在封建社会时期，商品生产和商品流通受到封建制度的严重束缚。封建诸侯在其领地内设置关卡，对来往货物征税，逐渐形成了内地关税。这种内地关税严重阻碍了统一市场的形成，不利于经济的交流和发展。

现代关税制度伴随着资本主义制度的产生而产生。1640 年英国资产阶级革命胜利以后，建立了统一的国境关税制，这种制度随后为各国所普遍采用，实行至今。

（二）关税的性质及特点

1．关税的性质

关税是税收的一种，是国家财政收入的来源之一，因而它同其他税收一样，具有强制性、无偿性和固定性。

（1）强制性。税收是凭借法律规定强制征收的，不是自愿贡献的。凡法律规定要缴税的，都要按法律规定履行纳税义务，否则就要受到法律的制裁。

（2）无偿性。除有特殊规定外，国家征收的税收是向纳税人无偿取得的收入，不需要付出任何代价，也不会将税款直接归还给纳税人。

（3）固定性。税收必须按一定的比例和方法征收，不能随意变化和减免，这一规定国家和纳税人都要遵守和执行。

2．关税的特点

除了具有税收的一般性质外，关税还有自身的特点。

工作提示

所谓直接税，是指纳税义务人同时是税收的实际负担人，纳税义务人不能或不便于把税收负担转嫁给别人的税种；而间接税一般是对商品和服务征收的，可转嫁给下一手承担。

（1）关税是一种间接税。关税主要是对进出口商品征收的，税款由进出口商人垫付，然后将其作为成本的一部分加在货物价格上，在货物出售后收回垫款。也就是说，关税最终由买方或消费者承担。

（2）关税的税收主体和客体有其特定范围。税收主体是负担纳税的自然人或法人，税收客体是征税对象。关税的税收主体是本国的进出口商，在进出口商品的时候，进出口商根据法律规定向海关纳税，是纳税人。关税的税收客体是进出口货物，海关对进出口货物按不同的税目和税率征收不同的税款。

（3）关税是一国对外贸易政策的重要组成部分。一国的关税制度不仅直接影响本国经济和生产，还会影响世界经济和商品的流通，甚至会影响到国家之间的政治关系。发达资本主义国家利用关税制度垄断国内市场、争夺国际市场，发展中国家利用关税制度保护本国经济发展，抵御资本主义国家的经济侵略。

3．关税的作用

（1）关税可以增加财政收入。以增加财政收入为目的的关税称为财政关税，财政关税的税率根据国库的需要和对外贸易的变化来确定。财政关税的税率不宜太高，否则就会阻碍进口，达不到增加财政收入的目的。在经济不发达的时候，财政关税是国家财政收入的主要来源；随着国内经济的发展，关税在财政收入中的比重会不断下降。

（2）关税可以保护本国市场。关税的保护作用取决于关税税率的高低。价格优势是贸易增加的主要原因，关税的作用就是通过增加成本来削弱甚至完全抵消进口商品价格优势，一旦关税税率超过进口商品与国内商品的价格差，贸易就被禁止了。

（3）关税可以调整本国的产业结构。对于本国有竞争优势的产业，可以通过降低关税，引进国际竞争，让本国企业在与外国同类企业的竞争中得到更大的发展。相反地，长期实行高关税政策，限制进口，则会使本国企业缺乏竞争意识，发展缓慢。

（三）关税的征收依据

各国征收关税的依据是海关税则（Customs Tariff）。海关税则又称关税税则，是一国对进口商品计征关税的规章和对进出口应税与免税商品加以系统分类的一览表。海关税则是关税制度的重要内容，是国家关税政策的具体体现。

海关税则一般包括两个部分：一部分是海关课征关税的规章条例，另一部分是关税税率表。其中，关税税率表的内容主要包括税则列号（Tariff No.，Heading No.，Tariff Item）、商品分类目录（Description of Goods）及税率（Rate of Duty）三部分。

二、关税的分类

各国征收的关税种类繁多，出于分析的简便起见，可按照不同标准予以分类。常见的分类有以下三种：

（一）按照课税商品流向分类

按照课税商品流向分，关税可以分为进口税、出口税、过境税和进口附加税等。

工作提示

在进口业务操作中，对商品有关关税的规定可以浏览海关总署的网页进行查询。不同国家地区会在不同时期对不同的贸易伙伴国实施不同的进口附加税。平时要注意多留意世界贸易摩擦发展情况。

1. 进口税

进口税（Import Duty）是指进口国海关对从外国进入本国的货物和物品征收的一种关税。是关税中最主要的一种。进口税在外国货物输入关境或国境时征收，或者外国货物从自由港、自由贸易区或保税仓库中提出运往国内市场销售，办理通关手续时征收。

征收进口税，可以增加进口货物成本，削弱其在进口国市场的竞争能力，保护进口国商品的生产和经济的发展。因而，在国际贸易竞争中，进口税一直被作为一个重要的和公认的保护手段。一方面它具有调节本国市场需求、调节市场价格和增加国家财政收入等作用；另一方面它也能成为关税壁垒，阻碍国际贸易的发展，以及使本国被保护的企业产品产生依赖性，缺乏在国际市场上的开拓和竞争能力。

2．出口税

出口税（Export Duty）是一国海关对本国出口商品所征收的关税。一般而言，各国为鼓励本国商品的出口很少征收出口税，但有时也会选择一些关系到国计民生的敏感商品课征关税，以保证本国市场的供应或达到其他特殊目的。征收出口税的目的主要是：①增加财政收入；②限制重要的原材料大量输出，保证国内供应；③提高以使用该国原材料为主的国外加工产品的生产成本，削弱其竞争能力；④反对跨国公司在发展中国家低价收购初级产品。

3．过境税

过境税（Transit Duty）又叫通过税，是一国对通过其国境的外国货物所征收的关税。过境关税一般是由那些拥有特殊或有利地势的国家对通过本国海域、港口及陆路的外国货物征收的税。过境货物一般指外国货物运进一个国家的关境，又原样运出该关境的货物。即该货物运输的起点和终点均在运输所经的国家之外。征收过境税的主要目的是增加国家的财政收入。商品过境时，被过境的国家可获得运输、保险、仓储及管理等方面的收入。

4．进口附加税

进口附加税（Import Surtax）是指一国对进口商品除征收正常关税外，根据某种目的另行加征的一种关税。进口附加税通常是一种特定的临时性措施。常见的进口附加税有反补贴税（Countervailing Duty）和反倾销税（Anti-dumping Duty）。

（二）按照差别待遇分类

关税按照差别待遇可以分为普通税、最惠国税、特惠税和普惠制关税等。

工作提示

不同缔约组织的成员享受着不同的关税待遇。业务实操时，应先了解清楚出口国当下享受什么关税待遇。

正常的进口关税可分为普通税和最惠国税。普通税（General Duty）是对来自于该国没有签订贸易协定的国家或地区的商品所征收的关税；最惠国税（Most-favored Nation Duty）则是对来自与该国签订具有最惠国待遇条款的贸易协定的国家或地区的商品所征收的关税。最惠国待遇是世界贸易组织多边贸易体制的一个基本原则，其成员都应相互给予最惠国待遇，任何一个成员在给予其他成员最惠国待遇的同时，也将享受其他成员给予的最惠国待遇。因此，最惠国税已是现今国际贸易中通行的关税。

特惠税（Preferential Duty）是指对从某个国家或地区进口的全部商品或部分商品，给予特别优惠的低关税或免税待遇。但它不适用于从非优惠国家或地区进口的商品。特惠税始于宗主国与殖民地附属国之间的贸易，宗主国出于特定目的而对来自其殖民地附属国的进口商品给予特别优惠的低关税或免税待遇。历史上的英联邦特惠税就十分有名，它是英国为了确保廉价原料市场和工业品销售市场、垄断其殖民地附属国市场而实施的关税制度，这一制度于 1932 年建立，直到 1977 年取消。现存的特惠税制度，最有名的是欧盟根据《洛美协定》对非洲、加勒比和太平洋地区一些发展中国家实施的非互惠的特惠税制度。1975 年，欧共体与这些地区的一些发展中国家签订了《洛美协定》，以后屡经修改和续签。2002 年 2 月，第 5

期《洛美协定》达成协议并于同年6月在科托努正式签署，称为《科托努协定》。根据该协定，欧盟对来自这些发展中国家的全部工业品和绝大部分农产品实行特惠税。

工作提示

由于我国加入世贸只接受发展中国家条款，因此进口关税一般分为普通税和优惠税，即最惠国税。另外，我国对老挝、苏丹等共41个最不发达国家的部分商品实行特惠税率。而出口则可以根据进口国的规定享受最惠国税、普惠税或其他有关贸易协议的关税优惠。一般普惠税税率低于最惠国税率，高于特惠税。

普遍优惠制（Generalized System of Preferences，GSP）简称普惠制，是指发达国家对来自发展中国家或地区的商品，特别是制成品和半制成品，给予普遍的、非歧视的和非互惠的优惠关税待遇。普惠制的主要原则是普遍的、非歧视的和非互惠的。所谓“普遍的”，是指所有发达国家对所有发展中国家和地区的出口商品给予普遍的关税优惠待遇；所谓“非歧视的”，是指所有发展中国家和地区全部无歧视、无例外地享受普惠制待遇；所谓“非互惠的”，是指发达国家单方面地给予发展中国家和地区特别的关税减让，而不要求发展中国家和地区给予同样的关税减让作为回报。在普惠制中，发达国家称为“给惠国”，发展中国家称为“受惠国”。普惠制是在联合国贸易和发展会议主持下于1968年建立的，现在由世界贸易组织管理实施。至今，世界上共有40个给惠国。其中，除美国外其他39个给惠国均已对不同商品给予我国普惠制待遇。

工作提示

根据大多数给惠国的规定，享受普惠制必须持凭受惠国政府指定的机构签署的普惠制原产地证书。我国政府指定各地出口商品检验机构签发普惠制原产地证书。

案例链接

普通税税率和其他优惠税税率的差距可以非常大。如我国2008年实施的海关税率税则对许多商品规定的普通税率和优惠税率的差距就相当大。例如肉及食用杂碎类商品的普通税率为70%～80%，而优惠税率则只有10%～25%，甚至免税。又如美国对银首饰进口的最惠国税27.5%，而普通税则高达110%。普惠税税率低于最惠国税率的例子，有欧盟对纺织品进口征收的普惠制税率一般是最惠国税率的85%。

（三）按照征收的计量方法分类

按照征收的计量方法，将关税分为从价税、从量税、混合税和选择税。

> **思考**
>
> 进口商品征税计量方法往往是根据商品特性而定。你能分别列举从价、从量及混合征税的商品吗？

从价税（Ad Valorem Duty）是以进出口商品的价格为标准，按规定比率计征的关税。从量税（Specific Duty）是以商品的重量、数量、容量、长度和面积等计量单位为标准计征的关税。混合税（Mixed Duty）则是指对进出口商品采用从量税和从价税同时计征的一种关税。选择税是指既规定了从量税的税率，又规定了从价税的税率，选择征收税额高的一种来征收的关税。

第二节　关税措施的经济效应及最优关税

入门案例

螺钉卖到欧盟要加税 87.3%[㊀]

小小的螺丝钉也能搅起大风浪。12 月 3 日，对中国以螺丝钉和螺栓为代表的紧固件产品征收惩罚性关税的提案在欧盟获得通过。今后，从中国采购的碳钢紧固件产品，在进入欧盟市场时将被征收高达 87.3%的反倾销税。

作为珠三角地区重要的紧固件产业基地，欧盟的反倾销税使本来就遭遇订单减少之痛的东莞紧固件行业“雪上加霜”。东莞金马金属制品有限公司因为早先向欧盟提起过诉讼，获得了 26.5%的反倾销税率。而其他没有提起诉讼的东莞企业将被迫接受欧盟 87.3%的高关税。

欧盟：高举贸易保护大棒

欧盟 12 月 3 日正式表决通过的反倾销税提案是针对中国的最大反倾销案之一。表决得到了欧盟 27 国中的 14 国支持，另有 12 国反对，1 国弃权。该案将在 1 个月内由欧盟各成员国批准后正式生效，之后，欧盟将在 5 年内向中国产螺丝钉征收关税。

中国是世界最大的紧固件生产国，产量的 30%都出口到欧盟。去年 11 月欧盟贸易委员会对中国以螺丝钉和螺栓为代表的紧固件产品发起反倾销调查，中国出口商及欧洲进口商多次对此提出异议，但提案还是在 12 月 3 日表决通过。该案的通过意味着中国紧固件产业将可能因此每年损失 4 亿欧元的外汇收入，同时将丧失 80 万个就业岗位。

提案通过后，国外有财经媒体发表评论认为，“欧洲应对这种报复性的贸易保护主义三思而后行”。文章认为，这类一次性的壁垒不会给中国每年对欧盟 2 000 亿欧元的出口额带来任何影响，反而会因为关闭了通往海外低成本产品的大门而损害欧洲消费者。

莞企：提起诉讼获较低税率

提案通过后，记者昨日查阅资料发现，欧盟的紧固件反倾销提案于 2007 年 11 月立案后，全国共有 123 家企业提起诉讼。今年 11 月的终裁结果显示，位于虎门沙角的港资企业金马金属制品有限公司获得了 26.5%的“优惠税率”，这在所有应诉的中国紧固件企业中是税率最低的。

“我们每月有 200～300 吨紧固件出口欧盟，占到全部出口量的 90%以上，所以不得不提起诉讼。”金马公司的张先生昨日在接受采访时表示，公司 3 月提起诉讼后，欧盟 4 月底派出两位观察员到企业进行了实地调查。“在确定公司的生产成本后，欧盟认定金马没有恶意倾销，但因为企业财务没有达到要求，欧盟在终裁中还是对金马加征了 26.5%的关税”。

并不是所有企业都像金马那样幸运，对东莞其他有欧盟出口业务的企业来说，87.3%的高关税将成为未来企业产品进入欧盟时迈不过的槛。

……

㊀ 文章来源：东莞日报，2008 年 12 月 5 日。

带着问题学习：

1. 为什么欧盟要对中国进口的螺钉与螺栓征收高达 87.3%的关税？这样做对欧盟有什么好处？对中国将产生什么影响？

2. 对于中国紧固件行业而言，欧盟市场属于大国还是小国？你能否运用本章所学知识分析欧盟对中国进口的螺钉与螺栓征收关税的经济效应？

一、关税对进口小国产生的经济效应

进口国可以分为进口小国和进口大国。进口小国是指该国商品的进口量占世界商品进口量的很小部分，进口小国征收关税不能影响进口商品的世界价格，征收关税以后，进口商品的国内价格上涨幅度就等于关税税率；进口大国是指该国商品的进口量占世界商品进口量的很大部分，因此该国进口量的变动能影响商品的世界价格。

通过图 7-1 进口小国关税效应的图形，分析进口小国对某种进口商品征收关税以后产生的经济效应。

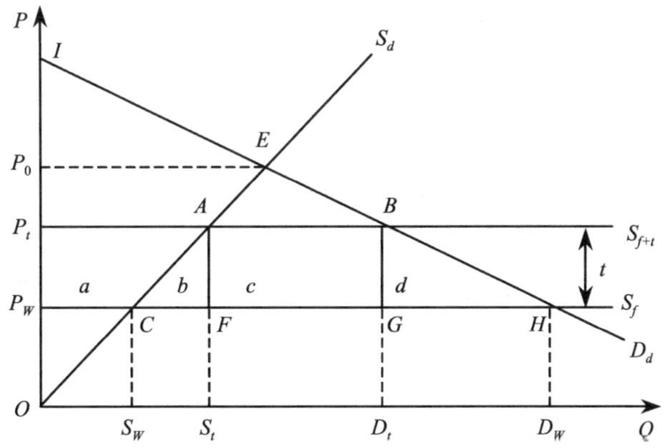

图 7-1 进口小国关税效应

如图 7-1 所示，横轴 *OQ* 表示产品数量，纵轴 *OP* 表示产品价格，S_d 和 D_d 分别表示进口国对某种商品的国内供给曲线和需求曲线，它们的交点 *E* 所对应的价格 P_0 是封闭条件下的均衡价格。在自由贸易的条件下，假设这一商品的世界价格等于 P_W，且 $P_W<P_0$，在图上表示为具有无穷弹性的供给曲线 S_f，这时，国内价格=世界价格=P_W。在本国征收关税 *t* 后，关税对国内经济产生了如下影响：

（一）价格效应

价格效应（Price Effect）是指征收关税对进口国价格的影响。由于小国对商品的国际价格没有影响力，因此课征关税后，商品的国际价格仍是 P_W，但其国内价格却升至 P_t；且 $P_t=P_W+t$，即小国征收关税使进口品及其进口替代品的国内价格提高了与所征税额相当的幅度。

（二）消费效应

消费效应（Consumption Effect）即征收关税对可进口品消费的影响。如图 7-1 所示，小国对某商品征收进口关税后，对可进口商品的需求量因价格提高而由 D_W 减少到 D_t。其次，消费者经济利益的损失还表现为消费者剩余的降低。所谓消费者剩余，是指消费者购买商品时愿意支付的价格与实际支付价格的差额。如图 7-1 所示，征税前消费者剩余为$\triangle P_WHI$。征税后，消费量减少到 D_t，消费者剩余为$\triangle P_tBI$。因此，关税给消费者造成的净损失为梯形 P_WHBP_t，即面积（$a+b+c+d$）。

（三）生产效应

生产效应（Production Effect）即征收关税对进口国进口替代品生产的影响。如图 7-1 所示，小国征收进口关税后，由于进口商品价格提高到 P_t 水平，因而刺激进口替代品的生产扩张，供应量由 S_W 增至 S_t。同样的生产者剩余，即生产者的利润由$\triangle OCP_W$增加到$\triangle OAP_t$，增加了梯形 P_WCAP_t，即面积 a。但是，必须看到，这种生产者剩余的增加是要付出代价的。从整个国家来看，由于资源总量不变，进口替代行业的扩大必然通过资源的行业转移来实现，即资源从较高的出口行业转移到了效率较低的进口替代行业，从而导致了资源使用效率的下降。这样做往往是为了保护国内的进口替代行业，因此关税的生产效应也称替代效应（Substitution Effect）或保护效应（Protection Effect）。当关税提高到 P_WP_0 或更高时，即为禁止性关税（Prohibitive Tariff）。

（四）贸易效应

贸易效应（Trade Effect）是指征税引起的进口量变化。如图 7-1 所示，当价格为 P_W 时，进口量为国内需求 D_W 减去国内供给 S_W，S_WD_W；征收关税后，由于生产增加、消费减少，所以进口数量由 S_WD_W 减为 S_tD_t，其中，所减少的 D_WD_t 数量的进口是消费减少所致；减少的 S_WS_t 数量则由生产增加所致。

（五）财政效应

财政效应（Revenue Effect）即征收关税引起的国家财政收入的变化。财政收入等于单位税额与进口商品数量的乘积。征税前，政府不能取得任何关税收入。征税后，政府可以从中收益，取得的关税收入为进口量乘以单位税额，即 $t\cdot S_tD_t$，相当于图 7-1 中的面积 c 构成的长方形 $ABGF$。关税收入是政府得到的国家利益，它可用作许多用途，因此产生了利益再分配的问题，但这里只把关税作为国内利益的一部分，与消费者损失、生产者利益一起权衡。

（六）收入再分配效应

收入再分配效应（Income-redistribution Effect）征收关税以后，国内商品价格上涨，生产者利润增加，而且还使收入从该国丰富的生产要素（生产可出口商品）向该国稀缺的生产要素（生产进口竞争商品）转移。征收关税以后，消费者剩余减少了（$a+b+c+d$）：其中部分转化为生产者剩余 a，部分转化为政府财政收入 c，部分成为国民利益的净损失（$b+d$）——征收关税的代价。

可见，从国内各利益集团得失的综合效果来看，征税造成的消费者的利益损失，显然大于政府与生产者获得的收益，即面积（$b+d$）就是一国征收关税所造成的净损失。其中 b 是净损失的生产部分，代表在征税前，产量为 S_WS_t 的商品是由效率较高的国外生产者生产，而征税后则由效率较低的国内生产者生产，因而造成资源低效率配置的损失；d 是净损失的消费部分，代表着由于消费量减少 D_WD_t 所造成的损失，即生产 D_WD_t 数量商品的资源被闲置所造成的损失。

二、理解关税对进口大国产生的经济效应

所谓贸易大国，是指一个国家进口的某种商品量很大，以致其进口与否对该商品的世界价格有很大影响。如果征收进口关税的国家为一贸易大国，其进口贸易量足以影响世界市场价格，那么该国征收进口关税，不仅会使本国价格上升，而且还会因为进口商品的国内价格上升造成进口需求减少，从而使世界市场价格下降。

同样地，我们运用图形对进口大国征收关税的经济效应进行分析。图 7-2 为进口大国关税效应。

如图 7-2 所示，a 图是大国国内对某商品的供求曲线图，b 图是国外的供求曲线图。在自由贸易条件下，由于国内市场均衡点 E 的价格比国外均衡点 E_f 的价格要高，故本国会从国外进口该商品，直至两个市场的价格趋于均等至均衡价格 P_W。在这一均衡价格下，本国进口量为 Q_1Q_4，国外出口量为 $Q_{f1}Q_{f4}$，且必有 $Q_1Q_4=Q_{f1}Q_{f4}$ 才能满足供求平衡的均衡条件。

当大国开始对国外进口商品征收关税时，该进口商品在大国国内的价格上涨，对进口商品的需求随之减少，迫使国外降低向本国的出口价格，使大国进口需求在新的均衡价格上等于进口供给。如图 7-2 所示，如果征收关税使进口商品的价格由征税前的 P_W 上升为 P_1，则进口量由征税前 Q_1Q_4 降至 Q_2Q_3，此时，国外向该国的出口价格也会受影响并下降至 P_2，使出口量从 $Q_{f1}Q_{f4}$ 降至 $Q_{f2}Q_{f3}$，并有 $Q_2Q_3=Q_{f2}Q_{f3}$ 才能满足供求平衡的均衡条件。至此，进口价格为 P_2，大国国内价格为 P_1，而本国征收的进口商品单位税额为 t（P_1-P_2）。大国政府对该种商品的进口税收总收入为面积 c 和面积 e，其中 c 为本国消费者负担，e 为国外出口商负担，并且 $e=g$。

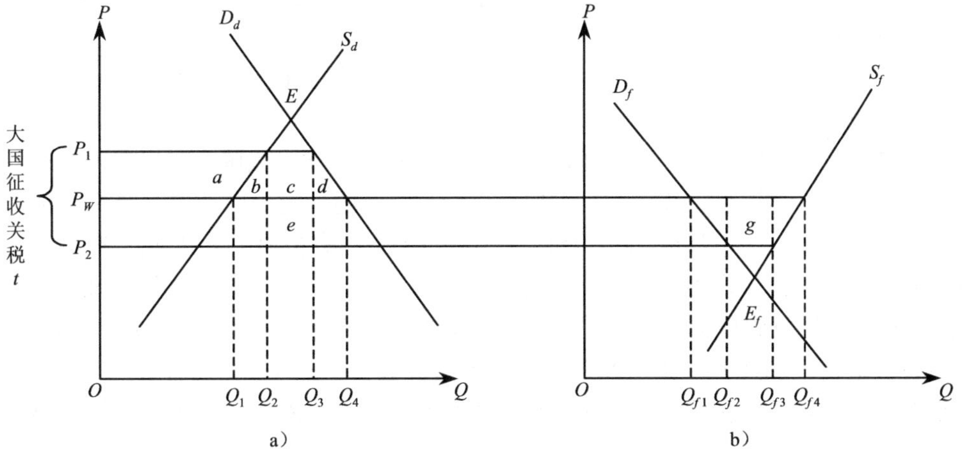

图 7-2 进口大国关税效应

a）国内的供求曲线 b）国外的供求曲线

从总的征税效果来看，大国征收关税的经济效应如下：

（1）本国消费者剩余损失了区域（$a+b+c+d$）部分。

（2）生产者剩余增加了 a 部分。

（3）政府关税收入增加（$c+e$）部分，其中 c 为国内消费者负担部分，e 为国外出口商负担部分。

（4）大国征收关税的净经济效益$=a+(c+e)-(a+b+c+d)=e-(b+d)$。

可见，关税政策对大国的整个社会福利是损失还是得益是不确定的：如果 e 小于（$b+d$），整个国家是净损失，但如果 e 大于（$b+d$），整个国家则可以从征收关税中获益。

为什么小国征收关税会造成社会经济利益净损失，而大国征收关税却有可能提高国民收益呢？其主要原因是因为大国在世界市场上有左右价格的能力，通过减少进口，大国可以迫使出口国降低价格。这实际上是迫使出口国也承担一部分税负，如图 7-2b 中的 g 部分。对进口国来说这是一笔额外的收入。如果这笔收入大于由于关税造成的经济损失，进口国就可能在总体上得益。这取决于大国市场在国际市场上所占的份额。大国市场占国际市场的份额越大，则大国征收进口关税之后的社会净福利越大。小国则不然，世界市场价格不因小国进口减少而下降。因此关税的负担则完全由小国的消费者承担，没有外来的关税收入来弥补，故总体上必然是损失。

三、最优关税（Optimum Tariff）

由上可知，对于小国而言，任何关税都会带来社会福利的净损失，而对于大国，关税则有可能带来收益。那么，大国的关税是否越高收益越大呢？答案是：不一定。高关税固然使进口商品的单位税收增加，但也同时造成进口数量的减少，总关税收入不一定增加。另外，如果进口量大幅缩减，会造成国内价格大幅上升，从而减少国内消费，使得额外税收不足以弥补增加的消费者损失。因此，需要一个适当的税率，让进口国的社会福利最大化。这个能使进口国通过征收关税得到的福利超过因贸易量减少所造成的福利损失，并使该国所获得的净福利达到最大的适当关税率，我们称为最优关税率（Optimum Tariff Rate）。

最优关税率的确定必须综合考虑征收关税产品的外国出口供给弹性和本国进口需求弹性。下面同样以图形进行分析。

如图 7-3a 所示，假设在一个两国贸易世界中，D_m 是本国（大国）进口需求曲线，S_x 是外国出口供给曲线，本国进口需求与外国出口供给相等时的均衡价格为 P_0。当本国征收关税时，本国进口需求曲线会下移至 D_m'，此时，国际市场价格会被迫下降到 P_1。在图中，我们可以看到有另外一条出口供给曲线 S_x'，它比之前的 S_x 较陡峭，说明出口供给弹性较小。在这种情况下，假如本国征收同样的进口关税，即本国进口需求曲线同样下移至 D_m'，这时，外国出口价格将被迫使下降到 P_2，比在 S_x 的条件下的降价幅度要更大。由此看来，当进口国对产品的需求有弹性时，外国供给弹性越小，进口国征收关税会导致出口国出口规模缩小，并迫使外国出口价格下降越多。

当然，如果进口国对产品的需求缺乏弹性时，如图 7-3b 所示，外国出口供给弹性的大小对其出口价格影响不大，进口国征收关税不但无法缩小出口国出口规模，而且还会导致大部分税收由进口国的消费者来承担。

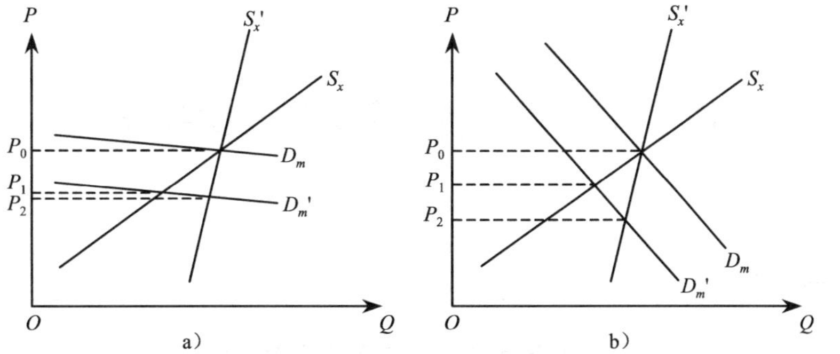

图 7-3 供求弹性与世界市场均衡

a）进口国需求富有弹性 b）进口国需求缺乏弹性

由此可以推论，在进口国需求弹性较大且出口国供给弹性较小的情况下，大国征收关税将明显改善本国贸易条件，从而增加本国福利。相反，如果进口国需求弹性较小且出口国供给弹性较大的情况下，大国征收关税引起的福利损失将由本国承担。

> **思考**
>
> 根据供求弹性与世界市场均衡分析我国是否应该对汽油征收进口税？

那么，最优关税的水平究竟如何确定呢？下面简单分析一下。

首先，最优关税一定是介于零关税率和禁止性关税率之间。所谓禁止性关税，是指那种导致进口贸易停滞的特别高的关税。一般而言，如果一国进口需求弹性一定，则最优关税取决于外国出口产品的供给弹性。外国出口产品供给弹性越大，最优关税水平就越低，反之，最优关税水平就越高。

其次，最优关税必定位于介于零关税率和禁止性关税率之间的某一个点，在这个点上，大国的贸易条件改善产生的福利效应足以抵消该关税导致的生产福利损失和消费福利损失，换句话说，在最优关税水平点上，大国征收关税引起的边际收益与边际成本相等。

我们借助图 7-4 来说明。图中横轴为关税税率 T，纵轴为征收关税的净福利效应 W。关税产生的净福利效应随着关税税率的变化呈现如下变化：第一阶段——上升递增趋势。大国征收关税率从 0 开始提高至 T_1，其相应的净福利效应将从 0 开始持续升至 W_1；第二阶段——下降递减趋势，大国征收关税率从 T_1 开始提高至 T_2，其相应的净福利效应将从 W_1 又渐渐降为 0。这里，T_1 为最优关税率，T_2 及之后为禁止性关税率。

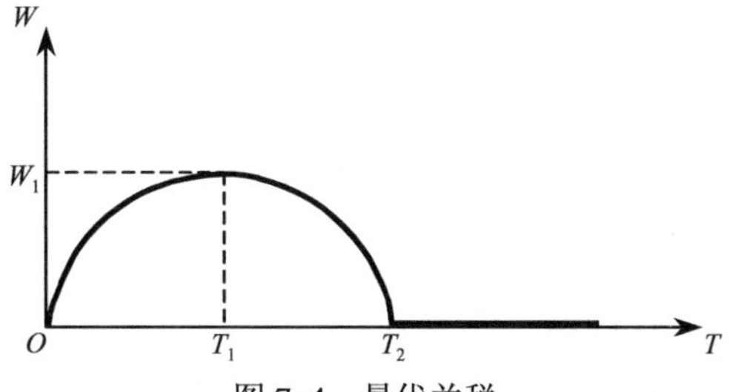

图 7-4 最优关税

当然，分析最优关税仅仅考虑了本国利益，且是在假设两国贸易世界的基础上进行的。现实中，一国的关税壁垒，尤其是大国的关税壁垒，往往会招致贸易伙伴国的反应，壁垒过高会引起贸易伙伴国的报复。因此，在确定最优关税时，许多国家不得不考虑贸易伙伴国的反应等许多不确定因素。

第三节 关税水平及有效保护率

入门案例

十八年艰难谈判 俄罗斯终于入世[㊀]

2011 年 11 月 10 日，俄罗斯入世谈判工作组结束了最后一次正式会议，一致通过了俄罗斯入世条约最终文本。在相关文件获得俄议会批准后，俄罗斯将于 2012 年仲夏之前正式成为世界贸易组织成员，长达 18 年的入世谈判终告结束。俄罗斯入世无论对其本国，还是对其贸易伙伴均将产生一定影响。

整体关税将从 10%降至 7.8%

俄罗斯在 1993 年正式申请加入关贸总协定（GATT）。当年成立了俄罗斯加入关贸总协定工作组。1995 年，世界贸易组织成立后，该工作组更名为俄罗斯加入世界贸易组织工作组并正式启动俄入世谈判进程。2011 年 11 月 9 日，在瑞士的斡旋下，俄罗斯与入世最后一道屏障格鲁吉亚终于达成共识，由瑞士主导的观察团监督双方在争议领土的贸易，俄罗斯获得了入世的最终通行证。

根据俄罗斯入世的条约文本，俄罗斯总体关税水平将从 2011 年的 10%降至 7.8%。其中，农产品总体关税水平将由目前的 13.2%降至 10.8%；工业制成品总体关税将由 9.5%降至 7.3%。条约对俄罗斯一些出口产品给予较长关税保护期，其中禽肉制品保护期最长为 8 年，汽车、直升机和民用航空器的保护期为 7 年。

在服务贸易领域，俄签署了 30 项服务准入的双边协定，俄罗斯将开放电信业、保险、银行、交通和物流产业等在内的 11 个行业。针对电信行业，此前外国股权限制在 49%以内，入世 4 年后该限令将被废除；外国保险公司可以在入世 9 年后开设分公司；外国银行也可以开设分行，并且对单个俄罗斯银行的股权比例没有限制。此外，俄方将按照世界贸易组织规则对本国海关程序、技术性贸易壁垒、市场保护、农业支持、技术调节、卫生与动植物检疫措施及知识产权保护等领域的法律文件进行重新修订。

带着问题学习：

1. 什么是关税总水平？其表示方法有哪些？

2. 一国的关税水平是否能够完全真实反映该国对国内产业的保护程度？请用有效保护率及关税结构的有关知识进行分析。

一、关税水平及其表示方法

世界各国处于保护国内生产和市场的目的，对不同的商品规定了不同的关税税率。因此，关税水平与保护度的高低成了世界各国在缔结贸易条约或协定谈判的主要内容。

关税水平（Tariff Level）是指一个国家的平均进口税率。关税水平的高低基本上可以用来

㊀ 文章来源：《经济》，作者：刘华芹，2012-02-24。

衡量一个国家进口税的保护程度，也是一国参加国际贸易协定进行关税谈判时首先面临的主要问题之一。例如，在关贸总协定关税减让谈判中，就经常将关税水平作为比较各国关税高低及削减关税的指标。关税水平的计算主要有两种，一种是简单平均法，另一种是加权平均法。

简单平均法是一国税则中各个税目的税率简单相加后再除以税目数。在这种方法中，不考虑每个税目实际的进口数量。由于税则中很多高税率的税目是禁止性关税，有关商品很少或根本没有进口，而有些大量进口的商品是零税或免税的。进口数量不同的高税率、零关税税率共同参与简单的算术平均，显然不能如实反映一国的真实关税水平，因此，在实践中很少使用。

加权平均法是用进口商品的数量或价格作为权数进行平均。按照统计口径或比较范围的不同，又可分为全额加权平均法和取样加权平均法两种。

（一）全额加权平均法

用一个时期内所征收的进口关税总金额占所有进口商品价值总额的百分比计算。计算公式为

$$关税水平=\frac{进口税款总额}{进口总额}\times100\%$$

在这种计算方法中，如果一国税则中免税的项目较多，计算出来的数值就偏低，不易看出应税商品税率的高低。因此，另一种方法是按进口税额占应税商品进口总值的百分比计算，这种计算方法比前一种方法相对合理一些，算出的数值比前一方法高一些。计算公式为

$$关税水平=\frac{进口税款总额}{有税商品进口总值}\times100\%$$

由于各国的税则并不相同，税则下的商品数目众多，因而这种方法使各国关税水平的可比性相对较弱。

（二）取样加权平均法

取样加权平均法是选取若干种有代表性的商品作为计算关税水平的一篮子商品，按一定时期内这些商品的进口税总额占这些代表性商品进口总额的百分比计算。计算公式为

$$关税水平=\frac{一篮子商品进口税款总额}{一篮子商品进口总值}\times100\%$$

若各国选取同样的代表性商品进行加权平均，就可以对各国的关税水平进行比较。这种方法比全额加权平均更为简单和实用。在关贸总协定肯尼迪回合的关税减让谈判中，各国就是使用了各国贸易与发展会议选取的504种有代表性的商品来计算和比较各国的关税水平。

一般来说，上述计算出的百分比越大，则该国的关税水平越高。关税水平越高，说明关税的保护程度就越强。

二、关税的有效保护率

（一）有效保护率的概念

有效保护率（Effective Rate of Protection 或 Effective Protection Rate，简称 EPR），也称有

效关税率或实际保护率，是指征收关税后使受保护行业每单位最终产品附加价值增加的百分比。具体地说，就是由于整个关税制度（和有效保护措施）而引起的一种产品在国内加工增值差额与自由贸易条件下加工增值差额的百分比。可用公式表示如下

$$有效保护率=\frac{国内加工增值-国外加工增值}{国外加工增值}\times 100\%$$

或

$$EPR=\frac{V'-V}{V}\times 100\%$$

式中　EPR——有效保护率；

V'——保护贸易条件下被保护产品在国内生产中产生的增值部分；

V——自由贸易条件下产生的增值部分(由于自由贸易条件下国际市场和国内市场价格一致，因此这里用国外加工增值 V 表示)。

有效保护的概念是加拿大经济学家巴伯（C. L. Barber）于 1955 年提出的，到 20 世纪 60 年代才开始作出理论性的阐述而被引用。1970 年在日内瓦召开关于有效保护理论的学术讨论会推动了这一理论的发展。

（二）有效保护率的运用

有效保护不但注意关税对成品价格影响，也注意投入品（原材料或中间产品）由于征收关税而增加的价格，因此有效保护率计算的是某项加工工业中受全部关税制度影响而产生的增值比，是对一种产品的国内外增值差额与其国外增值的百分比。国外加工增值为自由贸易条件下的国外成品价格减去投入品费用。在乌拉圭回合的关税减让谈判中，大部分仍集中在发达国家之间进行。

以吸尘器为例说明如下：

假定在自由贸易情况下，一台吸尘器进口价格折合人民币为 200 元，其零配件投入价格为 150 元，占其成品价格的 75%，则另外的 50 元即为国外加工增值部分，即 $V=50$。如果我国进口吸尘器零部件并在国内进行加工制成成品，且零配件投入比例不变，按照对吸尘器零配件和制成品征收关税的不同情况，引起的有效保护率如下：

（1）若对制成品征收 10%进口关税，零配件免税，则国内吸尘器市价应为 200×110%=220（元）。其中零配件费用仍为 150 元，则国内加工增值额为 $V'=220-150=70$（元）。按上述公式计算，吸尘器的有效保护率为

$$EPR=\frac{V'-V}{V}\times 100\%=\frac{70-50}{50}\times 100\%=40\%$$

（2）若对制成品征收 10%进口关税，零配件也征收 10%，那么国内吸尘器市价仍为 220 元，但其零配件成本因征收 10%进口关税而增加了 15 元，国内加工增值额 $V'=220-150-15=55$（元），此时，吸尘器的有效保护率为

$$EPR=\frac{V'-V}{V}\times 100\%=\frac{55-50}{50}\times 100\%=10\%$$

（3）若对制成品征收 8%进口关税，对零配件征收 10%进口关税，则 $V'=200\times 108\%-150\times$

110%=51（元），此时吸尘器的有效保护率为

$$EPR=\frac{V'-V}{V}\times 100\%=\frac{51-50}{50}\times 100\%=2\%$$

（4）若对制成品免税，而对零配件征收 10%的进口关税，则 V'=200−150×110%=35（元），此时吸尘器的有效保护率为

$$EPR=\frac{V'-V}{V}\times 100\%=\frac{35-50}{50}\times 100\%=-30\%$$

根据上述计算结果，不难发现有效保护率和最终制成品的名义关税税率（又称名义保护率）之间存在以下关系：

（1）当最终产品的名义税率高于原材料进口名义税率时，有效保护率高于名义关税税率。

（2）当最终产品的名义税率等于原材料进口名义税率时，有效保护率等于名义关税税率。

（3）当最终产品的名义税率低于原材料进口名义税率时，有效保护率低于名义关税税率，甚至出现负有效保护率。

思考

根据 2009 年海关税则规定，中国对电动真空吸尘器制成品的优惠进口关税率为 10%，对其零配件的优惠进口关税率为 12%。假设生产该产品的其他条件与上文相同，请计算中国对电动真空吸尘器的有效保护率。

负有效保护率的意义是指由于关税制度的作用，对原材料征收的名义税率过高，使原料价格上涨的幅度超过最终产品征收后增值部分，从而使国内加工增值额低于国外加工增值额。这意味着生产者虽然创造了价值，但由于不加区别地对进口成品和原材料征收关税，使这种加工价值减低，生产者无利可图，结果鼓励了成品的进口。

（三）有效保护率的作用

从有效保护率概念中很容易导出这样几个值得重视的结论：

（1）一国可以建立“瀑布”式或不断升级的关税梯度结构，即对越低加工阶段的产品课征越低的名义关税率。

（2）要防止负有效保护率的出现，其含义是如果对这个最终产品的中间投入课征的关税高至使它不仅抵消了对最终产品课征的关税，而且中间成本的上升还消除了最终产品价格与中间投入价格之间的差距，那么这时该产品的实际关税就会变成负数。

（3）一国降低关税总水平，但全面衡量却增加了对国内生产者的保护，也就是说，产业保护可在降低关税的条件下实现。即根据有效保护理论，关税的保护作用并不依赖于高的名义税率，它与降低关税水平并不矛盾。

降低关税水平依然可以提高关税的有效保护，但这必须以有效的制度结构安排为基础，有效的关税结构安排与有效的产业结构安排是其实现有效保护的前提和基础。

（四）有效保护率及关税结构

有效保护率及关税结构也称关税税率结构，是指一国关税税则中各类商品关税税率高低

的相互关系。世界各国因其国内经济和进出口商品不同，其关税结构也会各不相同。一般表现如下：

（1）资本品税率较低，消费品税率较高。

（2）生活必需品税率较低，奢侈品税率较高。

（3）本国不能生产的商品税率较低，本国能够生产的商品税率较高。

各国关税结构的一个突出特征是，关税税率从初级产品、半制成品到成品，是随加工程度不断提高而提高的。关税结构的这种现象就是上面所说的“瀑布”式或不断升级的关税梯度结构（Cascading Tariff Structure）。

用有效保护理论可以很好地解释关税结构中的关税升级现象。有效保护理论说明，原料和中间产品的进口税率与其制成品的进口税率相比越低，对有关的加工制造业最终产品的有效保护率则越高。关税升级，使得一国可对制成品征收比其所用的中间投入品更高的关税，这样，对该制成品的关税有效保护率将大于该国税则中所列该制成品的名义保护率。因此，考察一国对某种商品受关税保护的程度时，不仅要考察该商品的关税税率，而且要考察其各种投入品的关税税率，即要考察整个关税结构。所以，有效保护理论也被称为关税结构理论。

以发达国家为例，在20世纪60年代，发达国家平均名义保护率在第一加工阶段为4.5%，在第二加工阶段为7.9%，在第三加工阶段为16.2%，在第四加工阶段为22.2%，而有效保护率分别为4.6%、22.2%、28.7%和38.4%。由此可见，尽管发达国家的平均关税水平较低，但是，由于关税呈升级趋势，关税的有效保护程度一般都大于名义保护程度，且对制成品的实际保护最强。在关税减让谈判中，发达国家对发展中国家初级产品提供的优惠，远大于对制成品提供的优惠，缘由即出于此。这一分析告诉我们，在考察保护程度时，要把着眼点放在产品生产过程的增值上和分析关税对产品增值部分的影响上。投入品（原料、半制成品）的关税税率越低，关税对产出品的有效保护水平越高；反之，越低，甚至形成关税的负保护。关税应从原料、半制成品和制成品逐步由低到高，形成阶梯结构，并利用阶梯结构向不同行业和不同层次的产品提供不同的有效保护。

本章提要

1. 关税（Tariff）是进出口商品经过一国关境时，由该国政府所设置的海关向进出口商所征收的税收，是国家财政收入的来源之一，因而它同其他税收一样，具有强制性、无偿性和固定性。

2. 各国征收的关税种类繁多：按照课税商品流向，分为进口税、出口税、过境税和进口附加税等；按照差别待遇可以分为普通税、最惠国税、特惠税和普惠制关税等；按照征收的计量方法，将关税分为从价税、从量税、混合税和选择税。

3. 小国征收关税以后会带来国内价格的上升、进口产品消费的减少、国内生产量的增加、贸易量的减少、政府关税收入的增加和收入由消费者向生产者、政府再分配效应。小国征收关税的结果是国内社会福利产生净损失。

4. 大国征收关税后，使世界总体进口量减少，迫使出口国降低价格，从而承担了一部分税负。大国市场占国际市场的份额越大，则大国征收进口关税之后的社会净福利越大。

5. 能使进口国通过征收关税得到的福利超过因贸易量减少所造成的福利损失，并使该国所获得的净福利达到最大的适当关税率，我们称之为最优关税率（Opimum Tariff Rate）。在进口国需求弹性较大且出口国供给弹性较小的情况下，大国征收关税将明显改善本国贸易条件，从而增加本国福利。相反，如果进口国需求弹性较小且出口国供给弹性较大的情况下，大国征收关税引起的福利损失将由本国承担。

6. 最优关税一定是介于零关税率和禁止性关税率之间的一个点上，在最优关税水平点上，大国征收关税引起的边际收益与边际成本相等。

7. 关税水平（Tariff Level）是指一个国家的平均进口税率。关税水平的高低基本上可以用来衡量一个国家进口税的保护程度，也是一国参加国际贸易协定进行关税谈判时首先面临的主要问题之一。

8. 采用取样加权平均法可以对各国的关税水平进行比较。该方法计算出的百分比越大，则该国的关税水平越高。关税水平越高，说明关税的保护程度就越强。

9. 有效保护率（简称 EPR），也称有效关税率或实际保护率，是指征收关税后使受保护行业每单位最终产品附加价值增加的百分比。具体地说，就是由于整个关税制度（和有效保护措施）而引起的一种产品在国内加工增值差额与自由贸易条件下加工增值差额的百分比。可用公式表示如下

$$有效保护率=\frac{国内加工增值-国外加工增值}{国外加工增值}\times 100\%$$

或

$$EPR=\frac{V'-V}{V}\times 100\%$$

10. 有效保护率和最终制成品的名义关税税率（又称名义保护率）之间的关系是：当最终产品的名义税率高于原材料进口名义税率时，有效保护率高于名义关税税率；当最终产品的名义税率等于原材料进口名义税率时，有效保护率等于名义关税税率；当最终产品的名义税率低于原材料进口名义税率时，有效保护率低于名义关税税率，甚至出现负有效保护率。

11. “瀑布”式或不断升级的关税梯度结构，是指对越低加工阶段的产品课征越低的名义关税率。

12. 世界各国因其国内经济和进出口商品不同，其关税结构也会各不相同。一般表现为：①资本品税率较低，消费品税率较高；②生活必需品税率较低，奢侈品税率较高；③本国不能生产的商品税率较低，本国能够生产的商品税率较高。

13. 在考察保护程度时，要把着眼点放在产品生产过程的增值上和分析关税对产品增值部分的影响上。投入品（原料、半制成品）的关税税率越低，关税对产出品的有效保护水平越高；反之，越低，甚至形成关税的负保护。

知识与技能训练

【名词解释】

关税　关境　进口税
最惠国税　特惠税　普惠制
从量税　从价税　混合税
价格效应　消费效应　生产效应
贸易效应　财政效应　复利效应
关税水平　有效保护率　关税结构

【判断题】

1. 普惠制是发达国家给予发展中国家制成品和半成品的一种普遍的、非歧视性的和非互惠的关税优惠待遇。（　）

2. 关税税收必须按一定的比例和方法征收，不能随意变化和减免，这一规定国家和纳税人都要遵守和执行。（　）

3. 关税的税收客体是本国的进出口商，在进出口商品的时候，进出口商根据法律规定向海关纳税，是纳税人。（　）

4. 海关税则一般包括两个部分：一部分是海关课征关税的规章条例，另一部分是关税税率表。（　）

5. 特惠税是世界贸易组织多边贸易体制的一个基本原则，任何一个成员在给予其他成员特惠国待遇的同时，也将享受其他成员给予的特惠待遇。（　）

6. 普惠制，是指发达国家对来自发展中国家或地区的商品，特别是制成品和半制成品，给予普遍的、非歧视的和非互惠的优惠关税待遇。（　）

7. 大国在世界市场上有左右价格的能力，通过减少进口，大国可以迫使出口国降低价格，结果是大国总是可以在提高关税的情形下使社会福利增加。（　）

8. 世界市场价格不因小国进口减少而下降，因此关税的负担则完全由小国的消费者承担，没有外来的关税收入来弥补，故总体上必然是损失。（　）

9. 在进口国需求弹性较大且出口国供给弹性较小的情况下，大国征收关税将明显改善本国贸易条件，从而增加本国福利。（　）

10. 在最优关税水平点上，大国征收关税引起的边际收益与边际成本相等。（　）

11. 关税水平的高低完全可以用来衡量一个国家进口税的真实保护程度。（　）

12. 全额加权平均法是选取若干种有代表性的商品作为计算关税水平的一篮子商品，按一定时期内这些商品的进口税总额占这些代表性商品进口总额的百分比计算。计算公式是：关税水平=（一篮子商品进口税款总额/一篮子商品进口总值）×100%。（　）

13. 有效保护率亦称有效关税率或实际保护率，是指由于整个关税制度（和有效保护措施）而引起的一种产品在国内加工增值差额与自由贸易条件下加工增值差额的百分比。（　）

14. “瀑布”式关税梯度结构即对越低加工阶段的产品课征越低的名义关税率。 ( )

15. 当最终产品的名义税率高于原材料进口名义税率时，有效保护率低于名义关税税率，甚至出现负有效保护率。 ( )

16. 所谓关境是指实施同一海关法规和关税制度的境域，即国家（地区）行使海关主权的执法空间，又称“税境”或“海关境域”。一般情况下，关境等于国境。但有些国家关境不等于国境。 ( )

【简答题】

1. 简述关税的性质及特征。
2. 什么是海关税则？它包括什么内容？
3. 小国课征关税后的福利水平变化如何？

【论述题】

1. 请分析大国征收进口关税的经济效应及最优关税的确定。
2. 试用名义保护率与有效保护率的关系说明关税结构升级现象。

【应用题】

1. 请浏览中国海关总署网站或 http://www.china-customs.com/customs-tax/，详细了解中国海关进出口关税税率税则。

2. 一国对于载人机动车整车进口征收25%的进口关税，但对大部分该类机动车的零部件征收10%的进口关税。假定国内加工一种小汽车需要的中间投入比率为70%且全部采用税率为10%的进口零配件。请计算该国对这种小汽车的有效保护率。若零部件的进口关税率为30%，则结果如何？40%呢？

3. 对于中国加入世贸组织做出关于关税减让的承诺，有的人认为会对本国工业造成打击，有的人则认为是成功的。请结合实际并运用所学知识论证你的观点。

第八章

非关税壁垒

学习目标

技能目标

- 掌握非关税壁垒对进、出口国的影响的分析方法。

知识目标

- 熟悉非关税壁垒的定义、目的及种类；
- 熟悉和掌握非关税壁垒的经济效应；
- 掌握非关税壁垒与关税壁垒的比较；
- 了解非关税壁垒的发展趋势及其对中国经贸的影响。

学习背景

第二次世界大战后，在关税及贸易总协定 GATT 的不断努力下，缔约国之间的关税保护已大大减弱，自由贸易大力促进了各国经济的迅速发展。然而，尽管各国在理论上都承认自由贸易的好处，也在努力推动全球更大范围内的自由贸易，但随着各国经济的复苏，许多国家发现自由贸易给本国带来了一些如经济衰退，失业严重，甚至社会动乱等问题。这些国家的政府在国内压力下，不得不在不同程度上采取一些保护国内市场的贸易政策，因此，各种类型的非关税壁垒纷纷出台。改革开放让中国的对外贸易以前所未有的速度发展。然而在参与经济全球化进程中，中国却不断地遭遇非关税壁垒。20 世纪 90 年代后期，中国已成为国际非关税壁垒最大的受害者。由于对非关税壁垒及 WTO 规则的不了解，往日的被动遭受冲击让我国出口企业吃尽苦头。中国不应该被非关税壁垒难倒，只要我们认真研究世界贸易组织的有关保障条款，学习借鉴别国的实践经验，在运用非关税措施尤其隐性非关税措施来保护国内产业和市场方面，仍有相当大的回旋余地和发展前景。

第一节　非关税壁垒概述

入门案例

技术性贸易壁垒考验深圳的玩具出口㊀

2010年，经济外向度高的深圳不仅面临贸易摩擦挑战，同时还将迎接技术性贸易壁垒的考验。目前，技术性贸易壁垒已成为阻碍我国企业出口的第一大非关税壁垒。

2月25日，记者从深圳市标准技术研究院日前发布的《2009年深圳市技术性贸易措施分析报告》中获悉，保守估计，深圳企业去年因技术性贸易壁垒导致的出口损失已达134亿美元。

据了解，2009年1月21日、1月22日，荷兰连续发布两起通报，宣布召回深圳某玩具企业生产的两款共960个"KOPPEN"牌塑胶玩具：牧场动物及海洋动物。据了解，这两款玩具为2006年10月以进料加工的贸易方式在深圳生产，同年11月出口到荷兰，此次因有化学危险而被通报召回。这只是众多被召回产品中的一例。据不完全统计，2009年，美国、加拿大及欧盟共召回各类中国产品408种，产品总量难以统计。其中在工业品领域，被召回的深圳出口产品包括玩具、灯具等9类，共19批。

《分析报告》显示，据不完全统计，2009年，受到国外技术性贸易措施影响的深圳出口企业占出口企业总数的比例接近55%，直接损失额近98亿美元，新增成本约36亿美元，损失总额达134亿美元。各行业按照损失程度排列，依次为电子信息（26%）、纺织服装皮革（24%）、农食（16%）、机械（11%）及玩具（7%）；按照所受影响的国家及地区分布情况划分，依次为欧盟（32%）、美国（25%）、日本（12%）及东盟（6%）；企业在各国家及地区遭受的直接损失中，美国居于首位，达28亿美元，其次为欧盟26亿美元、日本约8亿美元、东盟逾3亿美元。

采访中，深圳市标准技术研究院技术性贸易措施研究所副所长李猛表示，2008年下半年开始全面爆发的国际金融危机，使全球经济迅速进入衰退期，国际贸易大幅萎缩，贸易保护主义纷纷抬头，一些发达国家和地区继续加大技术性贸易措施的实施力度，使得对外贸易依存度高达300%左右的深圳遭遇到空前严重的困难，受国外技术性贸易措施的影响主要表现在认证、技术标准、环保、有毒有害限量及人身安全要求等方面。2009年，在令深圳市出口企业蒙受损失的各种表现形式中，以取消订单情况最为常见，约占48%；其次为退回货物约占13%，降级处理约占10%，扣留货物约占9%。

带着问题学习：

1．什么是非关税壁垒？其特点及作用是什么？

2．非关税壁垒有哪些类型？案例中深圳企业遭遇了哪些种类的非关税壁垒，它们有哪些常见的形式？

㊀ 文章来源：慧聪礼品工艺品网，http://info.gift.hc360.com/2010/03/090825122651.shtml，2010-04-20。

一、非关税壁垒的内涵及作用

（一）非关税壁垒的含义

非关税壁垒（Non-Tariff Barriers，NTBs），又称非关税贸易壁垒，是指一国政府采取除关税以外的各种办法，来对本国的对外贸易活动进行调节、管理和控制的一切政策与手段的总和，其目的就是试图在一定程度上限制进口，以保护国内市场和国内产业的发展。

早在资本主义发展初期就已出现了非关税壁垒，但普遍建立起来是在20世纪30年代。由于世界性经济危机的爆发，各资本主义国家为了缓和国内市场的矛盾，对进口的限制变本加厉，一方面高筑关税壁垒，另一方面采用各种非关税壁垒措施阻止外国产品进口。第二次世界大战以后，尤其是20世纪60年代后期以来，在关贸总协定的推动下，关税总体水平大幅度下降，因而关税的保护作用越来越弱，这使得非关税壁垒的运用越来越重要和广泛。到20世纪70年代中期，非关税壁垒已经成为主要的贸易保护手段。

（二）非关税壁垒的特点

非关税壁垒与关税壁垒一样可以限制外国商品进口，但与关税壁垒措施相比，非关税壁垒主要具有下列三个明显的特点：

（1）非关税壁垒比关税具有更大的灵活性和针对性。关税的制定，往往要通过一定的立法程序，要调整或更改税率，也需要一定的法律程序和手续，因此关税具有一定的延续性。而非关税壁垒的制定与实施，则通常采用行政程序，制定起来比较迅速，程序也较简单，能随时针对某国和某种商品采取或更换相应的限制进口措施，从而较快地达到限制进口的目的。

（2）非关税壁垒的保护作用比关税壁垒的保护作用更为强烈和直接。关税壁垒是通过征收关税来提高商品成本和价格，进而削弱其竞争能力，因而其保护作用具有间接性。而一些非关税壁垒如进口配额，预先限定进口的数量和金额，超过限额就直接禁止进口，这样就能快速和直接地达到关税壁垒难以达到的目的。

（3）非关税壁垒比关税壁垒更具有隐蔽性和歧视性。关税壁垒，包括税率的确定和征收办法都是透明的，出口商可以比较容易地获得有关信息。另外，关税壁垒的歧视性也较低，它往往要受到双边关系和国际多边贸易协定的制约。但一些非关税壁垒则往往透明度差，隐蔽性强，而且有较强的针对性，容易对别的国家实施差别待遇。

> **思考**
>
> 学习完本节后，分析哪些非关税壁垒的作用最强烈和直接，哪些非关税壁垒的隐蔽性和歧视性最强。

（三）非关税壁垒的作用

西方发达国家的贸易政策越来越把非关税壁垒作为实现其政策目标的主要工具。对他们来说，非关税壁垒的作用主要表现在三个方面：

（1）作为防御性武器限制外国商品进口，用以保护国内陷入结构性危机的生产部门，或者保障国内垄断资产阶级能获得高额利润。

（2）在国际贸易谈判中用作砝码，逼迫对方妥协让步，以争夺国际市场。

（3）用作对其他国家实行贸易歧视的手段，甚至作为实现政治利益的手段。

总之，发达国家设置非关税壁垒是为了保持其经济优势地位，继续维护不平等交换的国际格局。

必须承认，发展中国家同样也越来越广泛地使用非关税壁垒措施。但与发达国家不同的是，发展中国家设置非关税壁垒的目的主要是：

（1）限制非必需品进口，节省外汇。

（2）限制外国进口品的强大竞争力，以保护民族工业和幼稚工业。

（3）发展民族经济，以摆脱发达资本主义国家对本国经济的控制和剥削。

发展中国家的经济发展水平与发达国家相距甚远，完全不在同一条起跑线上，因而设置非关税壁垒有其合理性和正当性。为此，关贸总协定在“肯尼迪回合”中新增了“贸易和发展”部分，并陆续给予发展中国家以更大的灵活性，允许其为维持基本需求和谋求优先发展而采取贸易措施。乌拉圭回合达成的《WTO 规则》也对发展中国家使用关税壁垒保护国内民族产业给予了一定的特殊安排。但总的来说，无论是过去的 GATT 还是今天的 WTO，对于发展中国家采取非关税措施保护国内民族产业都缺乏实质性的保护条款。

二、非关税壁垒的种类

非关税壁垒名目繁多，内容复杂，形式多样。根据美国、欧盟等 WTO 成员贸易壁垒调查的实践，非关税壁垒主要表现为以下 12 种形式：

（一）进口配额

进口配额（Import Quota）又称进口限额，是指一国政府在一定时期（如一年、半年、一个季度）内，对某种商品的进口数量或金额加以直接限制。在规定的时限内，配额以内的货物可以进口，超过配额不准进口，或者征收较高关税后才能进口。进口配额有两种方式：

工作提示

对于进口实行进口配额制的商品时，进口商必须取得配额证明后方可申请进口。

1. 绝对配额

绝对配额（Absolute Quota）是指在一定时期内，对某些商品的进口数量或金额规定一个限额，达到这个限额后，便不准进口。这种配额在实施中又有全球配额和国别配额两种：

（1）全球配额（Global Quota）

全球配额属于世界范围内的配额，对于来自任何国家或地区的商品一律适用。主管当局通常根据进口商的申请先后或过去某一时期的实际进口额批给一定的额度，直到总配额发放完为止，超过总配额就不准进口。由于全球配额不限定进口国别或地区，进口商取得配额后可以从任何国家或地区进口。这样，邻近国家或地区因地理位置接近，交通便利，到货迅速而占了先机，而较远的国家就处于不利地位。因此，在配额的分配和利用上，难以贯彻国别和地区政策，所以很多国家转而采用国别配额。

（2）国别配额（Country Quota）

国别配额即政府规定一定时期内的总配额，在总配额内按国别和地区分配给固定的配额。为了区别来自不同国家和地区的商品，进口商在进口商品时必须提交原产地证明书。实行国别配额可以使进口国根据它与有关国家和地区的政治经济关系分配不同的额度。一般来说，国别配额可以分为自主配额和协议配额。

1）自主配额（Autonomous Quota），又称单方面配额，是由进口国自主地、单方面制定在一定时期内从某个国家或地区进口某种商品的配额，而不需要征得出口商的同意。自主配额的确定一般参照某国过去一定时期内的出口实绩，按一定比例确定新的进口数量或金额。由于各国或地区占比重不同，所得到的配额有差异，所以进口国可以利用这种配额贯彻国别政策。但自主配额由进口国自行制定，往往带有不公正性和歧视性，容易引起某些出口国家或者地区的不满或报复。因此很多国家采用协议配额，以缓和彼此之间的矛盾。

2）协议配额（Agreement Quota），又称双边配额，是由进口国和出口国政府或民间团体达成的，一般需要在进口商或出口商中进行分配。如果是双边民间团体达成的，应事先获得政府许可，方可执行。协议配额是由双方协商确定的，通常不会引起出口方的不满与报复，并可使出口国对配额的实行有所谅解与配合，比较容易执行。

2．关税配额

关税配额（Tariff Quota），是指对进口商品的绝对数额不加限制，而对一定时期内规定配额以内的进口商品，给予低税、减税或免税待遇；对超过配额的进口商品，则征收较高的关税或附加税。

关税配额与绝对配额的区别在于，关税配额在超过配额后仍可进口，但需征收较高的关税；而绝对配额是规定一个最高进口额度，超过后一律不准进口。因此关税配额是一种把关税和进口配额结合在一起的限制进口措施。关税配额按其征收关税的优惠性质，可以分为优惠性关税配额和非优惠性关税配额。前者是对关税配额内的进口商品给予较大幅度的关税减让，甚至免税，而超过配额的进口商品征收原来的最惠国税；后者是对关税配额内的进口商品征收原来正常的进口税，对超过配额进口商品就征收较高的附加税或罚款。

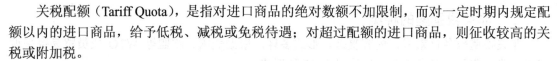

> **思考**
>
> 优惠性关税配额和优惠性关税有什么不同？

（二）“自动”出口配额制

“自动”出口配额制（Voluntary Export Quota），又称“自愿”出口限制，是指出口国家或地区在进口国的要求和压力下，自己规定在某一时期内（一般为3～5年），某些商品对该国的出口限额。在限定的配额内自动控制出口，超过配额即禁止出口。“自动”出口配额制并非出于出口国的自愿，事实上，进口国往往以某种商品大量进口使相关工业部门受到严重损害，或造成所谓的“市场混乱”为由，要求出口国“自动”限制出口数量，否则就采取报复性的贸易措施。因此，“自动”出口配额制带有明显的强制性。“自动”出口配额制主要有以下两种形式：

1．协定的“自动”出口配额

协定的“自动”出口配额是指进出口双方通过谈判签订“自动协议”（Self-Restriction Agreement）或“有秩序销售协议”（Orderly Marketing Agreement），规定在一定时期内某些商品的出口配额，出口国应根据此配额实行出口许可证或出口配额签证制（Export Visa），自行限制这些商品的出口，进口国则通过海关进行统计核查。“自动”出口配额大多属于这一种。

案例链接

1957年美国的纺织业因为日本纺织品输入激增而受到损害，要求日本限制其对美国出口，否则立即实行更为严厉的进口限制。在强大的压力下，日本和美国签订了一个为期5年的“自动限制协定”，“自动”地把对美国的棉纺织品出口限制在2.55亿平方码内，从而由美国在总协定之外，开创了第一个对纺织品出口进行限制的先例。

2．非协定的“自动”出口配额

非协定的“自动”出口配额是指出口国由于来自进口国的压力，自行单方面规定出口配额以限制商品出口。这种配额有的是由政府有关机构规定并定期公布配额，出口商向政府有关机构申请配额，领取出口授权书或出口许可证后出口；有的是由出口厂商或协会“自动”控制出口。

案例链接

1975年，在日本政府的行政指导下，日本6家大钢铁企业，“主动”将1976年对西欧的钢材出口量“自动”限制在120万吨以内，1977年又限制在122万吨。

（三）进口许可证制

进口许可证制（Import License System）是指进口国规定某些商品的进口必须事先申领进口许可证，否则一律不准进口。它是进口国管理贸易和控制进口的重要手段。具体使用中，进口许可证有以下种类：

思考

分析为什么日本政府会主动对出口西欧的钢材采取“自动”出口限制?

1．按照进口许可证与配额的关系分类

（1）有定额的进口许可证。即进口国预先规定有关商品的进口配额，然后在配额的限度内，根据进口商的申请，对每笔进口货物发给一定数量或金额的进口许可证，配额用完即停止发放。一般来说，进口许可证是由进口国有关当局向提出申请的进口商发放的，但也有将这种权限交给出口国自行分配使用的。

工作提示

我国常见需要申办进口许可证方能进口的商品有：酒、烟草、二醋酸纤维丝束、鸡肉、石棉、塑料原料、合成橡胶、铜、铝、煤、废钢及废纸等。

（2）无定额的进口许可证。即进口国预先不公布进口配额，只是在个别考虑的基础上发放有关商品的进口许可证。因为它是个别考虑的，没有公开的标准，发放权完全由进口国主管部门掌握，因此更具有隐蔽性，可以起到更大的限制进口的作用。

2．按照进口商品的许可程度分类

（1）公开一般许可证。公开一般许可证又称公开进口许可证、一般进口许可证或自动进口许可证。它对进口国别或地区没有限制，凡是列明属于公开一般许可证的商品，只要填写公开一般许可证后，即可获准进口。因此，这类商品实际上是“自动进口”的商品，它的目的不是在于限制进口，而在于管理进口。

工作提示

对于出口需要进口许可证的商品，出口商必须在买卖合同中规定进口许可证得不到批准的情况下无条件地解除合同等措施。

（2）特种进口许可证。又称非自动进口许可证，属于特种许可证管理的商品进口必须向有关当局提出申请，经过逐笔审批后才能进口。这种许可证往往都规定进口商品的国别或地区。

（四）外汇管制

外汇管制（Foreign Exchange Control），是指一国政府通过法令对国际结算和外汇买卖实行限制，以平衡国际收支和维持本国货币汇价的一种制度。外汇管制与对外贸易有着密切关系，出口必然要收进外汇，进口必然要支付外汇，因此，如果有目的地对外汇进行管理，就可以直接或间接地限制进出口。实行外汇管制的国家一般规定出口商必须将其出口所得外汇收入按官方汇率（Official Exchange Rate）结售给外汇管理机构，进口商也必须通过外汇管理机构按官方汇率申请购买外汇。这样，政府就可以通过官方汇率、集中外汇收入、控制外汇支出及实行外汇分配等办法来控制进口商品的数量、品种和国别。

思考

你认为中国正在实行外汇管制吗？如果是，那是属于什么类型的外汇管制？

外汇管制的方式可分为以下几种：

1. 数量性外汇管制

数量性外汇管制即国家外汇管理机构对外汇买卖的数量进行直接限制和分配，主要目的在于集中外汇收入，控制外汇支出。有些国家实行数量性外汇管制时，还规定进口商必须获得进口许可证后才能得到所需的外汇。

2. 成本性外汇管制

成本性外汇管制即国家外汇管理机构对外汇买卖实行复汇率制（System of Multiple Exchange Rates），利用外汇买卖成本的差价，间接影响不同商品的进出口。所谓复汇率制是指一国货币对外有两个或两个以上汇率，分别适用于不同的进出口商品，主要目的是通过汇率的差别达到限制或鼓励某些商品进出口的目的。

3. 混合性外汇管制

混合性外汇管制即同时采用数量性和成本性外汇管制，对外汇实行更为严格的控制。

（五）进出口的国家垄断

进出口的国家垄断（State Monopoly）又称为国营贸易，是指在对外贸易中，某些商品的进出口由国家直接经营或把某些商品的进出口专营权给予某个垄断组织。各国垄断的进出口商品主要有四大类：

思考

试列举更多中国采取国家垄断商品的例子。

第一类是烟酒。政府可以从烟酒的进出口垄断中取得巨大的财政收入。

第二类是农产品。农产品的对外垄断销售，一般是发达国家国内农业政策措施的一部分，这在欧美国家尤为突出。

第三类是石油。石油关系到一国的经济命脉，因此主要的石油出口国和进口国都设立国有石油公司，对石油贸易进行垄断经营。

第四类是武器。武器不但关系到国家安全，而且关系到世界和平，因此武器贸易多数由国家垄断经营。

（六）歧视性政府采购政策

歧视性政府采购政策（Discriminatory Government Procurement Policy）是指国家制定法令，规定政府机构在采购商品时必须优先购买本国的产品。这种政策实际上是歧视外国产品，起到了限制进口的作用。很多国家都有类似的制度，有的国家虽然没有明文规定，但优先采购本国产品已经成了惯例。

案例链接

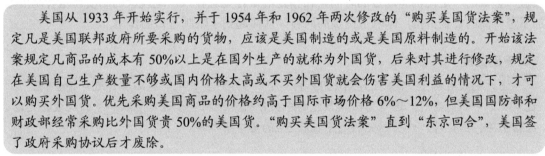

美国从 1933 年开始实行，并于 1954 年和 1962 年两次修改的“购买美国货法案”，规定凡是美国联邦政府所要采购的货物，应该是美国制造的或是美国原料制造的。开始该法案规定凡商品的成本有 50%以上是在国外生产的就称为外国货，后来对其进行修改，规定在美国自己生产数量不够或国内价格太高或不买外国货就会伤害美国利益的情况下，才可以购买外国货。优先采购美国商品的价格约高于国际市场价格 6%～12%，但美国国防部和财政部经常采购比外国货贵 50%的美国货。“购买美国货法案”直到“东京回合”，美国签了政府采购协议后才废除。

（七）国内税

国内税（Internal Taxes）是指一国对本国境内生产、销售、使用或消费的商品所征收的各种捐税，一些国家往往采用国内课税制度来直接或间接限制进口。通过征收国内税，对国内外商品实行不同的征税方法和税率，增加进口商品的纳税负担，削弱其与国内产品竞争的能力，从而达到限制进口的目的。国内税是一种比关税更加灵活和易于伪装的措施，因为国内税的制定和执行完全属于一国政府，有时甚至是地方政府的权限，通常不受贸易条约和协定的约束。

工作提示

我国对进口商品征收的国内税比较典型的有进口增值税、消费税、购置税及营业税等。

（八）最低限价和禁止进口

最低限价（Minimum Price）就是一国政府规定某种进口商品的最低价格，如果进口商品低于规定的最低价格，则征收进口附加税或禁止进口。如欧盟的农产品最低限价和差价税也是最低限价的一种。采用这种政策，一国有效地抵制低价商品的进口或以此削弱进口商品的竞争力，保护本国市场。

禁止进口（Prohibitive Import）是限制进口的一种极端措施。当一国政府认为一般的限价已不足以解救国内市场受冲击的困难时，就会颁布法令，公开禁止某些商品进口。这种措施很容易引起对方国家的相应报复，引发贸易战，最终对双方都无好处，因此不宜贸然采用。

案例链接

美国“All Americas International Inc”公司2年前整体购下了乌克兰最大的茶叶分装厂——“撒马尔罕茶叶分称包装厂”，2年内已向该厂投资500万美元，生产了5 700吨优质袋装茶，为400人提供了工作岗位。该美资公司2007年一季度还准备再投资140万美元，使生产能力达到年产1.5万吨，工作岗位增加至800人。为防止国外低价茶叶冲击乌国市场，保障国内市场上茶叶分装企业之间的平等竞争环境，乌政府特规定：将给予美资“撒马尔罕茶叶分装厂”的海关进口和国内税收优惠政策延续至2009年5月1日；对从其他国家进口的茶叶设置每吨600美元的最低限价。

（九）进口押金制

进口押金制（Advanced Deposit）又称进口存款制，是指进口商在进口商品时，必须预先按进口金额的一定比例和规定的时间，在指定的银行无息存入一笔现金的制度。这种制度增加了进口商的资金负担，影响了资金的周转，从而起到了限制进口的作用。

案例链接

意大利政府从1974年5月到1975年3月曾对400多种进口商品实行进口押金制。凡进口规定中的商品时，进口商必须预先向中央银行交纳相当于进口货款一半的现金，无息冻结半年。据估计，这项措施相当于征收5%的进口附加税。

（十）海关估价制

海关估价制（Customs Valuation System）本来是海关为了征收关税而确定进口商品价格的制度。但在实践中，有些国家根据某些特殊的规定，提高进口商品的估价，从而增加进口商品的关税负担，阻碍商品的进口，这就使海关估价成为专断的海关估价制度。

工作提示

尽管美国废除了海关估价制，但其仍常利用“反倾销”的借口对中国商品进口多加阻挠。中国出口美国商品在定价时仍处在进退两难境地。

专断的海关估价制度的实行以美国最为典型。美国海关长期按照进口商品的国外价格（出口国国内销售市场的批发价格）或出口价格（出口国市场供出口的价格）两者之间较高的一种进行征税，对某些与本国商品竞争激烈的进口商品（如煤油产品、胶底鞋类及毛手套等）则按“美国销价制”（American Selling Price System）征收关税，这些商品都是在美国销价很高的商品。采用这种估价制度，无疑人为地提高了进口商品的关税负担。由于受到其他国家的强烈反对，美国于1981年废除了这种估价制度。

为了消除各国海关估价制度的巨大差异，并减少其作为非关税壁垒的消极影响，GATT于“东京回合”达成了《海关估价协议》，形成了一套统一的海关估价制度。

（十一）技术性贸易壁垒

技术性贸易壁垒（Technical Barriers to Trade）是指一国对进口商品所制定的复杂苛刻的技术标准、卫生检疫规定及商品包装和标签规定等，这些规定往往以维护生产、消费安全及人民健康、环境保护等为理由制定。有些规定非常复杂，而且经常变化，使外国产品难以适应，从而起到限制进口的作用。

工作提示

各国设置的技术性贸易壁垒各不相同。在出口商品前，必须先了解清楚进口国对商品的有关技术规定，决不能轻易签订“不达标”商品买卖合同。

1．技术标准

发达国家普遍对制成品的进口规定了极为严格、繁琐的技术标准，而且涉及的范围越来越广，进口商品必须符合这些标准才能进口。

有些技术标准不仅在条文本身上限制商品进口，而且在实施过程中也为外国产品的销售设置了重重障碍。

案例链接

日本曾经规定，英国输往日本的小汽车运到日本后，必须由日本人进行检验，如果不符合规定，则要英方聘请日本雇员进行检修，这样就费时费工。加上日本有关技术标准公布迟缓，使英国汽车输往日本更加困难。

2．卫生检疫规定

卫生检疫标准主要适用于农副产品、食品、药品及化妆品等。现在各国要求检疫的商品越来越多，规定也越来越严。如美国规定，进口的食品、饮料、药品及化妆品，必须符合美国“联邦食品药品及化妆品法”的规定，进口货物通关时，均须经食品药物管理署（FDA）检验，如发现与规定不符，海关将予以扣留，有权进行销毁，或按规定日期装运再出口。

案例链接

我国出口到日本的化妆品，首先要与日本的化妆品成分标准（JSCL）、添加剂标准（JSFA），药理标准（JP）的要求一致。只要有其中一项指标不合格，日方就可以以质量不达标为由而拒之门外。

3．商品包装和标签规定

很多国家对本国市场销售的商品规定了各种包装和标签条例，内容复杂，手续繁琐，对商品的包装材料、包装方式都有具体的规定。进口商品必须符合这些规定才能进口。许多外国产品为了符合这些规定，不得不重新包装和改换商品标签，因而增加商品成本，削弱其竞争力，影响了商品的销路。

（十二）环境贸易壁垒

1．绿色贸易壁垒的概念

绿色壁垒即环境壁垒，是一种以保护环境、自然资源和人类健康为借口而制定的一系列苛刻的环境标准，是一种贸易保护主义新措施。

工作提示

ISO14000是国际标准化组织制定并颁布的环境管理体系标准，得到世界各国政府、企业界的普遍重视和积极响应。现在，国际上采购商在要求有ISO9000质量证书的同时，还要看有无 ISO14000 环保证书，对于产品质量不相上下的企业，通常是优先挑选那些两证齐全者，有利于达成国际贸易订单。

2. 绿色贸易壁垒的特点

绿色贸易壁垒与其他非关税壁垒相比，有如下特点：

（1）虚假性。绿色贸易壁垒一般都打着保护地球生态环境与人类健康的幌子，貌似合理，实则是限制进口的不合理贸易保护主义。

（2）歧视性。发达国家无视发展中国家的实际情况，以其先进技术、雄厚资金提出过高标准，把发展的不平衡导入贸易领域，特别是对来自发展中国家的产品实行更加严格的限制，使发展中国家的贸易环境更加恶劣。

（3）隐蔽性。各种绿色贸易壁垒借环保之名，隐蔽于具体的贸易法规、国际公约的执行过程中，成为进口国拒绝外国产品的武器。

（4）广泛性。绿色保护的内容非常广泛，它不仅涉及对资源、环保及与人类健康有关商品的生产、销售的规定和限制，而且对那些需要达到一定安全、卫生及防污等标准的工业制成品也产生巨大压力，因此，对发展中国家的对外贸易与经济发展富有极大的挑战性。这些绿色环保措施还具有不确定性和可塑性，在具体实施时，容易受发达国家的刁难和抵制。

（5）坚固性。绿色贸易壁垒抓住人们关注消费质量，关注生态环境的心理，根据本国市场和消费者的情况制定超高标准措施，人为设置外国产品进入障碍，具有限制进口的坚固壁垒作用。

第二节　非关税壁垒的经济效应

入门案例

美国大片进口配额增加意味着什么[㊀]

新华网北京1月19日电（记者赵琬微）中美双方18日就解决WTO电影相关问题的谅解备忘录达成协议。据悉，中国每年将增加14部美国进口大片，以IMAX和3D电影为主；美国电影票房分账比例从13%提高到25%。

对此，业内人士普遍认为值得期待，将对国内电影市场提高质量、整合资源起到积极作用。

㊀文章来源：新华网，2012-02-19。

进口大片见证国人开放心态

“进口大片配额的增加表明了一种自信和开放的心态，对产业发展利大于弊。”旗下有全国 80 余家影院的新影联副总经理高军说。1994 年，中国引进第一部美国大片《亡命天涯》的时候，“狼来了”的担忧很多，但实际上促进了电影市场的繁荣。

经过近 20 年的商业化实践，中国电影产业实现了飞速发展，其中进口大片的作用不可忽视。2011 年中国电影总票房为 131.15 亿元人民币，其中美国分账大片 49.1 亿元，占 37%。与此同时，中国影片自身的活力不断增加，一些国产小成本影片的表现也令人欣喜。

实践证明，进口片的刺激对我国电影的长远发展有利。高军表示：“当年，我们用狼和羊比喻大片和中国电影市场的关系。如今，我们已经具备了一定的实力，增加配额以进一步刺激市场是水到渠成。”

直面“短痛”期待“绝处逢生”

本次调整从每年引进 20 部大片升至 30 余部，意味着平均每个月将有两三部大片在国内影院上映。国产影片的生存空间减小，竞争更加激烈，一批质量不优的作品面临被淘汰的命运。

对于面临的挑战，一些业内人士表示欢迎。“中国电影虽暂有疼痛，长远来说，是好事。”导演高群书表示，“中国电影市场对外开放，毁掉的是那些靠侥幸、靠明星阵容、靠吃老本及靠黑手操作市场取得某种成功的电影制作者。对提高中国电影的整体制作水准，对符合电影规律的制作者，是幸事。”

影评人、编剧张小北表示“不破不立”，扩大引进片对中国电影创作会是一个好的刺激。粗制滥造的国产电影将遭到残酷淘汰，有机会进入市场的国产制作会更加重视电影本身，而不是那些非市场因素的运作。

业内人士认为，这次引进的影片以 IMAX 和 3D 电影为主，可以看出是以促进技术发展为目标。据业内人士透露，引进大片的同时也将开启中美联合制片的新篇。如果美方在内地开设联合制片基地，中方将从合作中受益良多。

带着问题学习：

1. 和关税相比，进口配额有什么优缺点？两者的经济效应差异是什么？
2. 请用进口配额的经济效应分析中国增加美国影片进口配额的好处。

一、进口配额经济效应分析

（一）进口配额的经济效应

非关税壁垒种类繁多，无法一一进行经济效应分析，这里仅对比较典型的进口配额制进行分析。

和关税一样，进口配额对进口贸易起着限制作用。运用分析关税的经济效应的方法，同样可以用来分析进口配额的经济效应。

首先从小国着手分析。假设实行进口配额的是一个贸易小国，即该国实行配额而减少进口量不会对世界市场价格产生影响，则有图 8-1 贸易小国进口配额制的经济效益分析模型。

由于小国的贸易政策无法影响世界价格，因此，小国实行配额后的价格 P_S 应该介乎封闭市场下的国内均衡价格 P_E 和自由贸易下的世界价格 P_W 之间。这主要因为：首先，实施了进口配额，国内供给加上进口配额量使得国内总供给增加从而降低国内市场价格；其次，进口配额限制了自由贸易，使得小国国内供给仍然无法完全满足国内需求，国内价格仍高于世界市场，无法满足的需求 Q_2Q_3 通过配额进口来部分完成从而产生了一个新的国内市场价格。

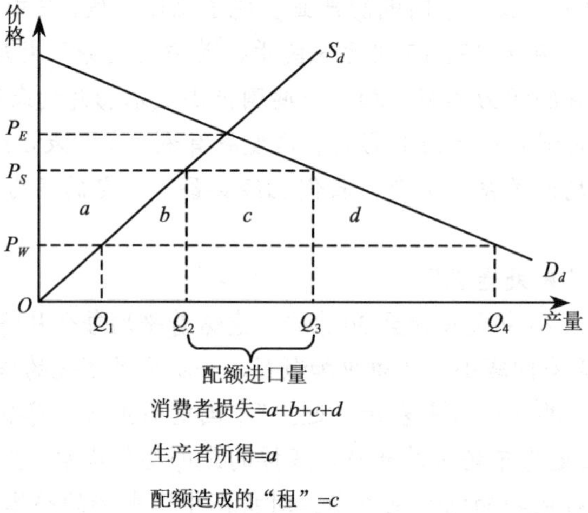

图 8-1 贸易小国进口配额的经济效益分析

由以上模型分析可以看出，当贸易小国实施进口配额时，由于进口量的减少不会影响世界价格，且进口量是通过配额限制固定的，因此只会引起本国价格上涨，需求降低，国内消费者剩余减少了面积（$a+b+c+d$），这是配额的消费效应；价格的上涨会引起本国生产者的供给增加，生产者剩余增加了面积 a，这是配额的生产效应；配额限制了进口量，使得进口量比在自由贸易条件下降低，这是配额的贸易效应；持有进口许可证的个人或公司能够从外国购买进口商品，并在本国以高价出售从而获取面积 c 的利润，这种利润就是所谓的配额造成的“租”，直接产生配额利润效应；配额导致剩余中的 a 部分转移给生产者，c 部分转移给进口商，这是配额的收入再分配效应；最后社会总福利=生产者所得（a）+配额造成的“租”（c）–消费者损失（$a+b+c+d$）=–（$b+d$），即社会总福利净损失。

工作提示

政府应用行政权力对企业和个人的经济活动进行干预和管制，妨碍了市场竞争的作用，从而创造了少数有特权者取得超额收入的机会的活动称为“寻租行为”，其中的超额收入称为“租”。

要特别说明，如果进口国把配额进口权授予国内个人或公司，则配额租金为本国收益；如果进口国把配额进口权授予外国政府或公司，则配额实施国的社会总福利损失会上升为（$b+c+d$）。

如果实行进口配额的是一个贸易大国，那么情况会怎样呢？

由于贸易大国实行配额使得进口量减少，影响世界需求量从而影响世界价格，因此大国的贸易条件会得到改善。也就是说大国的进口商会因为以更低的价格进口商品而从中获利（如图 8-2 所示）。即社会总福利=生产者所得（a）+配额造成的“租”（$c+e$）–消费者损失（a+b+c+d）=e-（b+d）。若 e>（b+d），则社会总福利为净收益；若 e<（b+d），则社会总福利为净损失。

需要特别说明的是，如果进口国把配额进口权授予国内个人或公司，则配额租金为本国收益；如果进口国把配额进口权授予外国政府或公司，则配额实施国的社会总福利损失会上升为（b+c+d）。

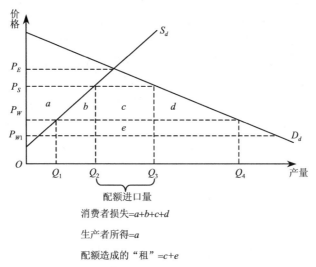

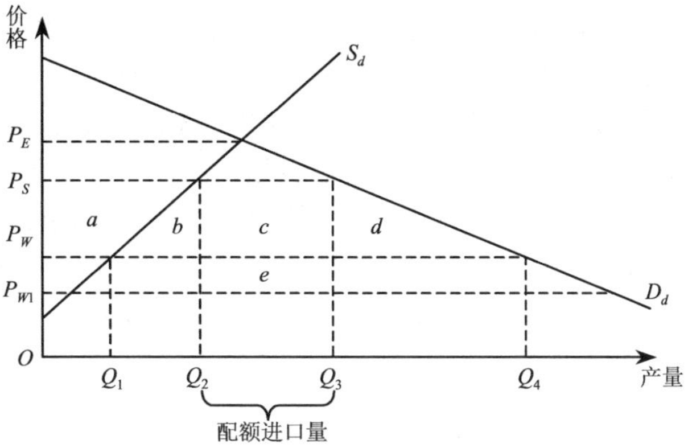

消费者损失=a+b+c+d

生产者所得=a

配额造成的“租”=c+e

图 8-2　贸易大国进口配额的经济效益分析

（二）配额与关税的差异

虽然进口配额与等效进口关税的经济效应在很多方面是一致的，但两者之间仍存在明显的差异。

（1）当国内需求发生变化的情况下，进口配额可以通过国内价格的变化来固定进口的数量，而进口关税的征收则固定了国内的价格，从而使得国内进口的数量处于不稳定状态。不仅如此，即使在国内需求变化的情况下，外国厂商既可以用提高劳动力、降低成本的方法来降低出口价格，部分抵消进口关税的作用，也可以用降低盈利率的办法来降低出口价格，抵消进口关税所引起的价格上涨，结果是使得关税的保护作用被大大削弱。但在进口配额的情况下，外国厂商难以通过降价来扩大出口，因为允许进口商品的数量是固定的。

（2）如前部分所述，关税配额与进口关税的第二个区别是关于面积 c 的归属。在征收关税的情况下，面积 c 所代表的收益是政府的税收所得，产生财政收入效应。而在实施进口配额制的情况下，则该部分所产生的配额租金归属则取决于进口国分配配额的方式及国际市场上该商品的出口商状况。

进口国分配进口配额的方式一般有三种：公开拍卖、按固定参数分配和按一定程序申请配额。

1. 进口国公开拍卖配额

政府在完全竞争的市场上公开拍卖配额，拍卖价等于自由贸易下世界价格与配额后国内价格的差价，配额数量限定，此时所得收入（相当于面积 c）归政府所有。在这种情况下，配额的经济效应与关税的效应完全相同。

2. 进口国按固定参数分配配额

进口国按固定参数分配配额即政府参照进口商某一时期的进口量免费分配一定的配额，则面积 c 的收入归进口商所有，政府未增加任何收入。

3. 进口国按一定的程序分配配额

进口国按一定的程序分配配额即进口商按规定的程序申请配额，由政府审批。政府也未能得到配额效应 c 部分，而是由被获得配额的进口商得到。但是，由于审批权完全掌握在部分政府官员手中，分配的透明度较差，而且容易产生“寻租”活动，是一种效率最低的方法。

通过以上分析可以看到，与关税相比，进口配额可能给本国的经济福利造成更大的损失，也更容易导致经济效率的损失，且其分配机制还可能导致在政府官员中滋生腐败，因而进口配额是一种劣于关税的贸易保护措施。但也要看到，进口配额作为一种纯粹的行政干预手段，在进口限制方面比关税手段更准确有效。表 8-1 概括了进口配额与关税政策两者经济效应的差异。

表 8-1 进口配额与关税政策经济效应比较

<table>
<tr><th>经济效应比较</th><th>配　额</th><th>关　税</th></tr>
<tr><td>消费效应</td><td>消费者损失</td><td>消费者损失</td></tr>
<tr><td>生产效应</td><td>生产者得益</td><td>生产者得益</td></tr>
<tr><td>贸易效应</td><td>进口量减少</td><td>进口量减少</td></tr>
<tr><td>财政收入效应</td><td rowspan="2">管理方法影响财政收入，进口商得益来自消费者损失</td><td rowspan="2">大国贸易条件改善，社会福利可能上升</td></tr>
<tr><td>收入再分配效应</td></tr>
</table>

从实际情况来看，发达国家仅仅在农产品和纺织品等少数国际贸易活动中还广泛使用这一低效而且不利于福利增加的措施，而广大发展中国家则仍把进口配额制作为贸易政策的重要手段。

二、非关税壁垒的发展趋势

20 世纪 90 年代以来，在 WTO 组织不懈地努力及各个国家通过双边和多边贸易谈判下，传统的非关税壁垒如配额、进口许可证等已大为减少，但与此同时，非关税壁垒领域呈现了新的发展趋势，这突出表现在：

1. 反倾销措施不断增强

反倾销的最初目的在于抵制国际贸易中的不公平行为，消除价格歧视。然而一些国家却把它作为一种战略竞争的手段，作为打击竞争对手和防止对手强大的武器来使用，从而给其带上了浓重的贸易保护色彩。从其发展趋势看，它将成为 21 世纪国际贸易壁垒的主导。

2. 贸易技术壁垒迅速发展

由于 WTO 有关贸易技术壁垒（Technical Barrier to Trade，TBT）的协议并不否认 TBT 存在的合理性和必要性，允许各国根据自身的特点制定与别国不同的技术标准，这使得发达国家利用此法律依据制定了多种技术法规、技术标准、质量认证等手段来限制其他国家的进口。随着科学的进步、技术创新的深入，新的技术标准会不断涌现，并被不断地纳入新的技术法规。技术创新使检测设备、手段、方法也更加先进，一些 WTO 发达成员运用 TBT 的水平也逐渐提高，对进口产品的标准规定越来越细，要求也越来越高，涉及面也越来越广。

3. 数量保障实施使用频繁

数量保障措施的形式主要有进口配额、自愿出口限额和进口禁止。数量保障措施对出口限制作用具有直接、迅速的特点。因此，许多西方国家针对发展中国家对外贸易迅速发展的特点，作为攻击他国出口商品“数量激增”的手段。其中，最具威胁力的是专门针对中国制定的“特保条款”。2005 年 6 月 23 日，巴西政府将对原产于中国的产品采取特别保障措施，从而暂时保护巴西国内工业，这两部法令一部针对中国的纺织品服装实施配额和附加税，另一部针对中国的其他特定产品。另外，近年来欧盟、美国等我国主要的出口国还出现了这样一种趋势，当找不到合适的理由实施技术贸易壁垒和反倾销措施时，就会转而求助于特保条款。

4．绿色壁垒名目激增

贸易与环境问题正日益得到国际社会、各国政府及人民的关注，成为国际政治、经济领域的焦点问题之一。因此，西方发达国家利用绿色浪潮席卷全球与世界绿色经济兴起的趋势，打着以保护自然资源、保护环境和人类健康的旗帜，制定一系列复杂苛刻的环保制度和标准，对来自别国或地区的产品及其服务设置屏障。如北欧四国的“白天鹅制度”，欧盟的“EU 制度”，日本的“生态标志制度”等。

案例链接

美国、加拿大、西班牙、澳大利亚及新西兰等国规定进口月饼馅料中不能含有蛋黄，澳大利亚还规定月饼馅料不得含有肉类；欧盟对含有干果类的月饼中黄曲霉毒素 B1 的要求远高于中国标准要求；日本对甜味剂、漂白剂及防腐剂等比往年要求更高；法国、德国、泰国、瑞典、哥伦比亚、赤道几内亚及尼日利亚等国家明确规定禁止收寄中国月饼。

5．灰色区域措施的使用

优惠性原产地规则和政府采购政策等灰色措施仍然游离于 WTO 多边约束规则之外，从而，被大多数成员作为贸易保护手段广泛运用。由于原产地规则和政府采购政策背后都隐藏着巨大的经济利益，因此，各个国家政府通过制定各类的法律法规来限制其他国家产品的进口。

6．劳工标准和动物福利的兴起

劳工标准和动物福利这两项措施虽然还未被纳入国际贸易制度中，但是发达国家为了削弱发展中国家的劳动力和原材料比较优势，一直力图使其正式成为世贸的制度，而且目前已经逐步开始使用该措施来限制发展中国家的出口。在动物福利方面，如 2002 年乌克兰曾经有一批生猪经过 60 多个小时的长途跋涉运抵法国却被法国有关部门拒收，理由是运输过程没有考虑到猪的福利，中途未按规定时间休息。

知识链接：

多年来，中国一直是全球非关税壁垒的最大受害者。2010 年第一季度,中国的出口商仍继续成为贸易救济调查案的头号目标，共有约 47%的新增调查针对中国。其中新国际贸易标准 SA8000 很可能成为我国产品出口新的技术型贸易壁垒。SA8000 即“社会责任标准”，是 Social Accountability 8000 的英文简称，是全球首个道德规范国际标准。其宗旨是确保供应商所供应的产品，皆符合社会责任标准的要求。SA8000 标准适用于世界各地，任何行业，不同规模的公司。其依据与 ISO9000 质量管理体系及 ISO14000 环境管理体系一样，皆为一套可被第三方认证机构审核之国际标准。

从目前来看，国家间完全消除非关税壁垒是不可能的，非关税壁垒还将在相当长的时间内存在。为了国家的经济和技术安全，保护人类健康，保护环境，合理有效地保护我国的主导产业和幼稚产业，我们应认真研究世贸组织的有关条款，学习借鉴别国的实践经验，灵活利用国际惯例、国际规则和WTO规则，并参照国际规范建立起自己的非关税壁垒保护体系，从而提高中国企业在国际经济贸易中的竞争力。

本章提要

1. 非关税壁垒（Non-Tariff Barriers，NTBs），又称非关税贸易壁垒，是指一国政府采取除关税以外的各种办法，来对本国的对外贸易活动进行调节、管理和控制的一切政策与手段的总和，其目的是试图在一定程度上限制进口，以保护国内市场和国内产业的发展。

2. 随着各国关税水平的下降，关税在一国对外贸易政策中的作用越来越弱，于是许多国家纷纷采取非关税手段来限制进口。与关税手段相比，非关税壁垒具有灵活性、有效性、隐蔽性及歧视性等特点。

3. 发达国家非关税壁垒的作用主要表现在：①作为防御性武器限制外国商品进口；②在国际贸易谈判中用作砝码；③用作对其他国家实行贸易歧视的手段。

4. 发展中国家设置非关税壁垒的目的主要是：①限制非必需品进口，节省外汇；②限制外国进口品的强大竞争力，以保护民族工业和幼稚工业；③发展民族经济，以摆脱发达资本主义国家对本国经济的控制和剥削。

5. 常见的非关税壁垒有：进口配额、“自动”出口配额制、进口许可证制、外汇管制、进出口的国家垄断、歧视性政府采购政策、国内税、最低限价和禁止进口、进口押金制、海关估价制、技术性贸易壁垒及环境贸易壁垒等。

6. 绝对配额（Absolute Quota）是指在一定时期内，对某些商品的进口数量或金额规定一个限额，达到这个限额后，便不准进口。这种配额在实施中又有全球配额和国别配额两种。

7. 关税配额（Tariff Quota）是指对进口商品的绝对数额不加限制，而对一定时期内规定配额以内的进口商品，给予低税、减税或免税待遇；对超过配额的进口商品，则征收较高的关税或附加税。

8. 自动出口配额制（Voluntary Export Quota），又称“自动”限制出口，“自动”出口配额制是进口国以更严厉的贸易制裁相威胁，逼迫出口国“自动”限制本国产品出口的一项非关税壁垒。

9. 配额是对进口或出口商品实行直接的数量限制。当国内需求不发生变化时，配额的作用相当于一个隐含的关税，具有与关税同样的生产效应与消费效应。

10. 如果政府在一个竞争的市场中将进口配额拍卖给最高的出价者，收入效应也是相同的。

11. 需求与供给曲线的变动在使用进口配额时会引起国内物价的变动而进口量不变；在使用关税时会引起国内进口量的变化而国内市场价格不变。

12. 如果进口配额不拍卖而是采取按固定参数分配和按一定程序申请配额，则会使得进口商获得垄断利润，同时还会滋生腐败。进口配额是一项劣于关税的贸易保护措施。

知识与技能训练

【名词解释】

非关税壁垒	进口配额	绝对配额
关税配额	进口许可证制	进口押金
外汇管制	进出口的国家垄断	歧视性政府采购政策
国内税	最低限价和禁止进口	进口押金制
海关估价制	技术性贸易壁垒	环境贸易壁垒

【判断题】

1. 非关税壁垒的目的是在一定程度上限制进口，以保护国内市场和国内产业的发展。（ ）

2. 关税壁垒比非关税壁垒作用更直接。（ ）

3. 发展中国家设置非关税壁垒是为了保持其经济优势地位，继续维护不平等交换的国际贸易格局。（ ）

4. 国别配额即政府规定一定时期内的总配额，在总配额内按国别和地区分配给固定的配额。国别配额可以分为自主配额和协议配额。（ ）

5. “自动”出口配额的实情是进口国以某种商品大量进口使相关工业部门受到严重损害，或造成所谓的“市场混乱”为由，要求出口国“自动”限制出口数量，否则就采取报复性的贸易措施。（ ）

6. 有定额的进口许可证是个别考虑的，没有公开的标准，发放权完全由进口国主管部门掌握，因此它比无定额进口许可证更具有隐蔽性，可以起到更大的限制进口的作用。（ ）

7. 复汇率制是指一国货币对外有两个或两个以上汇率，分别适用于不同的进出口商品，主要目的是通过汇率的差别达到限制或鼓励某些商品进出口的目的。（ ）

8. 各国垄断的进出口商品主要有三大类：烟酒、石油及武器。（ ）

9. 最低限价是指一国政府规定某种进口商品的最低价格，如果进口商品低于规定的最低价格，则征收进口附加税或禁止进口。（ ）

10. 持有进口许可证的个人或公司能够从外国购买进口商品并在本国以高价出售从而获取利润，这种利润就是所谓的配额造成的“租”。（ ）

11. 和小国一样，大国实施进口配额一定会使社会总福利损失。（ ）

12. 进口国分配进口配额的方式一般有三种：公开拍卖、按固定参数分配和按一定程序申请配额。（ ）

13. 按固定参数分配进口配额由于审批权完全掌握在部分政府官员手中，分配的透明度较差，而且容易产生“寻租”活动，是一种效率最低的方法。（ ）

14. 由于各个国家政府通过制定各类的法律法规来限制政府采购政策，因此歧视性政府采购政策属于灰色措施。（ ）

15. 北欧四国的“白天鹅制度”，欧盟的“EU 制度”，日本的“生态标志制度”，以及“SA8000 标准”等都属于环保壁垒或绿色壁垒。（ ）

【简答题】

1. 非关税壁垒有哪些特点？
2. 进口配额有哪些种类？
3. 实践中，进口许可证制有哪些种类？
4. 外汇管制有哪些方式？
5. 各国垄断进出口主要有哪些商品？
6. 进口小国实施绝对配额制会产生什么经济效应？
7. 进口国分配进口配额有哪些方式？
8. 绿色贸易壁垒的特点是什么？

【论述题】

1. 试比较关税和配额经济效应的异同。
2. 论述非关税壁垒的发展趋势。

【分析题】

1．进口配额——美国食糖进口

1934 年，美国政府对食糖进口实施配额制，以补贴美国糖农。自 1980 年以来，美国通过实施食糖进口配额制而给糖农带来的收益已超过人均 300 万美元。“想发达，不买彩票就榨糖去!”当世界食糖价格为 3 美分一磅的时候，美国国内食糖价格已高达 21 美分。据美国商务部有关研究，美国每年在食糖行业的补贴，耗掉该国消费者逾 30 亿美元。美国政府曾经在 1974 年废除了该法案，但在 1982 年，该法案又在里根政府的推动下重新实施。美国的食糖进口配额主要分配给了墨西哥及拉美的一些政府，然后由这些政府二次分配给各自的厂商并在美国本土销售食糖。

请分析，美国的食糖进口配额为该国社会产生什么样的经济效应？对社会总福利有什么影响？为什么美国政府要把食糖进口配额分配给上述国家？

2．“自愿”出口限制——日本汽车出口

在过去的 40 年里，美国汽车工业面临日益激烈的世界竞争。例如，在 1965 年，进口只占了国内销售的 6.1%。然而到 1980 年，这一比重提高到 28.8%，而汽车产业投资得到的是–9.3%的负利润率。汽车产业面临的部分困难就是日本汽车较高的质量和较低的价格。为了解决这些问题 ，汽车产业说服政府在 1981 年与日本谈判一项自愿出口限制（VER）协定。自愿出口限制将日本对美国汽车出口限制在每年 168 万辆，而在 1980 年日本的出口为 250 万辆。有人提出，配额会给美国汽车制造商以时间来改进他们的机器，调整他们的工会协定，从而在世界市场上更有效地竞争。

请用所学知识进行分析：这些配额会如何影响美国市场？它们会影响世界市场吗？

第九章

出口鼓励和出口管制措施

学习目标

技能目标

- 掌握出口鼓励和出口管制对进、出口国的影响的分析方法。

知识目标

- 了解出口补贴的形式；
- 理解出口补贴的经济效应；
- 掌握反补贴对我国对外贸易的影响及应采取的对策；
- 理解反倾销的经济效应。

学习背景

我们学过保护贸易政策，知道“限入奖出”是各国保护国内市场的普遍形式。因此各国除了利用关税和非关税措施限制进口外，会采用各种鼓励出口的措施扩大商品的出口。出口鼓励政策无论对于实施保护主义还是实施自由贸易的国家都是其贸易政策的重要组成部分。它和“限入”政策相辅相成，绝大部分的国家在保护本国市场时都会同时使用两种政策。由于出口鼓励政策会通过推动出口贸易的发展带动国内经济增长的良性循环从而扩大进口能力，所以一直受到各国政府的重视。常见的出口鼓励措施主要有：出口信贷、出口信贷国家担保、出口补贴、商品倾销及外汇倾销等。本章重点从出口补贴和商品倾销两个措施来分析出口鼓励政策。

任何保护贸易政策都是双刃剑，出口鼓励政策也不例外，因此在某些特殊条件下，还需要实施出口管制措施来适当平衡。

第一节　出口鼓励措施

入门案例

美棉农密切关注出口补贴政策可能出现的变化[㊀]

虽然距世贸组织要求美国采取措施取消对棉花出口补贴的期限已经只剩 10 天，但美国政

㊀ 文章来源：中国服装款式网：美棉农密切关注出口补贴政策可能出现的变化（有删减），2010-06-09。

府除口头承诺将执行世贸组织的裁决外，3 个多月来尚未就此采取任何行动。美国棉农和棉花交易商目前正密切关注政府可能在棉花出口补贴政策上出现的变化及其对市场的影响。

——美长期对棉农实行巨额补贴

美国是世界第一大棉花出口国，年产棉花占世界总产量近 20%，绝大部分用于出口，年出口达 292 万吨，居世界第一。为维持巨额出口，美国长期对棉农种植棉花特别是出口棉花实行名目繁多的财政补贴。

据美《商业日报》报道，美国对棉农和交易商的财政补贴包括对棉农的棉花价格支持、灾害补贴和受灾保险，以及对出口商的直接补贴和信贷担保等，不胜枚举。

英国《独立报》本月早些时候的一篇文章认为，美国每年的棉花补贴达 39 亿美元，造成国际市场棉花价格人为扭曲，使部分发展中国家棉花种植停耕。

——巴西状告美国补贴扭曲市价

巴西是新兴的棉花出口大国。在 20 世纪 90 年代，巴西的棉花年产量一直在 150 万至 200 万包之间徘徊，但今天这个南美大国的棉花产量已达到 350 万包。由于产量提高，巴西的棉花出口量达 39.2 万吨，成为继美国、乌兹别克斯坦和澳大利亚之后世界第四大棉花出口国。

但国际市场的棉花价格受制于世界最大的棉花生产和出口国美国。在过去 30 年中，世界棉花产量由 5 700 万包增加到 9 500 万包，美国的产量始终占世界总产量的 19.5%左右。美国棉花出口量已占世界七大棉花出口国出口总量的 57%。

巴西 2002 年开始根据 1994 年乌拉圭回合条款，将美国告到世贸组织，指责美国的巨额财政补贴是非法的，美国实际上是在鼓励过量生产，扭曲国际市场价格。世贸组织今年 3 月 21 日做出裁决，要求美国从 7 月 1 日开始对补贴政策实行改革，取消对棉花出口的多种补贴。

——要打贸易战，巴西有绝招

世贸组织的裁决做出以后，美国没有提出争议，而是表示将执行世贸组织的裁决。但问题是几个月都过去了，美国却没有采取任何行动。巴西已对美国的诚意有所担心。

不过巴西的议员们提出了对付美国的新招：取消对美国电脑软件、影视节目、电子游戏及药品等产品在巴西的知识产权保护。这样受损失的将只有美国一方，巴西无需提高从美国进口的各种产品的关税，因此不会影响到消费者的利益。

由于知识产权为美国带来的利益肯定高于十几亿或几十亿美元，美国在国际贸易谈判上总算是被人找到了“软肋”。

带着问题学习：

1．什么是出口补贴？美国对棉花出口实施了哪些形式的补贴？这些补贴如何影响棉花出口？
2．美国对棉花出口实施的补贴政策是如何扭曲国内和国际市场的？
3．除了出口补贴，还有哪些常用的出口鼓励政策措施？

出口鼓励政策无论对于实施保护主义还是实施自由贸易的国家都是其贸易政策的重要组成部分。由于它会通过推动出口贸易的发展带动国内经济增长的良性循环，扩大进口能力，所以一直受到各国政府的重视。此外在某些特殊条件下，还需要实施出口管制措施。出口鼓励政策主要包括：财政政策、信贷政策、倾销政策、资本政策及组织政策等。

一、财政政策

鼓励出口的财政政策主要是指各种类型的出口补贴。

（一）出口补贴的含义

出口补贴（Export Subsidy）又称出口津贴，是一国政府为了降低出口商品的价格，增加其在国际市场的竞争力，在出口某商品时给予出口商的现金补贴或财政上的优惠待遇。

一般认为，政府实施补贴是不公平的竞争。由于政府的补贴，使得本来不具有比较优势的一些产品，人为地降低成本，成为具有比较优势的产品，而那些真正具有比较优势的产品却处于极为不利的地位。

政府的补贴又是一种贸易保护主义的措施。由于政府的补贴和优惠，导致本国没有比较优势的产品大量出口，伤害了进口国具有比较优势的同类产品。目前世界上不只是发展中国家对本国的生产和出口进行补贴，发达国家对农产品和一些工业产品也实行大量的补贴。

（二）出口补贴的形式

出口补贴又包括直接补贴和间接补贴两种方式。

1．直接补贴（Direct Subsidies）

直接补贴是指出口商品时，政府直接给予本国出口商品以现金补贴。出口补贴主要是为了降低本国出口商品的成本和价格，以提高其国际竞争力，增强本国出口商的积极性，扶持本国产业。关贸总协定和世界贸易组织禁止对工业品出口进行直接补贴，因此这种形式主要存在于农产品贸易中。

2．间接补贴（Indirect Subsidies）

间接补贴是指政府对某些出口商品给予财政上的优惠。主要有以下几种：

（1）出口退税。出口退税是指政府对出口商品的原料进口税和其在国内生产及流转过程中已缴的国内税税款全部或部分地退还给出口商。出口退税有利于出口商降低销售成本和价格，提高竞争能力。出口退税具有一定的合理性：首先，出口商品没有在国内消费，因而不应该和一般商品征收同样的国内税，甚至就不应征收国内税；其次，出口商在进口国可能会被征收各类国内税，因此如果出口国也征收国内税就可能造成重复征税。

工作提示

我国的出口退税往往是出口商的利润来源。即使出口商以成本价出口产品，仍可向国家获得退税。因此，许多学者认为出口退税是我国产品“出口倾销”的“诱因”。

出口退税具体包括两方面内容。①退还出口商品所用原材料或半制成品的进口税，因为这些进口货不是为了本国消费，而是通过改制、修理或加工以后再出口。例如，英国曾对进口人造纤维加工成衣服、台布等产品，在出口时退还人造纤维进口税。②退还出口商品的各种国内税，包括销售税、消费税、增值税及盈利税等，以减轻出口商的业务负担。如欧共体市场对钢铁等产品的出口采用退还增值税的办法，巴西政府对出口工业品免征工业产品税和商品流通税。我国也一直采取出口退税制。

（2）出口减税。出口减税是指政府对出口商品的生产和经营减免各种国内税和出口税。出口减税也是为帮助出口商降低产品成本，提高国际市场竞争能力。它主要包括：①减免各种国内直接税和间接税；②免征出口税；③对出口收入实行减税，如新加坡、巴西、印度和马来西亚等国都规定对出口收入大幅度减税，减税幅度有的高达 90%。出口减税和出口退税不同，前者发生在出口商品的生产经营过程，而后者是发生在出口过程中或出口后的一段时期。相对来说，出口减税使出口商品生产经营者的每一环节的生产投入下降，便利了资金周转，因而有利于出口商。

（3）出口奖励。出口奖励是指政府对出口商按其出口业绩给予各种形式的奖励，其目的在于鼓励出口商进一步扩大出口规模，增加创汇能力。出口奖励一般采取现金奖励，也有外汇分红和出口奖励证等其他形式。外汇分红指政府从出口商的创汇收入中提取一定外汇奖励给出口商。出口奖励证是指政府对出口商颁发一种可以在市场上出售或凭以进口一定数量外国商品的证书。出口奖励一般是按出口商在一定时期内的总出口额或总创汇额的一定比例对出口商予以奖励，而不论出口商是盈是亏。

（4）其他形式。间接的出口补贴目前发展得更为隐蔽和多样化。例如：政府对出口商品的国内运输减免收费或提供低价运输工具；通过允许加速折旧等措施来减税、免税，比如马来西亚规定出口值占其产值 20%以上的出口企业实行加速折旧制度，以促进其扩大投资，实现设备和技术现代化；对出口产品的技术研究开发给予援助或政府直接组织有关研究工作；对出口产品开发国外市场提供补贴，如澳大利亚规定企业开发国外市场，尤其是新市场时，其费用的 70%由政府提供，加拿大政府则为企业开发市场的经费提供 50%的补贴等。

工作提示

作为进口商，了解出口国的隐蔽性补贴是确定产品预期进口价格的必修课。出口国的补贴政策越多，出口商越有利可图，进口商越可以压低价格。

二、信贷政策

（一）出口信贷

出口信贷（Export Credit）是指一个国家的银行为了鼓励本国商品的出口，加强本国出口商品的竞争力，对本国的出口厂商、外国的进口厂商或进口方银行提供的贷款。出口信贷通常是在出口成套设备、船舶及飞机等商品时由出口方银行提供的，因这类商品价格昂贵，进口方难以马上支付，而若得不到货款，出口商又无法正常进行资金周转，这就需要有关银行对进口方或出口方提供资金融通，促成生意，扩大本国商品出口。

第二次世界大战前，出口信贷就已被利用来鼓励商品出口，战后其运用更为普遍，且延长了信贷期限，降低了贷款利息。由于运用财政政策鼓励出口易受到国际法律规则的制约，同时也容易引起对方国家的反对和报复，因而信贷政策的作用越来越大。出口信贷的国际约束比较少，且进出口国都比较欢迎，实行起来也比较方便，因此广为使用。当前发达国家大型设备、成套设备的出口约有 40%是依靠出口信贷实现的。

出口信贷分为卖方信贷和买方信贷两类。

1. 卖方信贷

卖方信贷（Supplier's Credit）是指由出口方的官方金融机构或商业银行向本国出口商（即卖方）提供的贷款。这种贷款合同由出口厂商和银行签订。

在国际贸易中，出口厂商与进口厂商的谈判如果涉及金额较大的商品贸易时，进口厂商一般要求采用延期付款或长期分期付款的办法来支付货款，并且往往把其作为成交的一个条件。但这类付款方式等于在一定时间里占用了出口厂商的资金，从而会影响到出口厂商的资金周转乃至正常经营。在这种情况下，就需要出口国银行对出口商提供信贷资金，卖方信贷便应运而生。

工作提示

由于卖方信贷中出口商除了需要支付利息和手续费，还要考虑外汇风险，故采用卖方信贷的出口报价要比现汇贸易的价格高 3%～4%，个别情况下甚至可能高 8%～10%。因此，一般仅限于巨额贸易。

卖方信贷的一般做法是：在签订买卖合同后，进口商须先支付货款的 5%～15%作为履约的一种保证金。在分批交货、验收和保证期满时再分期支付 10%～15%的货款，其余货款在全部交货后若干年内分期摊还（一般是每半年还款一次），并附交延期间的利息。买方分期偿付货款时，出口商把所借款项和利息偿还给出口方银行。因此，卖方信贷实际上是银行直接资助出口厂商向进口厂商提供延期付款，促进商品出口的一种信贷形式。

2. 买方信贷

买方信贷（Buyer's Credit）是出口方银行直接向进口厂商（买方）或进口方银行提供的贷款，用以支持进口商进口贷款国商品。买方信贷是约束性贷款，贷款合同以贷款必须用以进口贷款国的商品为条件，并常常以签订的商品贸易合同为准。

买方信贷在具体运用时有两种形式：

第一种是出口方银行直接把贷款提供给外国的进口厂商。具体的做法是，在进口商与出口商签订贸易合同后，进口商先交相当于货价 15%的现汇定金，然后进口商再与出口商所在地的银行签订贷款协议（该协议以上述贸易合同为基础。如果进口商不购买出口国的设备，则进口商不能从出口商所在地银行得到此项贷款）。进口商用其借得的贷款，以现汇付款条件向出口商支付货款。进口商对出口商所在地银行的欠款，按贷款协议的条件分期偿付。

第二种是出口方银行直接将贷款提供给进口方银行，这是更为普遍的一种买方信贷方式。具体做法是，进口商与出口商洽谈贸易，签订贸易合同后，进口商先交相当于 15%的现汇定金。进口方银行与出口方银行签订贷款协议（该协议虽也以前述贸易合同为基础，但具有相对的独立性），进口方银行以其借得的款项，贷给进口商，然后进口商以现汇条件向出口商支付货款。进口方银行根据贷款协议分期向出口方银行偿还贷款。进口商与进口方银行间的债务按双方商定的办法在国内清偿结算。

以上两种方式，对出口商都比较有利，因为他既可以较快地得到货款，又避免了风险，便于其资金周转。由于买方信贷有很多优点，目前较为常用。

案例链接

1988年美国进出口银行为帮助本国的两家公司击败来自法国、日本等国家的竞争，使其得到向两家中国企业出口机器设备的合同，向中国两家企业提供了9 020万美元的贷款。其中8 020万美元的贷款提供给中国某玻璃制造厂以购买纽约康宁玻璃公司的机器设备；另外的1 000万美元则提供给中国一家聚氯乙烯企业购买宾夕法尼亚州西方化学公司的机器设备。

此外，为了搞好出口信贷业务，发达国家一般都设立有专门的银行来办理与进出口有关的信贷业务。如美国的“进出口银行”、日本的“输出入银行”、法国的“对外贸易银行”等，这些银行所需的资金一般由政府预算来拨付。另外，一些私人商业银行也办理出口信贷业务。

（二）出口信贷国家担保制

出口信贷国家担保制（Export Credit Guarantee System）是指国家为了鼓励商品出口，对于本国出口厂商或商业银行向外国进口厂商或银行提供的贷款，由国家设立的专门机构出面担保，当外国债务人拒绝付款时，这个国家机构即按照承保的数额予以补偿的一种制度。

1．出口信贷国家担保的原因

出口信贷保险由国家承担原因有二：①出口信贷涉及的金额一般都比较大，往往是私人保险公司无力承担的，为了促进出口，发达国家纷纷拨出资金，设立专门机构出面为出口信贷保险，如美国的“出口信贷保险协会”、“海外私人投资保险公司”和“美国商品信贷公司”，英国的“出口信贷担保局”，法国的“法兰西对外贸易保险公司”，以及日本通产省的“出口担保局”等。②为了最大限度地减少出口信贷保险的风险，保险人必须全面准确地了解和把握进口国国内政治经济状况和变化及进口商的资信程度和经营情况。这项工作也是一般的保险公司所难以做到的，所以通常在国家承担经济责任的前提下，政府把信贷保险业务交给专门的出口信贷保险机构经营。也有很少数国家是委托本国私人保险公司代理出口信贷保险业务，但其经济责任也是由国家承担的。

2．出口信贷国家担保的范围

出口信贷国家担保的承保范围主要有两类：①政治风险，包括由于进口国国内发生的政变、战争、革命、暴乱及出于政治原因而实行的禁运、冻结资金、限制对外支付等给出口商或出口国银行带来的损失。这种风险的承保金额一般是合同金额的85%～90%，有的国家，如美国甚至高达100%。②经济风险，包括由于进口商或进口国银行破产倒闭，或无理拒付，或由于汇率变动异常及通货膨胀等给出口商或出口国银行造成的损失。经济风险赔偿率一般为合同金额的70%～85%。除上述两种之外，出口信贷保险可能还会包括一些专项保险险种。

工作提示

由于出口信贷国家担保是一种政策性的保险，目的是鼓励出口，因而各国的保险费率普遍较低，以减轻出口商和银行的负担。不同国家根据保险期限、保险金额、保险险种及输往国别的不同，确定的保险费率也不相同。如英国一般为0.25%～0.75%。

3. 出口信贷国家担保的期限

出口信贷国家担保的期限分为短、中、长期。短期一般是 6 个月左右，中长期担保时限从 2 年到 15 年不等。短期承保适宜于出口厂商所有的短期信贷交易，为了简化手续，有些国家对短期信贷采用“综合担保”方式，出口厂商一年只需办理一次投保，即可承保这一年中对海外的一切短期信贷交易。中长期信贷担保适用于大型成套设备、船舶等资本性货物出口及工程技术承包服务输出等方面的中长期出口信贷。这种担保由于金额大，时间长，一般采用逐笔审批的特殊担保。

三、倾销政策

（一）倾销的定义

倾销（Dumping），是指一国（地区）的生产商或出口商以低于其国内市场价格或低于成本价格将其商品抛售到另一国（地区）市场的行为。

一国的产品以低于正常价值的价格进入另一国市场而使得另一国国内有竞争能力的产业受到损害的行为即倾销。

其构成要素：

（1）产品以低于正常价值或公平价值的价格销售；

（2）这种低价销售的行为给进口国产业造成损害，包括实质性损害、实质性威胁和实质性阻碍；

（3）损害是由低价销售造成的，二者之间存在因果关系。

（二）倾销的形式

倾销的形式主要有以下几种：

1. 商品倾销

商品倾销是指商品以低于市场价格，甚至低于生产成本的价格，在国外市场上大量抛售的行为。商品倾销的目的从根本上说是打击竞争对手，占领国外市场。具体说来，有的是为了开辟新的市场，有的是维护原有市场的竞争地位，有的是解决国内产品“过剩”的危机，有的甚至是控制他国的政治和经济。

按照销售目的的不同，商品倾销又可分为偶然性倾销、掠夺性倾销、持续性倾销和隐蔽性倾销。

（1）偶发性倾销（Sporadic Dumping），又称短期倾销（Short-run Dumping），是指某一商品的生产商为避免存货的过量积压，于短期内向海外市场大量低价销售该商品。这种倾销方式是偶然发生的、一般无占领国外市场及排挤竞争者之目的，而且因为持续的时间较短，不至于打乱进口国的市场秩序、损害其工业。因此，国际社会一般对这种偶发性倾销通常不采取反倾销措施。

工作提示

偶发性倾销是不规则发生的，其原因是由于临时存货太多，或是为了打开进口国市场，这种情况会经常发生，但有个别国家也会对这类倾销进行抵制。为防此类情况出现，外贸从业员应该熟知倾销的定性，并善用 WTO 救济机制。

（2）间歇性倾销（Intermittent Dumping），又称掠夺性倾销（Predatory Dumping），是指某一商品的生产商为了在某一外国市场上取得垄断地位，而以低于国内销售价格或低于成本的价格向该国市场抛售商品，以期挤垮竞争对手后再实行垄断高价，获取高额利润。这种倾销行为违背公平竞争的原则，破坏国际贸易的正常秩序，冲击进口国的市场，受到各国反倾销法的严厉抵制。

（3）持续性倾销（Persistent Dumping），又称长期性倾销（Long-run Dumping），是指某一商品的生产商为了在实现其规模经济效益的同时，维持其国内价格的平衡，而将其中一部分商品持续以低于正常价值的价格向海外市场销售。长期倾销尽管不具占领或掠夺外国市场之目的，但由于它持续时间长、在客观上进行了不公正的国际贸易行为，损害了进口国生产商的利益，因此通常受到进口国反倾销法的追究。

（4）隐蔽性倾销（Disguised Dumping），是指出口商按国际市场上的正常价格出售商品给进口商，但进口商以倾销性的低价在进口国市场上抛售，其亏损部分由出口商给予补偿。

2. 间接倾销

间接倾销（Indirect Dumping），又称第三国倾销，是指甲国厂商向乙国倾销商品，但乙国的进口商并不是以在本国倾销甲国商品为目的而进口的，因此乙国同类产业并没有受到损害，乙国商人再将这种倾销商品转售到丙国，并对丙国产业造成损害。在这种情况下，丙国可以依照反倾销法投诉乙国的倾销行为，也可以要求乙国代为向原产国的厂商采取措施。

3. 贩卖倾销

贩卖倾销（Sale Dumping），是指互相有联系的出口商和进口商利用特殊补偿进行低价销售，但是表面上的价格未出现倾销现象。

4. 社会倾销

社会倾销（Social Dumping）一般指一国以受刑人员生产的产品低价向国外出口。

商品倾销、间接倾销、贩卖倾销和社会倾销都是直观体现在产品上的倾销手段，因此，这些倾销手段是各国反倾销的对象。

而另外有一些倾销手段尽管会对进口国产业造成威胁甚至损害，由于没有直接表现为产品的低价销售，因此不属于被反倾销的对象。

5. 外汇倾销

外汇倾销（Foreign Exchange Dumping）是指一国降低本国货币对外国货币的汇价，使本国货币对外贬值，以争夺国外市场的一种手段。一国货币贬值后，以外国货币表示的出口商品价格降低，从而提高竞争力，以图扩大出口和限制进口的目的。

案例链接

20世纪60年代的“亚洲四小龙”相互间竞争激烈，台湾的新台币贬值30%，以期使产品更多地打入韩国市场，但韩元也贬值30%，以此抵消了新台币贬值的竞争效果。

6. 运费倾销

运费倾销（Freight Dumping）是指一国以低于正常运费水平为其出口商品提供运输的行为。

7. 劳务倾销

劳务倾销（Services Dumping）是指一国为其出口商品生产提供的劳务价格低于为生产用于国内消费商品的价格。

四、资本政策

资本政策是指出口国政府通过资本输出来带动本国出口贸易的发展。资本输出包括生产资本输出即对外直接投资和借贷资本输出即对外间接投资（包括有价证券投资和直接对外贷款）。

（一）对外直接投资

对外直接投资（Foreign Direct Investment）简称 FDI，是指企业以跨国经营的方式所形成的国际间资本转移。一般认为对外直接投资是一国投资者为取得国外企业经营管理上的有效控制权而输出资本、设备、技术和管理机能等无形资产的经济行为。

（二）对外间接投资

对外间接投资（Foreign Indirect Investment，FII）是 FDI 的对称，指投资者通过金融渠道向另一国投入资金，以获取利益的活动。投资者不参与对拥有股份或债权的企业的经营管理，对企业经营无控制权。具体有购买外国企业的股票和购买一国政府或企业的债券两种方式。

（三）对外间接投资和对外直接投资的差异

FII 与 FDI 的差异如下：

1. 控制权不同

FII 对筹资者的经营活动无控制权；而 FDI 对筹资者的经营活拥有控制权。

2. 流动性和风险性不同

FII 与企业生产经营无关（因为无控制权），随着二级市场的日益发达与完善，证券可以自由买卖，流动性大，风险性小。而 FDI 一般都要参与一国企业的生产，生产周期长，一般在 10 年以上，由企业的利润直接偿还投资。资金一旦投入某一特定的项目，要抽出投资比较困难，其流动性差，风险性大。

3. 投资渠道不同

FII 必须通过证券交易所才能进行投资；FDI 只要双方谈判成功即可签订协议进行投资。

4. 投资内涵不同

FII 又可称为“国际金融投资”，一般只涉及金融领域的资金，即货币资本运动，运用的是虚拟资本。FDI 是生产要素的投资，它不仅涉及货币资本运动，还涉及生产资本和商品资本运动及其对资本使用过程的控制，运用的是现实资本。

5. 自发性和频繁性不同

FII 受国际间利率差别的影响而表现为一定的自发性，往往自发地从低利率国家向高利率国家流动。FII 还受到世界经济政治局势变化的影响，经常在国际间频繁移动，以追随投机性利益或寻求安全场所。第二次世界大战后，随着国际资本市场的逐步完善，FII 的规模越来越大，流动速度也越来越快。它具有较大的投机性，在这个领域，投资与投机的界限有时难以划分。而 FDI 是运用现实资本从事经营活动，盈利或亏损的变化比较缓慢，一旦投资后，具有相对的稳定性。

6．获取收益不同

FII 的收益是利息和股息；FDI 的收益是利润。

五、组织政策

鼓励出口的组织政策主要是由政府成立或指导成立各种促进出口的专门组织，为出口企业提供相关服务，以便利其产品外销的有关政策。主要有如下形式：

1．设立专门的促进出口的组织机构

一些国家和地区为促进出口，成立了专门的组织机构来研究与制定出口战略。如美国在1960 年成立了“扩大出口全国委员会”，向美国总统和商务部长提供有关促进出口的各项措施的建议和资料；1979 年 5 月美国又成立了直接由总统领导的出口委员会。

2．设立专门的市场调研机构，建立商业情报网，为出口企业服务

发展出口贸易，国际市场动向的信息尤为重要。为此，许多国家设立了官方或官方与民间混合的商业情报机构，在海外设立商业情报网，专门负责向国内出口企业提供国际市场的商务信息。这类活动一般由国家出资，收费很少甚至免费，而且信息较准确，传递速度较快。如英国设立的出口情报服务处，其情报由英国 220 个驻外商务机构提供，然后由计算机分析处理，分成 500 种商品和 200 个地区或国别市场情报资料，供国内出口企业参考。瑞士和中国香港规定，从关税收入中提取相当于出口额 5%的资金用于调研市场和获取商业情报。

3．设立贸易中心、组织贸易展览会和贸易代表团

设立贸易中心、组织贸易展览会是对外宣传本国产品、扩大出口的一个重要途径。贸易中心是永久性设施，可以提供陈列展览场所、办公地点和咨询服务等。贸易展览会是流动性展出，有的是集中在国内展出，吸引外商参加，有的则派代表团到国外宣传展览本国产品，有的西方国家一年能组织 20 多次国外展出。政府通常对这类展出提供多方面援助，如德国企业出国展览，政府一般负担展品运费、场地费和水电费等。

工作提示

广交会是中国历史最悠久、规模最大、商品种类最全、到会客商最多、成交效果最好的综合性国际贸易展会，一年举行两届，成交总额占中国一般贸易出口总额的四分之一，为珠三角地区创造了无限商机。

4．对出口厂商施以精神鼓励

第二次世界大战结束后，各国对出口商给予精神奖励的做法日益盛行，经常组织对出口商的评奖活动，对出口成绩显著的出口商，由国家授予奖章和奖状，并通过授奖活动宣传他们扩大出口的经验。如日本政府把每年的 6 月 28 日定为贸易纪念日，每年的这一天，由通产大臣向出口成绩卓著的厂商颁发奖状，另外还采取了由首相亲自写感谢信的办法表彰出口成绩卓越的厂商。

六、经济特区

除了上述各种常见的出口鼓励措施外，能够促进外贸发展的措施还有设立经济特区。

（一）经济特区的含义

经济特区（Economic Zone），是指一个国家或地区在其国境或管辖范围内、关境之外划出一定区域，实施特殊的经济政策，改善基础设施和环境，以吸引外商从事贸易和出口加工等活动。设立经济特区的目的是促进对外贸易的发展，鼓励转口贸易和出口加工贸易，繁荣本地和周边地区经济。

（二）经济特区的种类

1. 自由港和自由贸易区

自由港（Free Port），又称为自由口岸，是指全部或大多数外国商品可以豁免关税自由进出口的港口。目前，如德国汉堡、丹麦的哥本哈根、法国的敦刻尔克以及新加坡和我国的香港都是世界著名的自由港。

> **思考**
> 你能列举中国各种类型经济特区的例子吗？

自由贸易区（Free Trade Zone）是由自由港发展而来的，其范围包括了自由港的邻近地区。自由贸易区分为自由港市和自由港区。例如我国的香港就是一个自由港市，它包括了港口及其所在地区市地区，这种类型的经济特区在当今世界并不多见。另一种是被称为“自由港区”的自由贸易区，仅仅包括港口和其所在城市的一部分。

自由港在一国的国境以内、关境以外，一般具有优越的地理条件和港口条件。设立自由港的主要目的是吸引外国商品转口，以获取运输、仓储及加工等费用，主要面向商业。因为自由港和自由贸易区都是被划分在一国的关境以外，外国商品可以在免交关税的情况下进行分类、加工、仓储或销售，外国商品在进入所在国海关管辖区时才需要交纳关税。

2. 保税区

保税区（Bonded Area）又称保税仓库区（Bonded Warehouse），是由海关设置的或经过海关批准设置的特定地区和仓库。一些没有设立自由港或自由贸易区的国家如日本就建立了保税区和保税仓库区。保税区与保税仓库区和自由港与自由贸易区的功能和作用基本是一致的。

3. 出口加工区

出口加工区（Export Processing Zone）是指一个国家或地区在其地理范围内（一般是在交通便利的地方）创造良好的投资环境、提供优惠的政策，鼓励外商投资，生产面向出口的制成品。出口加工区是自由贸易区中分化出来的，与自由贸易区相比，出口加工区主要面向工业，它们的侧重点不同，是自由贸易区和工业区的结合体。一国或地区设置出口加工区的目的是为了吸引外国投资、引进先进技术或管理技术、扩大工业品出口、增加外汇收入、促进外向型经济发展。

4. 科学工业园区

科学工业园区（Science–based Industrial Park）又称科研工业园、高新技术工业园区等。如美国的“硅谷”，日本的“筑波科学城”，以及我国台湾的“新竹科学工业园”等。科学工业园区一般通过优惠的政策和良好条件，高度集中了智力、资金和技术，专门从事高新技术的研究、开发和生产。设立科学工业园区的目的是促进本国的科学技术进步和科技产品的出口。

5. 自由边境区

自由边境区（Free Perimeter）是指一国或地区为发展落后地区经济，按照自由贸易区或出口加工区的优惠措施，减免在区内使用机器、设备、原料和消费品的税赋，以吸引国内外厂商的投资，再自由边境区生产加工的商品主要供区内使用。设置自由边境区的期限也因国而异，在自由边境区的经济获得一定的发展后，优惠待遇一般会逐步取消。

6. 过境区

过境区（Transit Zone）又称中转贸易区，指某些沿海国家为了方便内陆邻国的进出口货运，根据双边协议，指定某些港口或边境城市作为过境货物的自由中转区，对过境货物简化海关手续，免征关税或只征收小额过境费。在过境区内过境货物一般不可以加工制造，只能短期储存和重新包装。

第二节　出口鼓励政策的经济效应

入门案例

美拟征中国钢丝层板 300%反倾销税⊖

北京晨报消息——中美之间在 2010 年的贸易摩擦拉开了大幕。美国商务部昨日宣布，计划对从中国进口的价值超过 3 亿美元的钢丝层板征收 43%到 289%的反倾销关税。“在海外，针对中国的新案子已经排上了队。”一位业内人士向记者无奈地表示。

一、钢铁业一直是重灾区

从钢绞线到钢格栅板，从油井管到无缝钢管，钢铁行业一直是中美之间“双反”官司中的“重灾区”。上周，美国对中国发起的最大案值的“双反补贴案”刚刚落幕，美国国际贸易委员会就宣布对价值 27.4 亿美元的中国产油井管实施 10%到 16%的反补贴关税制裁。

在新的一年中，这种趋势显然还没有任何被扭转的兆头，新的指控还在不断地被提出。记者昨日了解到，在 2009 年的最后一天，美国钢铁工人联合会、美国劳联产联及 4 家美国公司已经正式向美国商务部和美国国际贸易委员会提出申请，要求对原产于中国的进口钻管启动反倾销与反补贴合并调查。

“战火”还蔓延到美国之外，墨西哥官方昨日也表示，对进口自中国的部分钢产品课征每公斤 50 美分的特别关税，以保护本国生产商。近几年，墨西哥进口自中国的产品飙升，墨西哥企业认为中国向国内制造商提供补贴。

二、“双反”案向高端产品转移

在这起 2010 年中美第一案中，美国商务部宣布，对大连益丰金属及大连宜丰仓储的产品征收 42.61%的初步反倾销关税；针对丹东日牵物流装备、大连保税区宇洋贸易和宁波市新光货架的初步反倾销关税为 46.78%。大连华美龙金属制品被征收 50.95%的初步关税，除此之外的其他中国制造商或出口商，都将被课以 289%的初步关税。美国商务部将于未来几个月公布其反倾销和反补贴关税制裁措施的最终结果。

“我的钢铁”网分析师张铁山接受记者采访时表示，美国等国针对中国钢铁的“双反”案

⊖ 文章来源：2010 年中美贸易摩擦爆出第一案，北京晨报，2010-01-07。

件不断扩展,也呈现出新的特点,“诉讼的目标正在从过去的低端产品向高端产品转移,同时,很多出口量并不大的产品也被国外产业界盯上。”

三、可能引发国内“过剩”

在国内,企业同样很难获得俯瞰整个行业发展的机会。投资在拉动经济增长的同时,也会在一定程度上造成产能过剩,尤其是在部门利益和地方政府利益的驱动下,产业项目仓促投产,为产能过剩提供了可能,而在外需不足的情况下,这些问题就变得更加突出。

张铁山表示,这将让中国钢铁部分产品存在的产能过剩问题更加凸显,“很多产能被4万亿投资重新激活,而单靠国内市场,这些产能已经不可能消化。”

中国冶金工业规划研究院常务副院长李新创昨天接受北京晨报记者采访时指出,近期美国对华钢铁产品屡屡举起反倾销大棒,颇有些“穷凶极恶”的意味,很莫名其妙。一系列的案件表明,美国是在利用所谓的反倾销手段来保护本国的产业,这是不公平的。中国企业应该积极应诉,政府也要有所作为。”

带着问题学习:

1. 什么是“双反”制裁?为什么美国等国要对中国钢铁实施“双反”?
2. 出口补贴和出口倾销对出口国和进口国有什么样的影响?

一、出口补贴和反补贴的经济效应

(一)出口补贴的经济效应

与其他贸易政策措施一样,出口补贴对国内生产与消费,乃至于社会福利水平都会产生实质性影响。对于接受补贴的出口部门的生产商来说,出口补贴等同于负的税赋,因而生产者实际得到的价格等于购买所付的价格加上单位补贴金额。

从经济效应分析角度看,出口补贴对价格的影响与关税对价格的影响正好相反。假设两国中,A国出口面粉给B国,如图9-1所示,图a是出口国A国国内对某商品的供求曲线图,图b是进口国B国的供求曲线图。在自由贸易条件下,两国市场的均衡价格为P_W。在这一均衡价格下,A国面粉出口量为Q_2Q_3,B国面粉进口量为$Q_{f2}Q_{f3}$,且必有$Q_2Q_3=Q_{f2}Q_{f3}$才能满足供求平衡的均衡条件。

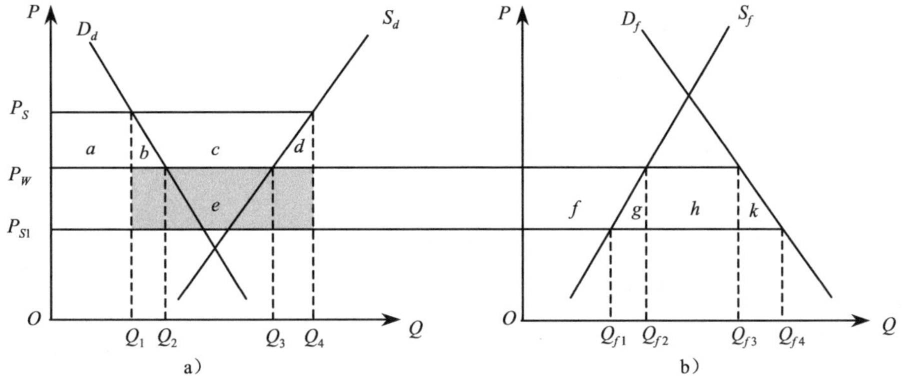

图9-1 大国实施出口补贴经济效应

a)A国供求曲线 b)B国供求曲线

1．出口补贴对出口国的经济效应

当A国开始对本国面粉生产商给予出口补贴时，我们用分析关税经济效应的方法，分析出口补贴对出口国A国的经济效应如下：

（1）价格效应：由于得到A国政府的补贴，A国面粉出口商可以以低于国际市场价格P_W的补贴价格P_{S1}出口，A国国内面粉供给将下降并导致国内面粉价格从P_W上涨为P_S。

（2）消费效应：由于A国政府实施面粉出口补贴，面粉出口量会增大，引起国内面粉供给减少，A国国内面粉价格从原来的P_W上涨至P_S，从而导致国内面粉消费者剩余减少了面积（$a+b$）。

（3）生产效应：出口补贴带动出口量增加，A国国内面粉生产商受益，生产者剩余增加了面积（$a+b+c$）。

（4）贸易效应：出口补贴让A国的面粉出口商更加有利可图，其他的面粉生产商也会纷纷转向出口从而使面粉出口量从Q_2Q_3增加至Q_1Q_4。

（5）财政效应：政府为刺激出口付出的财政补贴等于出口量乘以国内价格和出口价格的差价。如图9-1所示，政府财政补贴的支出为$P_SP_{S1}\times Q_1Q_4$，即面积（$b+c+d$+阴影部分e）。

综合考虑上述福利效应，A国的社会总福利效应为：

生产者剩余增加：面积（$a+b+c$）；

－消费者剩余减少：面积（$a+b$）；

－政府补贴支出：面积（$b+c+d$+阴影部分e）；

净福利变化=－（$b+d+e$），结果是社会净福利损失。

2．出口补贴对进口国的经济效应

同样的分析方法，如图9-1所示，出口补贴对进口国B国的经济效应分析如下：

（1）价格效应：A国对B国的面粉出口价格降低使得B国的面粉进口价格从P_W下降为P_{S1}。

（2）消费效应：由于A国政府实施面粉出口补贴引起B国面粉价格下降，B国的消费者将从中获利，B国消费者剩余将增加面积（$f+g+h+k$）。

（3）生产效应：由于A国政府实施面粉出口补贴引起B国面粉价格下降，直接冲击了B国的面粉生产市场，生产者剩余将损失面积f。

（4）贸易效应：A国面粉出口价格下降，使得B国放弃生产面粉而转为向A国进口，因此B国向A国进口的面粉量会从$Q_{f2}Q_{f3}$增加至$Q_{f1}Q_{f4}$。

综合考虑上述福利效应，B国的社会总福利效应为：

消费者剩余增加：面积（$f+g+h+k$）；

－生产者剩余减少：面积f;

净福利变化=（$g+h+k$），结果是社会净福利增加。

（二）补贴招致的反补贴效应

从出口补贴的经济效应可以看到，出口国实施出口补贴扭曲了世界市场的商品价格并直接冲击了进口国的国内产业。因此，出口补贴一直被认为是一种不正当的贸易政策，而进口国往往会对出口国的补贴政策采取反补贴措施，征收反补贴税是最常见的反补贴措施。

如果进口国因受到出口国补贴的进口商品的损害而征收反补贴税来抵消出口国的补贴影

响，其实际上等于出口国将补贴的一部分直接支付给了进口国。其经济分析如下。

如图 9-2 所示，同样是面粉贸易，假设在自由贸易情况下，进口国面粉的市场均衡点在 E，当世界面粉价格为 P_0 时，进口国将进口 Q_0 数量的面粉。由于出口国政府对面粉实施出口补贴致使面粉出口价格下降到 P_1。此时，在两国世界里，进口国增加的面粉进口量等于出口国增加的面粉出口量 Q_0Q_1。假如进口国政府认定了出口国的上述补贴贸易行为，决定对向出口国进口的面粉征收反补贴税 t（等于 P_0P_1）以提高进口国面粉价格至原来的 P_0。则产生的经济效应将有如下结果，如图 9-2 所示：

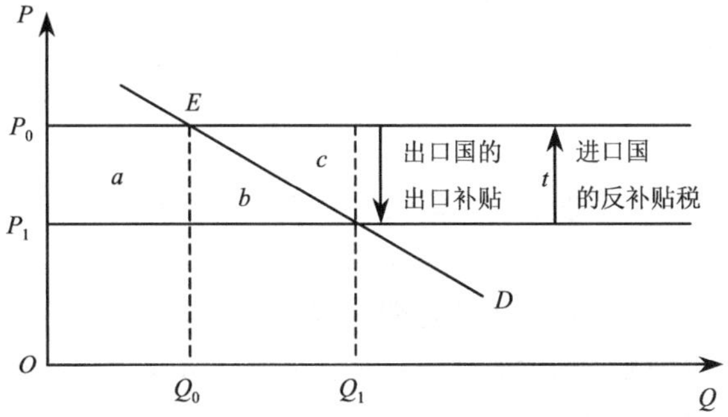

图 9-2　进口国征收反补贴税的效应

1. 对出口国的系列效应

出口国出口至进口国的面粉价格将回复至 P_0；出口量将减少 Q_0Q_1；出口国政府节省了部分出口补贴支出 $P_0P_1 \cdot Q_0Q_1$（面积 $b+c$）。

2. 对进口国的系列效应

进口国的面粉价格回升至 P_0；国内消费者剩余净损失为面积 $a+b$。进口国征收反补贴税将增加本国国内生产者剩余，此处不再赘述。

（三）WTO 反补贴规则

WTO《补贴与反补贴措施协定》（以下简称为“SCM 协定”）第一条规定了补贴的定义。补贴有两个构成要件，即“财政资助”与“利益”。

财政资助包括 4 种情况：

（1）涉及资金的直接转移、潜在的资金或债务的直接转移的政府做法。

（2）放弃或未征收在其他情况下应征收的政府税收。

（3）政府提供除一般基础设施外的货物或服务，或购买货物。

（4）政府向筹资机构付款等。

其中第二项与税务机关直接相关，税务机关通常使用的减税、抵税、免税和退税等税收激励措施，均属于 WTO 反补贴规则下的财政资助行为。

SCM 协定将补贴分为 3 类，即禁止性补贴（Prohibited Subsidies）、可诉补贴（Actionable Subsidies）和不可诉补贴（Non-Actionable Subsidies）。不可诉补贴的适用期为《WTO 协定》生效后的 5 年，已经不再适用。禁止性补贴是指以出口实绩或者使用国产货物替代进口货物为条件的补贴。禁止性补贴直接影响出口价格，即使不对进口国的国内产业造成影响，也是 WTO 反补贴规则所禁止使用的补贴。可诉补贴与禁止性补贴不同，其必须具有专向性

（Specificity），并对进口国的国内产业造成损害。专向性是 SCM 协定所特有的概念，是指补贴被限制于授予机关管辖范围内的企业或产业、或一组企业或产业所使用。

工作提示

对于无法或难以定性为禁止性补贴的补贴措施，若进口国想向 WTO 请求救济，必须先确定补贴的专向性方可将其定性为可诉补贴。

对于禁止性补贴和可诉补贴，进口国政府可以向 WTO 争端解决机构请求救济，也可以根据 SCM 协定所规定的程序，对进口产品征收反补贴税，税额以补贴接受者获得的利益为限。

案例链接

2010 年 6 月 30 日，世界贸易组织裁定欧盟向飞机制造商空中客车提供补贴属于禁止性补贴，当日欧盟即对该裁定提出上诉。

2004 年 10 月，美国一纸诉状将欧盟告到世贸组织争端解决机制，欧盟当即以牙还牙，状告美国为波音公司提供补贴，双方长达 5 年的法律较量由此展开。这被认为是世贸组织成立 15 年来规模最重大、最复杂的案件。

美国声称，法国、德国、英国和西班牙等欧盟国家不断为空客公司研发新机型提供低息贷款等补贴，使空客获益多达 2 050 亿美元，从而在与波音的竞争中取得不正当优势，违反了世贸组织规则。欧盟则指责说，美国除了税收优惠外，还暗度陈仓，假借为波音旗下军工部门提供研发资金的名目，对民用飞机制造业实施暗补。

（四）违反 WTO 反补贴规则的税收激励措施

根据 WTO 争端解决机构的裁决和各国反补贴调查机关的判例，下列税收激励措施常被认定为违反 WTO 反补贴规则。

1．以出口实绩为条件的税收激励措施

如果税务机关给予某项税收激励措施的条件是企业完成特定的出口额、实现特定的出口利润或者赚取特定数额的外汇，则这一措施构成出口补贴，属于禁止补贴。

2．以使用国内货物替代进口货物的税收激励措施

如果税务机关给予某项税收激励措施的条件是企业购买国内货物，则这一措施构成禁止补贴。例如，在美国发起的铜版纸案中，美国商务部认定，根据《外商投资企业采购国产设备退税管理试行办法》（该办法已经在 2009 年 1 月 1 日起废止）向购买特定国内生产设备的外商投资企业提供的增值税退税构成一项禁止补贴。

3．提供给外资企业的税收激励措施

如果税务机关给予某项税收激励措施的对象仅限于外资企业，根据美国和加拿大反补贴调查机关的做法，这样的措施具有专向性，构成可诉补贴。优惠外资企业的税收激励措施被认为仅仅使有限的企业受益，具有专向性，构成违反反补贴规则的可诉补贴。

4．提供给特定产业或特定地区的税收激励措施

如果税务机关给予的某项税收激励措施的对象仅限于特定产业或特定地区内的企业，根

据美国和加拿大反补贴调查机关的做法，这样的措施具有专向性，构成可诉补贴。特定产业和特定地区内的企业都拥有一个共同的特征，即可以通过一个简单的标准——产品或地理区位而有别于其他企业，这使得提供给特定产业或特定地区的税收激励措施具有限制性，容易被认定为符合可诉补贴的专向性要求。

工作提示

根据中国加入 WTO 的承诺，中国将对外商投资企业实行统一税法，取消超国民待遇。原来在深圳等特区实施的“两免三减半”税收优惠政策，将逐步取消。

二、倾销与反倾销的经济效应

（一）倾销的经济效应

20 世纪 70 年代以来，持续性倾销日益增多。这种现象之所以能存在和维持，主要原因在于商品出口企业在本国市场上有一定的垄断力量且出口国的需求价格弹性低于进口国需求价格弹性。在这样的条件下，出口企业就会选择在国内市场索要高价而在国外市场以低价出售来达到利益最大化的目的。下面我们通过图 9-3 来分析在这两个条件下倾销的经济效应。

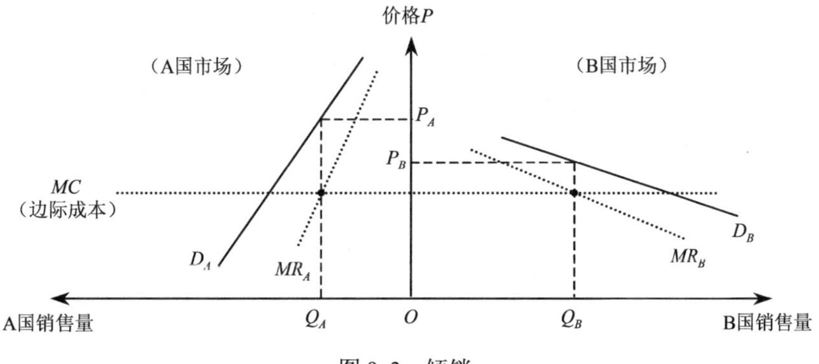

图 9-3　倾销

如图 9-3 所示，假设国内市场只有一个厂商垄断某个行业，该厂商在两个市场——出口国 A 国国内市场和进口国 B 国市场进行销售。

首先，根据利润最大化原则，我们知道当边际收益等于边际成本，即增加一单位销售量所增加的收益等于增加这一单位产量所增加的成本时，厂商实现利润最大值。因此，从图 9-3 我们可以看到，为了实现利润最大化，垄断厂商需要在 A 国国内市场满足边际成本 MC 等于其在 A 国市场的边际收益 MR_A，以及在 B 国市场满足边际成本 MC 等于其在 B 国市场的边际收益 MR_B 的条件下生产销售产品。

其次，从图 9-3 我们也可以看到，出口国 A 国国内市场的需求曲线比进口国 B 国市场的需求曲线较陡直，即 A 国国内的需求价格弹性比 B 国市场的需求价格弹性要小。其中，由于边际收益=售价−变动成本，MR_A 和 MR_B 分别在 A、B 两国市场需求曲线下方。因此，在上述利润最大化条件下，垄断厂商在出口

思考

实施倾销的国家如何防止以低价出口的商品倒流？

国 A 国国内市场的售价和销量分别为 P_A 和 Q_A，而在进口国 B 国市场的售价和销量分别为 P_B 和 Q_B。

显然，在进口国 B 国市场的销售价格 P_B 要比在出口国 A 国国内市场的售价 P_A 要低。A 国的垄断厂商的这种价格歧视的做法如果一直持续，往往就会被进口国认定为倾销。

尽管倾销的实施可以扩大出口，但是在倾销期间会导致利润下降且存在非常大的亏损风险，因此，倾销常常是在政府强有力的支持下方能实现。例如，出口国政府通过高筑关税和非关税壁垒来限制外国商品进入国内市场，从而保证厂商在国内的垄断地位，以及国内市场需求对价格的低敏感度。这种情形对出口国和进口国产生的经济效应和出口补贴是一样的，其中产生的社会福利净亏损，均由出口国政府来负担。当出口商在挤垮国外竞争对手并垄断了国外市场后便可抬高价格以弥补倾销阶段的损失。由此看来，倾销是出口国的一种竞争策略，如果策略成功，则在倾销期间发生的损失均可在未来弥补甚至得到更大的收益。

（二）倾销招致的反倾销

反倾销（Anti-Dumping）是指对外国商品在本国市场上的倾销所采取的抵制措施。一般是对倾销的外国商品除征收一般进口税外，再增收附加税，使其不能廉价出售，此种附加税称为“反倾销税”。如美国政府规定：外国商品到岸价低于出厂价格时被认为商品倾销，立即采取反倾销措施。虽然在《关税及贸易总协定》中对反倾销问题做了明确规定，但实际上各国各行其是，仍把反倾销作为贸易战的主要手段之一。

进口国在采取反倾销措施之前，要先确定倾销的存在。根据世贸组织的《反倾销协议》规定，一成员要实施反倾销措施，必须遵守三个条件：

（1）产品以低于正常价值或公平价值的价格销售。按照倾销的定义，若产品的出口价格低于正常价格，就会被认为存在倾销。出口价格低于正常价格的差额被称为倾销幅度。所以，确定倾销必须经过三个步骤：①确定出口价格；②确定正常价格；③对出口价格和正常价格进行比较。正常价格通常是指在一般贸易条件下出口国国内同类产品的可比销售价格。如该产品的国内价格受到控制，往往以第三国同类产品出口价格来确认正常价格。

工作提示

现实中的反倾销诉讼，往往都是进口国国内产业受到了损害，或者至少是威胁，否则一般来说，进口国生产商从经济利益的角度考虑，也没有上诉的必要。因此，“正常价格”的确定成为确认倾销的关键。

（2）给进口国产业造成损害。损害包括实质性损害、实质性威胁和实质性阻碍。与启动反补贴调查不同的是，倾销行为的受害国在开始反倾销调查前没有与当事成员进行磋商的义务；在审查倾销对国内产业的影响时，需要考虑倾销幅度的大小并确定倾销幅度。世贸组织规定，倾销幅度不超过进口价格的 2%，倾销产品进口量占同类产品进口比例不超过 3%，是可以忽略不计的倾销幅度的最低限额。倾销幅度的计算公式是倾销幅度=（正常价值−出口价格）÷出口价格×100%。

（3）损害是由低价销售造成的，二者之间存在因果关系。根据 WTO《反倾销协议》及各国反倾销法的规定，进口国在对进口产品征收反倾销税时，除了要证明进口产品存在倾销和国内相关产业存在不可忽略的损害之外，还必须证明进口产品的倾销与国内相关产业的损害之间存在因果关系。如果不能证明损害是由倾销造成的，就不能对倾销产品征收反倾销税。目前，世界各国反倾销法对如何确定倾销与损害之间的因果关系的标准和方法不尽一致，因此，这种"因果关系"显得相当主观。

（三）反倾销的经济效应

由于倾销的真正目的是要挤垮国外竞争对手以取得垄断，即倾销对进口国同类产业生产者的打击是必然的，因此，进口国为了保护本国产业，也必然对出口国的倾销行为采取反倾销措施。

案例链接

2002 年，美国南方虾农组成了一个名为"南方虾业联盟"的临时组织，以本国虾产业利益受到进口虾威胁为由，商议对原产于泰国、中国、越南和部分南美国家在内的 16 个国家的进口对虾提起反倾销立案调查诉讼申请，并最终获得美国政府 8 亿美元的补贴。事实上，这是由于当年春季异常低温，导致墨西哥湾野生对虾捕获量减少，过少的捕获量意味着赚钱的机会较少，才使美国南方虾类产业长期以来面临的生产下滑问题凸显出来。

进口国采取反倾销措施又会导致什么样的经济效应呢？和以往一样，我们借助图形来进行分析。

如图 9-4 所示，假如进口国政府认定了出口厂商的倾销行为，决定对向出口国进口的商品征收反倾销税 t（等于 P_tP_B）以提高进口国商品价格至原来的 P_t。则产生如下的经济效应：

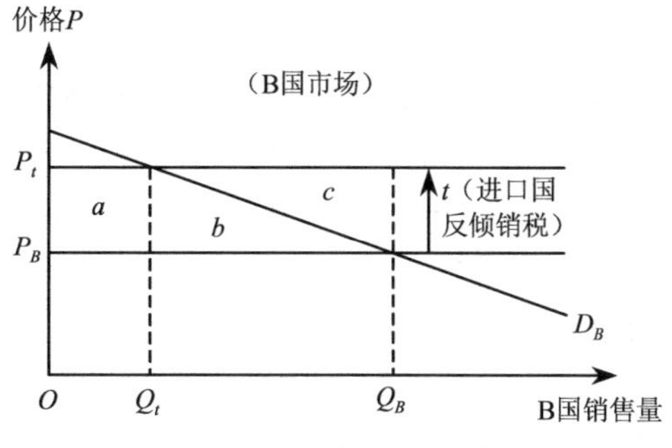

图 9-4 反倾销经济效应

1. 对出口国的系列效应

出口国出口至进口国的商品价格将上升至 P_t；出口量将减少 Q_tQ_B；出口国政府节省了为出口厂商的倾销行为而承担的部分支出 $P_tP_B \cdot Q_tQ_B$ 面积（$b+c$）。

2. 对进口国的系列效应

进口国的商品价格上升至 P_t；国内消费者剩余净损失为面积（$a+b$）。进口国年取反倾销措施将增加生产者剩余，此处不再赘述。

第三节 出口管制措施

入门案例

美出口管制政策导致巨额损失 航空业界要求变革[一]

中新网2月10日电据美国《华尔街日报》报道，美国卫星制造商及其供应商正越来越强烈地要求对美国政府出口管制政策做出改变。他们用直白的经济术语描述相关规定带来的影响，他们坚持认为，这些规定限制了自己同欧洲与其他国外卫星制造商竞争以获取商业订单的能力。

行业贸易组织“航空航天工业协会”（Aerospace Industries Association）将公布一份报告的细节，该报告的结论是，20世纪90年代末以来，美国对商业卫星的出口管制已经导致美国减少了2.7万个工作机会，并为航空航天公司带来210亿美元的销售额损失。

航空航天工业协会有超过330个成员，其中包括波音公司（Boeing Co.）、洛克希德-马丁公司（Lockheed Martin Corp.）、诺斯洛普格拉曼公司（Northrop Grumman Corp.）及一些专业供应商，如Kaman Aerospace和Allfast Fastening Systems公司。

美国航空航天公司一直在要求国会放松航空航天技术方面的出口管制，上述报告是其最新尝试。他们的数据是目前为止量化美国商业卫星全球销量恶化影响的最细致的成果。报告旨在突出该行业的经济重要性并强调其制造就业机会的潜力，包括在依赖航空航天支出的领域创造就业。

报告2月7日呈交给众议院对外事务委员会（House Foreign Affairs Committee）关于美国出口管制改革可能性的听证会。报告将美国产业当前的一些弊病归咎于卫星制造商认为过时的出口管制法律法规，正是这些法律法规令外国制造者得以获取市场份额。

研究显示，从1999年到2009年，美国在全球商业卫星销售中所占的份额下降了50%，下降至仅占全球卫星交付量的三分之一。在那之前美国所占的份额约为三分之二。

至少在过去的10年里，这些法律都一直是美国国会争论的议题。2010年，奥巴马政府提议对这类管制进行广泛的改革，力求提高对最敏感的美国技术的保护，同时放开对商业卫星零部件以及众多其他组件的管制。

不过，这一努力基本陷入停滞，原因是国会对批准放宽出口管制存在矛盾心理。国会担心，如果放宽出口管制，可能引发党派互相攻击，指责对方帮助美国的敌人获得敏感的空间技术。

目前，航天业的领军人物希望将其呼吁采取立法行动的努力与提高美国整体就业率的重要性这一大选年更广泛主题联系起来。在预计国防部支出未来几年将大幅削减、各种规模的供应商更加依赖商业订单的情况下，业内管理人士担心出口管制带来的负面影响可能比过去更加严重。

……

[一] 文章来源：中国新闻网，2012-02-10。

带着问题学习：

1. 什么是出口管制？它有哪些形式和手段？
2. 为什么美国航空航天公司一直在要求国会放松航空航天技术方面的出口管制？

一、出口管制概述

（一）出口管制的含义

出口管制（Export Control）是指国家通过法令和行政措施对本国出口贸易所实行的管理与控制。许多国家，特别是发达国家，为了达到一定的政治、军事和经济的目的，往往对某些商品、尤其是战略物资与技术产品实行管制、限制或禁止出口。

（二）出口管制的目的

1. 政治与军事的目的

通过限制或禁止某些可能增强其他国家军事实力的物资，特别是战略物资的对外出口，来维护本国或国家集团的政治利益与安全。同时，也通过禁止向某国或某国家集团出售产品与技术，作为推行外交政策的一种手段。对敏感技术和原料进行出口管制，也是核不扩散制度的重要环节。

2. 经济的目的

对出口商品进行管制，可以限制某些短缺物资的外流，有利于本国对商品价格的管制，减少出口需求对国内通货膨胀的冲击。同时，出口管制有助于保护国内经济资源，使国内保持一定数量的物资储备，从而利用本国的资源来发展国内的加工工业。

二、出口管制的商品

需要实行出口管制的商品一般有以下几类：

1. 战略物资和先进技术资料

如军事设备、武器、军舰、飞机、先进的电子计算机和通信设备、先进的机器设备及其技术资料等。对这类商品实行出口管制，主要是从“国家安全”和“军事防备”的需要出发，以及从保持科技领先地位和经济优势的需要考虑。

2. 国内生产和生活紧缺的物资

其目的是保证国内生产和生活需要，抑制国内该商品价格上涨，稳定国内市场。如西方各国往往对石油、煤炭等能源商品实行出口管制。

3. 需要“自动”限制出口的商品

这是为了缓和与进口国的贸易摩擦，在进口国的要求下或迫于对方的压力，不得不对某些具有很强国际竞争力的商品实行出口管制。

4. 历史文物和艺术珍品

这是出于保护本国文化艺术遗产和弘扬民族精神的需要而采取的出口管制措施。

5. 本国在国际市场上占主导地位的重要商品和出口额大的商品

对于一些出口商品单一、出口市场集中，且该商品的市场价格容易出现波动的发展中国家来讲，对这类商品的出口管制，目的是稳定国际市场价格，保证正常的经济收入。比如，欧佩克（OPEC，石油输出国组织）对成员国的石油产量和出口量进行控制，以稳定石油价格。

三、出口管制的形式和手段

（一）出口管制的形式

出口管制主要有以下两种形式：

1．单边出口管制

单边出口管制是指一国根据本国的出口管制法律，设立专门的执行机构，对本国某些商品的出口进行审批和发放许可证。单边出口管制完全由一国自主决定，不对他国承担义务与责任。

2．多边出口管制

多边出口管制是指几个国家的政府，通过一定的方式建立国际性的多边出口管制机构，商讨和编制多边出口管制的清单，规定出口管制的办法，以协调彼此的出口管制政策与措施，达到共同的政治与经济目的。

1949 年 11 月成立的输出管制统筹委员会即巴黎统筹委员会，也叫巴统组织，就是一个典型的国际性的多边出口管制机构。

知识链接：

巴黎统筹委员会（Coordinating Committee for Export to Communist Countries），是对社会主义国家实行禁运和贸易限制的国际组织，正式名称为输出管制统筹委员会，是冷战时期的产物。冷战结束后，西方国家认为，世界安全的主要威胁不再来自军事集团和东方社会主义国家，该委员会的宗旨和目的也与现实国际形势不相适应，1994 年 4 月 1 日宣布正式解散。

（二）出口管制的手段

一国控制出口的方式有很多种，例如可以采用出口商品的国家专营、征收高额的出口关税、实行出口配额等，但是出口管制最常见和最有效的手段是运用出口许可证制度，出口许可证分为一般许可证和特殊许可证。

1．一般许可证

一般许可证又称普通许可证，这种许可证相对较易取得，出口商无须向有关机构专门申请，只要在出口报关单上填写这类商品的普通许可证编号，在经过海关核实后就办妥了出口许可证手续。

2．特殊许可证

出口属于特种许可范围的商品，必须向有关机构申请特殊许可证。出口商要在许可证上填写清楚商品的名称、数量、管制编号及输出用途，再附上有关交易的证明书和说明书报批，获得批准后方能出口，如不予批准就禁止出口。

总之，出口管制仅是国家管理对外贸易的一种经济手段，也是对外实行差别待遇和歧视政策的政治工具。20 世纪 70 年代以来，各国的出口管制有所放松，特别是出口管制政治倾向有所减弱，但它仍作为一种重要的经济手段和政治工具而存在。

▶ 专栏 日美汽车自愿出口限制

在20世纪60～70年代，由于美国的汽油税低，美国消费者与外国消费者对汽车种类及型号的需求不同，美国的汽车工业也就基本上不与进口汽车形成竞争，因为国内的需求和生产都是大型汽车，耗油量大。但是由于70年代后期石油危机的出现，尤其是1979年的石油价格急剧上涨，美国国内市场上对小型的节能型汽车需求剧增。日本由于本身资源的限制，其汽车厂商开发的车型大都是小型的、节能的。此种“领先性”的需求使得日本汽车在石油价格上涨后十分畅销。美国市场对日本汽车的需求大幅度上升，美国本土的汽车销量迅速减少，三大汽车制造商（通用汽车、福特汽车和克莱斯勒汽车公司）相继出现亏损，失业人员大量上升。1980年3月，美国众议院贸易委员会召开会议，其中美国汽车工会代表强烈要求政府对汽车进口实行限制，美国政府则持反对意见。美国贸易代表认为，限制进口会强化垄断，对美国不利，美国总统经济顾问委员会也认为限制进口所带来的损失会超过由此带来的增加生产和就业的利益。

1980年6月美国汽车工会根据《美国1974年贸易法》第201条，以外国汽车进口使本国产业受到严重损害为由向美国国际贸易委员会提出诉讼，要求提高进口关税并实施进口配额限制。但美国国际贸易委员会的结论是：美国汽车产业所受到的损害来自石油危机后消费需求的转换、利率过高及美国经济不景气三个原因。

为解决实际问题，又不至于违反美国在GATT的承诺，1981年2月美国众议院贸易委员会决定，3月美国贸易代表访日，与日本通产省进行磋商。同年5月日本政府以通商产业大臣声明的形式发表对美出口轿车的限制措施，同意自愿限制对美国汽车出口，《对美出口轿车的措施》主要内容包括：

（1）1984年3月底为止，根据外汇及外国贸易管理法对汽车对美国出口进行审查并作出报告；

（2）第一年（1981年4月到1982年3月）自愿将出口限制在168万辆以内；

（3）第二年（1982年4月到1983年3月）的限制额是在原有的基础上再加上市场扩大量16.5%；

（4）根据需要对汽车出口实行出口认可制；

（5）第三年（1983年4月到1984年3月）根据美国轿车市场动态，研究第三年是否继续实行数量限制；

虽然自愿出口限制原定1984年3月结束，但出于各种原因，直到1994年日本的汽车自愿出口限制才最终取消。

尽管日本对汽车实行自愿出口限制后，美国汽车产业的经营状况开始好转，美国三大汽车制造商也扭亏为盈，但却给美国消费者带来了巨大的负担与损失。

本章提要

1. 出口鼓励政策无论对于实施保护主义还是实施自由贸易的国家都是其贸易政策的重要

组成部分。主要包括：财政政策、信贷政策、倾销政策、资本政策及组织政策等。

2. 鼓励出口的财政政策主要是指各种类型的出口补贴。包括直接补贴和间接补贴两种方式。其中间接补贴又包括出口退税、出口减税、出口奖励和其他形式。

3. 信贷政策包括出口信贷和出口信贷国家担保制。出口信贷分为卖方信贷和买方信贷两类。

4. 倾销政策中的商品倾销、间接倾销、贩卖倾销和社会倾销都是直观体现在产品上的倾销手段，因此，这些倾销手段是各国反倾销的对象。而另外有一些倾销手段如外汇倾销、运费倾销及劳务倾销等尽管会对进口国产业造成威胁甚至损害，由于没有直接表现为产品的低价销售，因此不属于被反倾销的对象。

5. 资本政策是指出口国政府通过资本输出来带动本国出口贸易的发展。资本输出包括生产资本输出即对外直接投资（FDI）和借贷资本输出即对外间接投资（包括有价证券投资和直接对外贷款）。

6. 鼓励出口的组织政策主要是由政府成立或指导成立各种促进出口的专门组织，为出口企业提供相关服务以便利其产品外销的有关政策。

7. 经济特区是指一个国家或地区在其国境或管辖范围内、关境之外划出一定区域，实施特殊的经济政策，改善基础设施和环境，以吸引外商从事贸易和出口加工等活动。设立经济特区的目的是促进对外贸易的发展，鼓励转口贸易和出口加工贸易，繁荣本地和周边地区经济。

8. 出口国实施出口补贴扭曲了世界市场的商品价格并直接冲击了进口国的国内产业。因此，出口补贴一直被认为是一种不正当的贸易政策，而进口国往往会对出口国的补贴政策采取反补贴措施。征收反补贴税是最常见的反补贴措施。

9. 反倾销是指对外国商品在本国市场上的倾销所采取的抵制措施。一般是对倾销的外国商品除征收一般进口税外，再增收附加税，使其不能廉价出售，此种附加税称为“反倾销税”。

10. 出口管制是指国家通过法令和行政措施对本国出口贸易所实行的管理与控制。许多国家，特别是发达国家，为了达到一定的政治、军事和经济的目的，往往对某些商品、尤其是战略物资与技术产品实行管制、限制或禁止出口。

11. 出口管制的形式包括单边出口管制和多边出口管制；出口管制的手段包括一般许可证和特殊许可证。

知识与技能训练

【名词解释】

出口补贴	直接补贴	间接补贴
出口退税	出口减税	出口奖励
出口信贷	卖方信贷	买方信贷
出口信贷国家担保制	商品倾销	偶然性倾销
间歇性倾销	持续性倾销	隐蔽性倾销
间接倾销	贩卖倾销	社会倾销

外汇倾销　运费倾销　劳务倾销
反补贴税　反倾销税　出口管制
单边出口管制　多边出口管制　一般许可证
特殊许可证

【判断题】

1. 出口补贴又称出口津贴，是一国政府为了降低出口商品的价格，增加其在国际市场的竞争力，在出口某商品时给予出口商的现金补贴或财政上的优惠待遇。（　）

2. 出口减税是指政府对出口商品的原料进口税和其在国内生产及流转过程中已缴的国内税税款全部或部分地退还给出口商。（　）

3. 出口奖励一般采取现金奖励，也有外汇分红和出口奖励证等其他形式。（　）

4. 出口补贴的结果往往是对出口国不利而对进口国有利。（　）

5. 征收反补贴税是最常见的反补贴措施。（　）

6. 可诉补贴直接影响出口价格，即使不对进口国的国内产业造成影响，也是 WTO 反补贴规则所禁止使用的补贴。而禁止性补贴必须具有专向性，并对进口国的国内产业造成损害。（　）

7. 对于禁止性补贴和可诉补贴，进口国政府可以向 WTO 争端解决机构请求救济，也可以根据 SCM 协定所规定的程序，对进口产品征收反补贴税，税额以补贴额为限。（　）

8. 一般进口国反倾销法可以追究偶然性倾销。（　）

9. 倾销是指一国（地区）的生产商或出口商以低于其国内市场价格或低于成本价格将其商品抛售到另一国（地区）市场的行为。（　）

10. 一国货币贬值后，以外国货币表示的出口商品价格上升，从而提高该商品在国际市场上的竞争力，以扩大出口，限制进口。（　）

11. 征收反倾销税是最常见的反倾销措施。（　）

12. 世贸组织规定，倾销幅度不超过进口价格 3%，倾销产品进口量占同类产品进口比例不超过 5%是可以忽略不计的倾销幅度的最低限额。（　）

13. 正常价格通常是指在一般贸易条件下出口国国内同类产品的可比销售价格。如该产品的国内价格受到控制，往往以第三国同类产品出口价格来确认正常价格。（　）

【简答题】

1. 出口鼓励政策有哪些措施？
2. 出口补贴有哪几种形式？
3. 出口补贴对出口国和进口国分别有什么经济效应？
4. 反补贴会产生什么经济效应？
5. 按照不同标准分类，倾销有什么类型？
6. 实施反倾销要遵循哪些条件？
7. 倾销会产生什么经济效应？
8. 反倾销会产生什么经济效应？
9. 出口国为什么要实施出口管制？
10. 实施出口管制的商品主要有哪些？

11. 出口管制的形式和手段有哪些?

【论述题】

1. 试述 WTO 的反补贴规则?
2. 论述中国遭遇反倾销的特点?

【应用题】

中美彩电倾销案

2003 年 6 月 16 日，美国国际贸易委员会就中国彩电出口美国对美国彩电产业是否造成了损害，做出了不利于中国彩电企业的初步裁决，随后美国商务部开始了倾销幅度调查。11 月 24 日，美国商务部公布了对中国彩电的反倾销调查的初步裁定结果，认定倾销税率分别为:长虹 45.87%，海尔、海信、苏州飞利浦、创维、星辉、上广电为 40.84%，TCL 为 31.35%，厦华为 31.70%，康佳为 27.94%，全中国范围为 78.45%。这次彩电反倾销案虽然总价值高达 16 亿美元，但对中国彩电行业来说最惨痛的是辛苦开拓的美国市场可能将不复存在，中国彩电业 3 500 万台的产能闲置将成为“不能承受之重”。

运用图形分析倾销和反倾销对中美两国的经济效应。

第十章

中国的对外贸易措施

学习目标

技能目标

- 掌握分析中国对外贸易政策措施内容及其发展的方法。

知识目标

- 了解中国对外贸易现状；
- 了解中国对外贸易政策的发展情况；
- 了解中国当今主要对外贸易措施。

学习背景

对外贸易政策是一国的经济政策和对外政策的重要组成部分，随着世界政治、经济形势的变化，国际政治、经济关系的发展而改变，同时它也反映各国经济发展的不同水平，反映各国在世界市场上的力量和地位。

中国的对外贸易源远流长，不同时期有着不同的对外贸易政策，反映着中国不同时期的政治经济状况。新中国成立后，中国经济发展一波三折，直到改革开放，中国才建立起一个全面的对外贸易政策体系，这一政策体系不断完善，对中国外贸经济起着极大的促进作用。近年来，随着中国加入 WTO，中国在世界市场上的力量和地位日益强大且重要。2007 年爆发的全球性金融海啸，使得世界政治、经济形势和国际政治经济关系发生了变化，各国的对外贸易政策也随之不断变化，保护贸易主义不断抬头。在这种形势下，中国的对外贸易政策也要做出相应变化以适应新形势。

第一节　中国对外贸易政策的发展

入门案例

丝绸之路㊀

中国是一个历史悠久的文明古国，对外贸易的历史源远流长。公元前 2 世纪前后，也就

㊀ 文章来源：孙玉琴，《中国对外贸易史》，清华大学出版社，2008-06-01。
图片来源：兰州市城关区人民政府网。

是秦末汉初之际，活跃于漠北蒙古草原地区的匈奴势力空前强盛，不仅威逼西域诸国屈服，而且在白登地区大败御驾亲征的汉高祖刘邦。其后，西汉经过四十年的“文景之治”，国力大盛。到了汉武帝刘彻时更是兵强马壮，名将辈出，谋士如云，创造了一段极为精彩的历史。汉武帝是一位具有雄才大略的帝王，他利用远交近攻的战略思想，不仅使汉朝大军追击匈奴势如破竹，使其远遁漠北，同时开创了联结欧亚非三洲的丝绸之路，改写了整个人类的文明发展史。丝绸之路成为中国对外陆路贸易的最主要通道。中国作为世界上最早的丝绸生产国，在丝绸之路上长期独领风骚。通过古老的丝绸之路中国与境外国家和民族展开日益广泛的政治、经济及文化交流，中国由此走向世界并向世界开放。

绵延万里的丝绸之路是中国对外贸易的最早通道，是中外各国、各民族共同努力的结果。丝绸之路总长 7 000 多公里（14 000 多华里），从公元前二世纪到十五世纪，将古老的中国文化、印度文化、波斯文化与希腊文化联结起来。除了将最重要也是最大量的丝绸传到西方外，还有桑蚕技术、火药、指南针、冶铜术、造纸术及印刷术等通过这条路也先后传到中亚、伊朗及罗马等地。同样地，西方及中亚的物产、佛教、景教（基督教的一派）、伊斯兰教、天文、历法、数学、医学、音乐及美术等也传入中国。丝路是以中国为起点的一条中西交通大动脉，是中国国力强盛时代向外扩张的主要途径，也是中国文化输出、中西文化交流、贸易交流的主要路线。丝路是以中国为中心向外辐射发展的路线。除了主要向西发展外，也向南发展到印度支那半岛和南洋各地，向东发展到朝鲜半岛，并渡海到日本。日本文明受丝路的启迪最大，可以说日本正是通过丝路才引进大量中国和西方的文化。

带着问题学习：

1．丝绸之路是中国对外贸易的最早通道。该时期，中国经济社会处于什么阶段？该阶段的对外贸易具有什么特点？现代中国对外贸易与之相比，又有什么变化？

2．中国对外贸易政策发展经历了哪些阶段？改革开放后及加入 WTO 后中国贸易政策有何特点？

中国对外贸易政策按照不同时期，分为改革开放前、改革开放至加入 WTO 前、加入 WTO 后三个阶段。

一、改革开放前中国的对外贸易政策

改革开放前中国的对外贸易政策发展又可以分成三个阶段：

（一）鸦片战争前的对外贸易政策

中国的对外贸易源远流长，“丝绸之路”、“海上丝绸之路”及“郑和下西洋”见证了中国封建时期对外贸易活动的辉煌。从汉代到明朝，自由贸易的商榷林立，交易商品品种繁多，贸易盛极一时。

这种“自然经济”式的自由贸易，到了清朝时期，被落后的晚期封建制度抑制着，闭关自守是清政府采取的对外贸易政策。1757 年，清政府将通商口岸限制在广州“一口”，而在广州又采取一切进出口贸易均通过“十三行”开展的做法，对对外贸易实行垄断，规定外商不能与广大的中国自由商人进行接触。同时，对进出口商品的品种和数量也实行严格的限制。而此时的英国已在蒸汽机和殖民主义驱动下完成了资本积累。封闭的贸易政策使得当时的中国错过了第一次科技革命所带来的发展机会，并在随后的鸦片战争和遭受列强侵略中显现出落后的科技和社会制度。

（二）鸦片战争后至新中国成立

鸦片战争的一声炮响，打碎了中国的封建制度根基，被迫采取的“门户开放”政策，促使中国近代工业也随之发展起来。但随后过百年的动荡不安的社会，无法抵御外来势力的侵害，外资垄断、特权保护打乱了我国工业发展步伐，此时期的对外贸易政策多以不平等条约或临时性的贸易限制或贸易保护措施为主，中国海关的管辖权得不到保障。

（三）新中国成立后至 1978 年

1949 年 3 月召开的党的七届二中全会上，毛泽东主席指出，人民共和国的国民经济的恢复和发展，没有对外贸易的统制政策是不可能的。对内的节制资本和对外的统制贸易，是这个国家在经济斗争中的两个基本政策。根据党中央关于统制对外贸易的决策，1949 年 9 月通过的《中国人民政治协商会议共同纲领》规定：“实行对外贸易的管制，并采用保护贸易政策。”

新中国的成立标志着帝国主义在中国把持海关管辖或管理权的结束。此阶段实行“进严出宽”的保护贸易政策。概括起来，我国的对外贸易政策的主要内容包括：①进口主要是为了保证国家工业建设和工业、农业生产的需要，同时也要适当地供应国内市场和满足人民生活的需要；②出口主要是为了保证国家必需的进口需要，并促进国内的生产；③实行对外贸易管制和保护贸易政策，以防资本主义国家的经济侵略。因此，我国过渡时期对外贸易的特点是适度进口的保护贸易政策。

二、改革开放后至加入 WTO 前中国的对外贸易政策

“文革”后的中国经济已经处于崩溃边缘，国家财政赤字严重。为尽快提升经济发展速度，在邓小平的领导下，1978 年 12 月中国开始走上改革开放的道路。

对外开放政策实际上是国家统制下的开放性保护贸易政策，也就是对外贸易活动由国家统一领导、控制和调节，积极参与国际分工和国际交换，使对外贸易高速发展。一方面是指国家积极主动地扩大对外经济交往；另一方面是指放宽政策，放开或者取消各种限制，不再采取封锁国内市场和国内投资场所的保护政策，发展开放型经济的开放式政策。这一政策的目标是建立进出口导向相结合的综合型贸易发展模式。

我国对外开放政策的基本内容是：坚持长期实行对外开放，在平等互利的基础上不断扩大和发展同各国的经济、贸易、技术交流与合作。在坚持独立自主、自力更生的前提下，根据我国社会主义现代化建设的需要，有计划，有重点、有选择地从国外引进适用而先进的技术设备，并聘请必要的外国经济技术专家来帮助我们工作。我国的对外政策面向全世界，既对资本主义国家开放，也对社会主义国家开放；既对发达国家开放，也对广大发展中国家开放。其要点有：

（一）扩大对外开放的地域

力争经过努力，使广东及其他有条件的地方成为中国基本实现现代化的地区。

（二）拓宽利用外资的领域

采取更加灵活的方式，继续改善投资环境，为外商投资经营提供更方便的条件和更充分的法律保障。积极吸引外商投资，引导外资主要投向基础设施、基础产业和企业的技术改造，投向资金、技术密集型产业，适当投向金融、商业、旅游及房地产等领域。经济技术开发区和高新技术产业开发区的建设，要合理布局，认真办好。

（三）积极参与国际分工，发展中国同西方发达国家在生产领域的合作

一方面要积极吸引国外资金、技术和设备，组建合资企业和合作企业；另一方面，有条件的企业可以到国外投资建厂，建立具有中国特色的跨国公司。

另外，为了配合外贸企业改革，国家采取了放宽外汇管制，实行出口退税政策，外经贸部下放部分权力等一系列配套改革的措施，增强了运用经济杠杆调节宏观经济的能力，并为外贸企业利用市场机制，自主经营创造了外部环境。

而其后，伴随着1986年中国要求“复关”开始，中国的贸易政策改革已经开始以符合国际规则为导向，涉及国内管理的各个方面：在进出口管理方面，1992年中国取消进口调节税；1994年取消进出口指令性计划，此后中国进行了多次的关税降低，整体关税已经与国际平均水平大为接近，与世界市场更加接近。此外，中国的进口配额及其他的非关税措施数量也在逐年减少。在开放外贸经营权方面遵循国民待遇原则和非歧视原则，进一步推进了外贸放开经营，加快授予具备条件的国有生产企业、科研院所及商业物资企业外贸经营权。加入WTO之前，中国国内已经有30多万家企业获得了贸易经营权，并且加快转换外贸企业经营机制，在外贸领域推行现代企业制度。通过一轮外贸体制改革的实施，加强了市场经济机制的调节作用，促进了中国对外贸易市场化的进程。

三、加入WTO后中国的对外贸易政策

（一）影响贸易政策的因素

1. 中国的入世承诺

WTO是以推进贸易自由化为宗旨的多边贸易组织，加入WTO后，作为其成员，为了遵守入世承诺，中国运用对外贸易政策干预经济的回旋余地十分有限，对外贸易政策趋于中性化。这种影响主要体现在如下几个方面：关税大幅度削减；工业品非关税壁垒几乎全部取消；出口鼓励政策将受到严重削弱和阻碍。

2. 中国的国际收支状况

在目前情况下，中国的外贸政策必须转向进出口基本平衡、略有节余的中性目标，以平衡贸易收支，缓和与他国的贸易摩擦。

3. 中国的经济结构和比较优势

各国的经济结构存在巨大差异，中国目前已经成为“世界制造业中心”，发达国家的跨国公司纷纷在中国建立生产基地，甚至有些国际企业将研发中心也迁到中国，产业链条不断延

长。外贸政策的制定要充分考虑本国的经济结构，充分发挥本国的比较优势，以外贸带动中国的产业结构调整和经济发展，从而提升中国在国际上的竞争力。

（二）对外贸易政策的制定原则

（1）符合国际上相关法律法规的规定，特别是世贸组织协议的规定。

世贸组织原则有：①自由贸易原则，要求各贸易国家只能以关税作为进口贸易保护措施，逐渐降低关税水平，并且减少非关税壁垒；②非歧视原则，即世贸组织成员相互给予最惠国待遇和国民待遇；③公平贸易原则，即反对倾销和补贴等不公平的贸易行为；④公开原则，要求各贸易国的贸易政策要有透明度、减少行政命令行为。

（2）符合中国国内的相关法律法规的规定，比如《对外贸易法》等。

（3）要根据中国经济发展阶段、经济结构特征、对外贸易状况和国民经济发展制定幼稚工业保护政策，产业结构和对外贸易结构调整政策——可持续发展政策。

（三）加入 WTO 后中国对外贸易政策调整

根据世贸组织秘书处 2006 年和 2008 年两次中国贸易政策的审议，中国对外贸易政策进行了重大调整。

1. 实行了一系列贸易及与贸易相关的改革

中国实施的最惠国关税率也从 2001 年的 15.6%降至 2005 年的 9.7%。2005 年，中国农产品和非农产品的最惠国平均税率分别为 15.3%和 8.8%。根据《曼谷协定》，中国还将双边贸易优惠的使用扩展至东盟各国、巴基斯坦及香港特别行政区和澳门特别行政区等。

2. 遵守《入世协定书》的承诺，逐步取消了非关税措施

目前，中国保留的进口禁止措施主要存在于健康和安全领域，受国际公约的保护。此外，中国也禁止进口一些单纯的加工产品或二次出口产品，如部分农产品、矿产品、化学肥料及其他废弃原料。中国利用自动许可和非自动许可程序对一些进口予以规制。其中，非自动许可程序主要针对国际公约命令禁止进口的产品；自动许可程序主要用于监控进口，确保进口产品不引起激烈波动。2002 年，中国自动许可程序下的关税税目小幅增长，约占关税税目总数的 16%。进口配额完全取消，除部分农产品和化肥仍然在关税配额以外。

3. 简化检验检疫措施、应急措施

2005 年，32%的标准设立与国际标准接轨。最近的研究显示，44%的标准经过修改与国际接轨，11.6%的标准被取消。

4. 设置出口管理机制

中国的出口管理机制包括出口关税、出口禁止、出口许可和出口配额。包括禁止和许可在内的出口限制目的是避免国内产品供应不足，或为了保障自然资源和能源为己所用，或削减中国大量的贸易顺差，以避免贸易争端。如中国将大米、玉米、棉花、煤、原油及精炼油、钨矿及钨产品、锑矿及锑产品、银、烟制品等纳入国营贸易范围，以确保上述产品稳定的国内供应。

5. 继续利用各种贸易政策，以促进对高科技产业的投资、鼓励创新与环境保护

该措施包括租税奖励、直接补贴、价格管制，以及各种形式的“指导工作”，包括特定部

门的工业政策。

6. 加强参与多边贸易体系

中国积极参与WTO多哈回合谈判，并已与多个贸易伙伴签洽区域自由贸易协议（Free Trade Agreement, FTA）。其中具有代表性的有在2006年10月1日生效的中国—智利FTA、在2007年7月1日生效的中国—巴基斯坦FTA以及2010年7月20日正式生效的中国—东盟FTA。

7. 多次调整出口退税政策

1994年税制改革以来，中国退税政策经历了多次大幅调整。

1994年国家统一进行税制改革时确定了出口货物退（免）增值税征、退税率一致的政策。但由于国家经济形势、财政负担、税收征管水平及防范骗取出口货物退（免）税等方面的原因，于1995年、1996年大规模降低了出口货物退（免）税税率。后来由于国家经济紧缩政策结束和亚洲金融风暴等方面的影响，于1997年、1998年、1999年多次普遍或部分提高了出口货物退（免）税税率。至2000年形成了17%、15%、13%、6%、5%共五档增值税退税率。

2005年分期分批调低或取消了部分“高耗能、高污染、资源性”产品的出口退税率，同时降低了纺织品等容易引起摩擦的出口退税率，提高中大技术装备、IT产品及生物医药产品的出口退税率。2007年为缓解贸易顺差过大引起的各种矛盾，优化出口产品结构，促进经济结构调整，于7月1日起出口退税率变为5%、9%、11%、13%和17%五档。

2008年又对纺织品、服装的出口退税率由11%提高到13%；部分竹制品的出口退税率提高到11%。同年又上调了涉及3 486项、约占海关税则中全部商品总数25.8%的商品的出口退税率，并将中国的出口退税率分为5%、9%、11%、13%、14%和17%六档。

2009年分别将纺织品、服装的出口退税率由14%提高至15%后又提高到16%；合金镍条、铝合金制空心异型材、部分橡胶及其制品、毛皮衣服等皮革制品及日用陶瓷等制品的出口退税率提高到13%；将部分机电和钢铁制品等商品的出口退税率提高到9%；将电视用发送设备等商品的出口退税率提高到17%。2010年又相继取消部分商品出口退税，包括部分钢材和有色金属加工材，玉米淀粉及部分塑料及制品等；其他取消出口退税的商品还有部分橡胶、玻璃及制品、银粉、酒精、农药、医药及化工产品等。

第二节 中国对外贸易政策措施

入门案例

象征性动作——中国对美进口车征收双反税[1]

中国商务部于12月14日发布2011年第84号公告称，对原产于美国的排气量在2.5升以上的进口小轿车和越野车征收反倾销税和反补贴税，实施期限2年，自2011年12月15日起到2013年12月14日止。

[1] 文章来源：车天下汽车网，2011年12月19日。

今年适逢中国入世十年之际，在此期间中美两个全球最大经济体贸易争端不断升级。十年过去了，当年被赋予最悲观预期的中国汽车业，今年首次超越日本和美国，成为世界第一大汽车市场。中美贸易博弈在2011年年末，“动刀”在了汽车行业。

这其中对包括通用汽车公司、克莱斯勒集团有限责任公司及美国本田制造有限公司（美国本田有限公司）等美国汽车企业生产的排气量大于2.5升的进口汽车征收关税。商务部称，上述企业对这些汽车进行倾销与补贴，并以低于美国国内的价格在海外市场销售。征税计划还涉及梅赛德斯-奔驰和宝马汽车公司旗下美国公司生产的汽车。

其实，一切都显而易见。这项举措对于汽车市场的影响有限，因为它们在中国销售的汽车大部分都是通过合资企业在中国本地生产。基本实现了国产，豪车今年井喷式的增长，让政府看到了市场控制的着力点。另外，中国富人阶层不断扩大，而这群人对价格并不敏感，因此高端进口车受到的影响可能也会在一定程度上减弱。

但是也不能说毫无用处，这个举措是用来看的，看什么？看一些象征性动作。在入世以后，多次的经济市场较量，中美在贸易政策上的碰撞，面对美方的贸易政策的质疑，中方必须做出动作回应。作为汽车产业，越来越多的豪车争相地涌入中国市场，他们看好中国强大的购买力。这个关键的时刻，中方抛出征收双反税，提醒美方市场，对于高端车和高利润车的本土实力我们足够看好，也足够重视和“保护”。

这个象征性动作的政治意义绝对大于实际市场的操控力。真正美国进口车型在国内销售比重很低，纵然在此项举措实施后，可能会让美国产汽车在中国这个全球最大的汽车市场上变得更加昂贵。中国的现有税费可让一辆进口车的价格再增加25%或者更多。

从企业角度来讲，这样做唯一面临的风险就是成本的升高。但是如果再一想，这种风险规避的可能性很大，奔驰、通用，以及本田现在都在中国设了工厂，搞合资。不知道最初的合资目的中，会不会已经考虑了这一项中国政府贸易保护的因素，如果是，只能说：“你们目光太远了！”

很多汽车企业试图通过合资，提供凤毛麟角的所谓“技术贡献”的东西，来稳固其在中国和政府之间的友好稳定关系，进而尽量减少对于成本升高所带来的风险。虽然这项举措在美国看来“毫无道理”。但是对于中国汽车市场来说，这种保护还是有必要的。

尽管说来，中国汽车市场谈“保护”为时已晚，不像俄罗斯等汽车市场，一开始保护得就很到位和严密。“狼”已经放进来了，我们只能说锻炼得像“虎豹”一样，才能抵御住，羊圈里的“小绵羊”终究是会被吃掉的。（作者：何心慧）

带着问题学习：

1．中国实施的主要贸易保护政策有哪些？

2．你认为当今中国的对外贸易政策以什么为导向？

3．案例中中国对美产大排量汽车征收的双反税实际上具有什么意义？

改革开放以来，我国不断调整外贸政策，积极参与国际分工和国际交换，使对外贸易高速发展。一系列对外开放政策的目标是建立进出口导向相结合的综合型贸易发展模式。这种模式的主要内容有：

（1）实行有条件的、动态的贸易保护手段，对生产技术条件不同的工业部门，在不同时期内采取不同程度的保护措施。对国内有发展潜力的产业和产品，面向国内市场推广；对国外有发展潜力的产业和产品面向国际市场进行竞争，实施奖励出口的措施。

（2）出口不仅仅为获取进口所需要的外汇，还要研究通过出口促进国民经济的技术改造和结构改造，带动国民经济良性循环的发展。

（3）进口不仅仅为满足国内市场的生产和需要，同时要积极为发展出口服务，为建立和发展面向出口产业引进技术和设备，进口原材料，以促进出口商品生产的迅速发展。

为了有效执行上述贸易政策，我国采用了各种管理外贸的手段与措施，把对外贸易置于国家的统一领导之下。其中，对我国外贸经济影响较大的贸易政策有以下几方面。

一、关税政策

（一）关税制度框架

1. 海关法

海关法是我国关税制度的重要法律依据。广义的海关法是指调整海关管理活动全部法律规范的总称，它既包括专门的海关法，也包括所有的海关行政法规、海关规章及海关规范性文件，还包括各种法律、行政法规中涉及海关管理的所有规定。狭义的海关法是指一部单一的海关法，如我国现行的《中华人民共和国海关法》。

现今的海关法是于 1987 年 1 月 22 日第六届全国人民代表大会常务委员会第十九次会议通过，而后在 2000 年 7 月 8 日第九届全国人民代表大会常务委员会第十六次会议修正的《中华人民共和国海关法》。海关法规定中国海关是国内的进出关境的监督管理机关。海关依照海关法和相关法律、行政法规，监管进出境的运输工具、货物、行李物品、邮递物品和其他物品，征收关税和其他税、费，查缉走私等。进口货物自进境起到办结海关手续止，出口货物自向海关申报起到出境止，过境、转运和通运货物自进境起到出境止，应接受海关监管。准许进出口的货物，由海关依法征收关税。

2. 关税条例

《中华人民共和国进出口关税条例》对关税税率的利用、完税价格的审定、税额的缴纳、退补、关税的减免及审批程序和申诉程序等做了规定。《中华人民共和国海关进出口税则》是《关税条例》的组成部分，具体规定商品的归类原则、商品的税目、税号、商品描述和适用的相关税率。国务院关税税则委员会负责制定或修订《进出口关税条例》、《海关进出口税则》的方针、政策、原则，审议税则修订草案，制定暂定税率，审定局部调整税率。

（二）关税种类及计征依据

我国海关关税有两种：进口关税和出口关税。进口关税设普通税率和优惠税率。对原产于与中国未订有关税互惠协议的国家或者地区的进口货物，按照普通税率征税；对原产于与中国订有关税互惠协议的国家或者地区的货物，执行优惠税率征税。经国务院关税税则委员会特别批准，适用普通税率进口的货物，可以按照优惠税率征税。任何国家或地区对原产于中国的货物征收歧视性关税或者给予其他歧视性待遇的，海关对原产于该国家或地区的货物，可以征收特别关税。

根据征税方法的不同，关税可以分为从价税、从量税和二者结合的混合税。从价税依据进出口货物的完税价格征收。进出境物品的完税价格，由海关依法确定。

进口货物以海关审定的成交价格为基础的到岸价格为完税价格，包括货物的货价：货物运抵中国境内输入地点起卸前的运输及相关费用、保险费。在海关未能确定进口货物的到岸价格时，应依次以下列价格为基础估定完税价格：①该项进口货物从同一出口国或地区购进的相同或者类似货物的成交价格；②该项进口货物的相同或类似货物在国际市场上的成交价格；③该项进口货物的相同或类似货物在国内市场上的批发价格，减去进口关税、进口环节其他税收以及进口后的运输、储存、营业费用及利润后的价格；④海关用其他合理方法估定的价格。

目前我国进口关税总水平已降至 9.8%，远低于发展中国家平均进口关税水平。

出口货物以海关审定的货物售与境外的离岸价格，扣除出口关税后，作为完税价格，包括货物的货价、货物运至中国境内输出地点装载前的运输及其相关费用、保险费，但应扣除其中包含的出口关税税额。离岸价格不能确定时由海关估定完税价格。

（三）关税的缴纳、退补与减免

进口货物的收货人、出口货物的发货人，是关税的纳税义务人。

货物收发货人或其代理人，应在海关填发税款缴纳证的次日起 7 日内，向指定银行缴纳税款。逾期缴纳的，除依法追缴外，由海关自到期的次日起到缴清税款日止，按日加收欠缴税款 1%的滞纳金。

货物收发货人或其代理人，符合条件的，可以自缴纳税款之日起 1 年内，向海关申请退税，逾期不予受理。进出口货物完税后，如海关发现少征或漏征，应自缴纳税款或者货物放行之日起 1 年内进行补征。因收发货人或其代理人违反规定而造成少征或漏征的，海关在 3 年内可以追征。

符合进出口关税条例规定条件的货物，可以免税或减税。

出口退（免）税条件包括：

（1）必须是增值税、消费税征收范围内的货物。增值税、消费税的征收范围，包括除直接向农业生产者收购的免税农产品以外的所有增值税应税货物，以及烟、酒及化妆品等 11 类列举征收消费税的消费品。

工作提示

已经征收过增值税、消费税的证明通常是向供应商购买货物时收取的“增值税发票”。

之所以必须具备这一条件，是因为出口货物退（免）税只能对已经征收过增值税、消费税的货物退还或免征其已纳税额和应纳税额。未征收增值税、消费税的货物（包括国家规定免税的货物）不能退税，以充分体现“未征不退”的原则。

（2）必须是报关离境出口的货物。所谓出口，即输出关口，它包括自营出口和委托代理出口两种形式。区别货物是否报关离境出口，是确定货物是否属于退（免）税范围的主要标准之一。凡在国内销售、不报关离境的货物，除另有规定者外，不论出口企业是以外汇还是以人民币结算，也不论出口企业在财务上如何处理，均不得视为出口货物予以退税。

对在境内销售收取外汇的货物，如宾馆、饭店等收取外汇的货物等，因其不符合离境出口条件，均不能给予退（免）税。

（3）必须是在财务上作出口销售处理的货物。出口货物只有在财务上作出销售处理后，才能办理退（免）税。也就是说，出口退（免）税的规定只适用于贸易性的出口货物，而对非贸易性的出口货物，如捐赠的礼品、在国内个人购买并自带出境的货物（另有规定者除外）、样品、展品及邮寄品等，因其一般在财务上不作销售处理，故按照现行规定不能退（免）税。

工作提示

所谓“财务上作出口销售处理”，是出口企业将对应产品出口后的收入记入财务上的“销售收入”的会计科目，换言之，企业要对应此经营所得产生的利润缴纳所得税。

（4）必须是已收汇并经核销的货物。按照现行规定，出口企业申请办理退（免）税的出口货物，必须是已收外汇并经外汇管理部门核销的货物。

国家规定外贸企业出口的货物必须要同时具备以上 4 个条件。生产企业（包括有进出口经营权的生产企业、委托外贸企业代理出口的生产企业、外商投资企业，下同）申请办理出口货物退（免）税时必须增加一个条件，即申请退（免）税的货物必须是生产企业的自产货物或视同自产货物才能办理退（免）税。

二、出口鼓励政策

尽管我国的对外贸易在过去甚至今后的战略选择问题上尚未形成完全统一的认识，但有一点是各家无可争辩的，就是出口贸易在我国对外贸易战略中始终处于主导地位，具有不可替代的作用。这不仅是我国对外贸易的关键所在，更关系到我国对外开放的前途问题。实践证明，正是这些年我国坚持了以出口为导向的贸易鼓励政策，才以此为契机带动了进口贸易的发展，推动了对外开放，促进了国民经济增长。常见的出口鼓励政策有出口补贴、出口信贷、出口信贷国家担保、经济特区及促进出口的组织政策等政策。这里主要介绍具有中国特色的财政补贴政策和中国经济特区两种影响较大的出口鼓励政策。

（一）财政补贴政策

中国自 50 年代起实行的财政补贴政策，重点体现了国家保持社会政治、经济和人民生活稳定的要求。

1．支持农业生产发展

中国的财政补贴大部分用于以粮、棉、油、猪为主的农产品价格补贴。同西方国家在农产品生产相对过剩的条件下，为了保持国内市场供求平衡和增强在国际市场的竞争力，对农产品实行保护价格和出口补贴不同，中国的农产品补贴政策主要立足于扶持农业生产的发展，增加农产品的生产量。这突出地表现在实行改革开放政策以后，国家为了支持农产品价格改革的顺利进行，从而达到支持农业生产发展的目的，在提高农产品收购价格时，对农民实行了加价款补贴政策，并采取了销售价格不提或少提的办法，对购销价格倒挂的价差和企业经营性亏损实行财政补贴。因而，农产品补贴增长很快，在全部财政补贴中占据重要地位。

思考

为什么农产品会出现购销价格倒挂的现象？

2．稳定人民生活

长期以来政府从国家的具体国情出发，实行了保持人民生活基本必需品特别是粮油、猪肉民用煤等价格基本稳定的政策，并对城市住房、水电及公共交通等实行低租金、低收费制度，因此而发生的政策性亏损由国家给予财政补贴。或者，在提高与人民生活关系密切的商品价格后，对职工或城镇居民给予适当的物价补贴。因此，中国的财政补贴具有绝大部分直接或间接用于人民生活的特点。

3. 缓解经济矛盾

中国现在的补贴种类繁多，在中国经济体制改革特别是价格改革的不断深入过程中，适当运用财政补贴政策，在一定程度上可以缓解因价格和利益关系变动带来的矛盾，为价格改革的顺利进行和社会稳定创造条件。

尽管从经济学角度分析，出口补贴的负面作用大于正面作用，但作为我国对外开放经济发展初期，出口补贴却显得有其必要性。随着我国经济和社会的飞速发展，加上我国于2001年加入世贸组织后，我国政府已逐步依照世贸规则对出口补贴政策进行调整。

（二）经济特区

“经济特区”一词，于1979年由中国首先提出，并在深圳加以实施。目前中国有6大经济特区，包括：1980年建立的深圳、珠海、汕头、厦门，1988年建立的海南岛和2010年建立的喀什。

按其实质，经济特区也是世界自由港区的主要形式之一。以减免关税等优惠措施为手段，通过创造良好的投资环境，鼓励外商投资，引进先进技术和科学管理方法，以达到促进特区所在国经济技术发展的目的。经济特区实行特殊的经济政策，灵活的经济措施和特殊的经济管理体制，并坚持以外向型经济为发展目标。从特征上讲，经济特区是我国采取特殊政策和灵活措施吸引外部资金、特别是外国资金进行开发建设的特殊经济区域；从功能上讲，经济特区是我国改革开放和现代化建设的窗口、排头兵和试验场。这既是对经济特区特殊政策、特殊体制、特殊发展道路的概括和总结，也是对经济特区承担的历史使命和实际作用的概括和总结。

经济特区的目的和作用可以概括为：①扩大本国的对外贸易；②引进更多的国外资金、技术和管理经验；③增加就业机会，扩大社会就业；④加快特定地区经济发展与经济开发的速度，形成新的产业结构和社会经济结构，对全国（地区）经济发展形成吸纳和辐射作用；⑤获得更多的土地出售、出让和出租收益。

经济特区建设资金以外资为主。经济结构以“三资”（外资、侨资、港澳资）和“三来一补”（即来料加工、来样加工、来件装配和补偿贸易）企业为主，产品以外销为主，其经济运行机制是在国家计划指导下的市场调节为主。特区经济以发展工业为主、实行工贸结合，并相应发展旅游、房地产、金融及饮食服务等第三产业。

通过财政补贴和经济特区的优惠政策，我国发挥自身比较优势，日益提高我国产品在世界市场上的竞争力，并不断加大其市场份额。但与此同时，我国产品在外遭遇的反倾销也与日俱增。

（三）我国遭遇反倾销

目前，全球超过35%的反倾销调查是针对中国出口产品的。截至2009年，我国已连续15年成为遭受反倾销调查最多的经济体。

从发起反倾销调查的国家和地区来看，目前印度对我国发起反倾销调查的宗数最多，商品涉及钢材、化学品、纺织品及机电产品等多个领域。虽然美国和欧盟针对我国发起反倾销调查的宗数不及印度，但由于二者是我国重要的出口市场，因此美国和欧盟的反倾销措施对我国出口的影响更大。

1．中国遭遇反倾销的特点

总的来看，中国遭遇反倾销的特点如下：

（1）倾销指控的次数多频率快。我国入世后，随着国际贸易的拓展，国外对华反倾销的势头有增无减。我国受到越来越多的反倾销指控，据中国商务部最新数据显示，2009 年 1～8 月，共有 17 个国家（地区）对中国发起 79 起贸易救济调查，涉案总额约 100.35 亿美元，同比分别增长 16.2%和 121.2%。

（2）被诉倾销产品的范围不断扩大。近些年来，西方国家只要认为危害或将要危害到本国竞争力差的产品，都可以列为反倾销产品的范围。被诉产品从最初的轻工、纺织等传统商品，扩大到机械、电子等新兴出口商品，总计有 4 000 多种商品。尤其是美国的特别 301 条款和超级 301 条款，相继把保护的范围由一般商品扩展到劳务、投资及知识产权等，其可诉的范围还有进一步扩大的趋势。

（3）提起反倾销的国家由发达国家拓展至发展中国家。到目前为止，曾对我国出口商品提出反倾销的国家近 40 个，其中 80%案件均由发达国家提起，以美国和欧盟最多。近几年来，一些发展中国家如智利、泰国、印度及尼日利亚等也加入了对华反倾销的行列，并有越演越烈之势。

（4）中国商品被认定的倾销幅度和被征收的反倾销税明显偏高。西方一些国家对我国征收的反倾销税税率非常高，征收幅度低则百分之十几，高则达百分之百甚至上千。面对如此高的税率，无论哪家企业都无法承受，这意味着中国企业将被迫从该市场完全退出。如此大规模的反倾销调查及如此高的反倾销税率在国际上也是极为罕见的。

（5）实施反倾销带有很强的歧视性。根据 WTO 反倾销协议，构成倾销必须具备三个条件：①产品以低于国内的价格或向第三国出口的价格向进口国进行销售；②销售的数量猛增；③销售的产品对进口国造成实质性的损害，且这种损害与倾销之间存在因果关系。但一些西方国家所确定的倾销并不完全具备这些条件，有时甚至根本不具备任何倾销的条件，在确定哪些是倾销产品方面带有主观性。

2．中国企业针对反倾销的应对策略

尽管世贸组织的反倾销争议是由各国政府起诉或应诉的，但政府提交的相关资料有许多会来自企业，因此如何确保所提供资料的完整性和准确性仍是十分重要的一环。同时政府诉讼工作的顺利进行也有赖于企业在下列方面予以密切配合：

（1）建立初期预警机制。中国企业要建立起对倾销进行监控的机制，了解提起倾销指控的国家对取得市场经济地位或个别对待的要求，收集可作为候选替代国的国家的产品性质、价格水平和生产成本信息，收集对出口国出口价格和出口数量的发展信息，及相关产品在出品国市场的发展信息。在上述信息的基础上，可以对是否会有新的反倾销调查的可能性进行风险评估，建立纠正机制来限制出口和调整对出口国的出口价格，从而减少引起反倾销调查的风险。

（2）了解替代国标准下的对策。在中国企业出口产品的正常价格仍根据替代国标准来决定时，建议企业尽可能地了解各有关产品生产国的生产要素。

（3）建立有效申诉渠道。尽快建立中国企业或公民就外国贸易政策违反国家义务，给我国贸易或工业造成损害，而向中国政府主管部门申诉的有效通道，以切实维护企业利益。企业可要求政府通过谈判等渠道打开海外市场，遇有外国的不公平贸易措施，任何企业都可以搜集投资国或贸易国的相关资料，通过各商会或径直向政府主管部门投诉，由政府权衡利益，对外进行协商谈判，必要时采取对等措施。

三、进出口管理政策

（一）进出口配额许可证管理制度

进出口货物配额管理是国家在一定时期内对某些限制进出口商品采取的一种直接数量控制的办法，即对某种商品规定具体的进口或出口数量，超过规定数量则不允许进口或出口。配额有进口配额和出口配额，配额可通过直接分配的方式取得，也可通过投标等方式取得。

我国于20世纪80年代初恢复进出口许可证制度，在2001年11月我国加入世界贸易组织之前的20多年里，随着我国外经贸体制改革的不断深入和全面参与国际多边贸易体系进程，我国初步建立了一套总体上既符合国际贸易通行规则，又符合社会主义市场经济要求的进出口配额体制，为保证对外贸易的持续稳定增长，促进国内经济快速发展发挥了重要的作用。但该体制，特别是进口配额许可证管理体制与《1994年关税与贸易总协定》和《进口许可程序协议》仍有较大差距。

工作提示

我国外贸业务操作流程的繁简往往由进出口管理政策决定。不同产品，尤其是受许可证或配额制度管理的产品的进出口业务办理所需资料要求会各不相同。因此，在办理进出口业务前，必须先了解所需资料的有关规定。

为适应加入世界贸易组织和发展社会主义市场经济的需要，我国政府从2000年开始清理所有涉及外经贸的法律、法规和部门规章。经过对法律法规的清理工作我国进出口配额许可证制度得到进一步完善和规范，形成了以《中华人民共和国对外贸易法》为一级法，《货物进出口管理条例》为二级法，配套的部门规章为三级法的法律框架，建立健全了进出口配额许可证制度的法律体系。

1. 出口配额分配机制

（1）出口配额总量的确定。主要配额管理商品属于国家统一平衡的商品，其配额总量由原国家发改委、经贸委分别确定，报批国务院批准实施；其他商品配额总是由商务部根据上年出口实绩和管理方面确定。

（2）配额分配的基本原则。贯彻“效益、公正、公开透明”的原则，为各类企业创造公平竞争的政策环境；引导企业优化出口商品结构，向创汇多、效益好的企业倾斜，扶持国产名牌产品出口；实行动态管理，建立跟踪核查和动态调控机制。

（3）出口配额管理的类别。①被动配额：是一国因其他国家或地区的要求而实行的数量限制。②主动配额：关系国计民生的大宗资源性出口商品及在我国出口中占有重要地位的大宗传统出口商品，如出口玉米、小麦、蚕丝类及煤炭等。③计划配额：我国在国际市场或某一市场上占主导地位的重要出口商品，如出口到我国香港的活鸡、活牛及活猪等。

（4）配额的分配方式。①对适合招标的商品进行招标。现行的《出口商品配额招标办法》采用了以价格优先的竞争评标规则。2002 年，国家实行出口配额招标的商品为 53 种，其中纺织品被动配额商品 19 种，主动配额商品 6 种。②对不适合招标的出口商品配额实行规则化分配。在进行配额分配时，充分考虑申请企业或地区最近三年的出口实绩、配额使用率、经营能力、生产规模及国内资源状况等，既减少了管理者主观随意性，又防止了企业申领配额的盲目性。③对部分商品实行规则化分配与有偿使用相结合的办法。政府收取一定的配额使用费，以调节出口企业因使用配额而带来的保护利润，用经济手段调整企业之间的利益关系。

（5）配额证明。对配额管理的出口商品，出口经营者必须凭“配额证明”，向有关主管机关申领出口许可证，海关凭此验放。

2. 出口许可证制度

（1）出口许可证管理。这是指国家职能管理部门，根据商务部、海关总署等制定和调整的出口许可证管理货物目录，以签发出口许可证的形式，对该目录商品实行的行政许可管理。

出口许可证是由国家对外经贸行政管理部门代表国家统一签发的、批准某项商品出口的具有法律效力的证明文件。凡是国家宣布实行出口许可证管理的商品，出口前均须按规定申领出口许可证，海关凭出口许可证接受申报和验放，无证不得出口。出口许可证分为一般许可证和特殊许可证。①一般许可证：一般许可证又称普通许可证，这种许可证相对较易取得，出口商无须向有关机构专门申请，只要在出口报关单上填写这类商品的普通许可证编号，在经过海关核实后就办妥了出口许可证手续。②特殊许可证：出口属于特种许可范围的商品，必须向有关机构申请特殊许可证。出口商要在许可证上填写清楚商品的名称、数量、管制编号以及输出用途，再附上有关交易的证明书和说明书报批，获得批准后方能出口，如不予批准就禁止出口。

（2）实行出口许可证管理的商品目录。实行许可证管理的货物目录，由商务部会同国务院有关部门制定、调整并公布。

2006 年的货物目录，除实行配额管理的商品外，还有：对港澳以外市场出口的活牛、活猪、活鸡，牛肉、猪肉、鸡肉、消耗臭氧层物质、监控化学品、易制毒化学品、石蜡、铂金（以加工贸易方式出口）、锌及锌基合金、电子计算机、电风扇、自行车、摩托车及其发动机、车架。

3. 进口许可证制度

根据《货物进出口管理条例》，我国进口许可制度由自动许可证制度和非自动许可证制度构成。

非自动许可证制度包括进口配额许可证管理制度、进口许可证管理制度、关税配额管理制度和特定产品管理制度四部分组成。目前实行进口配额许可证管理的商品共 12 种，其中进口配额许可证管理商品 8 种，进口许可证管理的商品 4 种；实行关税配额的商品 6 种。

实行自动进口许可管理商品共 41 种，1201 个税则号，包括三个目录：①由外经贸部负责发证的其他商品 14 种；②由外经贸部负责发证的机电产品 20 种，604 个税则号；③由原国家经贸委负责发证的重要工业品 7 项，312 个税号。（外商投资企业进口涉及目录三的商品由外经贸部负责发证。）

4. 配额管理与许可证管理的联系

我国目前采用的是配额与许可证结合使用的管理方式，即国家对部分货物在实行许可证管理的基础上实行配额管理，这部分商品在申领了配额证明后，还需凭借配额证明申请办理进出口许可证。

（二）禁止出口技术及限制出口技术管理制度

中国根据 2009 年 5 月 20 日开始施行的《禁止出口限制出口技术管理办法》对禁止出口及限制出口技术进行管理。禁止出口和限制出口主要是从“国家安全”和“军事防备”的需要出发，并列出了《中国禁止出口限制出口技术目录》。对于列入《中国禁止出口限制出口技术目录》中禁止出口的技术，不得出口；对列入《中国禁止出口限制出口技术目录》的限制出口技术实行许可证管理。《目录》涵盖农业、煤炭开采和洗选业、纺织业、化学原料及化学制品制造业、医药制造业、通信设备、计算机及其他电子设备制造业、卫生等 85 个大类。

四、外汇管理政策

外汇，是指下列以外币表示的可以用作国际清偿的支付手段和资产：①外币现钞，包括纸币、铸币；②外币支付凭证或者支付工具，包括票据、银行存款凭证及银行卡等；③外币有价证券，包括债券及股票等；④特别提款权；⑤其他外汇资产。

目前我国外汇管理体制基本上属于部分型外汇管制，即对经常项目实行可兑换；对资本项目实行一定的管制；对金融机构的外汇业务实行监管；禁止外币境内计价结算流通；保税区实行有区别的外汇管理等。外汇管理局遵循安全、流动、增值的原则依法持有、管理、经营国家外汇储备。这种外汇管理体系基本适应我国当前市场经济的发展要求，也符合国际惯例。

其中，中国资本项目的外汇管理主要采取两种形式：①对跨境资本交易行为本身进行管制，主要由国家计划部门（如原国家计委）和行业主管部门（如中国人民银行、证监会、原外经贸部）负责实施。②在汇兑环节对跨境资本交易进行管制，由国家外汇管理局负责实施。

（一）资本项目交易环节

对金融市场准入的限制：允许外国投资者在境内购买 B 股和中国境内机构在境外上市的证券；限制居民到境外出售、发行、购买资本和货币市场工具；不允许境外外国投资者在境内出售、发行股票、证券及货币市场工具；不允许外国投资者购买 A 股和其他人民币债券，以及货币市场工具。

对外借贷款（包括对外担保）的限制：允许外商投资企业自行筹借长短期外债；境内其他机构对外借款有限制，如首先要取得借款主体资格，然后是要有借款指标，并要经外汇管理部门的审批；境内金融机构经批准后才可以遵照外汇资产负债比例管理规定对外放贷；一般情况下，境内工商企业不可以对外放贷，但可以经批准提供对外担保。

对直接投资（包括不动产投资）的限制：对外商在华直接投资限制不多，主要是产业政策上的指导；境内机构对外直接投资有一定限制，如国有企业对外直接投资要经有关部门审批等。

（二）资本项目汇兑环节

允许境内机构开立外汇账户保留资本项目下的外汇收入，国家不强制要求其结汇。如外商投资企业可以申请开立外汇账户，用于其资本金的收支。

对于境内机构在境内进行资本项目下本外币转换，目前我国实行实需交易原则，境内机构只要提供真实的交易背景或需求后，汇兑基本没有限制，可以申请结汇，也可以申请购汇。例如，境内机构借用外债后需要转换为人民币使用，只要其提供真实交易背景，其结汇是允许的。境内机构偿还外债需要购汇；我国的法规同样允许其购汇。当然，借用外债后要进行登记，这是外债还本付息的前提条件。

尽管整体上我国属于资本项目严格管制国家，但也应看到，我国已有相当部分的资本项目事实上已经不存在管制。没有开放的主要有两个方面：①中国企业直接向外举债和把人民币兑换成外汇进行对外投资；②外币投向中国本币证券市场。可以预计，随着中国加入世界贸易组织，资本项目的管制将逐步放松。

总体而言，我国现行的外汇管理体制是适合我国经济发展水平的，为社会与经济发展提供了有效的支持。但我们也应看到，随着我国与世界经济的接轨以及中国经济体制改革发展的内在需要，外汇管理体制应进一步主动加强改革，以适应社会与经济发展的需要。金融危机的反复轮流爆发提醒我们，居安更应思危，需要不断主动地坚持改革，以适应新的挑战。

▶ 专题

人民币贸易结算市场巨大

2009 年 4 月 8 日国务院常务会议正式决定，在上海和广州、深圳、珠海及东莞等城市开展跨境贸易人民币结算试点。这将迈开人民币走向国际化的关键一步，有利于人民币国际地位的逐步提升。而上海多功能金融中心的形成，特别是金融市场体系的完善将为推进人民币国际结算试点、逐步走向国际化提供基础支持，有助于提升人民币在国际货币体系中的地位，成为未来国际货币多元化中的“一极”。

2011 年 8 月 23 日，人民银行、财政部、商务部、海关总署、税务总局和银监会联合发布《关于扩大跨境贸易人民币结算地区的通知》，明确河北、山西、安徽、江西、河南、湖南、贵州、陕西、甘肃、青海和宁夏省（自治区）的企业可以开展跨境贸易人民币结算；吉林省、黑龙江省、西藏自治区及新疆维吾尔自治区的企业开展出口货物贸易人民币结算的境外地域范围，从毗邻国家扩展到境外所有国家和地区。至此，跨境贸易人民币结算境内地域范围扩大至全国。

汇丰经济学家屈宏斌表示，中国目前是世界上最大的出口国和第二大贸易国，2009 年进出口商品（88%）和服务（12%）总值达 2.45 万亿美元，新兴市场目前占中国全部贸易比重近 55%。实行人民币结算业务最大的潜力在于，中国与非 G3 经济体进行贸易时，大多数结算都用第三方货币（即美元）而非他们自己的货币，将贸易结算货币由美元转向人民币对于希望促进与高速增长的中国关系的新兴市场国家而言，是个不错的选择。

预计未来三年至五年内，中国与这些国家外贸总量的半数将通过人民币进行结算。假设保守估计贸易年平均增长率为15%到20%（从2003年到2007年，中国的贸易年平均增长率为30%），则每年将带来近2万亿美元的人民币计价贸易流量。㊀

这显然是个规模庞大的市场，令众多的市场参与者虎视眈眈，兴趣盎然。

本章提要

1. 鸦片战争前的对外贸易政策是“自然经济”式的自由贸易；鸦片战争后至新中国成立的对外贸易政策多以不平等条约或临时性的贸易限制或贸易保护措施为主；新中国成立后至1978年实行对外贸易的管制，并采用保护贸易政策。

2. 中国对外开放政策的基本内容是：坚持长期实行对外开放，在平等互利的基础上不断扩大和发展同各国的经济、贸易、技术交流与合作。在坚持独立自主、自力更生的前提下，根据中国社会主义现代化建设的需要，有计划，有重点、有选择地从国外引进适用而先进的技术设备，并聘请必要的外国经济技术专家来帮助我们工作。

3. 中国的对外政策面向全世界，既对资本主义国家开放，也对社会主义国家开放；既对发达国家开放，也对广大发展中国家开放。其要点有：扩大对外开放的地域；拓宽利用外资的领域；积极参与国际分工，发展中国同西方发达国家在生产领域的合作。

4. 影响贸易政策的因素包括中国的入世承诺、国际收支状况、经济结构和比较优势。对外贸易政策的制定原则既要符合国际和国内相关法律法规的规定，又要符合国情。

5. 根据世贸组织秘书处2006年和2008年两次中国贸易政策的审议，中国对外贸易政策进行了重大调整，包括：实行了一系列贸易及与贸易相关的改革；遵守《入世协定书》的承诺，逐步取消了非关税措施；简化检验检疫措施、应急措施；设置出口管理机制；继续利用各种贸易政策，以促进对高科技产业的投资、鼓励创新与环境保护；加强参与多边贸易体系；多次调整出口退税政策。

6. 中国采用了各种管理外贸的手段与措施，把对外贸易置于国家的统一领导之下。其中，对中国外贸经济影响较大的贸易政策有关税政策、出口鼓励政策、进出口管理政策和外汇管理政策。

7. 《海关法》是我国关税制度的重要法律依据，关税条例对关税税率的利用、完税价格的审定、税额的缴纳、退补、关税的减免及审批程序以及申诉程序等做了规定。中国的《海关法》和关税条例共同构成了中国的关税制度。

8. 中国自20世纪50年代起实行的财政补贴政策，重点体现了国家保持社会政治、经济和人民生活稳定的要求。1980年开始陆续建立的经济特区极大地利用外资、促进出口。这两种政策是影响较大的出口鼓励政策。

9. 进出口管理政策主要由配额与许可证结合使用的进出口配额许可证管理制度和禁

㊀ 资料来源：《中华工商时报》2011年3月4日，中证网。

止出口技术及限制出口技术管理制度组成。

10. 目前我国外汇管理体制基本上属于部分型外汇管制，即对经常项目实行可兑换；对资本项目实行一定的管制；对金融机构的外汇业务实行监管；禁止外币境内计价结算流通；保税区实行有区别的外汇管理等。

知识与技能训练

【判断题】

1. 鸦片战争前，中国的对外贸易政策多以不平等条约或临时性的贸易限制或贸易保护措施为主，中国海关的管辖权得不到保障。 ( )
2. 新中国成立后至改革开放前人民币汇率一直被高估，国家不加入世界性的经济贸易组织，拒绝双边贸易。 ( )
3. 中国的对外政策面向全世界，既对资本主义国家开放，也对社会主义国家开放；既对发达国家开放，也对广大发展中国家开放。 ( )
4. 进口货物的收货人、出口货物的发货人，是关税的纳税义务人。 ( )
5. 货物收发货人或其代理人，应在海关填发税款缴纳证的次日起 7 日内，向指定银行缴纳税款。 ( )
6. “经济特区”一词，于 1978 年由中国首先提出，并在深圳加以实施。 ( )
7. 目前中国有 5 大经济特区，包括：1980 年建立的深圳、珠海、汕头、厦门及 1988 年建立的海南岛。 ( )
8. 非自动许可证制度包括进口配额许可证管理制度、进口许可证管理制度和特定产品管理制度。 ( )

【简答题】

1. 简述加入 WTO 后，中国对外贸易政策的制定原则。
2. 简述加入 WTO 后中国对外贸易政策做了哪些调整。
3. 简述中国进出口导向相结合的综合型贸易发展模式的主要内容。
4. 简述中国关税制度。
5. 中国的经济特区有什么目的和作用？
6. 中国出口配额管理有什么类型？
7. 简述中国的出口许可证管理制度。
8. 在中国，外汇包括什么内容？
9. 中国资本项目的外汇管理主要采取什么形式？

【论述题】

1. 试述对外开放政策的内容。
2. 试述加入 WTO 后影响中国贸易政策的因素。

3. 试述中国出口退（免）税条件。

4. 试述中国财政补贴政策。

【应用题】

中欧纺织品贸易配额制发展历程

2005 年 1 月 1 日前，依照世贸组织《多种纤维协定》，包括中国在内的发展中国家向发达国家纺织品出口实施配额制。

2005 年 1 月 1 日，按照 WTO 规则，包括欧盟在内的全球纺织品贸易取消配额制度。

2005 年 4 月，由于对欧盟纺织品出口“井喷”，欧盟宣布对中国出口纺织品发起特别保障调查，启动设限程序。

2005 年 6 月 11 日，中欧签署关于纺织品的谅解备忘录。按照备忘录，到 2007 年，中国要将出口欧盟的 10 类纺织品的年增长率控制在 8%至 12.5%。为此，中国启动配额制，于 7 月 20 日起实行。

2005 年 8 月，由于在 1 个月内的政策真空期内抢出口，造成 8 000 万件中国纺织品滞留欧盟海关。

2005 年 9 月 5 日，中欧签署第二份纺织品协议：中欧对目前滞港的纺织品各负一半责任，一半由欧盟增加配额，一半由中国自行解决，办法是借用其他类别或者是明年的配额。

2008 年 1 月 1 日，中国对欧盟十大类纺织品出口取消配额制，对八大类纺织品实行“双边监控”。

试分析不同时期中国对欧盟出口的纺织品实施的配额许可证制的实质。

第十一章

区域经济一体化与国际贸易

学习目标

技能目标

- 掌握区域经济一体化对中国乃至世界经济贸易政策的影响的分析方法。

知识目标

- 了解区域经济一体化的含义、组织形式及内容；
- 理解区域经济一体化对国际贸易全方位的影响；
- 了解区域经济一体化的发展概况及主要一体化组织。

学习背景

20 世纪 90 年代以来，全球掀起了新一轮区域经济一体化浪潮，欧盟、北美、东亚经济圈及东欧—中亚四大地缘经济贸易中心初具规模，地区贸易协议（RTA）的数量显著增加，RTA 内部贸易已经占到全球贸易总量的 50%以上。当年的欧洲共同体，现在已变为欧洲联盟，不仅成员国由原来的 6 个国家发展到今天的 27 国，并拥有大量的联系国，其经济一体化形式由最初的关税联盟变成了一个统一的大市场，实现了商品、劳动力、资本和劳务的自由流动，它已成为了全球经济一体化程度最高的一个地区性经济集团。

2010 年 1 月 1 日，世界第三大自由贸易区——“中国—东盟自由贸易区”正式启动。“中国—东盟自由贸易区”是区域经济一体化在亚洲的新飞跃，标志着中国与东盟正由竞争走向“合作双赢”。有学者认为，东亚地区正由“中国机遇”走向“中国—东盟共同机遇”。

第一节　区域经济一体化对国际贸易的影响

入门案例

东盟欲强化内部经济统合

东盟经济一体化正进入关键阶段，近期以来东盟及部分成员国领导人反复强调应加快推动经济一体化建设。东盟秘书长素林 24 日在曼谷对本报记者表示，2015 年建成东盟统一大市场所剩时间已经不多，各国应当全力以赴，努力实现这一目标。

TPP 使东盟感受到加快自身经济一体化的压力

2 月 24 日，泰国商业部在曼谷举办“2012 年研讨会”，主题为“2015 年东盟经济共同体与未来展望”，来自东盟各国的官员、学者和商界人士 500 多人就如期实现经济一体化的问题进行了深入探讨。与会人士在接受本报记者采访时普遍表示，只有加速推动东盟经济一体化，才能使东盟在未来的亚太地区其他贸易谈判中占据有利地位。

20 世纪 90 年代，东盟提出建立统一的自由贸易区，以增强东盟整体实力。2007 年东盟在新加坡签署宣言，重申到 2015 年在东盟地区内形成统一市场和生产基地，在其框架下实现货物、服务、投资和技术工人的自由流动，以及更自由的资本往来。

但自去年以来，美国主导的跨太平洋战略经济伙伴关系协定（TPP）谈判进程开始加快，东盟日益感到加快自身经济一体化建设的重要性与迫切性。目前，东盟 10 国中已经有新加坡、马来西亚、越南及文莱等四国参加了 TPP 谈判。

不久前，素林在接受《日本经济新闻》采访时强调，东盟经济一体化优先于 TPP。他说，东盟应优先致力于内部经济统合，区域内贸易自由化主导权如被美国掌控，东盟一体化建设恐走入歧途。

分析认为，亚太地区的经贸合作格局近年开始发生深刻变化，出现了双边和多边多个自贸区重叠的现象，但是在重叠中又有两条隐约可见的主线，一条是东盟与中日韩“10+3”，另一条就是 TPP。奥巴马政府着力推动的 TPP 包括一些非经济贸易条件，具有明显的美国政治色彩，并有占据亚太地区贸易格局主导地位的意图，因此也被视为“针对中国而建立的自由贸易联盟”。东盟一些国家显然感觉到了美国亚太战略调整带来的压力，意识到只有加大内部合作，才有可能更好地维护自身的地位。

马来西亚经济研究所学者穆罕默德·阿里夫教授对本报记者表示，虽然东盟各国最终会选择加入 TPP 谈判，但东盟各国应该寻求作为一个整体，在 TPP 谈判中发挥更大的影响。阿里夫说，东盟各国经济规模相对较小，单独一国很难在 TPP 中有影响，因此东盟需要通过扩大合作，形成更大、更统一的市场。建设东盟的统一市场显然比 TPP 谈判更为紧迫和重要。阿里夫说，东盟国家必须利用好 TPP，但不是以个体的身份，而是以东盟一体化这一整体的身份，发出共同的声音。

……

带着问题学习：

1. 什么是区域经济一体化？区域经济一体化有哪些组织形式？
2. 东盟属于什么形式的区域经济一体化？东盟的产生对其成员国有什么影响？

一、区域经济一体化概述

（一）区域经济一体化的含义

区域经济一体化（Regional Economic Integration）也称区域经济集团化，是 20 世纪 50 年代开始在世界经济领域出现的新现象和新概念。通常是指一些地缘邻近的国家或地区，在平等互利的基础上，为了谋求本地区的共同利益联合起来，在彼此自愿地约束自己的部分经济主权甚至相互对等地分享或让渡部分国家主权的条件下，通过签订协议、规章组建国际调节组织和实体，使部分或全部生产要素在成员国间自由流动，使资源在成员国内得以优化配置，实现产业互补和共同经济繁荣的过程。它是经济生活国际化和各国各地区之间经济联系与依赖程度不断加深的产物。

理解区域经济一体化的含义要从两个方面入手：首先，区域经济一体化必须是两个或两个以上的国家或地区，在逐步消除彼此间的歧视性障碍后形成商品、劳动力及资本自由流动的共同市场；其次，为了维护共同市场，各成员国政府必须让出一定的政治经济权利给予一体化组织来实施统一的对外歧视性政策。由此看来，区域经济一体化的简单理解，实际上是地缘临近国之间的经济联盟。

> **思考**
>
> 请解释世界贸易组织是否属于区域经济一体化的表现。那石油输出国组织（OPEC）呢？

（二）区域经济一体化的组织形式

1．根据一体化市场融合程度划分

经济一体化的形式根据不同标准可分为不同类别。美国著名经济学家巴拉萨把经济一体化的进程分为四个阶段：

（1）贸易一体化，即取消对商品流动的限制；

（2）要素一体化，即实行生产要素的自由流动；

（3）政策一体化，即在集团内达到国家经济政策的协调一致；

（4）完全一体化，即所有政策的全面统一。

与这四个阶段相对应，根据市场融合的程度，经济一体化有如下组织形式：

> **工作提示**
>
> 了解各国之间的经济一体化关系，有助于进出口贸易中的贸易政策运用和风险规避。

（1）优惠贸易安排。即在成员国之间，通过协定或其他形式，对全部商品或一部分商品给予特别的关税优惠，这是经济一体化中最低级和最松散的一种形式，典型的有 1932 年英国与一些大英帝国以前的殖民地国家之间实行的英联邦特惠制。

（2）自由贸易区。即由签订自由贸易协定的国家组成一个贸易区，在区内各成员国之间废除关税和其他贸易壁垒，实现区内商品的完全自由流动，但每个成员国仍保留对非成员国的原有壁垒。

（3）关税同盟。即成员国之间完全取消关税和其他壁垒，同时协调其相互之间的贸易政策，建立对外的统一关税。这在自由贸易区的基础上又更进了一步，开始带有超国家的性质，典型的有欧洲经济共同体。

（4）共同市场。即成员国在关税同盟的基础上进一步消除对生产要素流动的限制，使成员国之间不仅实现贸易自由化，而且实现技术、资本及劳动力等生产要素的自由流动。典型的如欧洲统一市场。

（5）经济同盟。即在共同市场的基础上又进了一步，成员国之间不但实现商品和生产要素的自由流动，建立起对外的共同关税，而且制定和执行包括货币、财政、经济发展和社会福利等共同经济政策和社会政策，逐步废除政策方面的差异，形成一个庞大的经济实体，典型的如目前的欧洲联盟。

（6）完全经济一体化。成员国在经济、金融、财政甚至政治、军事等政策上完全统一，在国家经济决策中采取同一立场，由统一中央管理机构对所有事务进行控制。这是经济一体化的最高阶段，迄今尚未出现过。

图 11-1 反映了 6 种区域经济一体化组织形式的市场融合度。

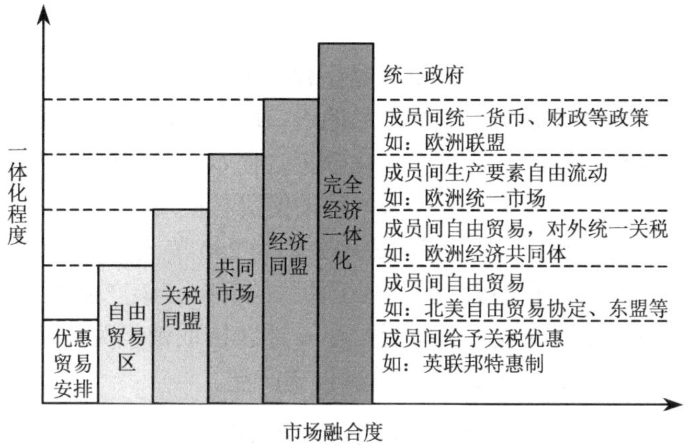

图 11-1　区域经济一体化市场融合度

经济一体化是关于成员间贸易壁垒的撤除和各种合作互助关系的建立。贸易壁垒的撤除被称为一体化中“消极”的一面，合作关系的建立则被称为“积极的”一面，因为合作的建立往往要求参加者改变现有的制度或机构，或建立新的制度和机构以使一体化地区的市场能适当而有效率地运转。在一体化的各种形式中，较初级的形式，如自由贸易区等主要是消极的一面，而较高级的形式，如经济同盟等则更充分地体现了积极的一面。消极的形式比较易于达到，因为消除关税和数量限制易于做到，特别是在经过长期的多边贸易谈判后许多国家的关税水平本来就已经很低。积极的形式不易做到，因为它要求采取某种形式的共同行动，而且要求在关税以外的领域合作，而金融、货币和雇佣等方面的合作往往涉及国家主权的协调等更深层次的问题。对一体化的形式的划分只能是大体上的，实际上每个组织都不可能是标准的某种形式。

工作提示

所谓“消极”和“积极”，都是相对而言的。在实际应用中，“消极”的方面往往对外贸业务起着“积极”的作用。

2. 根据成员国构成的不同划分

有些学者根据成员国构成的不同，把经济一体化组织分为三类：

（1）发达国家型，即由发达国家组建的经济一体化组织，典型的如欧洲联盟；

（2）发展中国家型，即由发展中国家组成的经济一体化组织，如东南亚国家联盟；

（3）南北型，即由发达国家和发展中国家共同组建的经济一体化组织，如北美自由贸易协定。

这三类组织虽然形式上有相似之处，但目标、运行机制、发展历程等都有明显不同。

二、区域经济一体化的贸易效应

伴随着经济一体化实践发展的，是各种一体化的理论。第二次世界大战后，许多经济学家从不同的角度，对经济一体化现象进行了深入的分析、研究与探讨，并因此形成了各自的理论。其中，最令人瞩目的是以美国经济学家雅各布·维纳（Jacob Viner）为代表人物提出的关税同盟理论，被研究与探讨得比较广泛而深入。

关税同盟的效果可以分为静态效应和动态效应。

（一）关税同盟的静态效应

1．贸易创造效应

贸易创造效应（Trade Creating Effect）是指建立关税同盟后，关税同盟某成员国的一些国内生产品被同盟内其他生产成本更低的产品的进口所替代，从而使资源的使用效率提高，扩大了生产所带来的利益；同时，通过专业化分工，使本国该项产品的消费支出减少，而把资本用于其他产品的消费，扩大了社会需求，结果使贸易量增加。

见表 11-1，某产品在 A、B、C 三国的成本分别为 250 美元、200 美元和 150 美元，A 国进口关税水平为 100%。关税同盟成立前，由于关税的保护，该产品以 A 国的价格为最低，因而 A 国自行生产。A、B 两国成立同盟后，A 国对 B 国取消了关税壁垒，B 国该产品的价格下降，低于 A 国水平，于是，A 国从 B 国进口该产品。

表 11-1 贸易创造效应

（单位：美元）

<table>
<tr><td rowspan="6">A 国生产或进口成本</td><td colspan="4">A、B 国关税同盟成立前</td></tr>
<tr><td>A 国生产</td><td>从 B 国进口（100%关税）</td><td>从 C 国进口（100%关税）</td><td rowspan="2">A 国选择自行生产</td></tr>
<tr><td>250</td><td>400（200+200×100%）</td><td>300（150+150×100%）</td></tr>
<tr><td colspan="4">A、B 国关税同盟成立后</td></tr>
<tr><td>A 国生产</td><td>从 B 国进口（零关税）</td><td>从 C 国进口（100%关税）</td><td rowspan="2">A 国选择从 B 国进口</td></tr>
<tr><td>250</td><td>200（200+0）</td><td>300（150+150×100%）</td></tr>
</table>

2．贸易转移效应

贸易转移效应（Trade Diversing Effect）是指缔结关税同盟之前，某个国家不生产某种商品而从世界上生产效率最高、成本最低的国家进口商品；建立关税同盟后，如果世界上生产效率最高的国家被排斥在关税同盟之外，则关税同盟内部的自由贸易和共同的对外关税使得该国该商品在同盟成员国内的税后价格高于同盟某成员国相同商品在关税同盟内的免税价格，这样同盟成员国原来从非成员国进口的成本较低的商品转为从关税同盟内部生产效率最高、生产成本最低的国家来进口。

见表 11-2，同样是上述例子，假如 A 国的进口税率则为 50%，则同盟成立前，C 国的该产品的价格（包括关税）最低，因此，A 国从 C 国进口。同盟成立后，A、B 两国之间废除关税，B 国的该产品价格下降到最低水平，于是，A 国改从 B 国进口。这样，就从成本最低的 C 国转变到了同盟内成本最低的 B 国，这便是贸易转移效应。

表 11-2 贸易转移效应

（单位：美元）

<table>
<tr><td rowspan="6">A 国生产或进口成本</td><td colspan="4">A、B 国关税同盟成立前</td></tr>
<tr><td>A 国生产</td><td>从 B 国进口（50%关税）</td><td>从 C 国进口（50%关税）</td><td rowspan="2">A 国选择从 C 国进口</td></tr>
<tr><td>250</td><td>300（200+200×50%）</td><td>225（150+150×50%）</td></tr>
<tr><td colspan="4">A、B 国关税同盟成立后</td></tr>
<tr><td>A 国生产</td><td>从 B 国进口（零关税）</td><td>从 C 国进口（50%关税）</td><td rowspan="2">A 国选择从 B 国进口</td></tr>
<tr><td>250</td><td>200（200+0）</td><td>225（150+150×50%）</td></tr>
</table>

3. 贸易扩大效应

贸易扩大效应（Trade Expansion Effect）是指成立关税同盟后，某国能够更便宜地买到某商品而导致消费量和贸易量的增加。这是从需求方面形成的概念。如前所述，无论贸易创造还是贸易转移都能产生贸易扩大效果。

4. 产品替代效应

产品替代效应（Inter-Commodity Substitution）是指关税同盟成立后，由于相互间废除关税，并发生贸易转移，使得国内产品的价格比率发生改变，从而发生产品之间的替代，导致消费结构的变化。

5. 减少与降低费用

由于关税同盟的成立，彼此间废除关税，故可以减少征收关税的行政开支；同时，关税同盟内实现商品自由流动，也可以减少费用。

6. 提高自身的地位与对外谈判力量

由于关税同盟的成立，经济力量加强，统一对外进行关税等谈判的力量同时加强，这有利于关税同盟贸易地位的提高和贸易条件的改善。

（二）关税同盟的动态效应

关税同盟的动态效果，是指关税同盟成立后，对成员国贸易以外的就业、国民收入、国际收支，国内生产和物价水平等的影响。它又称为次级效果（Secondary Effect）。关税同盟的动态效果主要有以下几个方面。

1. 获得规模经济的利益

美国经济学家贝拉·巴拉萨（Bela Balassa）认为，关税同盟可以使生产厂商获得重大的内部与外部规模经济利益。同盟成立后，所有成员国成为一体，自由市场扩大，可以获得专业与规模生产的利益。同时，某一部门的发展又可以带动其他部门的发展，势必带来各行业的相互促进。

2. 加强成员间的竞争

提勃尔·西托夫斯基（Tibor Scitovsky）认为关税同盟成立后，商品的自由流通可以加强竞争，打破垄断，从而提高经济福利。在不同的市场结构中，在其他条件不变的情况下，市场的竞争越强，专业化程度越深，产生的效率越高，资源配置更趋合理。关税同盟的建立，摧毁了各国受关税保护的市场，使得成员间的竞争加强。

3. 刺激投资

关税同盟成立后，它可以从三个方面刺激投资。①随着市场的扩大，风险与不稳定性降低，会吸引成员中新的厂商进行投资。②为了提高竞争力，原有厂商也会增加投资，以改进产品质量，降低生产成本。③迫使非成员到同盟区域内设立避税工厂（Tariff Factory），即以直接投资取代出口贸易，以绕开关税壁垒。

4. 促进生产要素的自由流动

关税同盟的成立，在推动商品自由流通的同时，也促进了生产要素的自由流动，从而使资本、技术、劳动力、原材料等资源得到更加合理的配置，降低要素闲置的可能性，提高要素的利用率，最终提高了经济效益。

5．加速经济增长

由于以上动态效果的实现，使得关税同盟内各国的经济可以得到加速的增长。

第二节　区域经济一体化的发展

入门案例

欧洲需为救助希腊提供更多资金[1]

国际货币基金组织（International Monetary Fund，简称IMF）可能只会向第二轮希腊救助方案贡献最低限度的资金，这样，欧元区政府在这次救助计划中提供贷款的比例要远远超过之前的三次欧元区救助行动。预计欧元区财长将于周一批准希腊第二轮救助计划。

官员们称，IMF削减出资的做法反映出IMF成员国担心该组织在欧元区的风险敞口过大。但IMF减小支持力度凸显出部分欧元区政府所面临的政治问题。目前，欧元区国家正千方百计地降低它们在新贷款方案中需为希腊提供的资金总额。

希腊最大的债权人之一欧洲央行（European Central Bank）上周五已完成希腊债券置换，旨在保护该行所持希腊债券免于在重组中受到被迫减记。通过债务重组，持有希腊债券的私营债权人将按面值的一半把现有的希腊债券置换为新债券。

周日及周一谈判的部分目标是确定欧洲央行、欧元区各成员国央行和政府具体将如何参与希腊债务重组。据三位了解IMF的希腊债务可持续性分析草稿的知情人士表示，IMF目前预计，如果官方债权人不参与债券减记，那么2020年希腊债务与国内生产总值（GDP）的比例将为129%。

他们表示，官方债权人因此也需进行减记，以推动希腊债务比例达到协议规定的目标，即到2020年债务与GDP之比为120%。

美国财政部长盖特纳（Tim Geithner）周日在一份声明中表示，第二轮希腊救助方案是非常彻底、非常艰难的改革方案，理应得到国际社会和IMF的支持。他表示，美国将鼓励IMF为这一协议提供支持。

据知情人士透露，预计IMF将只会为这一总额1 300亿欧元的救助计划提供130亿欧元资金。这意味着欧元区各政府需要出资近1 200亿欧元，金额远高于它们在2010年5月为第一轮希腊救助方案提供的800亿欧元。

IMF发言人表示，该组织向希腊提供资金的具体数额尚未最终确定。在持续数月的谈判之后，这应该是周日欧元区高级官员会议和周一的财长会议讨论的议题之一。预计IMF官员

[1] 文章来源：华尔街日报中文版，2012-02-20。

将出席周一的欧元区财长会议。希腊总理办公室周日曾表示，卢卡斯·帕帕季莫斯（Lucas Papademos）周一将前往布鲁塞尔，但并未说明他届时是否会出席财长会议。

带着问题学习：

1. 欧盟是什么组织？什么是欧元区？
2. 欧洲为什么要坚持区域经济一体化？你认为欧盟的未来如何？它对世界经济有何影响？
3. 除了欧盟，世界范围内还有哪些主要的经济一体化组织？它们的发展情况如何？

一、区域经济一体化概述

（一）区域经济一体化在经济全球化背景下的发展

经济全球化（Economy Globalization）不仅是指商品、货币、资本及资源等要素在国际市场中的有效配置和合理流动，而且是指世界各国的利益在整体磨合的过程中，所达成的能够最大程度体现各国之间协调意志并且可以弥补市场缺陷的原则、规则、机构和程序的国际性的制度安排。当今的经济全球化仍然是以发达国家为主导，以跨国公司为主要动力的世界范围内的产业结构调整，较多地体现出发达国家的意志和利益。

在经济全球化蓬勃发展的同时，区域经济一体化也悄然兴起。区域经济一体化始于 20 世纪 50 年代，以欧洲经济共同体的建立为标志，它是指地理区域上比较接近的两个或两个以上国家或地区，为了谋求共同的经济贸易发展，通过缔结条约而建立起来的经济贸易联合的过程。据世贸组织统计，截至 2000 年 6 月 30 日，向世界贸易组织通报的区域贸易协定或安排达 170 多个；而截至 2010 年 2 月，向世界贸易组织通报的区域贸易协定或安排已达 462 个，更多的自由贸易区正在磋商和谈判中。区域性贸易协定的数量日益增多，涉及的国家和地区也日益广泛。

区域经济一体化是伴随着经济全球化的推进而不断发展升级的。由于世界各国在生产力水平、经济结构等方面存在很大差异，达到完全的全球经济一体化还需要较长的发展过程。如果不顾及不同区域、不同国家经济状况的差异，一味追求全球统一规则是没有实际成效的。区域经济一体化是世界经济发展的必然结果，是现代社会生产力发展和生产关系变革的客观反映和客观要求，同时区域经济对经济全球化具有某些方面的负面影响，在某些情况下可能会制约经济全球化的发展。

（二）区域经济一体化的原因

1. 国际分工的深化和经济生活国际化程度的不断提高，是区域经济一体化发展的主要经济基础

在第二次世界大战后新技术革命的推动下，世界各国、各地区之间的分工与经济依赖日益加深，生产社会化、国际化程度不断提高，使各国的生产和流通及其经济活动进一步越出国界。这就必然要求消除阻碍经济国际化发展的边界障碍、市场障碍和体制障碍，必然要求改变旧的国家关系和经济关系，建立新的、更加密切的经济政治合作关系，建立区域性经济一体化组织就是这一要求得以实现的载体或实现形式。

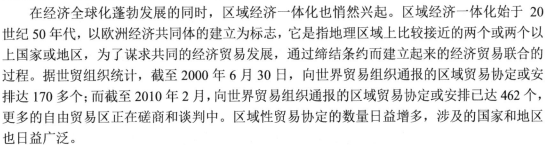

> **思考**
>
> 事实上，仔细观察不难发现，经济越封闭的国家，参与区域经济一体化的热情越低。你能举例说明吗？

2．经济发展不平衡和世界经济多极化是区域经济一体化形成的重要原因

世界经济走向一体化是社会经济发展的客观趋势，是经济全球化发展的必然结果。但是，经济政治发展不平衡又是世界各国和各地区发展长期存在的客观现实。这个现实决定了世界或全球经济走向一体化的过程必然经历许多过渡性步骤，不可能一蹴而就。区域经济一体化的各种形式，就是世界经济走向一体化的各种步骤和各种过渡形式。各种区域一体化组织合作层次不断升级的过程和合作范围不断扩大的过程，就是世界经济走向和接近一体化的过程。广大的发展中国家虽处境不同，但在现存世界经济秩序下，在国际竞争中都处于不利的地位，它们为了促进本国经济的稳定和发展，寻求有利的贸易条件和投资环境，一方面在加强发展中国家相互之间的联合与合作，组成层次不同的区域一体化组织，另一方面一些国家也在积极地向发达国家的区域一体化组织靠拢。这些情况无疑也促进了区域经济一体化的形成和发展。

> **思考**
>
> 完成本节学习后，请举发达国家之间、发展中国家之间及发达和发展中国家之间的经济一体化组织的例子。

3．当代世界市场竞争的日益剧烈是区域经济一体化发展的直接动因

列宁指出：“从自由竞争中成长起来的垄断并不消除竞争，而是凌驾于竞争之上，与此并存，因而产生许多特别尖锐剧烈的矛盾、摩擦和冲突。”当今的世界经济也正是这样。在日益激化的竞争面前，各个国家都在寻求进一步消除贸易障碍、提高竞争力及缓解国家之间的经济摩擦和矛盾的途径。而建立区域经济一体化组织，是实现这一目标的重要途径。以建立欧共体大市场为例，仅消除过境的手续费一项，一年即可节省 120 亿左右欧洲货币单位；统一技术标准和产品规格，每年可给企业带来 500 亿欧洲货币单位的利益；通过消除贸易障碍将降低经营成本 20%～30%。

4．区域经济一体化是国家广泛干预国际经济关系的表现和产物

世界上形式多样、层次各异的区域经济集团，都是由有关国家直接出面建立起来的，都是以条约或协定固定下来的，并设有超国家的共同决策机构。没有国家的直接参与，国际区域经济一体化组织的形成和发展是不可能的。在现代市场经济条件下国家不仅广泛而有力地干预国内经济的运行过程，而且也广泛地干预并直接参与国际经济活动。区域经济一体化是面对国际竞争日益激化，国家积极干预经济生活的一个结果。

> **工作提示**
>
> 区域经济一体化常常被各个经济集团用作竞争手段。因此，集团间的关系变化会直接促使集团内部政策的变化从而影响国际贸易。

二、全球主要区域经济一体化组织

（一）欧盟

1．欧盟简介

欧洲联盟（简称欧盟，European Union——EU）是由欧洲共同体（European Communities）

发展而来的，是一个集政治实体和经济实体于一身、在世界上具有重要影响的区域一体化组织。1991 年 12 月，欧洲共同体马斯特里赫特首脑会议通过《欧洲联盟条约》，通称《马斯特里赫特条约》(简称《马约》)。1993 年 11 月 1 日，《马约》正式生效，欧盟正式诞生，总部设在比利时首都布鲁塞尔。

2. 欧盟的成立

1946 年 9 月，英国首相丘吉尔曾提议建立“欧洲合众国”。1950 年 5 月 9 日，当时的法国外长罗贝尔·舒曼（1886～1963 年）代表法国政府提出建立欧洲煤钢联营。这个倡议得到了法、德、意、荷、比、卢 6 国的响应。1951 年 4 月 18 日，法国、联邦德国、意大利、荷兰、比利时和卢森堡在巴黎签订了建立欧洲煤钢共同体条约（又称《巴黎条约》)。1952 年 7 月 25 日，欧洲煤钢共同体正式成立。1957 年 3 月 25 日，这六个国家在罗马签订了建立欧洲经济共同体条约和欧洲原子能共同体条约，统称《罗马条约》。1958 年 1 月 1 日，欧洲经济共同体和欧洲原子能共同体正式组建。1965 年 4 月 8 日，六国签订的《布鲁塞尔条约》决定将三个共同体的机构合并，统称欧洲共同体。但三个组织仍各自存在，具有独立的法人资格。《布鲁塞尔条约》于 1967 年 7 月 1 日生效，欧洲共同体正式成立。

3. 欧盟的成员国

1973 年至 1986 年，英国、丹麦、爱尔兰、希腊、西班牙和葡萄牙先后加入欧共体，成员国扩大到 12 个。欧共体 12 国间建立起了关税同盟，统一了外贸政策和农业政策，创立了欧洲货币体系，并建立了统一预算和政治合作制度，逐步发展成为欧洲国家经济、政治利益的代言人。1991 年 12 月 11 日，欧共体马斯特里赫特首脑会议通过了以建立欧洲经济货币联盟和欧洲政治联盟为目标的《欧洲联盟条约》，也称《马斯特里赫特条约》(简称“马约”)。1993 年 11 月 1 日“马约”正式生效，欧共体更名为欧盟。这标志着欧共体从经济实体向经济政治实体过渡。1995 年，奥地利、瑞典和芬兰加入，使欧盟成员国扩大到 15 个。

2002 年 11 月 18 日，欧盟 15 国外长会议决定邀请塞浦路斯、匈牙利、捷克、爱沙尼亚、拉脱维亚、立陶宛、马耳他、波兰、斯洛伐克和斯洛文尼亚 10 个中东欧国家入盟。2003 年 4 月 16 日，在希腊首都雅典举行的欧盟首脑会议上，上述 10 国正式签署入盟协议。2004 年 5 月 1 日，这 10 个国家正式成为欧盟的成员国。这是欧盟历史上的第五次扩大，也是规模最大的一次扩大。2007 年 1 月，罗马尼亚和保加利亚两国加入欧盟，欧盟经历了 6 次扩大，成为一个涵盖 27 个国家总人口超过 4.8 亿、国民生产总值高达 12 万亿美元的当今世界上经济实力最强、一体化程度最高的国家联合体。

4. 欧盟的主要活动

（1）在内部建设方面，欧盟实行一系列共同政策和措施。

1）实现关税同盟和共同外贸政策。1967 年起欧共体对外实行统一的关税率，1968 年 7 月 1 日起成员国之间取消商品的关税和限额，建立关税同盟（西班牙、葡萄牙 1986 年加入后，与其他成员国间的关税需经过 10 年的过渡期后才能完全取消)。1973 年，欧共体实现了统一的外贸政策。马约生效后，为进一步确立欧洲联盟单一市场的共同贸易制度，欧共体各国外长于 1994 年 2 月 8 日一致同意取消此前由各国实行的 6 400 多种进口配额，而代之以一些旨在保护低科技产业的措施。

2）实行共同的农业政策。1962 年 7 月 1 日欧共体开始实行共同农业政策。1968 年 8 月开始实行农产品统一价格；1969 年取消农产品内部关税；1971 年起对农产品贸易实施货币补贴制度。

3）建立政治合作制度。1970 年 10 月建立。1986 年签署、1987 年生效的《欧洲单一文件》，把在外交领域进行政治合作正式列入欧共体条约。为此，部长理事会设立了政治合作秘书处，定期召开成员国外交部长参加的政治合作会议，讨论并决定欧共体对各种国际事务的立场。1993 年 11 月 1 日《马约》生效后，政治合作制度被纳入欧洲政治联盟活动范围。

4）基本建成内部统一大市场。1985 年 6 月欧共体首脑会议批准了建设内部统一大市场的白皮书，1986 年 2 月各成员国正式签署为建成大市场而对《罗马条约》进行修改的《欧洲单一文件》。统一大市场的目标是逐步取消各种非关税壁垒，包括有形障碍（海关关卡、过境手续及卫生检疫标准等）、技术障碍（法规、技术标准）和财政障碍（税别、税率差别），于 1993 年 1 月 1 日起实现商品、人员、资本和劳务自由流通。为此，欧共体委员会于 1990 年 4 月前提出了实现上述目标的 282 项指令。截至 1993 年 12 月 10 日，264 项已经理事会批准，尚有 18 项待批。在必须转化为 12 国国内法方可在整个联盟生效的 219 项法律中，已有 115 项被 12 国纳入国内法。1993 年 1 月 1 日，欧共体宣布其统一大市场基本建成，并正式投入运行。

5）建立政治联盟。1990 年 4 月，法国总统密特朗和联邦德国总理科尔联合倡议于当年年底召开关于政治联盟问题的政府间会议。同年 10 月，欧共体罗马特别首脑会议进一步明确了政治联盟的基本方向。同年 12 月，欧共体有关建立政治联盟问题的政府间会议开始举行。经过 1 年的谈判，12 国在 1991 年 12 月召开的马斯特里赫特首脑会议上通过了政治联盟条约。其主要内容是 12 国将实行共同的外交和安全政策，并将最终实行共同的防务政策。

此外还实行了共同的渔业政策、建立欧洲货币体系及建设经济货币联盟等措施。

（2）在对外关系方面，欧盟同世界上许多国家和地区建立和发展了关系。

至 1993 年，已有 157 个国家向欧共体派驻外交使团，欧共体委员会也已在 107 个国家及国际组织所在地派驻代表团。欧共体同其中的绝大多数国家缔结了贸易协定、经贸合作协定或其他协定，并与一些地区性组织建立了比较密切的关系。欧共体于 1975 年 5 月与中华人民共和国建立正式关系。目前欧盟是中国最大的贸易伙伴，是中国引进外资及技术的重要地区。而中国则是居美国之后的欧盟第二大贸易伙伴。

5. 欧元区

1992 年，欧盟首脑会议在荷兰马斯特里赫特签署了《欧洲联盟条约》（也称《马斯特里赫特条约》），决定在 1999 年 1 月 1 日开始实行单一货币欧元和在实行欧元的国家实施统一货币政策。1999 年 1 月 1 日，欧盟当时 15 个成员国中的 11 个成员国：德国、法国、意大利、荷兰、比利时、卢森堡、爱尔兰、西班牙、葡萄牙、奥地利和芬兰，达到了《欧洲联盟条约》在 1992 年确立的欧洲经济一体化并向欧元过渡的四项统一标准，因此，欧元成为这 11 国的单一货币。1998 年 6 月，欧洲中央银行于法兰克福正式成立。1999 年 1 月，欧元进入国际金融市场，并允许银行和证券交易所进行欧元交易。欧元纸币和硬币于 2002 年 1 月才正式流通；2002 年 7 月，本国货币退出流通，欧元成为欧元区唯一的合法货币。

2007 年 1 月 1 日斯洛文尼亚的加入，2008 年 1 月 1 日塞浦路斯与马耳他的加入以及 2009

年 1 月 1 日斯洛伐克的加入，使欧元区成员国从之前的 13 个增至目前的 16 个。

由于英国、瑞典和丹麦决定暂不加入欧元。目前，使用欧元的国家为德国、法国、意大利、荷兰、比利时、卢森堡、爱尔兰、希腊、西班牙、葡萄牙、奥地利、芬兰、斯洛文尼亚、塞浦路斯、马耳他及斯洛伐克（于 2009 年 1 月 1 日加入欧元区），称为欧元区。目前欧元区共有 16 个成员国和超过 3 亿 2 千万的人口。

（二）北美经济一体化

1. NAFTA 北美自由贸易区

北美自由贸易区（North American Free Trade Area，NAFTA）由美国、加拿大和墨西哥 3 国组成，三国于 1992 年 8 月 12 日就《北美自由贸易协定》达成一致意见，并于同年 12 月 17 日由三国领导人分别在各自国家正式签署。1994 年 1 月 1 日，协定正式生效，北美自由贸易区宣布成立。

协定的宗旨是：取消贸易壁垒；创造公平的条件，增加投资机会；保护知识产权；建立执行协定和解决贸易争端的有效机制，促进三边和多边合作。

《北美自由贸易协定》的签订，对北美各国乃至世界经济都将产生重大影响。

首先，对区域内经济贸易发展有积极影响。对美国而言，积极的影响是：①不仅工业制造业企业受益，高科技的各工业部门也将增加对加拿大、墨西哥的出口。美国同墨西哥的贸易顺差将会因此而增加。②美国西部投资的扩大。③由于生产和贸易结构的调整结果，将会出现大量劳动力投入那些关键工业部门。④协定对墨西哥向美国的移民问题将起到制约作用。

其次，消极影响主要有：技术性不强的消费品工业对美国不利，为改善墨西哥与美国边境环境条件，美国要付出 60 亿～100 亿美元的经济和社会费用，关税削减美国减少大笔收入，加重了美国的负担。协定对加拿大、墨西哥两国同样有很大的影响。

最后，对国际贸易和资本流动也会产生影响。北美自由贸易区的建立，一方面扩大了区域内贸易，但另一方面使一些国家担心贸易保护主义抬头，对区域外向美国出口构成威胁。

2. FTAA 美洲自由贸易区

美洲自由贸易区（Free Trade Area of Americas，FTAA）的设想是在 1994 年美国迈阿密西半球首脑会议上提出的，目的是于 2005 年年初在西半球建立一个世界上面积最大、年 GDP 达 14 万亿美元、拥有 8 亿人口的自由贸易区。FTAA 成立后，将是全球最大的自由贸易区，与欧盟（European Union，EU）形成对峙之势。

美洲自由贸易区从倡议到构想虽是在美国主导下进行的，但也得到了拉美国家的响应，在最终建成自由贸易区这个问题上，拉美国家和美国是基本一致的。因为组建 FTAA 具有多方面的动因，既有经济上的缘由，同时也有政治上的考虑。

FTAA 从 1994 年 12 月迈阿密第一次美洲国家首脑会议启动以来，其间经过圣地亚哥和魁北克两次首脑会议和多次贸易部长级会议，到 2003 年年底，已历经九年，但进展甚微，在消除商品和服务贸易壁垒这个主要目标方面几乎没有达成任何有意义的协议。虽然历次首脑会议一再重申 2005 年建成美洲自由贸易区，但谈判一直停留在议程和框架层面上，无从深入。

（三）亚太经济一体化

1. APEC 亚太经济合作组织

严格来讲，由于缺乏约束性，亚太经济合作组织并不是一种一体化形式。但是，它确实具有发展成一种松散的一体化形式的趋势，加之它与中国的对外贸易发展有着直接的关系，故特别在此作介绍。

（1）组织的成立。亚太经济合作组织（Asia-Pacific Economic Cooperation，APEC）是亚太地区级别最高、影响最大的区域性经济组织。1989 年 1 月，澳大利亚总理霍克访问韩国时提出“汉城倡议”，建议召开部长级会议，讨论加强亚太经济合作问题。经与有关国家磋商，首届部长会议于 1989 年 11 月 6 日在澳大利亚首都堪培拉举行，这标志着亚太经合组织的正式成立。中国于 1991 年 3 月正式成为该组织成员。

（2）组织的宗旨与目标。APEC 的宗旨和目标为“相互依存，共同利益，坚持开放的多边贸易体制和减少区域贸易壁垒”，以增强亚太地区经济的活力和一体化。

（3）组织的成员。亚太经合组织由 21 个成员体组成，它们是：澳大利亚、文莱、加拿大、智利、中华人民共和国、中国香港特别行政区、印度尼西亚、日本、韩国、马来西亚、墨西哥、新西兰、巴布亚新几内亚、秘鲁、菲律宾、俄罗斯、新加坡、中国台湾、泰国、美国和越南。

（4）组织的运作。APEC 主席的职务由其成员轮流担任。APEC 的运作管理程序通过贯穿一年的一系列部长会议和官员会议来实现。每年的高峰是一年一次的 APEC 各经济体领导人非正式会议，APEC 领导人们聚会在一起共同回顾 APEC 一年来的工作进展，议定下一年的工作计划。APEC 第一届领导人非正式会议于 1993 年在美国西雅图召开。此后，1994 年在印度尼西亚茂物，1995 年在日本大阪，1996 年在菲律宾马尼拉，1997 年在加拿大温哥华，1998 年在马来西亚吉隆坡，1999 年在新西兰奥克兰，2000 年在文莱斯里巴加湾，2001 年在中国上海，2002 年在墨西哥洛斯卡沃斯，2003 年在泰国曼谷，2004 年在智利圣地亚哥，2005 年在韩国釜山，2006 年在越南河内，2007 年在悉尼，2008 年在秘鲁利马，2009 年在新加坡，而 2010 年在日本横滨召开。

APEC 领导人会议在每年的年底召开，而各部长会议也在当年举行。APEC 高官会议是 APEC 的协调机构，每年举行 3、4 次会议。APEC 财长会每年举办一次，讨论区域内金融市场问题。APEC 的各个专业部长会议也定期举行。APEC 的教育、能源、环境、科技、人力资源开发、中小企业、可持续发展、电信、交通及妇女事务等部门的部长与会商讨问题，在各自的相关部门推进 APEC 的倡议活动。

工作提示

APEC 领导人会议或部长会议每年都会召开，各国领导人或部长在会议中的发言往往反映了一国的贸易政策倾向。作为国际贸易从业人员应该留意有关新闻，并学会分析其对业务的影响。

（5）组织取得的成就。APEC 成立以来取得的成就体现在贸易和投资自由化、贸易和投资便利化及经济技术合作三个方面。

1）贸易和投资自由化。1994 年 11 月在印尼茂物年会上，通过了标志着地区贸易和投资自由化重要成果的《茂物宣言》，宣言提出了实现 APEC 贸易和投资自由化的时间表，即发达成员不晚于 2010 年，发展中成员不晚于 2020 年完全实现统一目标。茂物会议还通过了《亚太经济合作组织非约束性投资原则》。1995 年 11 月在日本大阪通过了《执行茂物宣言的大阪行动议程》，使 APEC 实现贸易与投资自由化目标有了保障。《大阪行动议程》提出了实施贸易与投资自由化与便利化目标的 9 项原则、15 个具体领域及其集体行动计划和总的执行框架。各成员则宣读了《首次投入》方案，并于 1996 年起施行。1996 年在菲律宾宿务召开的 APEC 高官会议上，各成员分别提交了实施自由化的单边行动计划，并列出了 2000 年、2010 年和 2020 年以前将采取的措施和初步计划。同年 11 月的马尼拉会议上，这些计划得以正式公布，并于次年起施行。

2）贸易和投资便利化。1994 年 11 月在印尼茂物年会上，批准授权在贸易和投资委员会下设立标准与合格认证分委会及海关手续分委会，以求在建立 APEC 海关数据信息联网系统，规范和简化成员间通关程序，促进商品技术标准和规定的统一化等方面提高效率，降低交易成本。目前在改善海关程序方面进展很快。APEC 的各个成员就商务便利化在改善海关程序、促进商品技术标准化、简化投资手续、协调商业法规和竞争政策及方便国际旅行等方面做出了不少努力。

3）经济技术合作。1995 年 11 月的大阪会议通过了落实《茂物宣言》的《大阪行动议程》，该议程分为两个部分：第一部分为自由化和便利化；第二部分为经济和技术合作，并列出了实施合作的 13 个具体领域，把经济技术合作放在与自由化并行和同等重要的位置。1996 年 11 月的马尼拉会议发表了《APEC 加强经济合作与发展框架宣言》，确立了 APEC 经济技术合作的目标、指导原则、APEC 经济技术合作的特点、经济技术合作的主题及优先领域，为 21 世纪亚太经济技术合作奠定了基石。2001 年亚太经合组织在中国上海举行了第 13 届部长级会议及第 9 届领导人非正式会议，会议就进一步推动亚太地区的贸易投资自由化和便利化的进程，加强 APEC 在经济技术方面的合作，以保证本地区的人民从全球化和新经济中均衡受益进行了讨论，并决定通过宏观经济对话与合作，努力为亚太地区经济的可持续增长创造条件。

2. ASEAN 东南亚国家联盟

（1）成立日期。东盟（Association of Southeast Asian Nations）的前身是马来亚（现马来西亚）、菲律宾和泰国于 1961 年 7 月 31 日在曼谷成立的东南亚联盟。1967 年 8 月 7～8 日，印度尼西亚、泰国、新加坡及菲律宾四国外长和马来西亚副总理在曼谷举行会议，发表了《曼谷宣言》，正式宣告东南亚国家联盟成立。1976 年 8 月 28～29 日，马、泰、菲三国在吉隆坡举行部长级会议，决定由东南亚国家联盟取代东南亚联盟，秘书处设在印度尼西亚首都雅加达。

（2）宗旨和目标。《东南亚国家联盟成立宣言》确定的宗旨和目标是：①以平等与协作精神，共同努力促进本地区的经济增长、社会进步和文化发展；②遵循正义、国家关系准则和《联合国宪章》，促进本地区的和平与稳定；③促进经济、社会、文化、技术和科学等问题的合作与相互支援；④在教育、职业和技术及行政训练和研究设施方面互相支援；⑤在充分利用农业和工业、扩大贸易、改善交通运输及提高人民生活水平方面进行更有效的合作；⑥促进对东南亚问题的研究；⑦同具有相似宗旨和目标的国际和地区组织保持紧密和互利的合作，探寻与其更紧密的合作途径。

（3）成员。截至 2009 年年底，ASEAN 共有 10 个成员国：文莱（1984 年）、柬埔寨（1999 年）、印度尼西亚、老挝（1997 年）、马来西亚、缅甸（1997 年）、菲律宾、新加坡、泰国及越南（1995 年），总面积约 446 万平方公里，人口约 5.6 亿。

3．CAFTA 中国—东盟自由贸易区

（1）中国—东盟自由贸易区简介。中国—东盟自由贸易区（China and ASEAN Free Trade Area，CAFTA），是中国与东盟十国组建的自由贸易区。2010 年 1 月 1 日贸易区正式全面启动。自贸区建成后，东盟和中国的贸易占到世界贸易的 13%，成为一个涵盖 11 个国家、19 亿人口、GDP 达 6 万亿美元的巨大经济体，是目前世界人口最多的自由贸易区，也是发展中国家间最大的自由贸易区。

（2）CAFTA 建立历程。早在 1999 年，时任中国国务院总理朱镕基就曾在马尼拉召开的第三次中国—东盟领导人会议上提出，中国愿加强与东盟自由贸易区的联系。这一提议得到东盟国家的积极回应。2000 年 11 月，朱镕基在新加坡举行的第四次中国—东盟领导人会议上首次提出建立中国—东盟自由贸易区的构想，并建议在中国—东盟经济贸易合作联合委员会框架下成立中国—东盟经济合作专家组，就中国与东盟建立自由贸易关系的可行性进行研究。

2001 年 3 月，中国—东盟经济合作专家组正式成立。专家组认为中国和东盟建立自由贸易区对双方是双赢的决定，建议中国和东盟用 10 年时间建立自由贸易区。同年 11 月，在第五次中国—东盟领导人会议上中国和东盟达成共识，并正式宣布共建中国—东盟自由贸易区。

2002 年 11 月，在第六次中国—东盟领导人会议上，朱镕基总理和东盟 10 国领导人签署了《中国与东盟全面经济合作框架协议》，决定到 2010 年建成中国—东盟自由贸易区。中国—东盟自由贸易区进程正式启动。

2004 年 11 月，中国和东盟签署了《货物贸易协议》，规定自 2005 年 7 月起，除 2004 年已实施降税的早期收获产品和少量敏感产品外，双方将对其他约 7 000 个税目的产品实施降税。2007 年 1 月 14 日，中国与东盟在菲律宾宿务签署了《服务贸易协议》，双方在 60 多个服务部门相互作出了高于世界贸易组织水平的市场开放承诺。

2009 年 8 月 15 日，中国与东盟 10 国在泰国曼谷举办的第八次中国—东盟经贸部长会议上共同签署了中国—东盟自贸区《投资协议》。双方开始开放投资市场。协议的签署标志着双方成功完成了中国—东盟自由贸易区协议的主要谈判，中国—东盟自由贸易区将如期在 2010 年正式建成。

2010 年 1 月 1 日，中国—东盟自由贸易区正式建成。中国—东盟自贸区的建设使双方业已密切的经贸合作关系得到了进一步加强，也对亚洲及世界的经济发展做出了积极的贡献。

根据相关协议，韩国—东盟自由贸易区将于 2011 年建成，而日本—东盟自由贸易区则将在 2012 年建成。随着韩国—东盟自由贸易区、日本—东盟自由贸易区建设进程的推进，一个以中国、日本、韩国及东盟 10 国为主体的“10+3”东亚经济共同体已经开始孕育。

（3）CAFTA 的框架内容。中国—东盟自由贸易区的框架内容主要包括：

1）货物贸易自由化。按框架协议规定，2003 年 7 月 1 日，中国—东盟自由贸易区实行 WTO 最惠国关税率，2010 年与原东盟 6 国建立贸易自由区；而与东盟新成员建成的时间为 2015 年。

2）服务贸易自由化。中国—东盟自由贸易区服务业自由化的基本原则是在 GATS 规范的基础上，进一步加强成员国彼此间服务业合作，减少服务贸易限制，逐步实现涵盖众多部门的服务贸易自由化。

3）区内投资安排及便利化措施。中国与东盟在增加投资规则和管理的透明度、建立投资制度等方面将加强合作，促进区域内资本流动和增强对区外直接投资的吸引力。

4）多层次全面性的合作。中国东盟合作领域广泛，包括货物贸易、劳务、金融、旅游、人力资源开发、中小企业、产业合作、知识产权、环境保护、林业及其产品、能源及次区域开发等领域，并确定了重点合作领域即农业、信息及通信技术、人力资源开发、投资和湄公河流域开发。

5）对东盟新成员制定了灵活措施。对东盟新成员提供特殊和差别待遇及灵活性。

6）建立相应的组织机构以及标准规则，保证框架协议的有效实施。中国—东盟自由贸易区的目标由四个不同层次的协商机制推进，其中包括首脑最高层会议、部长会议、高官会议及联委会和专家组。

思考

利用区域一体化的贸易效应理论分析中国—东盟自贸区对各合作方的经济效应。

（四）其他主要的经济一体化组织

目前，世界经济中已有数十个各种类型的区域经济一体化组织。不仅发达国家无一例外地卷入了组建区域经济一体化新浪潮，而且广大发展中国家因应发展本国或本地区经济和共同对付发达国家经济剥削的需要，也纷纷组建、巩固和发展自身的区域经济合作组织。除了前面讲到的重要的一体化组织外，一些主要的经济一体化组织简况可见表 11-3。

表 11-3　世界主要经济一体化组织概览

地　区	组织名称	现有成员国（地区）	总部（常设机构）所在地	成立时间
欧亚	欧洲自由贸易联盟	挪威、瑞士、冰岛、列支敦士登	日内瓦	1960.1
	比荷卢经济联盟	比利时、荷兰、卢森堡	布鲁塞尔	1960.11
	维谢格拉德集团	匈牙利、波兰、捷克、斯洛伐克	维谢格拉德	1991.2
	黑海经济合作组织	希腊、阿尔巴尼亚、罗马尼亚、保加利亚、俄罗斯联邦、乌克兰、摩尔多瓦、亚美尼亚、阿塞拜疆、格鲁吉亚、土耳其、匈牙利	伊斯坦布尔	1992.6
	独联体经济联盟	俄罗斯联邦、白俄罗斯共和国、乌克兰、摩尔多瓦共和国、亚美尼亚共和国、阿塞拜疆共和国、塔吉克斯坦共和国、吉尔吉斯斯坦共和国、哈萨克斯坦共和国、乌兹别克斯坦共和国	莫斯科	1993.9
	经济合作组织	土耳其、巴基斯坦、伊朗、阿富汗、阿塞拜疆、哈萨克斯坦、乌兹别克斯坦、吉尔吉斯斯坦、土库曼斯坦、塔吉克斯坦	德黑兰	1985

（续）

地　区	组织名称	现有成员国（地区）	总部（常设机构）所在地	成立时间
中东南亚	海湾合作委员会	阿联酋、阿曼、巴林、卡塔尔、科威特、沙特	利雅得	1981.5
	阿拉伯合作委员会	埃及、约旦、伊拉克、也门共和国	安曼	1989.2
	南亚区域合作联盟	孟加拉国、不丹、印度、马尔代夫、尼泊尔、巴基斯坦、斯里兰卡、阿富汗	加德满都	1985.12
非洲	西非经济共同体	贝宁、布基纳法索、科特迪瓦、马里、毛里塔尼亚、尼日尔、塞内加尔	瓦加杜古	1973.4
	西非国家经济共同体	贝宁、布基纳法索、科特迪瓦、马里、尼日尔、塞内加尔、多哥、佛得角、冈比亚、几内亚比绍、几内亚、加纳、利比里亚、尼日利亚、塞拉利昂	阿布贾	1975.5
	南部非洲发展共同体（前身为南部非洲发展协调会议）	安哥拉、博茨瓦纳、津巴布韦、莱索托、马拉维、莫桑比克、纳米比亚、斯威士兰、坦桑尼亚、赞比亚、刚果（金）、南非、毛里求斯、塞舌尔	哈博罗内	1992.8（1980.4）
	东部和南部非洲共同市场	布隆迪、科摩罗、刚果民主共和国、吉布提、埃及、厄立特里亚、埃塞俄比亚、肯尼亚、利比亚、马达加斯加、马拉维、毛里求斯、卢旺达、塞舌尔、苏丹、斯威士兰、乌干达、赞比亚、津巴布韦	芦萨卡	1994.12
	中部非洲国家经济共同体	布隆迪、赤道几内亚、刚果（布）、加蓬、喀麦隆、圣多美和普林西比、刚果（金）、乍得、中非、安哥拉	利伯维尔	1983.10
美洲	安第斯共同体	秘鲁、玻利维亚、厄瓜多尔、哥伦比亚、委内瑞拉	利马	1969.10
	加勒比共同体	巴巴多斯、安提瓜和巴布达、巴哈马、伯利兹、格林纳达、圭亚那、圣卢西亚、圣基茨和尼维斯、牙买加、圣文森特和格林纳丁斯、特立尼达和多巴哥、蒙特塞拉特、海地、苏里南、多米尼克	乔治敦	1973.8
	拉丁美洲一体化协会	阿根廷、秘鲁、玻利维亚、厄瓜多尔、哥伦比亚、墨西哥、委内瑞拉、乌拉圭、智利、巴西、巴拉圭、古巴	蒙得维的亚	1981.3
	中美自由贸易区	萨尔瓦多、洪都拉斯、危地马拉、尼加拉瓜、伯利兹、哥斯达黎加、巴拿马、多米尼加	圣萨尔瓦多	1993.2
大洋洲	澳新自由贸易区	澳大利亚、新西兰	堪培拉	1990.7

本章提要

1. 理解区域经济一体化的含义要从两个方面入手：①区域经济一体化必须是两个或两个以上的国家或地区，在逐步消除彼此间的歧视性障碍后形成的商品、劳动力及资本自由流动的共同市场；②为了维护共同市场，各成员国政府必须让出一定的政治经济权利给予一体化组织来实施统一的对外歧视性政策。

2. 优惠贸易安排是指在成员国间，通过协定或其他形式，对全部商品或一部分商品给予特别的关税优惠，这是经济一体化中最低级和最松散的一种形式。

3. 自由贸易区是指由签订自由贸易协定的国家组成一个贸易区，在区内各成员国之间废除关税和其他贸易壁垒，实现区内商品的完全自由流动，但每个成员国仍保留对非成员国的原有壁垒。

4. 关税同盟是指成员国之间完全取消关税和其他壁垒，同时协调其相互之间的贸易政策，建立对外的统一关税。

5. 共同市场是指成员国在关税同盟的基础上进一步消除对生产要素流动的限制，使成员国之间不仅实现贸易自由化，而且实现技术、资本及劳动力等生产要素的自由流动。

6. 经济同盟是指在共同市场的基础上又进了一步，成员国之间不但实现商品和生产要素的自由流动，建立起对外的共同关税，而且制定和执行包括货币、财政、经济发展和社会福利等共同经济政策和社会政策，逐步废除政策方面的差异，形成一个庞大的经济实体。

7. 完全经济一体化是经济一体化的最高阶段，迄今尚未出现过。

8. 贸易创造效应（Trade Creating Effect）是指建立关税同盟后，关税同盟某成员国的一些国内生产品被同盟内其他生产成本更低的产品的进口所替代。

9. 贸易转移效果（Trade Diversing Effect）是指缔结关税同盟成员国原来从非成员国进口的成本较低的商品转从关税同盟内部生产效率最高、生产成本最低的国家来进口。

10. 关税同盟的动态效果，是指关税同盟成立后，对成员国贸易以外的就业、国民收入、国际收支、国内生产和物价水平等的影响。它又称为次级效果（Secondary Effect）。关税同盟的动态效果主要有：获得规模经济的利益、加强成员间的竞争、刺激投资及促进生产要素的自由流动、加速经济增长。

11. 如果说战后经济一体化组织带有浓重的政治色彩，那么今天的地区经济一体化组织更重视的是地缘经济。经济已成为各国的主要战略目标，和平与发展是当代的主流。

12. 现今全球发展了许多区域经济一体化组织，其中欧盟（EU）、北美自由贸易区（NAFTA）、东南亚国家联盟（ASEAN）与中国关系较密切。

知识与技能训练

【名词解释】

区域经济一体化	优惠贸易安排	自由贸易区	关税同盟
共同市场	经济同盟	完全经济一体化	贸易创造效应
贸易转移效果	贸易扩大效果	产品替代效果	避税工厂

【判断题】

1. 当几个国家结成关税同盟时，这些国家的国境大于关境。（　　）

2. 经济同盟是指成员国在经济、金融、财政甚至政治、军事等政策上完全统一，在国家经济决策中采取同一立场，由统一中央管理机构对所有事物进行控制。（　　）

3. 南北型区域经济一体化是指由南半球和北半球国家共同组建的经济一体化组织，如亚太经济合作组织。（　　）

4. 假设甲、乙两国建立关税同盟后，甲国不再生产某产品，而改从乙国进口价格稍低的

该产品，这是属于关税同盟的贸易创造效应。 (　　)

5. 非成员到同盟区域内设立避税工厂，是贸易转移效应的表现。 (　　)

6. 建立关税同盟后导致消费结构的变化是贸易扩大效应的结果。 (　　)

7. 提勃尔·西托夫斯基（Tibor Scitovsky）认为关税同盟成立后，商品的自由流通可以加强竞争，打破垄断，从而提高经济福利。 (　　)

8. 英国和意大利都属于欧元区成员。 (　　)

9. FTAA 建立于 2005 年，是全球最大的自由贸易区。 (　　)

【简答题】

1. 按照市场融合程度划分，区域经济一体化有哪些组织形式？
2. 区域经济一体化有哪些静态经济效应？
3. 区域经济一体化有哪些动态经济效应？
4. 欧盟的成员国有哪些？
5. APEC 的成员有哪些？
6. ASEAN 的成员国有哪些？

【论述题】

1. 什么叫区域经济一体化？其发展的原因有哪些？
2. 欧盟实行了哪些内部建设方面的共同政策和措施？
3. 北美自由贸易区的主要内容有哪些？其前景如何？
4. APEC 的诞生的过程及其成就如何？
5. 中国—东盟自由贸易区框架协议主要包括哪些内容？

【计算题】

假设：A、B、C 三国生产同一种产品的成本价分别为 35 美元、26 美元、20 美元。

请计算：（1）如果 A 国要自行生产该产品，则应至少设定进口关税率为多少？

（2）如果 A 国和 B 国建立关税同盟，则至少应设置的统一关税是多少，A 国才会从 B 国进口该产品？

【应用题】

受全球经济不景气的影响，会展业出现了罕见的萧条，在这样的市场环境下，第六届中国—东盟博览会逆势上涨，展位不降反升，参展参会规模增幅较大，给更多的企业提供参与的机会，国内外企业参展热情高涨。第六届博览会参展规模比上届进一步扩大，国内外申请展位数比规划总展位数多出 15.5%，比去年增长 19.8%。其中国内各省各行业预订展位数比去年增长 26.3%；东盟 10 国及 10+1 以外国家和地区预订展位数占总展位数 31.1%，比去年增长 1.6%。虽然申请展位数已远远超过规划展位数，但中外企业参展的兴趣浓烈，仍有许多企业报名申请展位，呈现出供不应求的势头。[1]

请运用贸易创造效应和贸易转移效应，分析为什么在全球经济不景气的影响下，第六届中国—东盟博览会规模不降反升。

[1] 资料来源：中华人民共和国商务部新闻，发布时间：2009-10-15。

第十二章

世界贸易组织

学习目标

技能目标

- 掌握分析 WTO 对中国经济贸易及有关政策影响的方法。

知识目标

- 了解 GATT 向 WTO 转变的过程；
- 掌握 WTO 的基础知识；
- 熟悉中国加入 WTO 的权利和义务；
- 熟悉并理解 WTO 对中国经济贸易的影响。

学习背景

经过长达十五年的艰苦谈判之后，中国终于在 2001 年年末正式加入了 WTO，从而成为了最后加入这个组织的主要贸易国之一。这向世界发出了明确的信息：中国准备着成为全球经济中一个被赋予了完全权利的成员。事先人们对中国加入 WTO 所面临机遇和挑战的种种分析和预言，正在被实践所检验。在加入 WTO 后的新形势下，有些情况是原先预料到的，有些情况是原先估计不足的，还有的情况是新出现的。中国正处在加入 WTO 后的初期，加入 WTO 对中国经济影响哪些是短期的，哪些是长期的，哪些是表层的，哪些是潜在的，哪些是比较确定的，哪些是不大确定的，仍然有必要依据中国加入 WTO 的协议条款和变化了的国际国内形势，做出进一步接近实际的估计和判断。而在此之前，我们必须先了解什么是 WTO，其来历和主旨是什么，以及中国与 WTO 之间的关系等。

第一节　GATT 和 WTO

入门案例

巴西和美国将通过谈判解决棉花冲突㊀

新华网巴西利亚 3 月 3 日电（记者赵焱）美国国务卿希拉里·克林顿和巴西外长塞尔

㊀ 文章来源：新华网，2010 年 3 月 4 日。

索·阿莫林 3 日在共同举行的联合记者会上透露，巴西和美国从下周起将开始谈判，解决由于美国对本国棉花生产者补贴而造成的巴美两国贸易纠纷。

双方均表示已经做好准备寻求避免巴西对美国实施贸易制裁的解决方法，华盛顿方面将派技术人员到巴西商讨补偿措施。

由于不满美国对本国棉农提供非法补贴而导致巴西棉花无法进入美国市场，巴西从 2002 年起在世贸组织向美国提出诉讼，最终世贸组织判巴西胜诉，并授权巴西对美国实施贸易制裁。

巴西外贸商会 2 月 9 日决定通过一项对美国实施贸易制裁的决议，以报复美国对本国棉花产品的补贴，并将在 3 月 8 日列出将遭受制裁的美国商品清单，对清单上所列产品征税将从 30 天之后生效。但在这期间，双方还有时间通过谈判找到双方都满意的解决方案。

对于两周前美国驻巴西大使托马斯·香农威胁说如果巴西采取了世贸组织授权的报复措施美国将采取“反制裁”措施的说法，巴西外长阿莫林说：“我不能相信推动建立世贸组织前身——关贸总协定的美国会作出违反贸易规则的不合法的事情。”

希拉里也首次承认美国有可能提供补偿以为此事件寻求一个“和平”解决的方法。她说：“我感觉我们像是进入了一个很早就开始的电影，我希望最后能有一个圆满的结局。我们还有时间以和平的方式来解决。”

带着问题学习：

1．什么是“世贸组织”？什么是“关贸总协定”？两者之间有何关系？

2．巴西为什么能通过世贸组织对美国向国内棉农提供补贴提出诉讼？

3．世贸组织凭什么判定巴西胜诉并授权其对美国实施贸易制裁？

4．美国为什么愿意以“提供补偿”来“和平”解决双方纠纷？

一、从 GATT 到 WTO

1996 年 1 月 1 日，世界贸易组织正式取代其前身——关税及贸易总协定临时机构，并将规则应用从仅货物贸易延伸至服务贸易以及知识产权贸易中。

（一）GATT 概述

GATT 即关税及贸易总协定（General Agreement on Tariffs and Trade）的英文简称，是一个政府间缔结的有关关税和贸易规则的多边国际协定，简称关贸总协定。它的宗旨是通过削减关税和其他贸易壁垒，削除国际贸易中的差别待遇，促进国际贸易自由化，以充分利用世界资源，扩大商品的生产与流通。关贸总协定于 1947 年 10 月 30 日在日内瓦签订，并于 1948 年 1 月 1 日开始生效。

1．GATT 的产生背景

20 世纪 30～40 年代，世界贸易保护主义盛行。国际贸易的相互限制是造成世界经济萧条的一个重要原因。第二次世界大战结束后，解决复杂的国际经济问题，特别是制定国际贸易政策，成为战后各国所面临的重要任务。

1946 年 2 月，联合国经济和社会理事会（简称“经社理事会”）举行第一次会议，会议呼吁召开联合国贸易与就业问题会议，起草国际贸易组织宪章，进行世界性削减关税的谈判。随后，经社理事会设立了一个筹备委员会。1946 年 10 月，筹备委员会召开第一次会议，审查美国提交的国际贸易组织宪章草案。参加筹备委员会的与会各国同意在“国际贸易组织”

成立之前，先就削减关税和其他贸易限制等问题进行谈判，并起草“国际贸易组织宪章”。

1947 年 4～7 月，筹备委员会在日内瓦召开第二次全体大会，就关税问题进行谈判，讨论并修改“国际贸易组织宪章”草案。经过多次谈判，美国等 23 个国家于 1947 年 10 月 30 日在日内瓦签订了“关税及贸易总协定”。按照原来的计划，关贸总协定只是在国际贸易组织成立前的一个过渡性步骤，它的大部分条款将在“国际贸易组织宪章”被各国通过后纳入其中。但是，鉴于各国对外经济政策方面的分歧及多数国家政府在批准“国际贸易组织宪章”这样范围广泛、具有严密组织性和国际条约所遇到的法律困难，使得该宪章在短期内难以被通过。因此，关贸总协定的 23 个发起国于 1947 年年底签订了临时议定书，承诺在今后的国际贸易中遵循关贸总协定的规定。该议定书于 1948 年 1 月 1 日生效。

此后，关贸总协定的有效期一再延长，并为适应情况的不断变化，多次加以修订。于是，“关税及贸易总协定”便成为确立各国共同遵守的贸易准则，协调国际贸易与各国经济政策的唯一的多边国际协定。

2. GATT 的作用

关贸总协定实施以后，即开始进行全球多边贸易谈判，40 多年来，经过多次关税减让谈判，缔约国关税已有大幅度的削减，世界贸易已增长十几倍，其在国际贸易领域内所发挥的作用越来越大，主要表现在以下几个方面：

（1）总协定为各成员国规范了一套处理它们之间贸易关系的原则及规章。总协定通过签署大量协议，不断丰富、完善多边贸易体制的法律规范，对国际贸易进行全面的协调和管理。

（2）总协定为解决各成员国在相互的贸易关系中所产生的矛盾和纠纷提供了场所和规则。总协定为了解决各成员国在国际贸易关系中所产生的矛盾和争议，制定了一套协调和处理各成员国争议的程序和方法。总协定虽然是一个临时协定，但由于其协调机制有较强的权威性，使得大多数的贸易纠纷得到了解决。

（3）总协定为成员国举行关税减让谈判提供了可能和方针。总协定为各国提供了进行关税减让谈判的场所。总协定自成立以来，进行过八大回合的多边贸易谈判，关税税率有了较大幅度的下降。发达国家的平均关税已从 1948 年的 36%降到 90 年代中期的 3.8%，发展中国家和地区同期降至 12.7%。这种大幅度地减让关税是国际贸易发展史上所未有的，对于推动国际贸易的发展起了很大作用，为实现贸易自由化创造了条件。

（4）总协定努力为发展中国家争取贸易优惠条件。关贸总协定成立后被长期称作“富人俱乐部”，因为它所倡导的各类自由贸易规则对发达国家更有利。但随着发展中国家成员国的增多和力量的增大，总协定不再是发达国家一手遮天的讲坛，已经增加了若干有利于发展中国家的条款，为发展中国家分享国际贸易利益起到了积极作用。

（5）总协定为各国提供经贸资料和培训经贸人才。关贸总协定与联合国合办的“国际贸易中心”，从各国搜集统计资料和其他资料，经过整理后再发给各成员国，并且举办各类培训班，积极为发展中国家培训经贸人才。

3. GATT 的内容

《关税及贸易总协定》分为序言和四大部分，共计 38 条，另附若干附件。第一部分从第 1 条到第 2 条，规定缔约各方在关税及贸易方面相互提供无条件最惠国待遇和关税减让事项。第二部分从第 3 条到第 23 条，规定取消数量限制及允许采取的例外和紧急措施。第三部分从

第 24 条到第 35 条，规定本协定的接受、生效、减让的停止或撤销及退出等程序。第四部分从第 36 条到第 38 条，规定了缔约国中发展中国家的贸易和发展问题。这一部分是后加的，于 1966 年开始生效。

《协定》的宗旨是为了提高缔约国人民的生活水平，保证充分就业、实际收入和有效需求的增长，扩大世界资源的利用。主要内容有：

（1）适用最惠国待遇。缔约国之间对于进出口货物及有关的关税规费征收方法、规章制度、销售和运输等方面，一律适用无条件最惠国待遇原则。但关税同盟、自由贸易区及对发展中国家的优惠安排都作为最惠国待遇的例外。

（2）关税减让。缔约国之间通过谈判，在互惠基础上互减关税，并对减让结果进行约束，以保障缔约国的出口商品适用稳定的税率。

（3）取消进口数量限制。总协定规定原则上应取消进口数量限制。但由于国际收支出现困难的，属于例外。

（4）保护和紧急措施。对因意外情况或因某一产品输入数量剧增，对该国相同产品或与它直接竞争的生产者造成重大损害或重大威胁时，该缔约国可在防止或纠正这种损害所必需的程度和时间内，暂停所承担的义务，或撤销、修改所作的减让。

（二）乌拉圭回合

1986 年 9 月在乌拉圭的埃斯特角城举行了关贸总协定部长级会议，决定进行一场旨在全面改革多边贸易体制的新一轮谈判，故命名为“乌拉圭回合”谈判。这是迄今为止最大规模的一次贸易谈判，历时 7 年半，于 1994 年 4 月在摩洛哥的马拉喀什结束。谈判几乎涉及所有贸易，从牙刷到游艇，从银行到电信，从野生水稻基因到艾滋病治疗。参加方从最初的 103 个，增至谈判结束时的 125 个。

1. 乌拉圭回合的背景

关税与总协定前七轮谈判，大大降低了各缔约方的关税，促进了国际的发展。但从 20 世纪 70 年代开始，特别是进入 80 年代以后，以政府补贴、双边数量限制、市场瓜分和各种非关税为特征的保护主义重新抬头。为了遏制保护主义，避免全面的贸易战发生，美、欧、日等缔约国共同倡导发起了此次多边谈判，决心制止和扭转保护主义，消除扭曲现象，建立一个更加开放的、具有生命力和持久的多边体制。1986 年 9 月，关贸总协定部长在乌拉圭的埃斯特角城举行，同意发起乌拉圭回合谈判。表 12-1 列出了关贸总协定下的乌拉圭回合之前的七次多边贸易谈判的内容。

表 12-1 GATT 7 次多边贸易谈判

谈判届次	谈判时间	谈判地点	参加成员数	谈判议题	谈判主要成果
1	1947 年 4 月～10 月	瑞士日内瓦	23（含中国）	关税减让	达成 123 项双边关税减让协议，涉及关税减让商品 45 000 项，使占资本主义国家进口值 54%的商品平均降低关税 35%
2	1949 年 4 月～10 月	法国安纳西	33（含中国）	关税减让	共达成 147 项双边关税减让协议，涉及关税减让商品 5 000 项，使应征关税进口值 56%的商品平均降低关税 35%
3	1950 年 9 月～1951 年 4 月	英国托尔基	39	关税减让	共达成 150 项双边关税减让协议，涉及关税减让商品 8 700 项，使应征关税进口值 11.7%的商品平均降低关税 26%

（续）

谈判届次	谈判时间	谈判地点	参加成员数	谈判议题	谈判主要成果
4	1956年1～6月	瑞士日内瓦	28	关税减让	涉及关税减让商品3 000项，使应征关税进口值16%的商品平均降低关税15%
5	1960年9月～1961年7月	瑞士日内瓦	45	关税减让	涉及关税减让商品4 400项，使应征关税进口值20%的商品平均降低关税20%（由于此次谈判是美国副国务卿狄龙发起的，所以也称作“狄龙回合”）
6	1964年5月～1967年6月	瑞士日内瓦	54	关税减让及非关税壁垒问题	涉及关税减让商品60 000项，使工业品进口关税税率平均降低35%，影响了400亿美元的进口额。此次谈判还通过了第一个《国际反倾销法》（由于此次谈判是由美国总统肯尼迪发起的，也称作“肯尼迪回合”）
7	1973年9月～1979年4月	日本东京召开后改在日内瓦	99个成员国和29个非成员国	关税减让及非关税壁垒问题	涉及关税减让商品27 000项，价值达3 000亿美元贸易额。关税进一步下降，美国的关税平均下降30%～35%，欧共体关税平均下降25%，日本的关税平均下降50%。此次谈判还涉及降低非关税壁垒议题，通过了“东京宣言”（又称“东京回合”，又因为它是美国总统尼克松发起的，故亦称为“尼克松回合”）

2. 乌拉圭回合谈判的目标及议题

在1986年启动乌拉圭回合谈判的部长宣言中，明确了此轮谈判的主要目标：

（1）为了所有缔约方的利益特别是欠发达缔约方的利益，通过减少和取消关税、数量限制和其他非关税措施，改善进入市场的条件，进一步扩大世界市场；

（2）加强关税与总协定的作用，改善建立在关税与总协定原则和规则基础上的多边体制，将更大范围的世界置于更有效的多边规则之下。

（3）增加关税与总协定体制对不断演变的国际经济环境的适应能力，特别是促进必要的结构调整，加强关税与总协定同有关国际组织的联系；

（4）促进国内和国际合作以加强与其他影响增长和发展的经济之间的内部联系。

乌拉圭回合谈判议题包括传统议题和新议题。传统议题包括关税、非关税措施、热带产品、自然资源产品、纺织品服装、农产品、保障条款、补贴和反补贴措施及争端解决问题等。新议题则涉及服务、有关的措施和有关的知识产权。

3. 乌拉圭回合谈判的成果

（1）货物贸易市场准入条件。关税减让商品涉及国际贸易额达1.2万亿美元，工业品的平均减税幅度近40%，有近20个产品部门实现了零关税；在非关税壁垒的削减方面，除了修改、完善了东京回合达成的各项协议外，还增补了《原产地规则协议》、《装船前检验协议》及《保障措施协议》等。

（2）纺织品、服装贸易和农产品贸易重新纳入多边贸易规则管理。

（3）新领域谈判取得成果，达成了总协定历史上第一个《服务贸易总协定》、《与贸易有关的知识产权协议》和《与贸易有关的投资协定》，扩大了多边规则调整范围。

（4）完善并加强了管理多边贸易的机构体制和纪律。乌拉圭回合最大的突破是通过了《建立世界贸易组织协议》，宣告该组织于1995年1月1日正式成立。在其新体系内包括一个经过法制化更新后的争端解决机构和贸易政策评审机构。为强化多边法律规则的统一性和约束力，除4个多边协议外，总协定要求所有成员方一揽子接受（或放弃）所有协议，弥补了多年来 GATT 体制这方面的缺陷。

（三）多哈回合

多哈回合是指世界贸易组织成员之间的新一轮多边贸易谈判。2001 年 11 月，共有 147 个成员方在卡塔尔首都多哈举行的世贸组织第四次部长级会议启动了新一轮多边贸易谈判，又称“多哈发展议程”，或简称“多哈回合”。

多哈回合的宗旨是促进世贸组织成员削减贸易壁垒，通过更公平的贸易环境来促进全球特别是较贫穷国家的经济发展。谈判包括农业、非农产品市场准入、服务贸易、规则谈判、争端解决、知识产权、贸易与发展及贸易与环境 8 个主要议题。多哈回合虽是多边谈判，但真正的谈判主角是美国、欧盟和由巴西、印度、中国等发展中国家组成的“20 国协调组”。

二、WTO 的基本知识

WTO 是世界贸易组织（World Trade Organization）的英文简称，是一个独立于联合国的永久性国际组织。1995 年 1 月 1 日正式开始运作，负责管理世界经济和贸易秩序，总部设在瑞士日内瓦莱蒙湖畔。世贸组织是具有法人地位的国际组织，在调解成员争端方面具有更高的权威性。世贸组织与世界银行、国际货币基金组织一起，并称为当今世界经济体制的“三大支柱”。1996 年 1 月 1 日，它正式取代关贸总协定临时机构。与关贸总协定相比，世贸组织涵盖货物贸易、服务贸易及知识产权贸易，而关贸总协定只适用于商品货物贸易。目前，世贸组织的贸易量已占世界贸易量的 95%以上。世界贸易组织的标志如图 12-1 所示。

WTO OMC

图 12-1　世界贸易组织标志

世界贸易组织 WTO 的标志，6 条曲线的颜色由上至下分别为红、蓝、绿、红、蓝、绿。象征着各成员与世界贸易达成的战略性联合，螺旋形一体化，充满活力，乐观向上，体现出 WTO 促进贸易公平与贸易自由的合作精神。WTO 是英文缩写，OMC 是世贸组织的法文、西班牙文缩写。

世贸组织成员分四类：发达成员、发展中成员、转轨经济体成员和最不发达成员。2006 年 11 月 7 日，世界贸易组织总理事会在日内瓦召开特别会议，正式宣布接纳越南成为该组织第 150 个成员。

WTO 作为正式的国际贸易组织在法律上与联合国等国际组织处于平等地位，其职责范围除了关贸总协定原有的组织实施多边贸易协议及提供多边贸易谈判场所和作为一个论坛之外，还包括定期审议其成员的贸易政策和统一处理成员之间产生的贸易争端，并负责加强同国际货币基金组织和世界银行的合作，以实现全球经济决策的一致性。WTO 协议的范围包括从农业到纺织品与服装，从服务业到政府采购，从原产地规则到知识产权等多项内容。

（一）WTO 的宗旨

WTO 的宗旨是：

（1）提高生活水平，保证充分就业，大幅度稳步地提高实际收入和有效需求。

（2）扩大货物、服务的生产和贸易。

> **思考**
>
> WTO 的宗旨更多体现的是保护贸易主义还是自由贸易主义？

（3）坚持走可持续发展道路，促进对世界资源的最优利用，保护环境。

（4）积极努力确保发展中国家，尤其是最不发达国家在国际贸易增长中获得与其经济发展需要相适应的份额。

（5）通过实质性削减关税等措施，建立一个完整的、更具活力的、持久的多边贸易体制。

在“建立世界贸易组织协议”的前言中，明确指出实现其宗旨的途径是：通过互利的安排，导致关税和其他贸易壁垒的大量减少和国际贸易关系中歧视性待遇的取消。世界贸易组织总部如图 12-2 所示。

图 12-2　世界贸易组织总部（瑞士日内瓦）

（二）WTO 的原则

1. 非歧视原则

非歧视原则又称无差别待遇，是指一缔约方在实施某种限制和制裁措施时，不得对其他缔约方实施歧视，并主要通过最惠国待遇、国民待遇和互惠原则来实现。

工作提示

由于中国是 WTO 成员，国际贸易从业员在业务操作中必须遵循 WTO 规则。而 WTO 规则又是在遵循 WTO 原则基础上制定的，因此，理解 WTO 原则，对国际贸易业务员在进行进出口贸易操作，特别是风险规避和贸易救济中起着非常重要的作用。

（1）最惠国待遇：各成员对于其他成员的产品，必须给予不低于给予任何其他国家的产品的优惠待遇。因此，任何国家不能给其他成员特殊的贸易权或对他进行歧视，所有成员都处于平等的基础上。

（2）国民待遇：缔约方之间相互保证给予对方的自然人、法人和商船在本国境内享有与本国自然人、法人和商船同等的待遇。

（3）互惠原则：WTO 成员之间相互给予对方以贸易上的优惠待遇。

2. 自由贸易原则

自由贸易原则是指所有世界贸易组织成员方限制和取消一切关税和非关税壁垒，消除国际贸易中的歧视待遇，提高本国市场准入的程度。自由贸易原则主要体现在关税减让原则、一般取消数量限制原则和促进公平竞争原则中。

（1）关税减让原则：通过谈判减让并尽可能消除关税壁垒，并且削减后的关税应得到约束，不得再进一步提高。

（2）一般取消数量限制原则：又称只允许关税保护原则，指在成员方实行规则允许的贸易保护措施时，禁止实行数量限制，而只允许实行关税手段。

（3）促进公平竞争原则：通过消除各成员方对贸易活动的人为干预及其带来的扭曲，维护自由市场原则，促进各成员方生产者、贸易者之间公平竞争。

3. 透明度原则

透明度原则是指世界贸易组织成员方所实施的与国际贸易有关的法令、条例、司法决定及行政决定，都必须予以公布，以便各成员方政府及贸易商了解和熟悉。一缔约方政府与另一缔约方政府所缔结的影响国际贸易的协定，也必须公布以防止缔约方之间进行不公平的贸易，从而造成对其他缔约方的歧视。

4. 允许例外和差别待遇原则

具体体现为两方面；一般允许例外和保障措施原则；发展中国家优惠待遇原则。

（1）一般允许例外和保障措施原则：在某些特殊条件下，世界贸易组织成员可以不履行已承诺的待遇原则，也可以是在协议签订以前，一些国家已跟某些贸易伙伴做出的优惠安排，可以有所保留。

（2）发展中国家优惠待遇原则：允许发展中国家用较长的时间履行义务或者有较长的过渡期；允许发展中国家在履行义务时有较大的灵活性；规定发展中国家在履行某些义务时，发达国家成员应当提供技术援助。

工作提示

外贸业务员在进行业务操作时，要善于运用发展中国家优待原则。较常见的是原产地证制度的运用。

5. 稳定贸易发展原则

关贸总协定和世界贸易组织所建立的多边贸易体系要求各成员方政府为各成员方的投资者、企业家、雇员和消费者提供一个良好的贸易环境。这种贸易环境有利于市场开拓、创造更多贸易与投资的机会；同时给消费者提供丰富的物美价廉的商品。因此，要求这种贸易环境具有可预见性并稳定的发展。为此，关贸总协定和世界贸易组织采取了如下办法：

（1）通过关税减让约束成员方的关税。各成员方通过谈判，相互约束部分或全部产品的关税税率。已约束的税率三年内不许提升；三年后如果提升，还要同当初进行对等关税减让的国家协商，征得其同意，并且要用其他产品的相当水平的关税减让来补偿提升关税给他国所造成的损失。

（2）通过承诺其他成员方进入本国服务市场的义务，开放服务市场，稳定服务贸易发展。各成员方通过谈判，逐一按不同的服务部门做出承诺，并明确列入各成员方的市场准入减让表，作为服务贸易总协定不可分割的部分，具有约束力。

（3）对非关税壁垒采取约束和减少的措施，减少其对国际贸易发展的消极作用。

工作提示

有些贸易协议都可能会有限期（当然这和政局有相当大的关系）。当限期到达时，业务员切记留意相关政策动向。

（三）WTO的组织机构及职能

1. 部长会议是世贸组织的最高权力机构

世贸组织的最高权力机构是由所有成员主管外经贸的部长、副部长级官员或其全权代表组成的“部长会议”，部长会议至少每两年举行一次，部长会议具有广泛的权力，主要有：

（1）立法权。从法律角度讲，只有部长会议才有权对其协定、协议作出修改和权威性解释，其他任何机构都没有这种法律权力。

（2）司法权。对其成员之间所发生的争议或其贸易政策是否与世贸组织相一致等问题作出裁决。

（3）豁免某个成员在特定情况下的义务。

（4）批准非世贸组织成员所提出的取得世贸组织观察员资格申请的请示。

2. 总理事会

在部长会议休会期间由全体成员代表组成的总理事会代行部长会议职能。总理事会可视情况需要随时开会，自行拟订议事规则及议程。随时召开会议以改造其解决贸易争端和审议各成员贸易政策的职责。总理事会下设：

（1）货物贸易理事会，负责《1994 年关贸总协定》及其他货物贸易协议有关事宜；

（2）服务贸易理事会，监督执行服务贸易总协定及分部门协议有关事宜；

（3）知识产权理事会，监督执行与贸易有关的知识产权协定。这些理事会可视情况自行拟订议事规则，经总理事会批准后执行。所有成员均可参加各理事会。

3. 各专门委员会

部长会议下设立专门委员会，以处理特定的贸易及其他有关事宜。已设立：

（1）贸易与发展委员会；

（2）国际收支限制委员会，负责审议以国际收支困难为理由而采取的贸易限制措施；

（3）预算、财务与行政委员会；

（4）贸易与环境委员会等 10 多个专门委员会。

4. 秘书处与总干事

世贸组织成立由一位总干事领导的世界贸易组织秘书处（下称秘书处）。世贸组织秘书处设在瑞士日内瓦，大约有 500 人。秘书处工作人员由总干事指派，并按部长会议通过的规则决定他们的职责和服务条件。总干事由部长会议选定，并明确总干事的权力、职责、服务条件及任期规则。世贸组织总干事主要以下列身份参与世贸组织活动：

（1）世贸组织的捍卫者（监护人）。他可以最大限度地向各成员施加影响，要求它们遵守世贸组织规则。

（2）引导人。总干事要考虑和预见世贸组织的最佳发展方针。

（3）调停人。其职责之一是帮助各成员解决它们之间所发生的争议。

（4）“经理”。负责秘书处的工作，管理预算和所有成员有关的行政事务。

（5）主持协商和非正式谈判，避免争议。

（四）WTO 的运作机制

1. 争端解决机制

自 WTO 成立以来，争端解决机制发挥着越来越重要的作用。根据 WTO 成员的承诺，在发生贸易争端时，当事各方不应采取单边行动对抗，而应通过争端解决机制寻求救济并遵守其规则及所做出的裁决。

争端解决的程序是：

（1）争端解决机构有权成立专家组。

（2）争端解决机构采纳专家组及上诉机构的裁决和建议。

（3）争端解决机构监督裁决和建议的执行情况，并在建议得不到执行的情况下授权采取报复措施。

工作提示

WTO 争端解决机制为发展中国家有效化解国际经济摩擦提供了较为有利的途径，但其知识性、技术性非常强。我国外贸专业人才在这方面显得非常薄弱。

2．政策审议机制

除了提供争端解决机制之外，WTO 还是对成员贸易政策进行定期审议的场所。这些审议具有双重目的。①了解成员在多大程度上遵守和实施多边协议（在可能的情况下，包括诸边协议）的纪律和承诺。通过定期审议，WTO 作为监督者，要确保其规则的实施，以避免贸易摩擦。②提供更大的透明度，更好地了解成员的贸易政策和实践。

贸易政策审议的频率取决于各成员在世界贸易中所占的份额。最大的四个贸易方每两年重议一次，目前是欧盟、美国、日本和加拿大；紧接着的 16 个成员每四年审议一次；其余成员每六年审议一次，最不发达国家审议间隔期限更长。

总理事会承担贸易政策审议机构工作。在审议结束后，公布国别报告和秘书处准备的报告，以及讨论的记录。

3．协商决策机制

WTO 的决策实行协商一致制度，但如果达不成协商一致，则采取投票的办法，以多数票通过。在部长会议和总理事会上，每个 WTO 成员方均有且只有一票投票权。这是 WTO 同联合国、国际货币基金组织和世界银行决策机制的根本区别之所在。联合国尽管实行一国一票制，但美国、中国、法国、英国和俄罗斯五大国拥有否决权。而国际货币基金组织和世界银行的决策则实行股份公司式的投票制度，即各成员国的投票权数量取决于其在缴纳的基金的数量，因而是由美国等缴纳基金多的发达国家控制的。WTO 的决策则实行一方一票制，且任一成员方都没有否决权，这一机制从根本上保证了 WTO 的决策不受少数国家特别是大国意志的左右。

按照 WTO 的规定，WTO 的决策首先应考虑适用协商一致原则，不能达成协商一致的实行多数票规则，但某些决策必须实行协商一致规则。对于实行多数票的决策，根据决策内容的不同，分别适用简单多数、2/3 多数、3/4 多数或反向一致规则。

第二节　中国与 WTO

入门案例

中国诉美国禽肉限制措施案　最终胜诉获有利一步㊀

日前，中国在世贸组织起诉美国禽肉限制措施案专家组发布了中期报告，并裁定美国对

㊀ 文章来源：光明日报，2010-06-18。

中国禽肉的进口限制违反了世贸组织的相关规则，也违反了该组织最惠国待遇和取消数量限制的规定。这标志着中国向最终获胜起诉美国禽肉限制措施案迈出了有利的一步。

在全球经济不景气的背景下，近来世界贸易保护主义有所抬头，针对中国的此类案件骤然增加。去年3月美国总统奥巴马签署了《2009年综合拨款法》第727条款，内容是“根据本法所提供的任何拨款不得用于制定或执行任何允许美国进口中国禽肉产品”。该条款通过限制政府经费用途的方式，不允许美国相关政府部门开展自中国进口禽肉产品的解禁工作，限制中国禽肉产品对美出口。

该条款通过后，两国政府就禽肉进口问题展开谈判但无果，导致中国禽肉产品无法重返美国市场和中国利益严重受损。这一典型歧视性的贸易保护主义做法引起中方的强烈反对，中国迅速将美对华禽肉采取的限制措施诉诸世贸争端解决机制，并敦促美方尽快取消这一歧视性的贸易保护主义条款，纠正错误做法。该诉讼也引起了世界各方的广泛关注。

在长达14个月的“博弈”中，该案件终于出现明朗的一面。据了解，目前本案仍处在正常的审理程序之中，中期报告所出现的有利于中国的裁定结论也表明国际社会反对各类形式的贸易保护主义的态度。

业内人士指出，专家组的最终报告将在几周后予以公布，但中期报告的结论内容将对最终裁定结果起到“指明方向”的作用。按照世贸组织争端解决机制规则，专家组最终报告出台后，美国若对报告结论不服有权提出上诉，否则，专家组报告将成为最终裁决。

带着问题学习：

1．中国何时加入世界贸易组织？中国加入世贸组织有何权利及义务？

2．加入世贸对中国经济产生什么样的影响？

3．中国为什么能通过世贸组织起诉美国禽肉限制措施？其诉讼依据是什么？

一、中国在WTO的权利义务

（一）中国的WTO之路

中国是1947年成立的关贸总协定创始国之一。但由于种种历史原因，中国失去了在GATT的席位。1984年4月，中国重新取得了总协定观察员地位。1986年7月，中国向总协定正式提出恢复关贸总协定缔约国地位的申请，从此开始了“复关”的漫漫征程。

1．叩响复关之门

1986年9月，中国开始全面参与了关贸总协定乌拉圭回合多边贸易谈判。

1987年3月，关贸总协定设立中国工作组，并于同年10月举行了工作组第一次会议。期间审议工作反反复复，终于在1992年10月第11次会议时，中国工作组才基本结束了对中国经贸体制的审议，并进入了有关中国复关议定书内容的实质性谈判。

为了加入世贸组织（当时的关贸总协定），中国必须得到2/3成员国的同意，当时总共有135个成员国，也就是说必须得到90个国家的同意，其中的37个国家要求和中国先进行双边谈判，才能获得他们投赞成票。所有这些国家都试图通过双边谈判获得进入中国市场的更大的优惠，因此所有这些谈判都异常艰巨，尤其是中美双方的谈判。此外，在台湾问题上，中国的坚定立场及当时台湾当局的一些举措之间的矛盾，也给中国“复关”之路蒙上了阴影，使得之后的“入世”之路举步维艰。

2. 划破坚冰、勇往直前

确定中国的“市场经济”和“发展中国家”地位问题一直是谈判的重心。为了表示中国是“社会主义市场经济体制”的国家，1992 年中国颁布了一系列法案和条例，降低了多种进出口商品的关税。至于以发展中国家身份入关，是依据中国当时的人均年收入按照市场汇率计算只有 840 美元，按照购买力平价来计算也只有 4 000 美元不到，因此中国的“发展中国家”身份是毫无疑问的。由于发展中国家可以逐步降低关税而发达国家必须一步到位降低关税，因此，包括美国和西欧在内的急于进入中国市场的成员国常以不合理的数据证明中国属于发达国家，谈判一直处于僵局。

1995 年 1 月 1 日，世界贸易组织正式成立，并在一年的过渡期后完全取代关贸总协定。同年 5 月，中断了近 5 个月的中国复关谈判在日内瓦恢复进行。7 月 11 日，世贸组织决定接纳中国为该组织的观察员。11 月，中国政府照会世贸组织总干事鲁杰罗，把中国复关工作组更名为中国“入世”工作组。中国“复关”谈判变成“入世”谈判。

经过漫长而艰难曲折的谈判，在双方做了让步和妥协后，中国的“入世”之路有了显著的进展：

（1）1997 年 5 月 23 日，在日内瓦举行的第 4 次世界贸易组织中国工作组会议就中国加入世贸组织议定书中关于非歧视原则和司法审议两项主要条款达成协议。

（2）1997 年 8 月，新西兰成为第一个同中国就中国加入世贸组织达成双边协议的国家。同年中国还与韩国、匈牙利及捷克等国签署了“入世”双边协议。

（3）1998 年 4 月 7 日，中国在第 7 次世界贸易组织中国工作组会议上提出的一揽子降低关税的方案受到工作组成员的普遍欢迎。

（4）1999 年 11 月 15 日，中美两国政府在北京签署了关于中国加入世界贸易组织的双边协议。

（5）2000 年 5 月 19 日，中国与欧盟代表在北京签署了关于中国加入世贸组织的双边协议。

（6）2001 年 6 月 9 日和 21 日，美国和欧盟先后与中国就中国“入世”多边谈判的遗留问题达成全面共识。6 月 28 日～7 月 4 日，第 16 次世贸组织中国工作组会议就多边谈判中遗留的 12 个主要问题达成全面共识。7 月 16 日～20 日，第 17 次世贸组织中国工作组会议对中国加入世贸组织的法律文件及其附件和工作组报告书进行了磋商，并最终完成了这些法律文件的起草工作。

（7）2001 年 9 月 13 日，中国和墨西哥就中国加入世界贸易组织达成双边协议。至此，中国完成了与世贸组织成员的所有双边市场准入谈判。

3. 推开世界贸易组织之门

（1）2001 年 9 月 12 日至 17 日，世贸组织中国工作组第 18 次会议在日内瓦举行，此次会议通过了中国加入世贸组织多边文件提交总理事会审议，会议宣布结束中国工作组的工作。

（2）2001 年 11 月 10 日，世界贸易组织多哈会议批准我国为正式成员。中国加入世贸组织，成为该组织第 143 个成员。

（3）2001 年 12 月 11 日，中国正式成为世贸组织成员。

至此，中国结束了长达 15 年的“入世”之路，成为其第 143 个成员。

（二）中国在 WTO 享有的权利

作为世贸组织的成员，和其他成员一样，中国加入世贸后享有 WTO 赋予的权利如下：

（1）使产品和服务及知识产权在 150 个成员中享受无条件、多边、永久和稳定的最惠国待遇及国民待遇。

根据 1994 年关贸总协定第 1 条第 1 款规定，“入世”后，中国可以在所有的 130 多个成员方享受多边的、无条件的及稳定的最惠国待遇，这将使中国产品在最大范围内享受有利的竞争条件，从而促进出口的发展。

（2）对大多数发达国家出口的工业品及半制成品享受普惠制待遇。中国初“入世”时世界上有 27 个给惠国，中国已从 21 个国家中获得了普惠制待遇，“入世”将使中国在更大范围内和更大程度上享受到这些优惠。

（3）享受发展中国家成员的大多数优惠或过渡期安排。除普惠制这种最重要的优惠外，在世贸组织实施管理的多边协议中都规定了对发展中国家成员的某些特殊优惠，这些优惠是单方面给予的，发展中国家无需作出对等的回报。

工作提示

中国在 WTO 享有的权利是中国反击外国对华实施歧视性贸易措施的依据，常被运用到贸易救济中。

（4）享受其他世贸组织成员开放或扩大货物、服务市场准入的利益。

（5）利用世贸组织的争端解决机制，公平、客观及合理地解决与其他国家的经贸摩擦，营造良好的经贸发展环境。

（6）参加多边贸易体制的活动获得国际经贸规则的决策权。

（7）享受世贸组织成员利用各项规则、采取例外及保证措施等促进本国经贸发展的权利。

（三）中国在 WTO 承担的义务

1．削减关税

中国“入世”的首要义务就是要逐步将中国关税加权平均水平降到关贸总协定要求的发展中国家水平，并将最高关税一般地约束在 15%以下，这将使中国许多产业更直接地面临国外产品的竞争，同时国家财政收入有可能会相应减少，但最终可使广大国内消费者受益。

2．逐步取消非关税措施

中国本来是实行贸易管制的国家，当然除关税外，也存在一些非关税措施，因此在复关和“入世”谈判中，主要议题之一就是要求中国削减如进口许可证、配额及外汇管制、技术检验标准等非关税措施，作为“入世费”。

3．取消被禁止的出口补贴

中国自 1991 年 1 月开始，在调整汇率的基础上，对所有产品，包括工业制成品和初级产品出口实行企业自主经营、自负盈亏的经营机制，已达到了世贸组织的有关要求。取消补贴后，亏损商品主要通过汇率调整和出口退税的方法获得补偿。

4．开放服务业市场

世贸组织统计的服务行业多达一百五十多种，都将属于开放范围。对中国来说，应逐步地、有选择地、有范围地开放一些服务业，引进竞争机制，提高中国服务业的质量，并带动服务业的出口。

5. 扩大知识产权的保护范围

中国“入世”对知识产权扩大保护范围以后（如扩大到对化工产品、药品、食品及计算机软件等），将使中国有关企业必须通过支付专利许可证费用来合法地购买西方发达国家的专利，政府也将严惩任何有损国家和企业名誉的侵权行为，如假冒外国名牌商标的行为将受到法律处理。

此外，中国还需根据有关协议履行“放宽和完善外资政策”、“增加贸易政策的透明度”等义务。

不言而喻，“入世”后的权利给中国的经贸发展提供了机遇，“入世”后应尽的义务又对中国的经贸发展提出了挑战。机遇与挑战并存，关键在于如何利用机遇和迎接挑战。

二、“入世”对中国经济的影响

（一）“入世”对中国经济的“利”

中国加入世贸组织有利有弊，但总体上是利大于弊。

1. 有利于市场化的进程

加入 WTO 后，随着关税壁垒及非关税壁垒的逐步取消，国外大量质优价廉商品的进入，原先不少加入世贸组织之前受国家保护最多的行业和部门受到的冲击将最大。在适者生存、优胜劣汰的市场规律作用下，由于既得利益的消失，将迫使大量的利益集团不得不放弃原先的立场。这样，行政壁垒、行业垄断将被打破，市场运行的成本得以降低，市场化的进程将大大加快。

> **思考**
>
> 试列举身边的实例说明中国“入世”后的“利”？

2. 有利于资源配置，优化产业结构

一国在行业经济上竞争力的强弱主要取决于其是否具有比较优势。在世贸组织的范围内，市场规律通过资本和产品的流动实现着无形的调节作用。正是这种作用，使得社会资源流向具有比较优势的地区和部门，从而提高整个社会的资源使用效率。中国加入世贸组织后，将更直接地面对世界各主要发达国家的竞争。要发展，就得进入有比较优势的领域，主动退出没有比较优势的领域，社会资源的重新配置、经济结构的调整就在所难免。

3. 有利于建立信用制度，提高市场的效率

市场经济在一定的意义上来说就是信用经济。正是信用的存在，企业与银行的信贷关系、企业与企业之间的借贷关系、消费者的消费贷款等这些市场经济最必须、也是最基本的活动能以较小的成本顺利进行。没有信用作基础，市场的有序运行是难以想象的。加入世贸组织，将使中国经济的运行更多地置于国际法规的约束之下，有利于信用制度的建立。这不仅是 WTO 的规则对我们的要求，更是中国建立高度发达的市场经济所必须具备的基石。

4. 有利于企业改革的深化

加入世贸组织，国民待遇原则将有利于更多的外资进入中国，促使国有企业改革的进一步深化。国有企业改革一直是整个经济体制改革的重点，也是整个经济体制改革的难点。根据 WTO 中的国民待遇原则，外资可以并且有能力在企业资产中占有较大的份额，由此将出现真正关心企业资产运行效率、关注企业长远发展利益的所有者，从而一改以往国有企业所有者缺失的问题，从而提高国有企业的运营效率。

5．有利于先进管理理念的引进

随着大型跨国公司的投资进入国有企业，产品、技术、人才、观念及管理方法等都会随之进入企业。通过利用外资，国有企业中一些低质量的存量资产有可能转变为高质量的资产。但是，对中国企业而言，观念的转变、管理方法的升级可能更为重要。虽然没有一个放之四海而皆准的管理模式，但是通过资本、观念的交融，从国外成功企业的运营经验中，中国必定可以找到所需要的养分。

6．加快中国城市化的进程

目前我国城市化率远远低于工业化率，大约滞后 20 个百分点。改革开放以来，虽然增加了 20 万个小城镇，但由于规模太小，难以形成城市功能。这正是中国拓展市场空间、扩大内需的潜力所在。加快城市化建设，逐步把农民转入城市，可以为钢铁冶金、能源、原材料、机械设备制造、家用电器乃至轻工等行业提供一个巨大的市场平台。同时，由于没有比较优势，农产品市场的逐步开放，贸易的自由化可能会导致农村居民的收入减少。农业很难成为农民增收的主要来源。只有通过劳动力的转移，实现非农化和城市化，农民的收入水平才会有实质性的改善。而加入世贸所带来的产业结构的调整，一方面，将促使原来已有的区域经济中心城市的产业水平的升级；另一方面，加入世贸组织后，纺织和服装业及其他劳动密集型的部门，如皮毛及其制品工业、食品加工等的迅速扩张将为农村劳动力的转移提供契机。

（二）“入世”对中国经济的“弊”

虽然，加入世界贸易组织，将可能给中国经济的发展带来上述种种积极的变化，但是就短期来看，冲击却是不可避免的。在出口大幅度增加的同时，进口也将出现几乎同等幅度的增长。在劳动密集型部门产出将增加的同时，一些资本密集型部门，如电气机械、电子和仪器仪表等由于管理、技术水平及资本使用成本的增加，其产出将可能出现较大幅度的下降。而这其中最严重的问题可能来自两个方面。

（1）失业问题，特别是结构性失业问题可能恶化。

中国目前的城镇失业率为 7%左右。加入 WTO 后，受影响最大的产业，包括电信服务、汽车、电子、通信、石化、机械、医药、保险和银行等，在国有企业改革的大环境下，这些产业中的许多国有企业，将有可能被收购、兼并甚至走向破产。在这一过程中，虽然一些部门的扩张可以吸收部分下岗人员，但整体而言，失业人数势必进一步增加，并在近几年很可能继续上升，失业率将显著超过目前的水平。失业问题的恶化，可能诱发深层次的社会问题。其实，失业现象的存在是正常的，只要存在市场竞争，就会有失业。失业问题是所有市场经济国家必须长期面对的重大问题。一个健全的社会保障制度，就可以为居民提供最低的物质生存条件，从而有助于社会的平稳发展。中国目前的最大隐忧恰恰就来自于健全的社会保障体系没有建立起来，国家财力的入不敷出早已无力加大对失业救济的财政补贴，个人社会保险账户在全国范围内的建立还处于初步阶段。在社会保障体系健全之前，加入 WTO 可能引发的大量的结构性失业，将是对中国的巨大考验。

（2）加入 WTO，可能使居民原本收入悬殊的差距有进一步扩大的趋势，从而不利于社会的平稳健康发展。

市场规律在提高整个社会的效率方面具有无可比拟的优势，但是不加干预的适者生存、优胜劣汰的市场规则的后果却是弱肉强食和财富聚集的马太效应。加入世贸组织意味着市场自由竞争的加剧，经济市场化的程度显著提高，对于社会贫富差距的扩大将起到推波助澜的作用。同时，贫富的过于悬殊还可能诱发社会的不稳定。这就需要通过建立合理的二次分配体制来保障居民收入的差距被限制在社会可以承受的范围内，这项问题的解决也将是中国在今后相当一段时间内的重要任务。

思考

你认为我国可以用什么样的“二次分配制”来限制居民收入差距范围？

工作提示

马太效应（Matthew Effect），指强者越强、弱者越弱的现象，广泛应用于社会心理学、教育、金融及科学等众多领域。其名字来自圣经《新约·马太福音》中的一则寓言：“凡有的，还要加给他叫他多余；没有的，连他所有的也要夺过来。”

总之，加入世界贸易组织给中国经济所带来的影响是深刻而又长远的。短期的困难与冲击在所难免，但是深层次改革的可持续性，将带来制度上的创新与人们观念的改变，由此产生的利益和进步都是巨大而长远的。

本 章 提 要

1. WTO 是世界贸易组织（World Trade Organization）的英文简称，是一个独立于联合国的永久性国际组织。它与世界银行、国际货币基金组织一起，并称为当今世界经济体制的“三大支柱”。

2. WTO 职责范围除了关贸总协定原有的组织实施多边贸易协议及提供多边贸易谈判场所和作为一个论坛之外，还负责定期审议其成员的贸易政策和统一处理成员之间产生的贸易争端，并负责加强同国际货币基金组织和世界银行的合作，以实现全球经济决策的一致性。

3. WTO 奉行的基本原则包括：非歧视原则、自由贸易原则、透明度原则、允许例外和差别待遇原则、稳定贸易发展原则。

4. 非歧视原则又称无差别待遇，是指一缔约方在实施某种限制和制裁措施时，不得对其他缔约方实施歧视，并主要通过最惠国待遇、国民待遇和互惠原则来实现。

5. 最惠国待遇是指各成员对于其他成员的产品，必须给予不低于给予任何其他国家的产品的优惠待遇。因此，任何国家不能给其他成员特殊的贸易权或对他进行歧视，所有成员都处于平等的基础上。

6. 自由贸易原则是指所有世界贸易组织成员方限制和取消一切关税和非关税壁垒，消除国际贸易中的歧视待遇，提高本国市场准入的程度。自由贸易原则主要体现在关税减让原则、一般取消数量限制原则和促进公平竞争原则中。

7. 透明度原则是指世界贸易组织成员方所实施的与国际贸易有关的法令、条例、司法决定及行政决定，都必须予以公布，以便各成员方政府及贸易商了解和熟悉。一缔约方政府与另一缔约方政府所缔结的影响国际贸易的协定，也必须公布以防止缔约方之间进行不公平的贸易，从而造成对其他缔约方的歧视。

8. 发展中国家优惠待遇原则：允许发展中国家用较长的时间履行义务或者有较长的过渡期；允许发展中国家在履行义务时有较大的灵活性；规定发展中国家在履行某些义务时，发达国家成员应当提供技术援助。

9. WTO 争端解决的程序是：①争端解决机构有权成立专家组；②争端解决机构采纳专家组及上诉机构的裁决和建议；③争端解决机构监督裁决和建议的执行情况，并在建议得不到执行的情况下授权采取报复措施。

10. 中国政府坚持了权利与义务平衡原则，于 2001 年 12 月 11 日，正式成为世贸组织成员。至此，中国结束了长达 15 年的“入世”之路，成为其第 143 个成员。

11. “入世”后的权利给中国的经贸发展提供了机遇，“入世”后应尽的义务又对中国的经贸发展提出了挑战。机遇与挑战并存，关键在于如何利用机遇和迎接挑战。

12. 中国加入世贸组织有利有弊，但总体上是利大于弊。“利”是主要从市场化的进程、资源配置、信用制度建立、企业改革的深化、先进管理理念的引进和城市化的进程几个层面考虑。“弊”主要体现在结构性失业和收入差距悬殊方面。

知识与技能训练

【名词解释】

关贸总协定（GATT） 世界贸易组织（WTO） 非歧视原则
自由贸易原则 透明度原则 最惠国待遇
国民待遇 互惠原则 关税减让原则
促进公平竞争原则 一般允许例外和保障措施原则
一般取消数量限制原则 发展中国家优惠待遇原则

【判断题】

1. 世界贸易组织的前身——关税及贸易总协定是一个临时机构。 （ ）
2. 关贸总协定于 1947 年 10 月 30 日在纽约签订，并于 1948 年 1 月 1 日开始生效。 （ ）
3. WTO 的宗旨是为了提高缔约国人民的生活水平，保证充分就业、实际收入和有效需求的增长，扩大世界资源的利用。 （ ）
4. 东京回合是关贸总协定主持下最大规模的一次贸易谈判。 （ ）
5. 乌拉圭回合最大的突破是通过了《建立世界贸易组织协议》，宣告该组织于 1995 年 1 月 1 日正式成立。 （ ）
6. WTO 是一个归属于联合国的永久性国际组织。 （ ）
7. 世贸组织与世界银行、国际货币基金组织一起，并称为当今世界经济体制的“三

大支柱”。 (　　)

8. 最惠国待遇是指缔约方之间相互保证给予对方的自然人、法人和商船在本国境内享有与本国自然人、法人和商船同等的待遇。 (　　)

9. 透明度原则是指世界贸易组织成员方所实施的与国际贸易有关的法令、条例、司法决定及行政决定，都必须予以公布，以便各成员方政府及贸易商了解和熟悉。 (　　)

10. 2001 年 12 月 11 日，中国正式成为世贸组织成员。至此，中国结束了长达 15 年的“入世”之路，成为其第 142 个成员。 (　　)

11. 除普惠制这种最重要的优惠外，在世贸组织实施管理的多边协议中都规定了对发展中国家成员的某些特殊优惠，这些优惠是单方面给予的，发展中国家无需作出对等的回报。 (　　)

12. 世贸组织的最高权力机构是由所有成员主管外经贸的部长、副部长级官员或其全权代表组成的“部长会议”。 (　　)

13. 根据 WTO 成员的承诺，在发生贸易争端时，当事各方可以采取单边行动对抗，或者通过争端解决机制寻求救济并遵守其规则及所做出的裁决。 (　　)

14. WTO 争端解决机构监督裁决和建议的执行情况，但在建议得不到执行的情况不得授权采取报复措施。 (　　)

15. 同联合国、国际货币基金组织和世界银行决策机制一样，WTO 在部长会议和总理事会上，每个 WTO 成员方均有且只有一票投票权。 (　　)

16. 中国加入世贸组织有利有弊，但总体上是利大于弊。 (　　)

17. 中国加入 WTO 可以享受对所有发达国家出口的工业品及半制成品享受普惠制待遇。 (　　)

【简答题】

1. GATT 的宗旨及原则是什么？
2. WTO 的宗旨是什么？
3. WTO 的原则有哪些？
4. 简述非歧视原则。
5. 简述自由贸易原则。
6. 简述允许例外和差别待遇原则。
7. 简述稳定贸易发展原则。
8. 简述争端解决机制的程序。

【论述题】

1. 论述乌拉圭回合的成果。
2. 论述中国加入 WTO 的权利和义务。
3. 论述“入世”给中国经济带来的利与弊。

【应用题】

再次阅读本章两个入门案例并运用所学知识回答案例后面的问题。

参 考 文 献

[1] 陈宪，韦金鸾，应诚敏，陈晨．国际贸易——原理・政策・实务[M]．上海：立信会计出版社，2002.

[2] 孙丽云，王立群．国际贸易[M]．上海：上海财经大学出版社，2003.

[3] 陈红蕾．国际贸易学[M]．广州：暨南大学出版社，2003.

[4] 亚当・斯密．国富论[M]．张兴，田要武，龚双红，译．北京：北京出版社，2007.

[5] 岑维廉，钟昌元，王华．关税理论与中国关税制度[M]，上海：上海人民出版社，2009.

[6] 芦琦．WTO 概览[M]．2 版．上海：复旦大学出版社，2008.

[7] 薛荣久，樊瑛．WTO 多哈回合与中国[M]．北京：对外经贸大学出版社，2007.

[8] 苑涛．WTO 贸易救济措施[M]．北京：清华大学出版社，2007.

[9] 陈百助，晏维龙．国际贸易理论政策与应用[M]．北京：高等教育出版社，2006.

[10] 赵伟．国际贸易理论、政策与现实问题[M]．大连：东北财经大学出版社，2008.

[11] 陈宪，张鸿．国际贸易——理论・政策・案例[M]．上海：上海财经大学出版社，2007.

[12] 薛敬孝，佟家栋，李坤望．国际经济学[M]．北京：高等教育出版社，2000.

[13] 陈向东，魏拴成．当代跨国公司管理[M]．北京：机械工业出版社，2007.

[14] 中国国际贸易学会商务培训认证考试办公室．外贸业务理论与实务[M]．北京：中国商务出版社，2007.

[15] 斯蒂芬・格瑞理．顶级竞争力[M]．何学文，译．北京：东方出版社，2008.

[16] 保罗・克鲁格曼，茅瑞斯・奥伯斯法尔德．国际经济学[M]．5 版．北京：中国人民大学出版社，2002.

[17] 雅各布・瓦伊纳．倾销：国际贸易中的一个问题[M]．沈瑶，译．北京：商务印书馆，2003.

[18] 迈克尔・希斯考克斯．国际贸易与政治冲突——贸易、联盟与要素流动程度[M]．北京：中国人民大学出版社，2005.

[19] 保罗・克鲁格曼．萧条经济学的回归和 2008 年经济危机[M]．刘波，译．北京：中信出版社，2009.

[20] Chiarles W L Hill. International Trade Theory（Six Edition）[M]．北京：人民邮电出版社，2008.

[21] Dominick Salvatore. International Economics [M]．8 版．北京：清华大学出版社，2004.

[22] Michael R Czinkota, Ilkka A Ronkainen, Michael H Moffett. Fundamentals of International Business[M]．北京：北京大学出版社，2004.

[23] 孙永强．从比较优势到竞争优势——贸易理论的发展及对我国对外贸易发展战略的启示[J]．商场现代化，2006（31）：44—45.

[24] 裴填，陆剑．规模报酬递增和新贸易理论的发展[J]．世界经济研究，2006（9）：11—18.

[25] 张盛伟．浅论国际贸易新理论对我国外贸竞争力的影响[J]．中国科技信息，2005（11）：237—238.

[26] 谢兰璋．规模经济贸易学说的理论价值与实践意义[J]．山东科技大学学报，2007 年 2 期.

[27] 周宝根，出口管制：中国参与经济全球化面临的困境[J]，亚太经济，2005（6）.